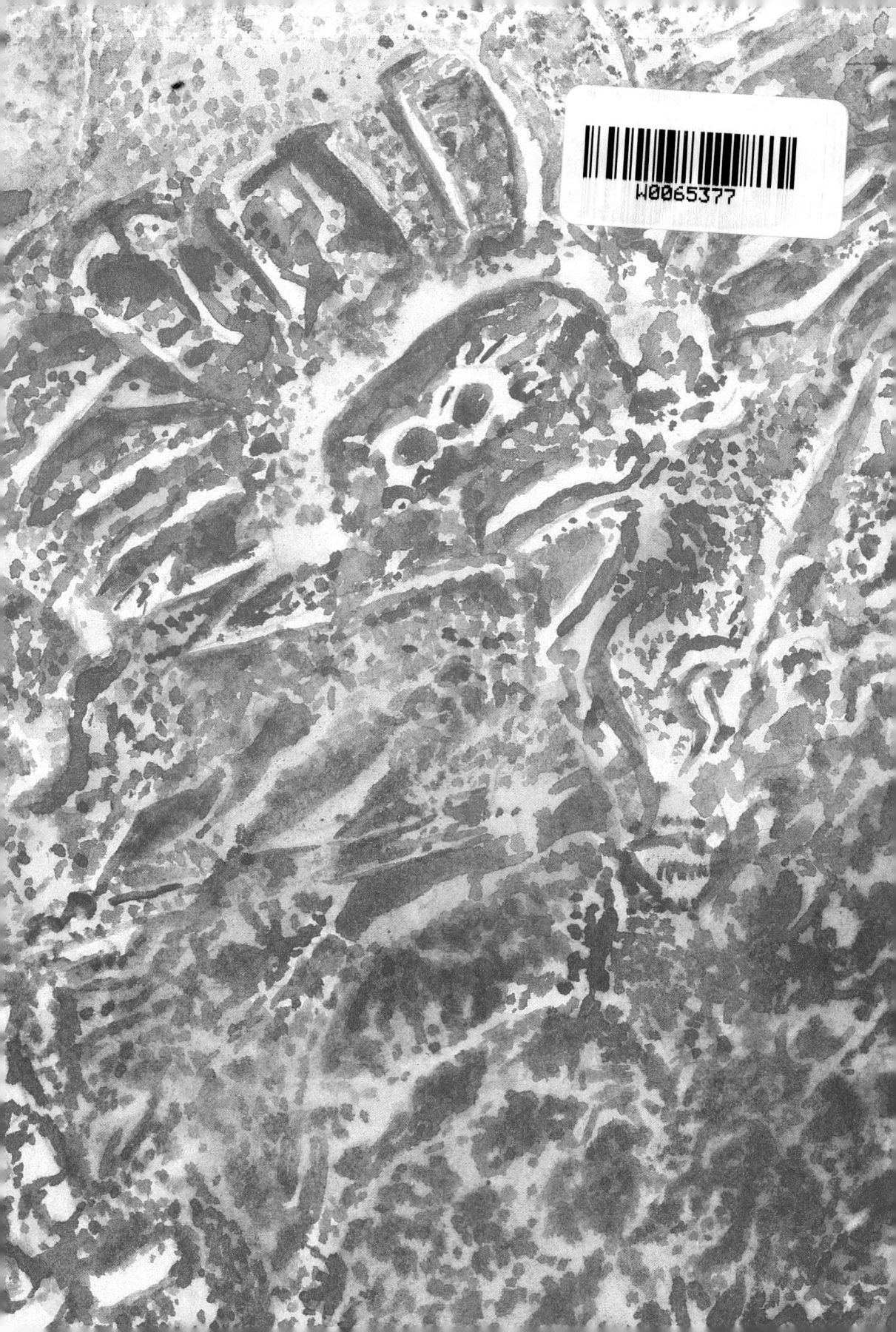

Rudolf Drößler · Kulturen aus der Vogelschau

KULTUREN AUS DER VOGELSCHAU

Rudolf Drößler

Archäologie im Luftbild

Urania-Verlag Leipzig · Jena · Berlin

Meiner lieben Frau und Helferin in Dankbarkeit gewidmet

Gesamtgestaltung und Zeichnungen
von Inge und Peter Brüx, Leipzig

Drößler, Rudolf:
Kulturen aus der Vogelschau: Archäologie im
Luftbild/Rudolf Drößler. Mit Zeichn. von Inge
u. Peter Brüx. — 1. Aufl. — Leipzig; Jena; Ber-
lin: Urania-Verlag, 1987. — 296 S.: 186 Ill.
ISBN 3-332-00083-7

ISBN 3-332-00083-7

1. Aufl. 1987. 1. bis 20. Tausend.
Alle Rechte vorbehalten
© Urania-Verlag Leipzig · Jena · Berlin,
Verlag für populärwissenschaftliche Literatur,
Leipzig 1987
VLN 212-475/5/87 LSV 0229
Lektorin: Erika Heydick
Printed in the German Democratic Republic
Lichtsatz: INTERDRUCK
Graphischer Großbetrieb Leipzig — III/18/97
Reproduktion, Druck und buchbinderische Verarbeitung:
Sachsendruck Plauen
Best.-Nr.: 654 109 9
02800

Inhalt

Alte Kultstätten und Gräber 5

Literatur 288

Register 293

Bilder aus der Luft 1

Ein Archäologe sollte Vogelschwingen haben
Williams-Freeman

Glück hat auf die Dauer nur der Tüchtige, sagt ein Sprichwort. Es mag wohl zutreffen, aber ebenso richtig ist, daß dem Tüchtigen, dem auf die Dauer das Glück nicht hold ist, auch der erhoffte große Erfolg versagt bleibt.

Leonard Woolley, der berühmte englische Ausgräber, war nicht nur ungewöhnlich tüchtig, sondern er hatte auch das Finderglück auf seiner Seite. Von 1922 bis 1934 erforschte er die sumerische Stadt Ur im Süden des heutigen Irak, und dabei stieß er auf über 4500 Jahre alte Königsgräber, die wegen ihrer kostbaren Beigaben in aller Welt Schlagzeilen machten. Seine sensationellen Entdeckungen entbehrten auch nicht eines schaurigen Aspekts: Die Diener und Musikanten der beigesetzten Herrscher hatten ihre Herren in den Tod begleiten müssen. Insgesamt gewährten diese Königsgräber ganz unerwartete Einblicke in Leben und Kultur der Sumerer.

Schon zu Beginn unseres Jahrhunderts war Woolley, damals noch ein junger Mann, bei Ausgrabungen im Sudan mit dabei. Zusammen mit dem Expeditionsleiter MacIver setzte er bei Wadi Halfa unterhalb des zweiten, von neun Stromfällen gebildeten Nilkatarakts den Spaten an. Bis hierher, an die Grenze zur nubischen Wüste, hatten die Pharaonen einst ihren Machtbereich ausgedehnt und eine Niederlassung gegründet. Aber wo hatte man damals die Toten bestattet? Trotz allen Suchens kam der Friedhof, von dem die Archäologen besondere Aufschlüsse erwarteten, nicht zum Vorschein. Wieder war es das Glück, das sich schließlich als hilfreich erwies.

Verdrossen spazierten MacIver und Woolley eines Abends zu einem Hü-

1 *Blick auf einen
Teppich aus der
Augenhöhe einer
Katze*

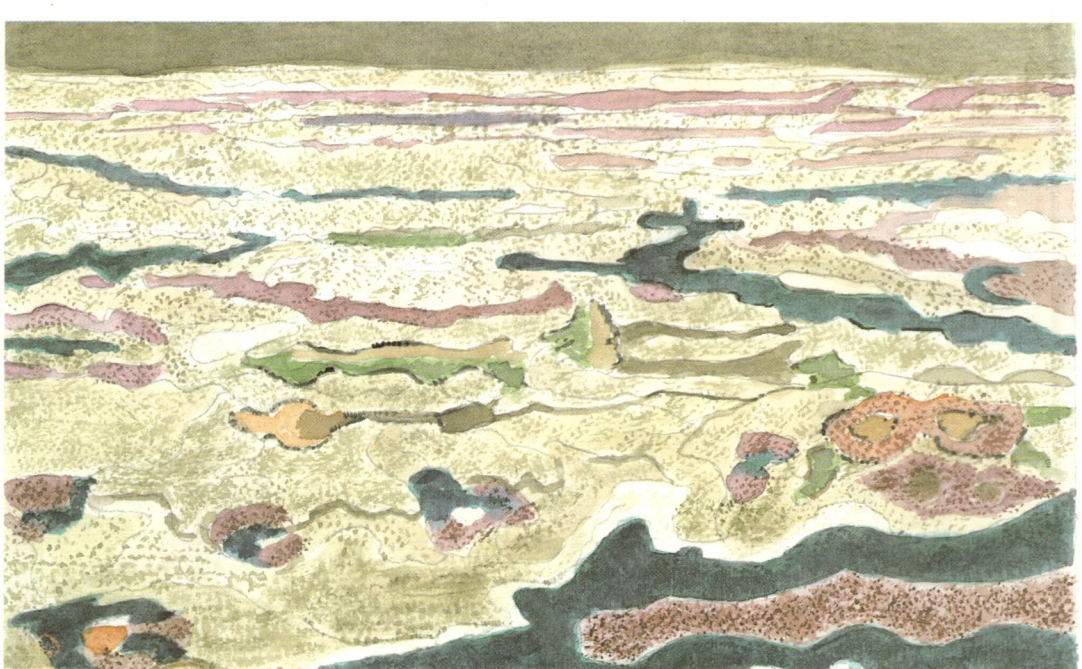

gel, um von der mühseligen Arbeit auszuruhen und die Aufgaben für die nächsten Tage zu besprechen. Die Sonne zeichnete lange, scharfe Schatten in die sich vor ihnen ausbreitende Nilebene. Und gerade in diesem Augenblick brachte sie an den sinkenden Tag, wonach die beiden Männer schon so lange vergeblich gesucht hatten. Überall in der Ebene umrissen die Schatten ringförmige Gebilde, die sich nun auch farblich leicht von ihrer Umgebung unterschieden. Nur der niedrige Sonnenstand machte diese Einzelheiten von der Anhöhe aus sichtbar.

Aufgeregt rannte Woolley auf die schwachen Erhebungen zu, doch es war wie verhext: Je näher er ihnen kam, desto undeutlicher wurden sie. An Ort und Stelle verbargen sie sich ganz seinen Blicken. Aber MacIver, der auf dem Hügel geblieben war, dirigierte ihn aus der Ferne zu den vermuteten Gräbern, die Woolley, so gut er es in der Eile vermochte, mit rasch zusammengelesenen Steinen markierte. Am nächsten Tag bestätigte sich: Durch einen ungewöhnlichen Glücksfall hatten sie tatsächlich den Friedhof entdeckt. Der Kies, mit dem die Grabschächte gefüllt waren, verriet unter den schrägen Sonnenstrahlen die Gräber.

Vielleicht zeigte sich diese Erscheinung nur an wenigen Tagen im Jahre und auch dann nur von der Spitze des Hügels aus. Der erhöhte Standort bot den dafür notwendigen Blickwinkel und gewährleistete die erforderliche Übersicht, die in der Nähe der Grabstätten verlorenging. Wir können uns das leicht auch an einem anderen Beispiel klarmachen. Stellen wir uns einen großen bunten Teppich vor, über dessen Muster wir aus der Augenhöhe einer Katze hinwegblicken. Dann werden wir nur verzerrte Farbflächen wahrnehmen, aber keine Einzelheiten und schon gar nicht das Mu-

2 *Ansicht desselben Teppichmusters aus der Augenhöhe eines Menschen*

ster selbst (Abb. 1). Erst wenn wir uns erheben und aus normaler Augenhöhe senkrecht auf den Teppich herabsehen, können wir das Muster sowohl in seiner Gesamtheit wie in all seinen Feinheiten erkennen. Nur die räumliche Distanz macht Zusammenhang und Ordnung deutlich (Abb. 2).

Das oft zitierte Beispiel mit dem Teppich stammt von einem bemerkenswerten Mann: Osbert Guy Crawford. Er war schottischer Abstammung, wurde aber 1886 in Bombay geboren, wo sein Vater als Richter am Hohen Gericht tätig war. Den früh verwaisten Knaben erzogen zwei Tanten in der südenglischen Grafschaft Hampshire, die mit Zeugnissen aus der Ur- und Frühgeschichte geradezu übersättigt ist. Zahlreiche Ausflüge zu den alten Gräbern und Erdwällen sowie zu den weiter entfernten großen Steinanlagen von Stonehenge und Avebury führten Crawford bald zur Archäologie. Er begann selbst zu graben und zu sammeln, Karten und Pläne zu zeichnen. An den Hängen der vielen Hügel untersuchte er seltsame flache Erdwälle, die die Bauern »Lynchets« nannten. Aber vor dem scheinbar systemlosen Gewirr dieser Dämme versagte seine Kunst, präzise Grundrisse und Lagepläne anzufertigen. Wozu die merkwürdigen Gebilde einst gedient hatten, blieb ihm verborgen. Seufzend klagte er Williams-Freeman sein Leid, einem archäologisch interessierten Landarzt, der seine Praxis in Weyhill aufgeschlagen hatte, einem kleinen, wegen seiner Pferde- und Schafmärkte berühmten Orte. »Ein Archäologe sollte Vogelschwingen haben«, bestätigte ihm Williams-Freeman. Wenn man die Lynchets aus großer Höhe betrachten könnte! Dann müßte es leicht sein, sie zu entwirren und zu enträtseln.

In ungeahnter Weise sollte sich dieser Wunsch später für Crawford erfüllen. Während des ersten Weltkriegs war es unter anderem seine Aufgabe, über Frankreich und Belgien vom Flugzeug aus die gegnerischen Linien zu beobachten und zu fotografieren. Dabei fielen ihm hier und da auch Spuren aus der Vergangenheit auf. Sie bewiesen: Eine planmäßige Suche aus der Luft würde ohne Zweifel noch viele Zeugnisse früherer Kulturen zum Vorschein bringen.

Nach dem Kriege bemühte sich Crawford, Einblick in Luftfotos zu erhalten, die Flieger der Royal Air Force über Südengland aufgenommen hatten. Das wurde ihm jedoch verweigert. Da kam ein Zusammenspiel glücklicher Umstände seinen Bestrebungen plötzlich entgegen. Flugkapitän Clark-Hall, ein Freund von Williams-Freeman, hatte auf Luftbildern seiner Staffel merkwürdige Dinge entdeckt, von denen er annahm, daß sie »etwas Archäologisches« sein könnten. Beide Männer baten Crawford zu sich, um ihm die seltsamen Fotos zu zeigen. Für die archäologische Forschung wurde es eine Schicksalsstunde.

Eine der Aufnahmen war besonders aufschlußreich (Abb. 3). Schräg durch das Bild verlief eine Straße. Am oberen Rand des Fotos sah man

3 *Alte Feldergrenzen (Lynchets) bei Windmill Hill in Südengland*

den Bauernhof, zu dem die gepflügten, bräunlich schimmernden Felder, die Wiesen und Gehölze gehörten. Auf den Feldern selbst hob sich ein enges, feinmaschiges Netz einander rechtwinklig kreuzender Linien ab. Offenbar waren das Pflugspuren, die während der letzten Jahre das Erdreich zerfurcht hatten. Aber da gab es noch ein ganz anderes, sehr viel gröberes Netz aus mehr oder minder regelmäßigen Quadraten. Ihre Seiten wurden von flachen hellen Dämmen gebildet. Sogar auf den Wiesen waren die Reste dieser leichten Erhebungen noch erkennbar, dort nämlich, wo Kaninchen in dem lockeren, kreidehaltigen Material der Wälle ihre Baue angelegt hatten.

Crawford stockte der Atem. Clark-Halls Fotos lösten auf einen Schlag das Rätsel, um dessen Lösung er sich fast zehn Jahre vorher vergeblich bemüht hatte. Die flachen Wälle waren nichts anderes als Lynchets, und diese wiederum konnten nur die ehemaligen Begrenzungen alter Felder sein.

Es spricht für den Scharfsinn und Weitblick Crawfords, daß es ihm gelang, aus den wenigen Fotos das Ackerbausystem längst vergangener Zeiten zu entschlüsseln. Die Lynchets stammten noch aus der Zeit, bevor die Römer England erobert hatten. Sie waren also zwei- bis dreitausend Jahre alt und gingen damit offenbar auf keltische Einwanderer zurück, die einst ihre Kenntnisse über Verhüttung und Bearbeitung des Eisens mit auf die Insel gebracht hatten. Nach den Fotos gelang es Crawford nun auch, das Liniennetz der Lynchets zeichnerisch festzuhalten (Abb. 4). Auf dem Erdboden waren ihm ja die alten Feldergrenzen nur wie ein Chaos erschienen.

Schon vor dem ersten Weltkrieg hatte man in England und Italien Denkmäler der Vergangenheit aus der Luft fotografiert, und während des Krieges waren solche Bilder auf Betreiben interessierter Archäologen auch über dem Nahen Osten und Vorderasien aufgenommen worden. Aber die allermeisten dieser Fotos zeigten Objekte, die auf dem Erdboden gut zu sehen und schon längst allgemein bekannt waren. Auf die Lynchets traf das jedoch nicht zu. Außerdem ahnte keiner der Männer, die vor Crawford mit Luftbildern zu tun hatten, etwas von all den Möglichkeiten, die solche Fotos für die archäologische Forschung eröffneten. Sie wurden erst Crawford bewußt, als er 1922 zum ersten Male auf den Fotos Lynchets erblickte. Deshalb gilt dieses Jahr mit Recht als Geburtsjahr der eigentlichen Luftbildarchäologie.

Crawford selbst erhielt eine Stelle als Archäologe beim staatlichen Vermessungsamt. In dieser Stellung war es ihm nun endlich möglich, Fotos der Royal Air Force auf archäologische Objekte hin zu untersuchen. Mit Hilfe eines Bekannten hatte er Gelegenheit, eigene Luftbilder aufzunehmen und sie dann, wissenschaftlich ausgewertet, in dem Buche »Wessex from the air« (»Wessex aus der Luft«) zu veröffentlichen. Sowohl dieses Buch wie andere seiner Publikationen waren Pionierleistungen, mit denen

0   300 m

er die wissenschaftlichen Grundlagen für die Archäologie aus der Vogelschau schuf. Crawford war zudem Gründer und Herausgeber der archäologischen Fachzeitschrift »Antiquity«, in der regelmäßig über die Ergebnisse
dieses neuen Forschungszweiges berichtet wurde. Nicht weniger wichtig
war: Er regte andere an, sich ebenfalls mit Hilfe des Flugzeuges auf die
Suche nach der Vergangenheit zu begeben und ihre Spuren im Luftbild
festzuhalten.

Seitdem hat die Archäologie aus der Luft einen ungeahnten Aufschwung genommen. Kenner sagen mit Recht, daß die Luftbilder für die
Archäologen die gleiche Bedeutung haben wie die Fernrohre für die Astronomen. Erstaunlicherweise sind jedoch die Ergebnisse der archäologischen Luftbildforschung einer breiteren Öffentlichkeit nur wenig bekannt.
Wir wollen daher interessierten Lesern, nach Sachgebieten geordnet, einige der bemerkenswertesten Entdeckungen aus der Luft vorstellen. Dabei erläutern wir zunächst Grundlagen und Methoden der Luftbildarchäo-

logie sowie ihre technischen Voraussetzungen und Verfahren. Danach wenden wir uns frühen Ansiedlungen zu, die aus der Vogelschau entdeckt wurden oder »von oben« besonders interessante Aspekte bieten. Wir lernen alte Straßen und die verschiedene Anlage von Feldern kennen – aus der Höhe betrachtet. Außerdem erfahren wir, auf welche Weise man sich vor Feinden schützte, welche Kultstätten man durch Luftbilder aufspürte, welchen Anblick riesige Bodenzeichnungen bieten, wenn man über sie hinwegfliegt, und wie man noch verborgene Grabstätten zu erkunden vermag. Die Bilder selbst geben wir in farbigen Darstellungen wieder, so, wie sie das menschliche Auge sieht, das feinste Farbnuancen noch zu unterscheiden vermag. Um auch ältere Fotos farbig vorstellen und die Abbildungen insgesamt sowohl als dokumentarische wie als künstlerische Einheit bieten zu können, sind alle Luftaufnahmen in Aquarelle umgewandelt worden. Dadurch tritt das eigentlich Wesentliche klarer hervor. Wir beschreiten damit einen neuen Weg, mit dem wir unserem Thema besser gerecht zu werden hoffen.

Spuren aus der Vergangenheit

2

Da begriff ich, daß die Luftbildtechnik
für die Archäologen eine unschätzbare Hilfe werden konnte
beim Enträtseln von Spuren aller Art,
die der vorgeschichtliche Mensch hinterlassen hatte.
O. G. S. Crawford

Wir wollen uns zunächst etwas näher mit den Grundlagen archäologischer Luftbildforschung befassen, die unter anderem von Crawford erarbeitet wurden. Dabei erinnern wir uns, wie MacIver und Leonard Woolley durch glückliche Umstände die altägyptischen Gräber bei Wadi Halfa fanden: durch ihre langen Schatten, die die Sonne auf den Talboden zauberte. Hätten die beiden damals die Nilebene überfliegen können, so würde sich ihnen vom Flugzeug oder Hubschrauber aus mühelos der Friedhof in Anlage und Ausdehnung erschlossen haben.

Unter geeigneten Umständen werfen alle baulichen Zeugnisse der Vergangenheit, soweit sie sich auf dem Erdboden überhaupt noch durch Erhöhungen oder Vertiefungen abzeichnen, einen Schatten: also Löcher, Gruben oder Gräben, Dämme und Wälle, Aufschüttungen für alte Wege und Straßen, Hügelgräber oder Terrassen, Mauern, Gebäude und anderes. Aus der Luft betrachtet, tritt das alles durch den Schattenwurf meist noch viel deutlicher hervor, unter der Voraussetzung natürlich, daß klare Sicht herrscht und die Sonne von einem wolkenlosen Himmel strahlt. Crawford hatte die Möglichkeiten, die solche *Schattenmerkmale* für archäologische Luftaufklärung bieten, bald erkannt und systematisch untersucht. Eigentlich müßte man sogar von *Licht- und Schattenmerkmalen* sprechen, denn nicht nur die Schatten allein heben ja Höhenunterschiede hervor. Fällt das Sonnenlicht direkt auf eine Böschung bzw. auf einen mehr oder weniger steilen Hang, leuchtet das stärker beschienene Gelände heller und fällt deshalb besonders auf (vgl. Abb. 3, 5 und 6).

Auch die Lynchets, die niedrigen Feldgrenzwälle, verraten sich oft durch ihre Schatten, wenn man am frühen Morgen oder am späten Nachmittag aus der Vogelschau nach ihnen ausspäht. Wer an einem klaren Junitage in aller Frühe die Ebene von Salisbury überflige, meinte Crawford, dem würden die Lynchets auf den weiten Flächen unübersehbar ins Auge springen. »Lynchetzeit« nannte er daher diese Stunden, in denen die Schatten lang genug waren, um selbst flache Erhebungen auf den Weiden markant zu umreißen. Am Vormittag waren die Lynchets dagegen scheinbar verschwunden. Welches die jeweils günstigsten Licht- und Schattenwinkel bei Entdeckungsflügen sind, hängt allerdings noch von einer ganzen Reihe von Faktoren ab: außer vom Wetter und der Tageszeit auch von der Jahreszeit, der geographischen Breite, der Landschaft sowie dem betreffenden archäologischen Objekt selbst. Für alles das die günstigsten Bedingungen und Situationen auszuwählen obliegt dem Beobachter und gelingt meist erst nach langer Erfahrung. In England, wo seit Jahrhunderten infolge ausgedehnter Weidewirtschaft und umfangreicher Schafzucht große Flächen nicht mehr gepflügt worden sind, haben sich viele Bodendenkmale zumindest als leichte Erhebungen erhalten. Solche schwachen Überbleibsel hat die intensive Nutzung des Bodens in anderen europäischen Ländern meist ganz beseitigt. Dennoch bieten Luftbilder auch in diesen Fällen noch Möglichkeiten für die archäologische Forschung, indem sie Zeugen der Vergangenheit sichtbar machen.

Wenden wir uns nun als aufschlußreichem Beispiel für Licht- und Schattenmerkmale der Abbildung 5 zu! Aus der Vogelperspektive zeigt sie neben einem Bauernhof streifenförmige, von Hecken und Buschwerk begrenzte Wiesen sowie ein Kartoffelfeld in der Nähe von Highworth in der südenglischen Grafschaft Wiltshire. Das Bild wurde aus niedriger Höhe bei tiefem Sonnenstand aufgenommen. Nur die überlangen Schatten sowie die in direktem Sonnenlicht aufleuchtenden schwachen Erhebungen bringen die flachen Gräben und Wälle von vier ehemaligen Ringgräbern zum Vorschein. Durch Luftfotos sind hier in enger Nachbarschaft insgesamt vierzig solcher Grabstätten erkundet worden, die, wie dann Ausgrabungen ergaben, weit über zweitausend Jahre alt sein müssen. Vor ihrer Entdeckung vom Flugzeug aus waren sie unbekannt, denn die Gräben und Wälle sind so stark eingeebnet, daß man ahnungslos über sie hinwegschreitet.

Das sehr anschauliche Luftbild mit den vier Ringgräbern verdanken wir George Allen, einem Ingenieur, der in Oxford einen Familienbetrieb leitete. 1930 hatte Allen zufällig Crawfords »Wessex from the air« in die Hand bekommen, und das Buch fesselte ihn so, daß er nun selbst mit seinem Privatflugzeug zu Suchflügen startete und im Laufe von fast zehn Jahren die Umgebung Oxfords intensiv durchmusterte, bis er, Ironie des

5 *Durch Licht- und Schattenmerkmale werden Ringgräber sichtbar*

Schicksals, mit einem Motorrad tödlich verunglückte. Auch Allen wurde zu einem Pionier der archäologischen Luftbildforschung. Er trieb die Aufnahmetechnik voran, konstruierte für seine Zwecke eigene Kameras und gewann nach und nach rund zweitausend ausgezeichnete Luftbilder, die er dem Ashmolean Museum in Oxford hinterließ. Nach wie vor sind sie ein außerordentlich wertvolles dokumentarisches Material.

George Allens Spezialität waren Schrägaufnahmen, wie wir sie in Abbildung 5 sehen. Sie bieten viele Vorteile. Man kann sie ohne besondere technische Vorrichtungen mit einer Handkamera durchs Flugzeugfenster oder vom offenen Sitz aus »schießen«; 200 bis 300 m Höhe sind dafür oft am geeignetsten. Meist sind dann noch feinste Details erkennbar. Bei mehrmaligen Anflügen kann man sich den günstigsten Winkel für die Fotos aussuchen. In schräger Sicht treten die betreffenden Objekte erstaunlich plastisch hervor und vermitteln so einen besonders eindrucksvollen Anblick. Freilich lassen sich Gestalt und Ausdehnung der Fundstätten infolge der perspektivischen Verkürzung häufig nicht so ohne weiteres genau feststellen. Manchmal werden durch das Gelände auch Teile des Fundortes verdeckt. Um einen möglichst vollständigen Überblick von ihm zu erhalten, muß er daher umflogen und notfalls mehrfach fotografiert werden. Natürlich vermag man Schrägaufnahmen auch zu »entzerren« und in senkrechte Aufsichten umzuwandeln, aber dafür ist meist ein beträchtlicher rechnerischer und technischer Aufwand nötig. Gerade diese Schwierigkeit läßt sich bei Senkrechtaufnahmen vermeiden. Abbildung 3 mit den Lynchets bei Windmill Hill ist ein solches Senkrechtbild. Ein anderes, das den Fundplatz Hod Hill darstellt, gibt Abbildung 6 wieder.

In Schräg- und Senkrechtsicht

In Südengland, etwa zwischen den Städten Dorchester und Salisbury, beginnt der Fluß Stour seinen Lauf durch das Gebiet der Kreidehügel von Dorset. Das Tal bildet hier sicher seit Jahrtausenden eine Art Pforte, durch die Stämme und Heerscharen nach Südosten zum Englischen Kanal oder nach Nordwesten zum Bristol-Kanal zogen. Wer hier siedelte, hatte damit zugleich ein wichtiges strategisches Terrain unter Kontrolle, das entsprechend gesichert und geschützt werden mußte. Entlang des Flusses finden wir daher in wenigen Kilometern Abstand mindestens fünf ehemals stark befestigte Hügel. Einer davon, Hod Hill, liegt rund 6 km nordwestlich von Blandford.

Das Senkrechtfoto, Mitte Juli gegen 19 Uhr aus 1 580 m Höhe aufgenommen, zeigt Hod Hill in einem großartigen Überblick, der durch die Kontraste zwischen Licht und Schatten ungewöhnlich instruktiv wirkt. Der Wert dieses Fotodokuments besteht nicht eigentlich darin, daß es Neues, bis dahin Unbekanntes enthüllt, sondern in dem Gesamteindruck, den der Hügel mit dem anschließenden Gelände zum Zeitpunkt der Aufnahme bot.

Das Plateau war einst auf der Nord-, Ost- und Südseite von einem dreifachen Wall- und Grabensystem umgeben (vgl. auch Abb. 7). Es ist nur

6 *Wälle und Gräben auf dem Hügel Hod Hill in senkrechter Sicht*

Labels in figure: Stour; Südwest-Eingang; römisches Kastell; im 19. Jh. überpflügte Fläche; Nordost-Eingang; 0 300 m

noch auf der Nordseite fast völlig erhalten, die übrigens, von den Eingängen an ihren beiden Seiten aus gemessen, über 650 m lang ist! Auf der Ost- und Südseite haben von dem äußersten Wall nur noch geringe Reste die Zeiten überdauert. Die Westseite, steil zum Stour abfallend, wies einen doppelten Wall auf. Besonders stark befestigt war der Südwesteingang, von dem aus ein Weg zum Fluß hinabführte. Der Zugang zum Wasser mußte wohl besonders gesichert werden. Noch heute beträgt hier die Höhe des inneren Walles, von der davorliegenden Grabensohle aus gemessen, rund 12,5 m! Nicht weniger wirksam geschützt war der Nordosteingang. Eventuelle Eindringlinge mußten sich dort erst zwischen den beiden inneren Wällen durchkämpfen, den Geschossen der hoch über ihnen stehenden Verteidiger ausgeliefert. Die Schatten heben entlang der Rückseite des innersten Befestigungssystems zahlreiche unregelmäßige Vertiefungen hervor, aus denen offenbar ein Teil des Materials für die Schutzwehren gewonnen wurde.

Das schräg einfallende Licht läßt in der Osthälfte des Areals auch noch viele runde Gruben sowie die Spuren von zwei Straßen erkennen; die längere endet bei einer umwallten quadratischen Fläche mit einer Seitenlänge von rund 17,5 m. Außerdem sind noch die Linien einiger gerader und gekrümmter Dämme sichtbar. Alle diese Siedlungsreste stammen aus der späten Eisenzeit vor über zweitausend Jahren. Bei den runden Gruben handelt es sich vorwiegend um ehemalige Hausgrundrisse. Hinter den mächtigen Befestigungsanlagen haben einst zweifellos zahlreiche Menschen samt ihrer Habe Zuflucht gefunden.

Bis zur Mitte des 19. Jh. waren in der Westhälfte der umwallten Fläche ebenfalls noch Relikte alter Besiedlung vorhanden. Aber dann kam dieser Teil des Hügels leider unter den Pflug. Am folgenschwersten wirkte sich das für den Bezirk in der Nordwestecke aus. Für ihre Invasionstruppen hatten die Römer hier im ersten oder zu Beginn des zweiten Jahrhunderts ein Kastell errichtet. Um seine Größe gleichfalls zu verdeutlichen: Der Ostwall ist ca. 220 m lang! Innerhalb der Anlage waren, bevor der Pflug fast alles zerstörte, noch die Grundrisse der Straßen und Häuser sichtbar. Tatsächlich bildete dieses Kastell bis dahin eines der am besten erhaltenen Beispiele für Fähigkeiten und Kunst der Römer, mathematisch exakt geplante sowie organisatorisch und militärisch höchst zweckmäßig und sinnvoll eingerichtete Lager zu bauen. Jetzt kann man nur noch den Verlauf der Straßen in Andeutungen verfolgen. Auf dem Senkrechtfoto bemerkt man davon freilich nichts. Es ist aus zu großer Höhe aufgenommen, und außerdem war für diese Einzelheiten der Sonnenstand zum Zeitpunkt der Aufnahme ungünstig. Das gilt auch für den Wall vor dem Südeingang des Kastells, während sich der Wall vor dem Osteingang auf dem Bild klar abzeichnet. Um wirklich alle Einzelheiten zu erfassen, müßten also mehrere Luftbilder bei verschiedenem Lichteinfall gemacht werden. Sie könnten dann als Grundlage für genaue Pläne dienen (Abb. 7) und helfen, Grabungen vorzubereiten und zu überwachen.

Senkrechtaufnahmen haben aber auch einen großen Nachteil. Sie erfordern eine komplizierte und teure Ausrüstung: automatische Kameras, die genau vertikal zur Erdoberfläche ausgerichtet sind. Mit ihnen erhält man in rascher Folge Bilder, deren Maßstab durch die Flughöhe und die Brennweite der Kamera bestimmt wird. Meist werden die Fotos nacheinander so aufgenommen, daß sie sich zu etwa 60 Prozent überschneiden. Für Vermessungszwecke ist es dabei üblich, zwei Kameras derartig nebeneinander zu montieren, daß sich ihre Fotos gleichfalls etwas überlappen. In bezug auf das überflogene Gebiet entsteht dann ein richtiges Fotomosaik.

Die sich zu fast zwei Dritteln in Flugrichtung überlagernden Bilder betrachtet man unter einem Stereoskop, unter einer optischen Vorrichtung also, die es ermöglicht, zwei aufeinanderfolgende Fotos räumlich-dreidimensional zu sehen. Seine vergrößernden Linsen lassen sich zueinander verschieben, damit sie dem jeweiligen Augenabstand angepaßt werden können. Das auf den Fotos dargestellte Gelände wirkt unter dem Stereoskop wie mit den Augen eines Riesen beobachtet, dessen Augenabstand, je nach der Flugstrecke, in der die Bilder voneinander aufgenommen wurden, vielleicht 1000 oder 2000 m beträgt. Zum Vergleich: Beim Menschen liegt die Distanz zwischen den Pupillen im Durchschnitt bei etwa 6,5 cm! Die sozusagen riesenhafte Sehbasis zweier sich überschneidender Fotos führt unter dem Stereoskop zu einem übertrieben räumlichen Bild, auf dem selbst geringste Unebenheiten hervortreten. So vermag der geübte Bildauswerter noch Einzelheiten zu erkennen, die ihm sonst verborgen blieben. Für die Suche nach archäologischen Fundstätten kann das sehr nützlich sein.

Im Wasser versunken

Einen Sonderfall für die archäologische Forschung aus der Vogelperspektive stellen Objekte unter Wasser dar: alte Hafenanlagen und Schiffe, Städte und Dörfer. Unter günstigen Umständen und mit Hilfe besonderer Techniken vermag man sie ebenfalls aus der Luft zu fotografieren. Systematisch angewandt und ausgebaut hat dieses Verfahren der französische Jesuitenpater Antoine Poidebard (1878–1954). Zunächst erwarb er sich jedoch große Verdienste bei der Lufterkundung vor allem römischer und byzantinischer Spuren im Nahen Osten. Er entdeckte frühere Straßen, Befestigungsanlagen und Wasserversorgungssysteme und klärte, wie die Römer in Syrien Verteidigungs- und Schutzbauten errichteten und damit das Land beherrschten. Mitte der dreißiger Jahre untersuchte er die zwei ehemaligen Häfen der phönizischen Stadt Tyros (heute Sur) sowie 1946 bis 1950 die Dämme und Molen des phönizischen Hafens Sidon (heute Saida, beide an der Küste des Libanon). Dabei fotografierte er nicht nur aus der Luft, sondern auch unter Wasser und ergänzte seine Forschungen durch Grabungen auf dem angrenzenden Land. Es waren die ersten Unternehmungen dieser Art; sie führten zu außerordentlichem Erfolg. Nun ist bekannt, daß man einst zum Schutz der Ankerplätze bei Tyros und Sidon riesige Wellenbrecher aus Bruchsteinen gebaut hatte. Wir wissen jetzt, wie der Schiffsverkehr zwischen den einzelnen Hafenbecken aufeinander abgestimmt war, wie die verschiedenen Kanäle den Windrichtungen angepaßt und wie geschickt und zweckmäßig die Warendepots, Wasserbehälter, Arsenale und Ladegeschirre auf den Kais angeordnet waren. In Sidon gab es ein Spülsystem, mit dem man das Verschlicken des Hafens verhinderte.

Interessante Beobachtungen von versunkenen Anlagen gelangen auch an der Nordseeküste. Hier haben Meer und Flüsse weithin Schlickschichten abgelagert, die sich allmählich in fruchtbares Marschland verwandelten. An der Küste ist es durch Deiche gesichert. Auf den Halligen, die nur wenig über die Wasserfläche emporragen, haben die Bewohner Erdhügel (Wurten, Warfen oder Wierden) aufgeschüttet und darauf ihre festen Häuser gegründet. Wenn an stürmischen Herbst- und Wintertagen der »Blanke Hans«, das aufgewühlte Meer, die Halligen überflutet, ragen nur noch die Wurten wie winzige Inseln aus der tobenden See. Bei katastrophalen Sturmfluten sind häufig genug auch sie untergegangen. Besonders verheerend für die Halligen und die ostfriesische Küste war die große »Manndrenke« vom 16. Januar 1362, die Rungholt vernichtete – einen Ort, von dem man lange nicht wußte, ob er, wie das Vineta an der Ostsee, als

8 Der im Wasser versunkene Ort Niedam vor der Hallig Südfall

Sage oder Wirklichkeit aufzufassen sei. Detlev von Liliencron (1844–1909), jahrelang Strandvogt auf der Hallig Pellworm, hatte in seinem Gedicht »Trutz, Blanke Hans« ahnungsvoll geschrieben:

»Heut bin ich über Rungholt gefahren,
 Die Stadt ging unter vor sechshundert Jahren.
 Noch schlagen die Wellen da wild und empört,
 Wie damals, als sie die Marschen zerstört.
 Die Maschine des Dampfers schütterte, stöhnte,
 Aus den Wassern rief es unheimlich und höhnte:
 Trutz, Blanke Hans.«

Tatsächlich hat dann der Nordstrander Bauer Andreas Rusch Rungholts traurige Überreste entdeckt, als sie das Meer für kurze Zeit wieder freigab.

Die Spuren des bei einer schweren Sturmflut versunkenen mittelalterlichen Ortes Niedam erblicken wir auf Abbildung 8. Vor der Hallig Südfall bemerken wir im flachen Wattenmeer die rechteckigen Hügel der ehemaligen Wurten, die früheren Entwässerungsgräben (Grüppen oder Priele) und die Reste eines kleinen Deiches. Nur aus der Luft läßt sich das vom Meer verschlungene Niedam noch so erkennen und überschauen.

Kehren wir noch einmal zu MacIvers und Woolleys Beobachtung des altägyptischen Friedhofs und zu Crawfords Entschlüsselung der Lynchets zurück! Die Gräber kamen ja nicht nur durch die langen Schatten zum Vorschein, sondern auch durch die etwas andersartige Färbung des Kieses,

Unvergängliche Bodenstörungen

die ihn von seiner Umgebung unterschied. Auf Flugkapitän Clark-Halls zu verschiedenen Tageszeiten aufgenommenen Fotos traten die Lynchets wegen ihres Schattenwurfs hervor. Zudem glänzten sie auf den gepflügten und glatt gewalzten Äckern heller als die Ackerkrume ringsum, hatte sich doch in den flachen Dämmen kreidehaltigeres Material angesammelt (Abb. 3). Solche abweichenden Färbungen und Helligkeiten nannte Crawford *Bodenmerkmale*. Sie bringen sogar Fundstätten ans Tageslicht, von denen über der Erde sonst nichts mehr erhalten ist.

Wir wollen diesen merkwürdigen Tatbestand noch etwas näher ins Auge fassen. Denken wir zunächst daran, daß ja die Erdoberfläche, der Boden, meist recht kompliziert zusammengesetzt ist. Während sehr langer Zeiträume ist das Ausgangsmaterial des Bodens zahlreichen Einflüssen ausgesetzt gewesen: Hitze und Kälte, Feuchtigkeit und Trockenheit, Wind und Sturm und nicht zuletzt dem Pflanzenwuchs. In Abhängigkeit von all diesen Faktoren hat sich die physikalische und chemische Beschaffenheit sowie die biologische Reaktion des ursprünglichen Materials langsam bis in unterschiedliche Tiefen verändert. Die verschiedenen Bodenschichten ergeben insgesamt ein bestimmtes Bodenprofil.

Hebt man nun irgendwo und irgendwann ein Loch, eine Grube oder einen Graben aus, so wird an dieser Stelle plötzlich eine langdauernde Entwicklung gestört und abgebrochen. Hinterher kann der alte Zustand nicht wieder hergestellt werden. Denn gleichgültig, ob sich nun die Aushöhlung in kürzerer oder längerer Zeit auf natürliche Weise wieder auffüllt oder ob sie bewußt wieder zugefüllt wird: In jedem Falle tritt eine mehr oder weniger starke Mischung verschiedenartigen Materials ein, die kaum verwischbare Spuren hinterläßt. Nichts ist, hat man daher treffend gesagt, so dauerhaft wie ein Loch im Boden. Allerdings gibt es eine Einschränkung: Wenn es sich um einen sehr homogenen Boden handelt, etwa um eine mächtige Lehmschicht, sind Verfüllungen mit dem gleichen Material nach einiger Zeit wohl nicht mehr sichtbar.

Ursachen für archäologische Bodenmerkmale sind also künstliche Bodenstörungen durch den Menschen. Dabei kann helleres Material wie Kreide, Kalkstein, Kies, Sand und Bims oder viel dunkleres wie Torf an die Oberfläche befördert werden, wo es durch seine abweichende Färbung und Helligkeit ins Auge fällt. Manchmal bemerkt man solche Kontraste schon von einem erhöhten Standort aus. Noch viel deutlicher und genauer nimmt man sie aus der Vogelschau wahr. Natürlich dürfen sie dann nicht von Pflanzen verdeckt werden. Sind die Monate Februar, März und April sehr trocken gewesen, heben sich Bodenmerkmale manchmal mit erstaunlicher Schärfe ab. Trockenes Wetter ist überhaupt eine wesentliche Bedingung für das Erscheinen von Bodenmerkmalen. Hellere Schichten werden nämlich durch Feuchtigkeit beträchtlich dunkler, während an sich schon dunkleres Material durch Nässe nur wenig an Helligkeit verliert. Auf diese Weise tritt bei vermischten Bodenarten eine ausgleichende Wirkung ein, die Kontrastwirkungen vermindert.

Rasche Schneeschmelze oder lang anhaltende Regenfälle, die oft eine relativ trockene Frühjahrsperiode beenden, führen wiederum zu ausgesprochenen *Feuchtigkeitsmerkmalen*. Je nach ihrer physikalischen Beschaffenheit oder, genauer gesagt, je nach ihrer Korngröße können einzelne Schichten unterschiedlich viel Wasser aufnehmen und speichern. Gestörte Bodenprofile weisen natürlich andere Korngrößen auf als ihre Umgebung und verraten sich deshalb nicht nur als Bodenmerkmal, sondern auch durch ihren größeren oder geringeren Wassergehalt, selbst wenn sie sich unter normalen Bedingungen weder durch ihre Färbung noch durch ihre Helligkeit abheben. Verfüllte Gräben zum Beispiel halten in der Regel mehr Wasser fest, leiten es aber wohl auch viel schlechter in den Untergrund ab. Daher treten sie nach starkem Regen markant als dunkle Bänder hervor. Unter alten Wegen vermag das Wasser dagegen anscheinend leichter in tiefere Schichten zu versickern. Aus diesem Grunde trocknen sie rascher aus und machen sich heller bemerkbar. Das alles muß der Archäologe wissen und beachten, wenn er aus Luftbildern die richtigen Schlüsse ziehen bzw. das geeignetste Gelände, die günstigste Jahreszeit und die beste meteorologische Situation für seine Luftfotos auswählen will. Für ganz gezielte Forschungsvorhaben wird er sich daher mit der jeweiligen Landschaft sowie der Art ihres Bodens vertraut machen und

Merkmale der Feuchtigkeit

25

dann für die Flüge und die Aufnahmen das erfolgversprechendste Wetter abwarten.

Zwei Besonderheiten sind noch zu erwähnen. Nach reichlichen Niederschlägen zeichnen sich die Umrisse alter Anlagen, von denen nur noch geringfügige Höhenunterschiede künden, an den Rändern überschwemmter Flächen manchmal messerscharf ab. Ein sehr anschauliches Beispiel dafür bietet uns Abbildung 9: den vom Hochwasser umgebenen Hügel einer sogenannten Motte bei Beauvernois im Departement Saône-et-Loire (Frankreich). Unter einer Motte versteht man einen künstlich errichteten Hügel mit einem Wohnturm, der aus Steinfundamenten und Pfosten- oder Fachwerkbau bestand. Meist waren solche Motten mit einem Graben versehen, dem sich eine befestigte Vorburg anschloß. Geschützte Türme dieser Art dienten vom 10. bis 13. Jh. als Sitz des mittleren und niederen Adels; sie waren im Flachland der west- und mitteleuropäischen Staaten häufig zu finden. Anderseits bilden Boden- und Feuchtigkeitsmerkmale, die sich meist gar nicht klar voneinander trennen lassen, bei kaltem Wetter mitunter *Reif-* oder *Schneemerkmale.* Über feuchten Gräben schlägt sich leicht Reif nieder und löst sie so weiß aus dunklem Hintergrunde heraus. Schnee aber schmilzt über solchen Gräben früher, wodurch sie gegenüber ihrer helleren Umgebung dunkel erscheinen. Auch über Lynchets taut der

10 *Reif- und Schneemerkmale kennzeichnen die Reste eines untergegangenen Dorfes*

Schnee schneller, so daß der gleiche Effekt entsteht. Mit einer weiteren Möglichkeit macht uns Abbildung 10 vertraut, die ein untergegangenes mittelalterliches Dorf bei Gainsworth in Lincolnshire (Ostengland) wiedergibt. Dort, wo Mauerzüge und Schutt noch ein wenig über den Boden ragen, war der Schnee besser vor den Sonnenstrahlen geschützt. Eindrucksvoll sticht deshalb der Dorfgrundriß in Weiß gegen das Grün der Wiese ab. Auf den angrenzenden Feldern ist die junge Saat zum Teil ebenfalls noch mit Schnee bedeckt, während er auf den frisch geackerten Flächen schon verschwunden ist. Manchmal lassen Schneeverwehungen auch die schwachen Reliefs ehemaliger Straßen und Wege erkennen.

Allgemein bekannt ist, daß über mit humusreicher Erde verfüllten Löchern, Gruben, Gräben, Brunnen und Zisternen bestimmte Pflanzen besser wachsen. Sie finden hier mehr Nährstoffe und werden ausreichender mit Wasser versorgt. So entstehen *positive Bewuchsmerkmale*. Wo aber einst Gebäude gestanden haben, deren Mauerreste oder Fußböden nur von einer dünnen Erdschicht bedeckt sind, wo sich ehemals Festungsmauern erhoben, deren Fundamente nur knapp unter dem Erdboden verborgen liegen, oder wo sich früher Wege und Straßen hinzogen, werden die gleichen Pflanzen auf viel ungünstigere Existenzbedingungen treffen. Solche Stellen erscheinen dann als *negative Bewuchsmerkmale*. Zu den langwurzeligen Pflanzen, die uns noch unbekannte Spuren der Vergangenheit ebenso sichtbar machen wie die Entwicklerlösung Einzelheiten auf einem belichteten Film, gehören die verschiedenen Getreidearten.

Zum besseren Verständnis ziehen wir die Abbildung 11 heran. Ihr Diagramm beruht auf Erfahrungen, die bei archäologischen Forschungsflü-

Pflanzen über Gräben und Mauern

11 *Unterschiedliches Wachstum über Gräben und Mauern*

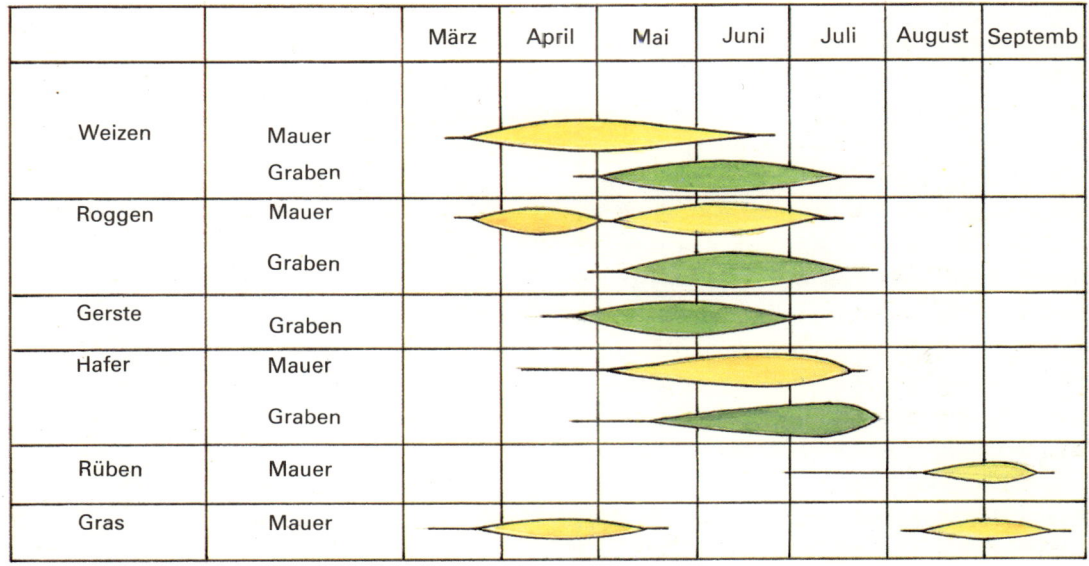

		März	April	Mai	Juni	Juli	August	Septemb
Weizen	Mauer							
	Graben							
Roggen	Mauer							
	Graben							
Gerste	Graben							
Hafer	Mauer							
	Graben							
Rüben	Mauer							
Gras	Mauer							

gen in den Jahren 1960 und 1961 im Rheinland gemacht wurden. »1960«, schreibt Irwin Scollar, der sich um die Luftbildarchäologie sehr verdient gemacht hat und auf den wir uns bei den folgenden Ausführungen berufen, »waren die Auswirkungen der großen Trockenheit von 1959 durch den Winterregen noch nicht ausgeglichen, und der Mangel an Wasserreserven brachte viele Stellen zum Vorschein, die zum gleichen Zeitpunkt im Jahre 1961 nicht sichtbar waren. 1961 war das Wetter in den ersten Monaten des Jahres höchst ungünstig – nach ausnehmend schweren Regenfällen im vorangegangenen Herbst und Winter dauerten die Regenfälle bis ins Frühjahr hinein.« Die Sichtbarkeit von Bewuchsmerkmalen ist also, ähnlich wie die von Boden- und Feuchtigkeitsmerkmalen, sehr stark vom Wetter und der Jahreszeit abhängig.

Das Diagramm faßt nun alle das Wachstum fördernden Bodenfaktoren in dem Begriff »Graben« zusammen, alle das Wachstum hemmenden Faktoren in dem Begriff »Mauer«. Über Mauern werden insbesondere Getreidepflanzen leichter welk und gelb; über Gräben ist es umgekehrt: Hier bleiben sie selbst bei Trockenheit grün. »Die verschieden dicken waagerechten Linien«, erläutert Irwin Scollar (wir haben sein Diagramm etwas umgestellt), »sollen die ungefähre Häufigkeit ausdrücken, mit der ein Merkmaltyp im Laufe der Entwicklung einer bestimmten Feldfrucht vorkommt. Das Diagramm ist quantitativ nicht genau, es soll dem Leser nur eine Vorstellung vom Problem vermitteln.« Anzumerken wäre auch, daß es sich bei den Vergleichstypen (außer bei Hafer) um Wintergetreide handelt (abgesehen natürlich von Gras und Rüben); Bewuchsmerkmale bei dem entsprechenden Sommergetreide treten etwas später auf.

Wie uns Abbildung 11 verdeutlicht, kann bei Weizen und Roggen die Gelbfärbung über Mauern schon Mitte März beginnen. Nach Regenfällen Ende April – Anfang Mai verschwindet diese Verfärbung im Roggen wieder, um schließlich vor allem im Juni verstärkt aufzutreten. Hafer wird über Mauern erst Ende April langsam gelb. Auf Rübenfeldern bemerkt man die gleiche Erscheinung insbesondere während der meist trockeneren Perioden Ende August – Anfang September. Dann verdorrt häufig auch Gras über Mauern (wie im April).

Im Gegensatz zu diesen negativen Bewuchsmerkmalen zeigt sich eine intensivere Grünfärbung über Gräben zeitlich etwas später, bei Weizen, Roggen und Hafer Ende April, bei Gerste schon vor der zweiten Aprilhälfte. Noch auffälliger als im Mai wirkt dieses dunklere gegenüber dem helleren Grün bei Weizen, Roggen und Hafer im Monat Juni (vgl. Abb. 14). Ende Juni bilden schließlich grüne Bänder zum Goldgelb der heranreifenden Wintergerste einen besonders wirkungsvollen Kontrast. Mit der gleichen Intensität begegnen uns diese Farbunterschiede in den ersten Juliwochen auch in Weizen-, Roggen- und Haferfeldern.

Auf Bodenstörungen reagiert Getreide während seiner verschiedenen Entwicklungsphasen anscheinend mit unterschiedlicher Empfindlichkeit und Reaktion. Darüber unterrichtet uns Abbildung 12. In den trockeneren

12 *Wachstums-
und Farbunter-
schiede des Getrei-
des über Gräben
und Mauern*

Monaten Februar, März und April wird die junge Saat über verborgenen Mauerzügen gelb, über Gräben indessen steht sie höher und weist ein dunkleres Grün auf. Das zeigt uns die oberste Reihe. Nach den Regenfällen im Mai und Juni tritt ein stürmisches Wachstum ein, bei dem sich auch die Ähren herausbilden. Die Gelbfärbung kann nun verschwinden, aber die Wachstumsunterschiede bleiben meist. Wir sehen das in der mittleren Reihe. Während das Getreide im Juni und Juli heranreift, wird es über Mauern schneller gelb und hebt sich so deutlich in dem noch grünen Feld ab. Dagegen bleibt es über Gräben immer noch grün, wenn das übrige Feld schon gelb geworden ist (unterste Reihe).

Mitunter werden diese Wachstums- und Farbunterschiede geradezu »fixiert«. Über Mauern kann das Getreide bei großer Trockenheit verdorren; dann erholt es sich auch nicht mehr. Oder Rüben verwelken in trockenem Boden, während sie über einem Graben schön grün bleiben (Abb. 13, obere Reihe). Gar nicht selten fegen Ende Juni heftige Sturmböen und Regenschauer über die Felder und brechen die Getreidehalme um. Vor allem Wintergerste, die zu diesem Zeitpunkt reift, hat einen verhältnismäßig schwachen Halm, der der Gewalt des Windes nicht standhält. Wo sich jedoch Mauern unter der Erdoberfläche erstrecken, sind die Gerstenhalme kürzer, aber auch stärker. Sie bleiben dann meist als unübersehbare Mar-

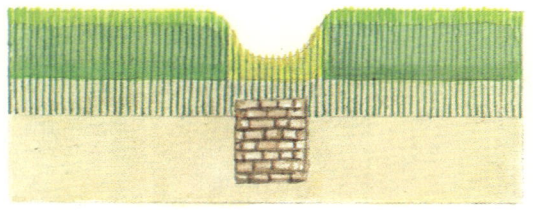
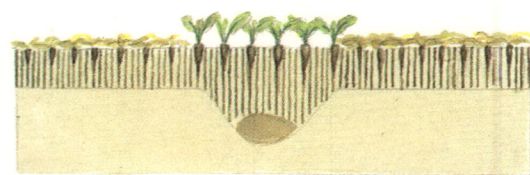

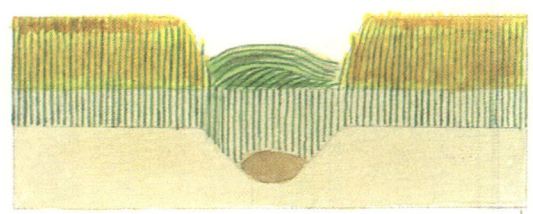

kierungen stehen. Umgekehrt ist es über Gräben, denn dort ragt ja das Getreide zum Teil beträchtlich über seine Umgebung hinaus und kann deshalb leichter vom Sturme gebeugt werden (Abb. 13, untere Reihe).

Bei den wachstumsfördernden wie hemmenden Faktoren handelt es sich um recht komplizierte Sachverhalte, die im Rahmen dieser Einführung nicht nur in zusammenfassender Kürze, sondern auch vereinfacht dargestellt worden sind. Manches können wir hier nur erwähnen, zum Beispiel, daß sich nach der Ernte positive Bewuchsmerkmale auch an dichter stehenden Getreidestoppeln zeigen oder daß sich auf abgeernteten Feldern verschüttete Gräben durch Klee und Luzerne markieren. In diesem Zusammenhang sind schließlich die *Unkraut- und Saatmerkmale* zu nennen. Über feuchten Gräben sprießt nämlich im Vorfrühling auf gepflügten und geeggten Feldern zuerst Unkraut hervor und bildet deutliche grüne Streifen. Ähnlich verhält es sich bei Sommergetreide, vor allem bei Hafer, da die junge Saat im feuchteren Boden rascher aufgeht. Andere Nutzpflanzen können mitunter gleichfalls auf unterirdische Strukturen hinweisen, so die Ackerbohne (*Vicia faba* L.), die zum Gedeihen einen gut gedüngten, humusreichen Sand-, Mergel- oder Tonboden benötigt und empfindlich auf Wassermangel reagiert. Unter geeigneten Umständen dienen Erbsen, Kartoffeln und Rote Rüben als »Indikator«, während Rüben dafür meist weniger günstig sind. Ihre großen Blätter schützen den Boden vor der Austrocknung durch die Sonnenstrahlen; außerdem verwischen sie die Konturen verborgener historischer Zeugnisse. Wo in wärmeren Ländern großflächig Teepflanzen angebaut werden, die auf ein feuchtes, von längeren Dürreperioden freies Klima angewiesen sind, lassen sich Spuren aus der Vergangenheit ebenfalls durch Bewuchsmerkmale erkennen. Sie treten auch bei Sisal auf, einer Agavenart, deren widerstandsfähige Blattfasern das Rohmaterial für Schiffstaue, Netze und Matten liefern.

13 *»Fixierte« Wachstums- und Farbunterschiede bei Getreide und Rüben*

14 *Spuren von Grabgärten in einem Haferfeld*

Freilich sind bei all den Schatten-, Boden-, Feuchtigkeits- und Bewuchsmerkmalen die Irrtumsmöglichkeiten für den Beobachter noch groß. Er
kann etwa durch Gräben für Entwässerungs- und Abwasserrohre oder
durch die Spuren von modernen Ackerbaugeräten getäuscht werden, ihn
können in Ringen wachsende Pilze oder sogar angepflockte Ziegen narren,
die kreisförmig das Gras abgefressen haben. Was aus der Vogelschau ge-
sichtet und fotografiert worden ist, muß der Archäologe daher nach Möglichkeit selbst an Ort und Stelle begehen und untersuchen.

Ein besonders instruktives Beispiel für ein positives Bewuchsmerkmal **Seltsame**
stellt Abbildung 14 dar. Es handelt sich dabei um die im südlichen Rhein- **Grabgärten**
land häufig anzutreffenden »Grabgärten«. Sie sind zwar schon lange bekannt, wurden aber noch Mitte des vergangenen Jahrhunderts für ehemalige Befestigungen gehalten, bis man sie zu Beginn unseres Jahrhunderts
durch Ausgrabungen als Begräbnisstätten identifizierte. Offenbar sind sie
in der späten vorrömischen Eisenzeit und in der frühen römischen Kaiserzeit entstanden. Wahrscheinlich stammen sie von den Treverern, deren
Kerngebiet an der unteren Mosel lag. Zu den Kelten gehörig, waren sie ein
recht kriegerisches Volk mit einer gefürchteten Reiterei. Im Jahre 51 v.u.Z.
mußten sie sich jedoch den Legionen Cäsars beugen. In römischer Zeit
war ihre Hauptstadt Augusta Treverorum, das spätere Trier.
Vor allem nach dem zweiten Weltkrieg sind durch Feldforschung und
Luftarchäologie viele neue »Grabgärten« zum Vorschein gekommen. Sie
konzentrieren sich beiderseits der Mosel, im nördlichen Hunsrück und in
der südöstlichen Eifel. Zum Teil sind es sehr beachtliche Grabanlagen mit
Seitenlängen von 10 bis 40 m. Eingeschlossen waren sie von Wall und Graben, wobei sich der Wall sowohl vor wie hinter dem Graben erheben
konnte. Heute sind die meisten »Grabgärten« verpflügt und am Boden
kaum noch wahrzunehmen, während sie sich aus der Vogelschau klarer
abzeichnen. Die Gräben besaßen eine Breite von 2 bis 6 m und waren bis
zu 1,5 m tief. Manche der erhaltenen Grabwälle sind rund 1 m hoch. Insgesamt ist bei den »Grabgärten« also eine bemerkenswerte Arbeitsleistung
vollbracht worden. Im Innern dieser aufwendigen Grabmäler und sogar in
ihren Gräben finden sich eine oder mehrere Brandbestattungen. Man hat
sie auf verschiedene Weise vorgenommen: indem man die Asche einfach
in eine Grube schüttete, sie in einer Urne sammelte oder in einer Art Kiste
aus Schieferplatten beisetzte. Öfters hat man die Asche mit einem Kreis
aus kleinen Steinen umgeben. Wall und Graben (oder umgekehrt) schlossen den wohl heiligen Bezirk ab. Leider wissen wir nicht, welche Totenritu-
ale und Gedächtniszeremonien sich hier abgespielt haben. Pfostenlöcher
in einigen »Grabgärten« lassen vermuten, daß vielleicht Kultpfähle oder
Totenhäuser errichtet wurden. Interessanterweise gibt es solche quadratischen Bestattungsplätze nicht nur im Rheinland, sondern auch in Westfa-
len, den Niederlanden, in Nordostengland und Nordostfrankreich (der

Champagne) sowie in der Südslowakei. Die archäologische Forschung hat
da also noch ein weites Feld vor sich, bei dessen Erkundung Luftbilder
sehr hilfreich sein werden. Abbildung 14 zeigt mindestens sieben »Grabgärten« eng benachbart (anderswo sind sie auch einzeln zu finden). Irwin
Scollar hat sie bei Briedel im Landkreis Zell entdeckt. Über den Gräben ist
der Hafer besser gewachsen und hebt sich so deutlich durch seine dunkelgrüne Farbe ab.

Bilder in
falschen Farben

Um Spuren aus der Vergangenheit noch besser erkennen zu können, wird
von den Archäologen nun auch der sogenannte Falschfarbenfilm verwendet. Seine besonderen Vorzüge beruhen auf einer Verschiebung der spek-
tralen Empfindlichkeit der drei Schichten eines Farbfilms um 100 Nanometer (1 Nanometer: 1 Millionstel Millimeter) von Blau zu Grün, von Grün zu
Rot und von diesem zum nahen Infrarot.

Falschfarbenfilme geben das Grün der Vegetation viel differenzierter
wieder als jeder andere Film. Das hängt mit der Reflexion und der Remission des Sonnenlichtes durch die Vegetation zusammen. (Bei der Reflexion wird das Licht nur »zurückgeworfen«, bei der Remission werden bestimmte Wellenlängen des Lichtes, die vorher von den Pflanzen
aufgenommen wurden, danach wieder ausgesandt.)

Je nach der Pflanzenart und ihrer Vitalität, ihrem »Gesundheitszu-
stand«, ist die Remission im Infrarotbereich verschieden. Laubwald zeigt
der Falschfarbenfilm, der das für unser Auge sonst unsichtbare Infrarot
sichtbar macht, rot bis dunkelrot, abgestorbene Laubbäume dagegen hell-

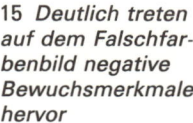

15 *Deutlich treten
auf dem Falschfar-
benbild negative
Bewuchsmerkmale
hervor*

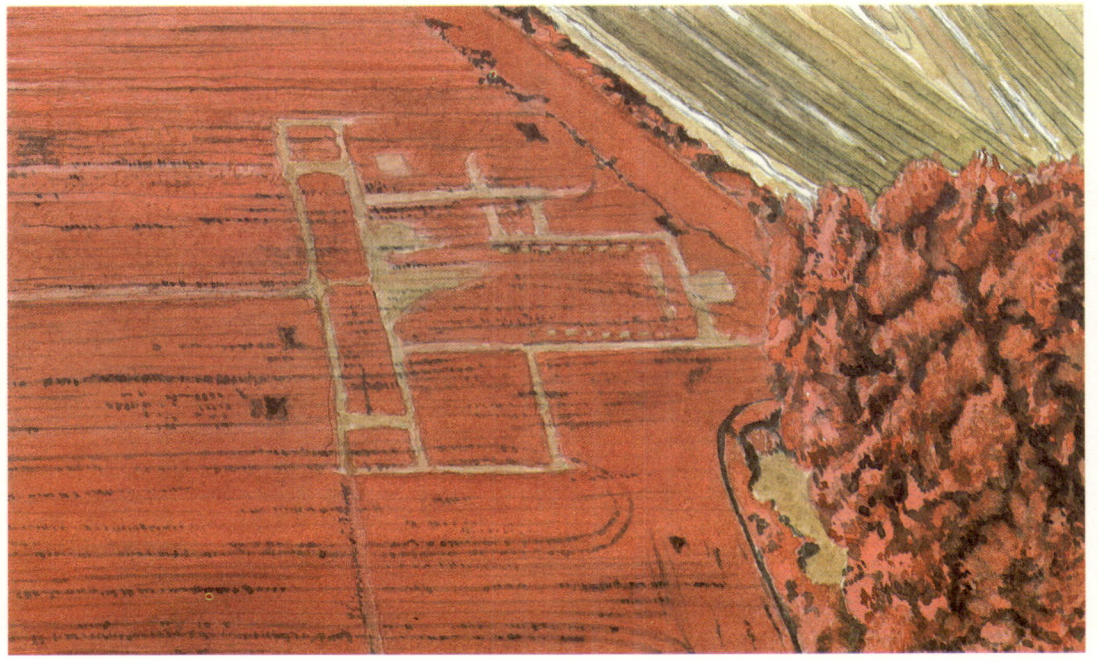

rot bis weiß. Gesundes Blattgrün sendet nämlich das Infrarot wieder aus, während es von krankem bzw. totem Chlorophyll fast gänzlich absorbiert wird. Gebüsch erscheint hellrot, eine ungepflegte Wiese braunrot, Nadelwald dunkelgrün, Jungnadelwald grün, Brachland graugrün. Man kann aus Falschfarbenfotos also auf Art und Zustand der Vegetation, auf künftige Ernteerträge, das Ausmaß von Umweltschäden oder auf im Boden verborgene Zeugen aus der Vergangenheit Rückschlüsse ziehen.

Ein negatives Bewuchsmerkmal im Falschfarbenfoto stellt Abbildung 15 dar. In Frankreich hatten Archäologen 1974 auf beiden Seiten der Straße von Attricourt nach Saint-Seine-sur-Vingeanne durch Luftaufnahmen Gebäudereste aus römischer Zeit entdeckt. Der ungewöhnlich heiße und trockene Sommer brachte diese Merkmale noch viel markanter und umfassender an den Tag. Sie erstreckten sich über eine Fläche von etwa 15 ha. Ganz im Westteil dieses Gebietes spürte man ein isoliertes ehemaliges Bauwerk mit T-förmigem Grundriß auf. Es muß einst eine lange, an den Enden von quadratischen Räumlichkeiten begrenzte Fassade besessen haben. Dahinter schlossen sich zwei große rechteckige Zimmer an, zwischen denen sich ein auf drei Seiten mit Säulen versehener Bau hinzog. Auf dem Luftbild treten sowohl die ursprünglichen Mauern wie die Standorte der Säulen scharf hervor. Der Zweck des Gebäudes liegt noch im dunkeln; vielleicht war es einst für kultische Handlungen bestimmt. Trotz gewichtiger Vorzüge des Falschfarbenfilms kann man auf den Schwarzweißfilm nicht verzichten. Sein Vorteil besteht in dem besonders hohen Auflösungsvermögen und der damit verbundenen geometrischen Präzision (»Schärfe«) der Wiedergabe. Für die Erkundung der Erdoberfläche überhaupt werden Schwarzweißbilder nun in ganz speziellen Verfahren verwendet, zum Beispiel in der im Rahmen des »Interkosmos-Programms« entwickelten Multispektralkamera (genannt MKF 6). Sie ermöglicht die fotografische Aufnahme des von den Bodenobjekten zurückgestrahlten Sonnenlichtes in sechs getrennten Spektralbereichen (bzw. Wellenlängen). Man erhält also mit dieser Kamera von jedem aufgenommenen Gebiet gleichzeitig sechs Schwarzweißbilder, die ein und dasselbe Objekt in sechs sehr schmalen Bereichen des Spektrums darstellen (davon vier im normal sichtbaren Licht und zwei im benachbarten Infrarot). Für bestimmte Aufgabenstellungen wählt man die jeweils günstigsten Spektralbereiche aus. Mit Hilfe von Farbmischprojektoren fügt man den Aufnahmen dann die Grundfarben Rot, Grün und Blau hinzu und gibt Fotos wie Farben auf einem Projektorbildschirm übereinander wieder. So entstehen Bilder mit sehr hoher Farbdifferenzierung, aus denen man wesentlich mehr Informationen zu gewinnen vermag als aus den Schwarzweißaufnahmen allein. Das menschliche Auge kann ja nur etwa 30 Grauabstufungen wahrnehmen, aber mindestens 10 000 Farbnuancen voneinander unterscheiden! Sehr viele Details werden daher erst durch Farbmischbilder sichtbar. Verfahrenstechniken dieser Art kann man auch bei archäologischen Luftbildern anwenden.

Die in den verschiedenen Spektralbereichen (Wellenlängen) gewonnenen Aufnahmen lassen sich getrennt und unabhängig voneinander weiterverarbeiten. Bei einer elektronischen Bildbearbeitung tastet man sie zeilenweise mit einem elektromagnetischen Aufnahmegerät ab. Die empfangene Strahlung wird dabei gemäß ihrer Intensität 256 Grauwerten zugeordnet und auf Band gespeichert. Man kann diese Daten, »zurückverwandelt«, wieder auf dem Bildschirm sichtbar machen und zugleich Konturen verstärken, Kontraste erhöhen, Details vergrößern, Markierungen eintragen usw. Die Vorteile dieses Verfahrens liegen auf der Hand. Sie kommen den Archäologen bei der Luftbildauswertung ebenfalls sehr zustatten.

Den Informationswert eines Schwarzweißfilms vermag man außerdem durch eine sogenannte Pseudokolorierung besser auszuschöpfen, wobei man den verschiedenen Grauwerten ganz beliebige Farben zuordnet. Ein mit dieser Technik behandeltes Luftfoto von römischen Gebäuderesten stellt Abbildung 17 dar (vgl. dazu Abb. 16). Die Pseudokolorierung erhöht die Kontraste und hebt dadurch zum Beispiel Bewuchsmerkmale deutlicher hervor. Sie hilft also ebenfalls, Spuren aus der Vergangenheit leichter zu entziffern.

Überblicken wir die Geschichte der Luftbildforschung, so sehen wir, daß ihre Möglichkeiten, ihre Anwendungsbereiche und ihre Bedeutung ständig gewachsen sind. Das hängt einerseits mit der Entwicklung der Fotografie und der Auswertungstechnik und zum anderen mit der des Flugwesens zusammen. Die ersten Luftaufnahmen machte man von Ballons aus; dann folgten solche aus dem Flugzeug, dem Hubschrauber und schließlich aus Raketen und Satelliten.

Archäologie ohne Ausgrabung

Fotos aus der »Vogelschau« dienen mittlerweile den verschiedensten Fachgebieten und Zwecken. Sie geben Geologen und Geographen, Zoologen, Botanikern und Ökologen, Städteplanern und Bergbauingenieuren Auskünfte auf bestimmte Fragen und werden für militärische Fernaufklärung ausgewertet. Für die Archäologie spielen sie demgegenüber noch eine relativ bescheidene Rolle. Dennoch sind sie auch hier bereits zu einem eigenständigen Forschungsinstrument geworden.

Künftig werden archäologische Karten, die auf Luftbildern beruhen, ebenfalls immer größere Bedeutung gewinnen. In wenigen Minuten vermag man ja mit automatischen Meßkameras ein Gebiet zu kartieren, für das mit herkömmlicher Meßtechnik Monate strapaziöser Arbeit nötig wären. Besonders nutzbringend, effektiv und ökonomisch sind fotogrammetrische Luftaufnahmen in Gegenden, die schwer zugänglich sind und weitab von Siedlungen und vom Verkehr liegen: Wüsten- und Steppenregionen sowie Bergländer. Seit Jahren hat man erstmals weite Landstriche im Bereiche des Mittelmeeres und des Vorderen Orients für archäologische Karten fotogrammetrisch vermessen. Das Meßbildverfahren selbst wurde erstaunlich vervollkommnet und genügt nun höchsten Ansprüchen. Für die fotogrammetrische und kartografische Auswertung von Schrägfotos hat man spezielle elektronische Meß- und Rechengeräte entwickelt.

Archäologische Übersichtskarten sind aus verschiedenen Gründen außerordentlich wichtig. Vom Erdboden bedeckte Spuren aus der Vergangenheit werden, wie wir gezeigt haben, nur unter ganz bestimmten Bedingungen sichtbar. Ein Luftfoto zeigt meist nur Teile einer früheren Ansiedlung, einer ehemaligen Kultstätte usw. Erst mehrere Aufnahmen während unterschiedlicher Jahreszeiten, Bewuchs- und Wetterverhältnisse bringen die Siedlungs- und Bebauungsspuren umfassender ans Licht. Auf archäologische Karten übertragen, entstehen dann allmählich mehr oder weniger vollständige Pläne und Grundrisse.

Nach und nach erhalten wir dadurch einen Überblick über die Besiedlung einer Gegend im Laufe der Zeit. Für viele europäische Gebiete gibt es bereits solche Karten, aus denen die Entwicklung von urgeschichtlichen Epochen bis zum Mittelalter ablesbar ist. Sie machen uns auch deutlich, wie sich die Menschen ihrer natürlichen Umwelt angepaßt und diese umgestaltet haben.

Darüber hinaus sind archäologische Karten noch aus einem anderen Grunde unentbehrlich. Durch Bauten und Straßen verändert sich gerade in unserer Zeit das Landschaftsbild ständig. So kann es passieren, daß man die vom Luftbild aufgezeichneten Spuren der Vergangenheit durch Veränderungen der Umwelt später gar nicht mehr genau zu lokalisieren vermag. Auf einer Karte sind sie dagegen unverrückbar festgehalten. Allerdings benötigt man dafür einen möglichst großen Maßstab, 1:10000 oder noch besser 1:5000, sonst kann man Details nur ungenau oder gar nicht einzeichnen.

Luftbilder ermöglichen sogar, wie Crawford sagte, eine »Archäologie ohne Ausgrabung«. Manchmal lassen sich aus der Vogelschau alte Stadtanlagen mit ihren Straßen und Gebäuden in vollem Umfang erkennen. Um den Stadtplan zu erkunden, braucht man dann am Boden nicht mehr an Ort und Stelle nachzuforschen. Auch der Grundriß des einstigen römischen Gutshofs von Ditchley bei Charlbury in Oxfordshire (Südengland) war aus der Luft genau zu erkennen (Abb. 18 und 19). George Allen hat diese Fundstelle vom Flugzeug aus entdeckt und während mehrerer Jahre unter den verschiedensten Bedingungen fotografiert. Sie verriet sich durch positive und negative Bewuchsmerkmale. Luftbild und Grundriß (die spätere Ausgrabung bestätigte die Genauigkeit von Allens Fotos) zeigen einen rechteckigen Umfassungsgraben und eine inner anschließende Umfassungsmauer. Der Eingang erfolgte von Süden her. Meist gehörten sol-

18 *Der frühere rö-
mische Gutshof
verriet sich durch
Bewuchsmerkmale*

che Gutshöfe wohlhabenden Einheimischen, die Lebensart und Kultur
bald nach der Besetzung des Landes von den Römern übernommen hatten. In Ditchley entdeckten die Ausgräber Spuren von Holzsäulen, die ursprünglich eine Kolonnade vor dem Hauptgebäude gebildet hatten. Aber
um die Wende vom 1. zum 2. Jh. wurden sie von einer aus Stein errichteten Veranda ersetzt, die sich um die Süd-, West- und Ostfront des Hauses
hinzog. Gleichzeitig erweiterte man das Haus durch an der Südseite vor-
gebaute Eckräume. Nun war es reich gegliedert und enthielt auch Zimmer
für Geselligkeit und Muße. Sicher gehörten zu dem Landgut einige tausend Morgen Ackerland. Vor dem »Herrenhaus« befanden sich der Brunnen und südwestlich davon ein runder Dreschboden. Die Südseite des umfriedeten Areals nahm die Scheune ein. In ihrem Mittelteil waren Vorräte,
Geräte und Vieh untergebracht. Das Westende war durch Bretter unterteilt; hier schliefen die im Gut Beschäftigten. Im Ostteil stand später ein
Kornspeicher.

Der Gutshof von Ditchley verkörpert einen bestimmten Typ des römischen Gutshofes. Er ist im Luftbild klar zu erkennen. Mit Hilfe solcher Fotos kann man die regionale Verteilung und Dichte eines Siedlungstyps erkennen bzw. bei einer Vielzahl von gleichartigen Bauten oder Anlagen
typologisch wichtige Merkmale ermitteln, ohne Ausgrabungen vorzuneh-

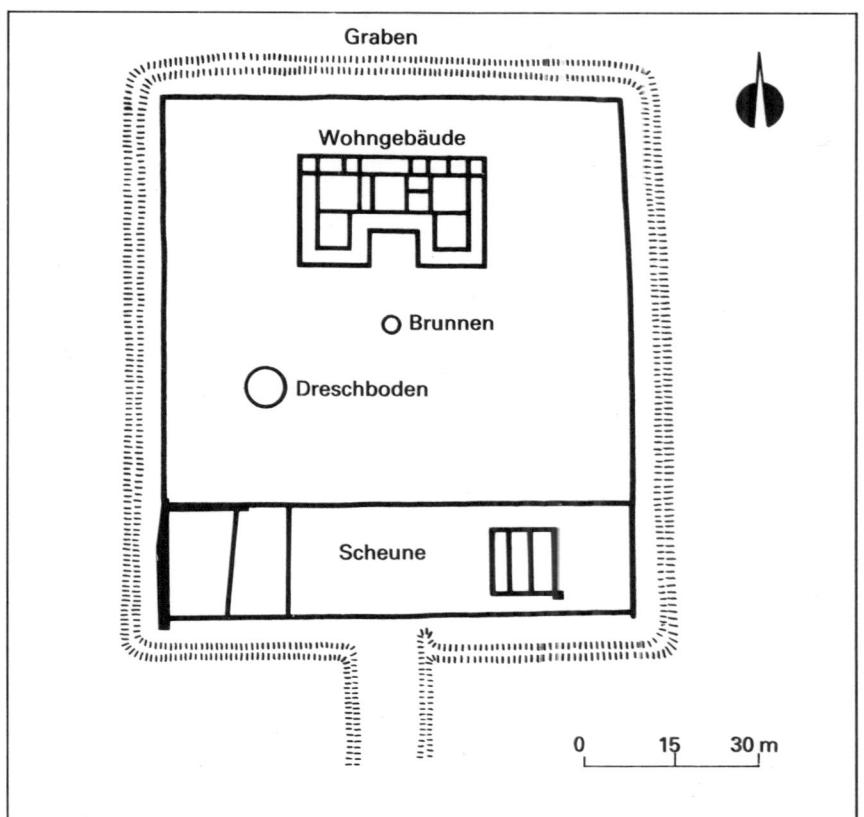

Graben

Wohngebäude

O Brunnen

◯ Dreschboden

Scheune

0   15   30 m

men. Luftbilder können uns auch die Anzahl von Landgütern, Ansiedlungen, Gräbern, Kultstätten, alten Straßen usw. innerhalb verschiedener Regionen verraten und zur quantitativen und statistischen Auswertung dienen.

Ihren besonderen Reiz erhalten solche Fotos, wenn sie noch unbekannte Spuren aus der Vergangenheit enthüllen. Auf Abbildung 20 sehen wir einen nach Norden und Süden leicht abfallenden Geländerücken mit ehemaligen Gräben in Form eines unregelmäßigen Ovals. Dessen größter Durchmesser beträgt rund 330 m. Nach dem Foto und den an der Oberfläche aufgelesenen Scherben befand sich hier einst eine befestigte Siedlung des frühen bis mittleren 5. Jt. v. u. Z. Sie gehörte zur Kultur der jüngeren Linienbandkeramik, auf die wir später noch zu sprechen kommen. Die Gräben enthüllte das Luftbild, aufgenommen in der Nähe von Asparn an der Zaya in Niederösterreich. Sollte das Gelände künftig für Gebäude oder Straßen benötigt werden, könnte man rechtzeitig eine Grabung organisieren oder zumindest Notbergungen vornehmen. Auch darin erweist sich der Nutzen der Archäologie aus der Vogelschau. Sie zeigt uns, wo vordringlich gegraben werden muß oder welche Örtlichkeiten besonders zu schützen sind. Solche Rettungsmaßnahmen großen Umfangs haben vor allem bei der Anlage von Braunkohlentagebauen und Stauseen Bedeu-

tung, da durch sie sehr große Flächen völlig verändert oder bedeckt werden. In diesen Fällen ist schnelles Handeln notwendig, um wenigstens im Überblick festzustellen, ob eventuell Siedlungs- und Bebauungsspuren oder Reste von Grabanlagen vorhanden sind. Oft läßt sich das am rationellsten und effektivsten durch Aufnahmen aus der Luft vorbereiten und ermitteln. Auch aus diesem Grunde sind solche Fotos daher sowohl für Archäologen wie für alle jene, die größere Umgestaltungen eines bestimmten Geländes planen, zum unentbehrlichen Hilfsmittel geworden. Bilder dieser Art können darüber hinaus wegen ihrer Aussagekraft und ästhetischen Wirkung Interesse für früheres Geschehen und für historische Zusammenhänge wecken. Dazu sollen die folgenden Kapitel und ihre Abbildungen ebenfalls beitragen.

20 *Im Luftbild heben sich die Gräben einer linienbandkeramischen Siedlung ab*

Frühe Ansiedlungen, Straßen und Felder

3

Es ist keineswegs überraschend, daß Entdeckungen
von so großem räumlichem Ausmaß und so weitgesteckten Zielen
nur langsam zur Kenntnis genommen werden.
John Bradford

Schon so lange, wie es überhaupt Menschen gibt, haben diese versucht, sich vor Wind und Wetter, Hitze und Kälte zu schützen. Eine Bekleidung allein reichte dafür nicht aus; sie mußten auch ein Dach über dem Kopf haben. Anfangs fand man Unterschlupf in Höhleneingängen und unter Felsüberhängen oder behalf sich mit Windschirmen und einfachsten zeltartigen Bauten bzw. Hütten. Deren Spuren sind längst zugeweht. Aus der Luft kann man sie nicht mehr erkennen. Dennoch läßt sich mitunter aus der Vogelschau erschließen, an welchen Plätzen einst urgeschichtliche Menschen geweilt haben.

Für ihren Aufenthalt bevorzugten diese oft bestimmte Stellen an den Ufern von Flüssen, Seen oder des Meeres. Alte Uferlinien verraten sich auf den Luftbildern manchmal durch charakteristische geographische und geologische Verhältnisse. Wenn man weiß oder vermutet, daß sich in solchen Gebieten einst urgeschichtliche Menschen aufhielten, geben Luftfotos auch Hinweise auf deren mögliche Lagerplätze und Zufluchtsstätten. Französische Gelehrte sind auf diese Weise im Südosten, Nordwesten und Norden Frankreichs sowie in Südostasien frühen Jägern und Sammlern auf die Spur gekommen.

Zu den ältesten, mit Mauern umgebenen Niederlassungen gehört Jericho. Sie soll später, lesen wir im Alten Testament, auf ungewöhnliche Weise von israelitischen Stämmen erobert worden sein. Jericho war die erste befestigte Ansiedlung, auf die sie im Lande Kanaan stießen, dessen Besitznahme ihnen ihr Gott Jahwe verheißen hatte. Aber Jericho ergab sich nicht. Da zogen die israelitischen Krieger und Priester unter ihrem Anführer Josua an sechs Tagen hintereinander je einmal um die Stadt. Am siebenten Tage umrundeten sie diese jedoch siebenmal. Dann bliesen sie mit mächtigem Schalle die Posaunen und stimmten ein fürchterliches Geschrei an. Durch den Lärm stürzten die Mauern Jerichos zusammen, und die Stadt wurde eine leichte Beute für die Sieger.

Obwohl diese Geschichte legendenhaft ausgeschmückt ist, besitzt sie sicher einen historischen Kern. Unser Luftbild (Abbildung 21) vermittelt einen Blick auf den Schutthügel des alten Jericho, bis zu dem sich die moderne Stadt nun ausgedehnt hat. Seine Existenz verdankt der Ort, der nördlich des Toten Meeres fast 300 m unter dem Spiegel des Mittelmeeres in der Jordansenke liegt, seit jeher einer ergiebigen Quelle. Sie zaubert aus dem ausgedörrten Wüstenboden eine Oase hervor.

Der Hügel des alten Jericho, Tell es-Sultán genannt, ragt rund 20 m aus der Ebene empor. Die Trümmer vieler Ansiedlungen ließen ihn bis zu dieser Höhe wachsen. Heute ist er etwa 300 m lang und 150 m breit. Wind und Wetter haben seine Oberfläche zernagt, zerfurcht und ausgewaschen. Auch die Archäologen hoben auf ihm Löcher und Gräben aus. Von der Zerstörung der Stadt durch die Israeliten (wahrscheinlich Ende des 13. Jh. v. u. Z.) fanden sie jedoch bisher keine Spuren. Durch Erosion sind die spätbronzezeitlichen Siedlungsschichten abgetragen und verwischt worden. Außerdem ist Jericho zu dieser Zeit offenbar nur ein unbedeutender

Ort gewesen, der von den Wüstenstämmen wohl ohne großen Aufwand überrannt werden konnte.

Das Luftbild vom Tell es-Sultán zeigt uns einige interessante Einzelheiten. In seiner Längsausdehnung erstreckt sich der Hügel etwa von Nord (linker Bildrand) nach Süd (rechter oberer Bildrand). Die Sonnenstrahlen fallen aus westsüdwestlicher Richtung auf den Hügel, wobei der Schattenwurf die unterschiedlichen Strukturen kräftig hervorhebt. Am Rande des Hügelkamms zieht sich eine Mauer hin, die noch aus der Jungsteinzeit und frühen Bronzezeit stammt. Der Tell es-Sultán ist nämlich über Jahrtausende hinweg besiedelt gewesen. Als er von Josua und seinen Scharen verwüstet wurde, hatte er schon eine lange Geschichte hinter sich. Auf dem Luftbild bemerken wir auch zwei tiefe Gräben, die die Archäologen vom Rande des Hügels aus angelegt haben. Der eine verläuft von der Westseite aus in östliche Richtung bis etwa zur Mitte des Hügelkamms. In seiner Verlängerung befindet sich am Fuße der Ostseite die erwähnte

21 Ausgrabungen auf dem Schutthügel des alten Jericho

43

Quelle, deren Wasser heute allerdings zu einer zementierten Zisterne geleitet wird. Die sich anschließenden Bäume bezeugen die Fruchtbarkeit der Oase; Jericho heißt in der Bibel daher auch »Palmenstadt«. Der westöstliche Suchgraben durchschneidet die Schutzmauer auf dem oberen Rand des Tell es-Sultán. Ein zweiter Forschungsgraben zieht sich vom Südende des Hügels in dessen Längsrichtung bis zu der genannten Mauer hin, die hier, nach einer Abbiegung um 90°, von West nach Ost verläuft.

Solche Tiefgrabungen führten bis zum gewachsenen Boden hinab. Dort erwartete die Ausgräber eine besondere Überraschung: Spuren der ersten Besiedler des Ortes aus dem 10. Jahrtausend v. u. Z.! Anscheinend haben diese bereits Getreide angebaut und Ziegen gehalten! Sogar die Spuren eines Kultgebäudes aus Holz und Lehm fanden sich; seine Grundfläche maß 6,5 × 3 m. Ende des 10. Jahrtausends ist es offensichtlich im Feuer untergegangen.

Im 8. und 7. Jahrtausend v. u. Z. bestand auf dem Tell es-Sultán, das war die größte Überraschung für die Archäologen, eine Ansiedlung mit schätzungsweise 2000 bis 3000 Bewohnern! Es ist die früheste Siedlung dieses Umfangs, die wir bisher kennen. Forschungsgeschichtlich kommt ihr eine außerordentliche Bedeutung zu. Sie manifestiert den gewaltigen gesellschaftlichen und kulturellen Fortschritt, der sich nach dem Übergang von der Jagd und Sammeltätigkeit zu Ackerbau und Viehzucht vollzogen hat. Jetzt konnten, ja mußten viele Menschen längere Zeit an einem Ort leben, um zu säen und zu ernten. Je mehr Arbeitskräfte dafür zur Verfügung standen, desto besser. Um zahlreiche Menschen zu ernähren und zu kleiden, bedurfte es einer hohen Arbeitsproduktivität. So bedingte eins das andere und trieb die materielle und kulturelle Entwicklung voran.

Noch etwas kam bei Jericho hinzu. Der Ort lag nicht nur an einer lebenspendenden Quelle, sondern offenbar auch an einer Kreuzung wichtiger Verbindungswege. Seine Einwohner tauschten Salz aus dem Toten Meer sowie Schwefel und Erdpech von seinen Ufern (als Klebe- und Bindemittel für kombinierte Geräte wie Erntemesser) gegen Muscheln aus dem Mittelmeer, Kaurischnecken aus dem Roten Meer, Türkise von der Halbinsel Sinai und Obsidian aus dem Süden der Türkei. (Obsidian ist ein schwarzes, vulkanisches, glasartiges Gestein, das sich, bearbeitet, bestens zum Schneiden und Stechen eignet.) Durch Ackerbau (Weizen, Gerste, Erbse, Bohne, Linse), Viehzucht (Ziegen und dann auch Rinder) sowie durch den Tauschhandel blühte Jericho im 8. und 7. Jahrtausend v. u. Z. rasch auf.

Zunächst errichteten seine Einwohner auf Steinunterlagen kleine runde Hütten aus luftgetrockneten Ziegeln. Anscheinend ahmten sie dabei die ursprünglichen Laub- und Schilfhütten nach. Neue Siedler, die Jericho in ihre Gewalt gebracht hatten, führten danach eine andere, zweckmäßigere Gebäudeform ein. Sie bauten rechteckige Häuser mit Zimmern, die mitunter 7 m lang und 3 m breit waren. Wie die Mauern bestanden auch die Fußböden aus Lehmziegeln. Die Böden hatte man oft rot bemalt und mit geflochtenen Matten belegt; die Dächer wurden mit Schilf gedeckt. Kleine

22 *Mit Kalk überzo-
gener und bemalter
Schädel aus dem
ältesten Jericho*

Kammern bildeten vermutlich Vorratsräume; auf offenen Höfen standen
Herde zum Kochen und Braten. In tempelartigen Gebäuden flehte man die
vermeintlichen höheren Mächte um Beistand und reichen Erntesegen an.
Auch einen Ahnenkult scheint es gegeben zu haben. Die Schädel bestimmter Verstorbener wurden wohl nach einiger Zeit wieder ausgegraben
und mit einer Kalkmasse überzogen. Man bemalte diese schließlich und
setzte an Stelle der Augen Muscheln ein. So entstanden merkwürdige, lebendig wirkende »Schädelplastiken«, die uns ein Bild von den frühesten
Ackerbauern vermitteln (Abb. 22). Diese besaßen noch keine Keramik, also
keine Gefäße aus gebranntem Ton.

Nahrungsvorräte, Tauschprodukte und andere materielle Güter, die sich
im ursprünglichen Jericho anhäuften, zogen sicher auch viele Feinde an.
Um sich vor ihnen zu schützen, baute man schon im 8. Jahrtausend v. u. Z.
eine Mauer, die noch heute an der Basis bis zu 2 m breit und stellenweise 4
bis 7 m hoch ist. Sie war von einem bis zu 9 m breiten und bis zu 3 m tiefen
Graben umgeben. An der Innenseite der Mauer wurde ein runder Turm
von fast 9 m Breite errichtet. Er ist bis zu einer Höhe von über 8 m erhalten
geblieben (Abb. 23). In sein Inneres führten 28 Stufen hinab. Auf ihnen lagen die Skelette von 11 Menschen, die offenbar bei der Verteidigung des

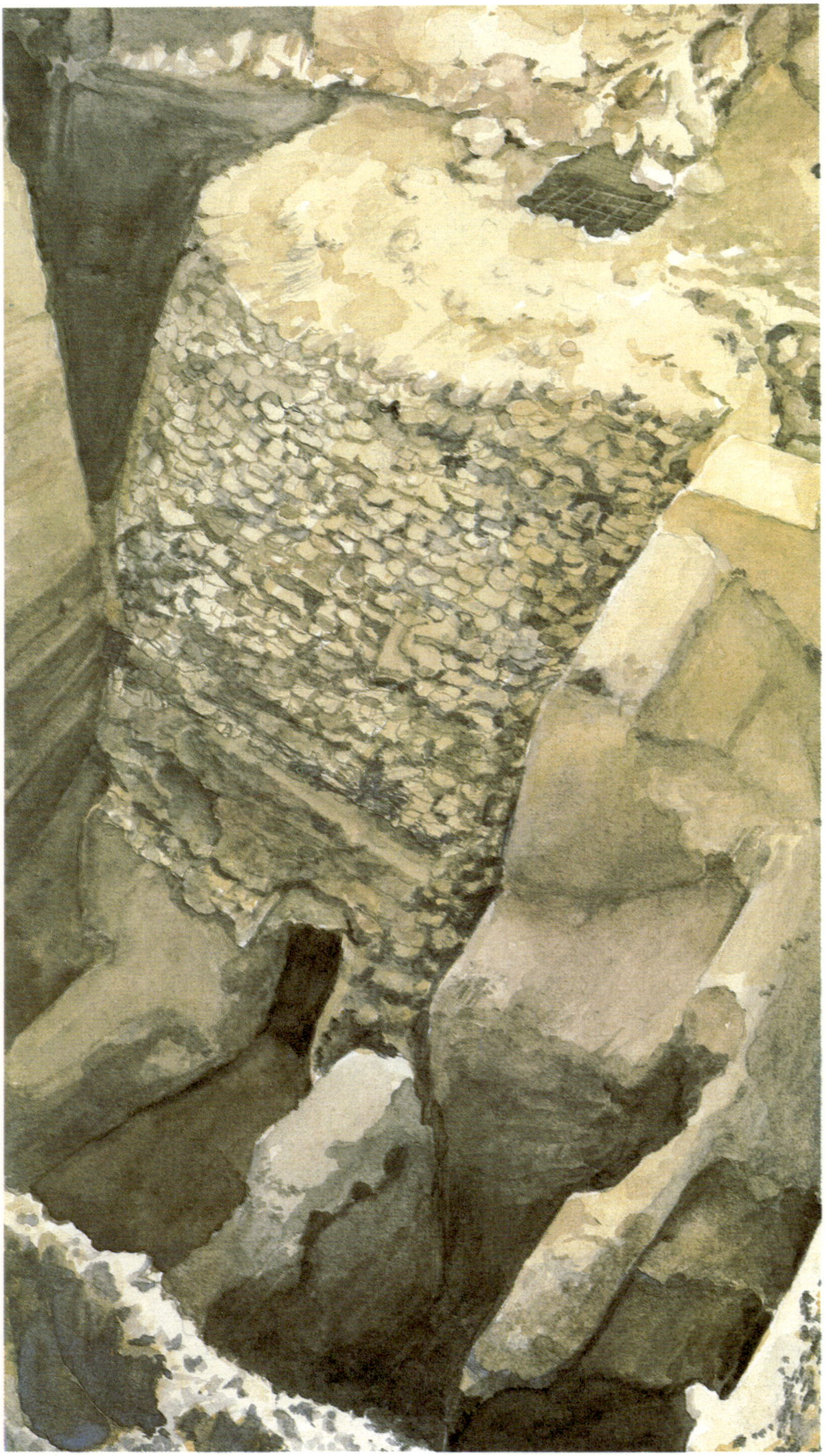

23 *Turm der ersten Befestigungsanlage Jerichos*

Turmes gefallen waren. Auf dem Luftbild (Abbildung 21) befindet er sich am östlichen Ende des tiefen Grabens, der sich von der Westseite des Tell es-Sultán bis etwa zur Mitte des Hügelkamms erstreckt. Künftige Ausgrabungen werden vermutlich noch weitere Türme dieser Art zum Vorschein bringen. Jerichos mächtige Verteidigungsanlagen sind die ältesten der Welt. Wir könnten sie daher auch an den Beginn des Kapitels »Schutz vor Feinden« stellen. Mit gleichem Recht läßt sich jedoch Jericho zu den frühen Ansiedlungen zählen.

Häuser der Bandkeramiker

Von Jericho und anderen Orten des Vorderen Orients aus drang die neue Wirtschaftsweise über Anatolien und den ägäischen Raum nach Südosteuropa bis an die Donau vor. Dann verbreitete sie sich vor allem entlang der Täler von Weichsel, Oder, Elbe und Rhein in weiten Teilen Europas. Vor rund 7000 bis 6500 Jahren hatten Ackerbau und Viehzucht in den Lößgebieten vom Schwarzen Meer über Mitteleuropa bis zum Pariser Becken Einzug gehalten. Auf der Grundlage dieser Produktionsweise bildete sich eine erstaunlich einheitliche Kultur heraus: die der Linienbandkeramiker. Man nennt sie so wegen der Verzierungen auf ihren Tongefäßen: Bänder, die Mäander, Spiralen und Winkel bilden.

Siedlungen der Bandkeramiker finden wir in der Nähe von Flüssen und anderen Gewässern. Manchmal waren diese Niederlassungen durch Gräben und Wälle mit Palisaden geschützt. Ein Luftbild (Abbildung 20) hat uns schon mit den Spuren einer so befestigten Ansiedlung aus Niederösterreich vertraut gemacht. Solche Fotos geben manchmal überhaupt erst

24 Dunklere Stellen in einem Getreidefeld markieren Wände und Pfosten eines ehemaligen bandkeramischen Hauses

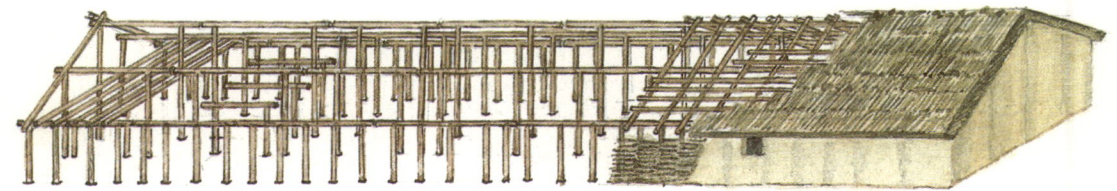

Hinweise auf derartige Niederlassungen. Luftbilder verraten uns auch Lage, Grundriß und Ausdehnung der bandkeramischen Häuser. Eines davon zeigt Abbildung 24 aus der Vogelschau. In einem Getreidefeld im Landkreis Mayen bei Koblenz sind der rechteckige Grundriß und die Pfostenlöcher dieses frühen Bauernhauses durch positive Bewuchsmerkmale sichtbar geworden. Durch sie heben sich die ehemaligen Standorte der Pfosten und der Verlauf der Wände deutlich als dunklere grüne Kreise bzw. Streifen ab. Die Wohnstätte war, den Spuren nach, 7 m breit und 35 m lang. Drei Pfostenreihen stützten ursprünglich das Firstdach. Für die Wände hatte man schmale Gräben ausgehoben und als Unterlage Balken hineingelegt. Die Wände selbst bestanden aus einem Flechtwerk, das man mit Lehmputz versah. Meist wurde das Material dafür aus Gruben entlang der Außenwände genommen. Häuser dieser Art konnten bis zu 10 m breit und bis zu 50 m lang sein! Es waren also arbeitsmäßig oft sehr aufwendige Bauten. Holz dafür stand reichlich zur Verfügung. Aber die benötigten Bäume mußten ja alle erst mit Steinäxten gefällt und zurechtgehauen sowie an Ort und Stelle transportiert werden.

In so geräumigen Häusern wohnte sicher eine Großfamilie. Anschei-

25 *Rekonstruktion eines bandkeramischen Hauses*

jüngere Linienbandkeramik

ältere Linienbandkeramik

26 *Verschiedene Typen und Größen bandkeramischer Häuser*

nend waren die Bauten in einen Vorraum, einen Speicher und in einen Mittelteil untergliedert, der wohl zum eigentlichen Wohnen diente. Wie die Langhäuser vermutlich aussahen und konstruiert waren, macht uns Abbildung 25 deutlich. Sie stellt die Rekonstruktion eines bandkeramischen Hauses aus der Siedlung Bylany in Böhmen dar. Bei diesem Bauwerk war nur das Nordende mit einem Wandgraben und hineingelegten Stützbalken versehen. Das Flechtwerk der Wände ist angedeutet. Die Rekonstruktion läßt die große Zahl der verwendeten Pfosten und Balken besonders eindrucksvoll erkennen.

Innerhalb der Siedlungen waren die Häuser, wie Ausgrabungen und Luftbilder zeigen, staffelförmig angeordnet, und zwar so, daß ihre Längsseiten etwa von Nordwesten nach Südosten wiesen. Grabungen in der niederländischen Provinz Limburg ergaben nähere Aufschlüsse über die verschiedenen Typen und Größen der bandkeramischen Wohnbauten. Dreiteilige Langhäuser besaßen entweder einen durchgehenden Wandgraben oder diesen nur an einem Ende (Abb. 26). Was die zweiteiligen Wohnstätten betrifft, war der Wandgraben generell nur an einem Ende ausgeführt. Die kleinsten Häuser hatten gar keinen solchen Graben. Bemerkenswert ist auch, daß die Pfosten im Mittelteil der Häuser während der älteren Linienbandkeramik ein Y bildeten. Dagegen zeichneten sich die Behausungen aus der jüngeren Phase dieser Kultur im Mittelteil durch Pfostenreihen aus (vgl. Abb. 25). Vielleicht kann man aus der verschiedenen Größe der Bauten auf mehr oder weniger zahlreiche Familienmitglieder oder auf Unterschiede im Besitz, im Ansehen und im Einfluß auf die Gemeinschaft schließen.

Wichtige Einblicke in das Leben der Bandkeramiker vermitteln uns Ausgrabungen in einer ihrer Siedlungen im Süden der niederländischen Provinz Limburg bei Elsloo. Dort stellten die Archäologen 95 ehemalige Gebäude fest. Wahrscheinlich verteilten sie sich auf einen Zeitraum von ca. 400 Jahren, doch während der einzelnen Besiedlungsphasen existierten gleichzeitig wohl nur etwa 17 Häuser. Eines davon war immer auffällig groß; es könnte ein »Häuptlings«- oder Versammlungshaus gewesen sein. Aus Anzahl und Größe der Häuser sowie aus der Zahl der Bestattungen in dem anschließenden Gräberfeld errechnete man, daß jeweils zwischen 85 und 170 Personen in der dörflichen Siedlung gelebt haben. Im Vergleich mit den 2000 bis 3000 Bewohnern des alten Jericho erscheint das wenig. Dort war die Entwicklung schon weiter fortgeschritten.

Ackerbau und Viehzucht erforderten von den Bandkeramikern harte Arbeit. Vermutlich machten sie zunächst ausgewählte Waldgebiete durch Brandrodung urbar. Vielleicht blieben die größten Bäume erst einmal stehen. Dann lockerte man den Boden mit Grabstöcken oder mit Holz- und Geweihhacken für die Aussaat auf. Angebaut wurden Gerste, Weizen, Linse, Hirse und Lein. Allzulange wird der Boden keine guten Ernten erbracht haben. Man mußte in der Umgebung der Siedlung neue Flächen roden und eines Tages die Wohnstätten in unerschlossenes Gebiet verlegen, wo das künftige Ackerland noch unverbraucht war. Die gezähmten Rinder fanden auf den Waldwiesen Nahrung, die Hausschweine wurden sicher vor allem mit Eicheln gefüttert. Auch Schafe, Ziegen, Rinder und Hunde hielt man als Haustiere. Und natürlich jagte man das Wild in den Wäldern und Auen. Schließlich bildeten sich aus der großen Kultur der Linienbandkeramik in den einzelnen Gebieten verschiedene kleinere kulturelle Gruppen heraus. Sie führten auf der Grundlage von Ackerbau und Viehzucht ein eigenständiges Leben weiter.

Entdeckungen in Apulien

Im Südosten Italiens, im Küstengebiet an Ferse und Sporn des Stiefels, befindet sich zwischen den Flüssen Fortore (im Norden) und Ofanto (im Süden) eine etwa 100 km lange und 50 km breite Ebene. Ihren geographischen und verwaltungsmäßigen Mittelpunkt bildet die Stadt Foggia.

Daß dieser »Tavoliere« genannte Küstenstrich bereits vor Jahrtausenden dicht besiedelt war, entdeckten zwei an Archäologie interessierte und durch eigene Ausgrabungen erfahrene Männer: John S. P. Bradford und Peter Williams-Hunt. Als britische Offiziere waren sie am Ende des zweiten Weltkriegs in Apulien stationiert, um dort militärische Luftbilder auszuwerten. Sie vermuteten, daß gerade im Tavoliere Spuren aus der Vergangenheit, wenn es sie überhaupt gab, auf Luftfotos besonders deutlich zu sehen sein müßten. Seine Oberfläche besteht nämlich in der Regel aus einer verhältnismäßig dünnen Humusschicht, die über porösem, kalkartigem Gestein liegt, dem wiederum nach unten Sand folgt. Überall dort, wo vielleicht einst Gräben ausgehoben waren, würden die Getreidewurzeln tiefer ins Erdreich eindringen können und besser gedeihen. Solche Stellen mußten sich also durch Bewuchsmerkmale verraten. Tatsächlich hatten sich die beiden Engländer darin nicht getäuscht.

Die Frist zur Ausführung ihrer Pläne war allerdings kurz. Nach Kriegsende war auch ihr Aufenthalt in Apulien bald vorbei. Außerdem stand die Ernte bevor. Waren die Felder erst einmal gemäht, gab es keine Bewuchsmerkmale mehr. Eile tat also not. Mit Unterstützung ihrer Vorgesetzten erhielten Bradford und Williams-Hunt vier Wochen Zeit. Diese nutzten sie gründlich aus, indem sie einige tausend Aufnahmen »schossen«. Zunächst verschafften sie sich durch Erkundungsflüge eine Übersicht über die Ebene, um sich mit ihren landschaftlichen Besonderheiten vertraut zu machen. Danach dokumentierten sie in Schrägaufnahmen die auffallendsten Vegetationsmuster aus 300 bis 450 m Höhe. Durch Vertikalfotos aus 3 000 m Höhe, die Bilder in einem Maßstab von 1:6 000 lieferten, erfaßten sie das gesamte Gebiet und gewannen so ein umfangreiches und aussagekräftiges Material. Seine Auswertung blieb schließlich Bradford überlassen. Williams-Hunt kam nämlich in den Fernen Osten und nach Australien, wo er die archäologischen Forschungen aus der Luft fortsetzte. 1953 verunglückte er jedoch bei einer anthropologischen Expedition im malaiischen Dschungel tödlich.

Obwohl die Bilder über dem Tavoliere im Verlaufe weniger Wochen aufgenommen worden waren, benötigte Bradford für ihre Auswertung drei volle Jahre. Er mußte erst lernen, die vielen Einzelheiten richtig zu erkennen, sie zu unterscheiden, zu klassifizieren, sie mit Fundstätten in anderen Gebieten des Mittelmeeres und Europas zu vergleichen und sie letztlich entsprechend einzuordnen. Was er auf den Fotos und unter dem Stereoskop entzifferte, trug er nach Möglichkeit in Karten ein. Aber das war schwieriger als gedacht. Die Karten besaßen einen Maßstab von 1:25000; dicht benachbarte Objekte und genaue Einzelheiten waren auf ihnen kaum oder gar nicht unterzubringen. Viele Fundstätten wurden daher einzeln kartiert oder von den Fotos auf durchsichtiges Material durchgepaust. Durch Kombination der Schräg- und Vertikalaufnahmen versuchte Bradford, zu einer möglichst umfassenden Darstellung der einzelnen Fundorte zu gelangen und sie exakt zu vermessen. Später fand er die gesuchten Stellen im Gelände wirklich auf den Meter genau wieder. Und natürlich studierte er eingehend die Bezüge zwischen den verschiedenen Fundstätten und ihrer näheren Umgebung.

Was sich schließlich aus zahllosen Details der Flugbilder herausschälte, war außerordentlich überraschend. Schon im Neolithikum war der Tavoliere dicht besiedelt gewesen. Offenbar waren diese frühen Bewohner im 3. Jahrtausend v. u. Z. auf dem Seewege aus Griechenland und dem südlichen Balkan gekommen. Damals kannte man bereits die Verarbeitung von Kupfer. Man spricht daher auch von der Kupfer-Steinzeit oder dem Chalkolithikum. Aus dieser Periode entdeckte Bradford im Tavoliere etwa 200 Siedlungen; vor seinen Untersuchungen wußte man von ihnen über-

27 *Die Schrägaufnahme enthüllte eine frühe Siedlungsfläche in Apulien*

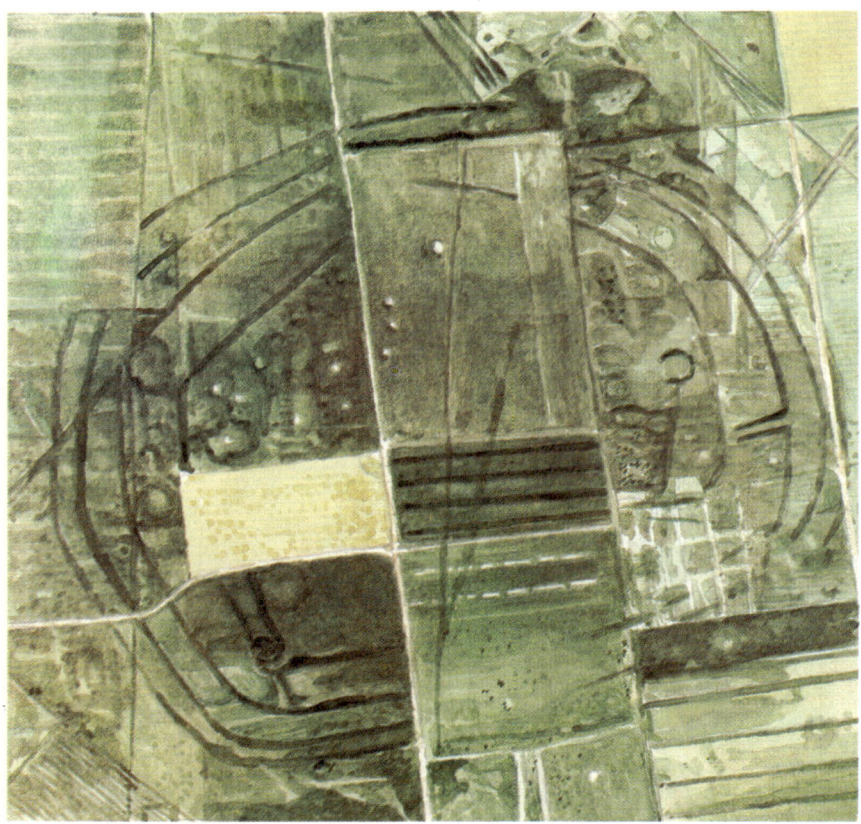

haupt nichts. Für die Forschung erschloß er also durch die Luftbilder völliges Neuland. Er stellte fest, daß die Siedlungen nach ihrer Anlage und Struktur verwandte Merkmale aufwiesen und sich anscheinend auf einen Zeitraum von einigen hundert Jahren verteilten (Abb. 27–29). Kleinere, ehemals bewohnte Areale lagen neben größeren, oft auf leichten Anhöhen über früheren Malariasümpfen. Die Ansiedlungen waren einst ausnahmslos von Gräben umgeben, sicher auch von Erdwällen, von denen sich jedoch keine Spuren erhalten hatten. Deutlich zeigten die Bewuchsmerkmale, daß sich die Gräben um die alten Dörfer kreisförmig oder als Ovale herumzogen. Manchmal hatte man sich mit nur einem solchen Graben begnügt. Bei den größeren Anlagen waren es stets mehrere, konzentrisch ineinanderliegend.

Eine kleinere Siedlungsfläche nahe Foggia sehen wir auf Abbildung 27. Sie besitzt nur einen in Kreisform ausgehobenen Umschließungsgraben. Sogar die schmale Eingangslücke ist rechts noch zu erkennen. Innerhalb der Einfriedung bemerken wir weitere Kreisspuren. Sie sind für die neolithischen Wohnstätten des Tavoliere charakteristisch. Bradford glaubte zunächst, daß es sich bei ihnen um Hüttengrundrisse handelte. Aber es waren wohl Gräben, die den Besitz einzelner Familien oder einer Großfamilie einschlossen: das heißt deren Wohnflächen mit Hütten, Häusern und

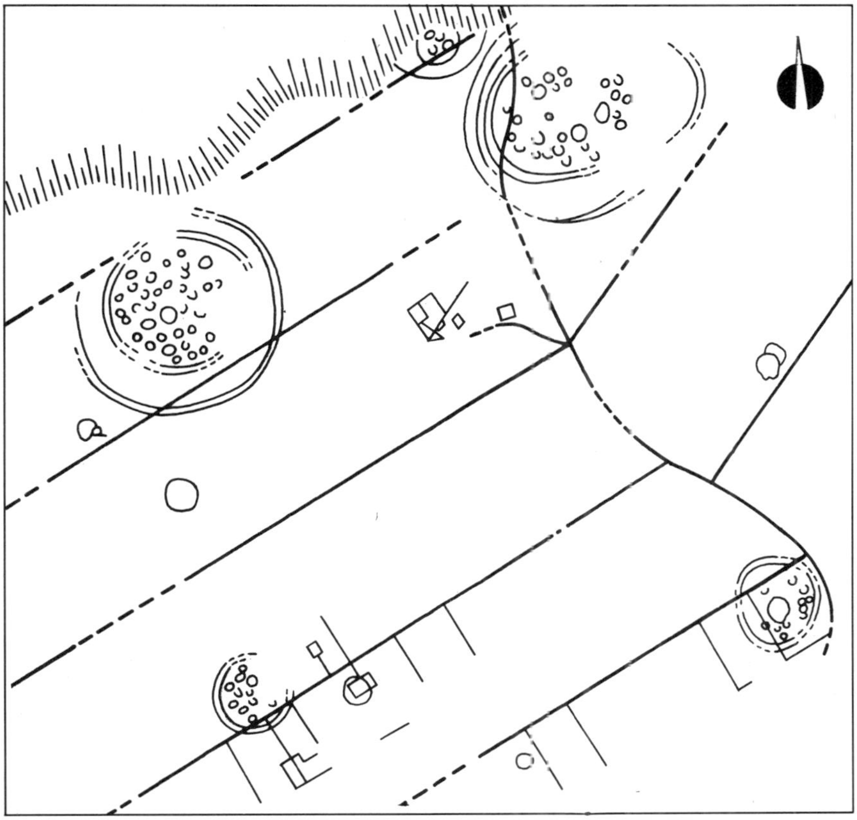

29 Nach Luftbil-
dern gezeichnete
Pläne ehemaliger
Siedlungen

eventuell mit Vieh. Merkwürdigerweise fanden sich jedoch in diesen so se-
parierten Flächen keine Spuren ehemaliger Behausungen. Auf den Luftbildern vermochte Bradford dagegen die Breite der nun verschütteten Gräben auszumessen. Bei den Wohneinheiten innerhalb der Siedlungen
betrug sie etwa 1,20 bis 3 m, bei den die Ansiedlungen umgebenden Gräben 3,50 bis 7,50 m. Die Familienwohnplätze besaßen ca. 12 bis 33 m
Durchmesser. Manchmal bildeten sie keinen Ring, sondern nur einen
Halbkreis. Ihre Öffnungen bzw. Zugänge wiesen gewöhnlich nach Ost-
nordost oder Westnordwest. In großen Anlagen zählte Bradford 100 und
mehr solcher Wohneinheiten. Alles das vermochte er ohne Ausgrabungen
auf den Fotos zu ermitteln.

Die Spuren einer großen Anlage südlich von Foggia lernen wir auf Abbildung 28 kennen. Hier gibt die Senkrechtaufnahme 4 konzentrische Gräben
wieder, die zum Teil durch unterschiedlicher Bewuchs verdeckt werden.
In der Form ist die einstige Siedlung für viele der größeren Fundstätten typisch. Ihre maximale Länge beträgt etwa 440 m. In der rechten Bildhälfte
ist am zweiten Graben von innen deutlich ein trichterförmiger Eingang zu
erkennen.

Das umfangreichste Dorf spürte Bradford nahe dem heutigen Passo di
Corvo auf, 12 km nordöstlich von Foggia. Sein Areal erstreckte sich über

eine Fläche von 730 × 460 m. Außerdem wurde es in weitem Bogen teilweise von einem Graben umfaßt. Rechnet man diesen hinzu, besaß die Gesamtanlage einen größten Durchmesser von fast 1 400 m. War sie einst ein Stammeszentrum? Wir wissen es noch nicht. Bisher können wir nur ahnen, wie dicht bevölkert der Tavoliere am Ende der Jungsteinzeit war. Die Luftbilder zeigen uns ja nur die kärglichen Spuren eines einst betriebsamen Lebens.

Mitunter ziehen sich benachbarte Fundorte an einer Böschung entlang, wie Abbildung 29 beweist. Auf ihr sind in gleichem Maßstab die Grundrisse von zwei größeren und zwei kleineren Siedlungen dargestellt. Die beiden ausgedehnteren verfügten über jeweils vier, die beiden anderen nur über jeweils zwei Umfassungsgräben. Im Inneren waren bei allen vier Dörfern zahlreiche kleinere Eingrenzungen vorhanden. Straßen aus späterer römischer Zeit laufen durch die Anlagen hindurch. Archäologie ohne Ausgrabung — dafür bildet dieser Lageplan ein überzeugendes Beispiel. Es belegt die Vorteile der Archäologie aus der Luft, für die Bradford ebenfalls als Pionier gewirkt hat.

Nach einer Probegrabung bereits im Jahre 1945 führte dieser dann 1949 und 1950 im Tavoliere umfangreichere Ausgrabungen durch, insbesondere nahe Passo di Corvo. Aus den Grabenfüllungen barg er Obsidiansplitter, mit denen einst primitive Sicheln versehen waren, Reibsteine und Mörser zum Zermahlen des Getreides, Knochennadeln, Spinnwirtel aus gebranntem Ton sowie Scherben von Vasen, Schalen und Krügen. Sie sind mit ähnlichen Erzeugnissen jenseits der Adria verwandt, von wo die neolithischen Bewohner des Tavoliere kamen. Während der Bronzezeit war die Ebene jedoch nicht mehr besiedelt. Erst in römischer Zeit und im Mittelalter bildete sie wieder einen Schauplatz regen Lebens, was außer historischen Überlieferungen auch Bradfords Luftbilder bezeugen.

Auf der Suche nach Spina

Die Suche nach Spina war langwierig und abenteuerlich. Sie wurde schließlich durch die Luftbildarchäologie erfolgreich beendet.

Die Nachrichten über die Stadt erstreckten sich über einen Zeitraum von rund einem Jahrtausend, vom 5. Jh. v. u. Z. bis zum 5. Jh. u. Z. Aber sie waren spärlich und sagten nicht viel aus. Spina hatte südlich des heutigen Po-Deltas an der früheren Küste der Adria gelegen. Es war angeblich eine griechische Gründung, die dann die Etrusker unter ihre Herrschaft brachten. Im 5. und 4. Jh. v. u. Z. blühte der Ort zu einer großen und mächtigen Stadt auf, die den Handel in der Adria bestimmte und regierte. Ihr Reichtum soll so beträchtlich gewesen sein, daß sie den zehnten Teil ihres Gewinnes dem Heiligtum in Delphi gestiftet hätte. Doch dann wäre Spina bei Überfällen der Gallier aus dem Norden geplündert und ruiniert worden. Wo konnte man noch die Spuren der Stadt finden?

Das blieb bis zur ersten Hälfte unseres Jahrhunderts eine offene Frage. Schließlich kam man ihrer Lösung schrittweise näher. Die Möglichkeiten dazu ergaben sich zunächst durch ein ehrgeiziges Projekt, das die Trockenlegung und Landgewinnung weiter Gebiete im Bereich der Lagunen am Südende des Po-Deltas zum Ziel hatte. 1922 stieß man dabei im Valle Trebba, einem Lagunenbecken rund 6 km westlich von Comacchio, erstmals auf Gräber. Nichts hatte ihr Vorhandensein vorher verraten: kein Steinbau, keine Statuen oder andere Merkmale. Es handelte sich um einfache Erdgruben, in denen man die Toten, von Nordwest nach Südost ausgerichtet, beigesetzt hatte. Nur wenige waren dabei in einem Holzsarg zur Ruhe gebettet worden; meist hatte man sie wohl nur in ein Tuch gehüllt. Erdbestattungen herrschten vor, aber auch Einäscherungen waren üblich. Die Asche fand sich in der Regel in bemalten Gebrauchsgefäßen aus Ton. Immer war den Toten jedoch persönliches Eigentum mit ins Grab gelegt worden: Schmuck, Gegenstände des täglichen Bedarfs und vor allem Töpfe, Schüsseln und andere Gefäße. Sie stammten aus dem 5. und 4. Jh. v. u. Z. und waren fast stets griechischer Herkunft. Bis 1935 vermochten die Archäologen im Valle Trebba aus über 1 000 Gräbern kostbare Beigaben zu bergen. Für sie wurde in Ferrara eigens ein Museum eingerichtet.

Den Fachleuten war klar, daß sie eine Nekropole, eine Totenstadt, entdeckt hatten, die nach allen Indizien zu Spina gehört haben mußte. Die Stadt selbst blieb noch verborgen. Dann begann 1953 im Valle Pega, das

30 *Hafen, Kanäle und Wohngebiete sowie moderne Entwässerungsanlagen auf dem Gebiet Spinas*

sich neben dem Valle Trebba und südlich von ihm hinzieht, eine neue Trok-kenlegungsaktion. Bald tauchten auch hier Gräber auf, die den schon be-kannten in Anlage und Beigaben völlig entsprachen. Ohne Zweifel hatte diese zweite Nekropole ebenfalls mit Spina in Verbindung gestanden. Aber – wo lag die Stadt?

Die Lösung des Rätsels gelang endlich durch Luftbilder. Im Spätsom-mer 1956 hörte Nereo Alfieri, der sich, wie sein Kollege Paolo Enrico Arias, große Verdienste um die Erfoschung Spinas erwarb, daß ein Landsmann, der Ingenieur Vitale Valvassori, Luftaufnahmen zur Überwachung der Neu-landgewinnung gemacht hatte. Auf Valvassoris Fotos sah Alfieri, wonach sein Sinnen und Trachten so lange gerichtet war: In der vermuteten Ge-gend zeichneten sich deutlich die Grundrisse der Stadt mit ihrem recht-winkligen Netz von Kanälen, Straßen und Häuserblöcken ab. Jetzt war Spina tatsächlich gefunden!

Auch Valvassori beteiligte sich nun an der weiteren Erforschung der Stadt. Nur durch neue Luftbilder auf Schwarzweiß- und Farbfilmen konn-ten Größe, Umfang, Anlage und Eigenart Spinas geklärt werden. Die Ab-bildungen 30 und 31 stellen zwei solcher Aufnahmen dar, wobei Bild 31 einen Teil von Nummer 30 wiedergibt, von Nordwesten her gesehen. Wir erblicken eine Menge von Einzelheiten, durch unterschiedlichen Bewuchs hervorgehoben. Dunkelgrüne Flächen kennzeichnen das verzweigte Ha-fengebiet (Abb. 30). Auch wo einst Kanäle das Gebiet durchzogen, erschei-nen dunkelgrüne Bänder. Dort haben Pflanzen besonders günstige Wachs-tumsbedingungen gefunden. Der ehemalige Hauptkanal fällt durch seine größere Breite (etwa 20 m) auf. Rechtwinklig zu ihm verliefen schmalere Kanäle. Das Terrain für die Häuserblöcke zwischen ihnen bildete ebenfalls Rechtecke. Auf ihnen hat sich Salicornia (Salzkraut) angesiedelt, eine Pflanzenart, die an Meeresküsten häufig ist. Der sandige, gelblich-bräunli-che Untergrund der früheren Wohnflächen ist durch die Salicornia zum Teil mit einem leicht rötlichen Schimmer überzogen.

Die Fotos bestätigten, was man bereits durch Berichte über etruskische Städte wußte. Unter genau festgelegten Zeremonien wurden deren sich rechtwinklig kreuzende Hauptstraßen nach den Himmelsrichtungen orien-tiert. Alle anderen Straßen wurden ebenfalls rechtwinklig zu diesen Haupt-verkehrsadern angelegt. (Im Falle Spinas waren es statt Straßen Kanäle.) So ergab sich als Grundriß der Städte ein geometrisches Netz von Ver-kehrswegen, das sich auf den beiden Luftbildern (30 und 31) abzeichnet. Dieser geometrische Grundriß wird schnurgerade von hellen Linien durch-kreuzt. Es sind moderne Entwässerungskanäle, die das sumpfige Gebiet in fruchtbares Ackerland verwandelten.

Als die Etrusker in das Po-Delta kamen, bewiesen sie hier nicht nur ihre Fähigkeiten als Städtebauer, sondern auch als Wasserbauingenieure. Füh-ren wir uns die damalige Situation vor Augen: Die verschiedenen Arme des Stromes, die wie die gespreizten Finger einer Hand dem Meere zu-strebten, hatten an ihren Ufern sandige Dämme abgelagert. Vor der Küste

jedoch, von Nord nach Süd, waren parallele Stranddünen entstanden (vergleichbar dem Lido von Venedig). Spina verteilte sich mit seinen Häfen und Wohnbezirken auf die verstreuten Bereiche eines solchen Lido. Es bildete also keinen eng zusammenhängenden, sondern einen sehr aufgelockerten Stadtkomplex, der, nach den Luftbildern zu urteilen, 300 bis 350 ha umfaßt und eine halbe Million Einwohner beherbergt haben dürfte. Die Nekropolen befanden sich ebenfalls an bestimmten Stellen der Strandwälle, durch die sich die einzelnen Po-Arme ihre Bahn gebrochen hatten. Spina lag am Sagis-Arm.

Um die Häuser möglichst standfest zu machen, trieb man für ihre Grundfläche Holzpfosten in den Boden. Nachdem man die Bezirke der Stadt auf den Luftfotos geortet hatte, nahm man hier und da stichprobenartig Ausgrabungen vor. Dabei kamen die Reste der eingeschlagenen Pfosten zum Vorschein (Abb. 32). Die Funde bestätigten die Zeitgleichheit der Häuser mit den Gräbern in den Nekropolen. Damit war ein weiterer Beweis für ihre Zusammengehörigkeit erbracht. Man hatte die Stadt auf und aus Holz gebaut, statt Straßen Kanäle geschaffen und diese mit Brücken überspannt. Der Verkehr wurde durch Boote ermöglicht.

Natürlich hätte Spina kaum eine solche Bedeutung erlangen können, wenn Stadt und Hafen nicht die Eingangspforte zu der ausgedehnten Po-

31 *Das einstige Spina mit seinen Kanälen und rechteckigen »Wohninseln«*

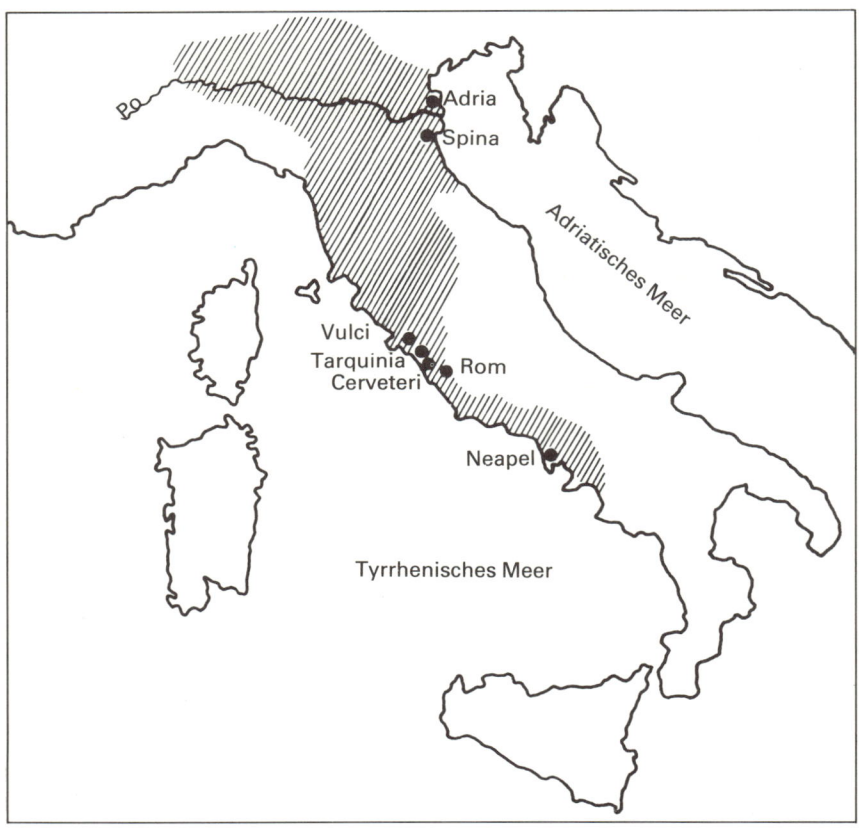

32 *Bei Ausgrabungen kamen die Pfosten der Häuser Spinas zum Vorschein*

Po

Adria

Spina

Adriatisches Meer

Vulci
Tarquinia
Cerveteri

Rom

Neapel

Tyrrhenisches Meer

33 *Ausbreitung der Etrusker, symbolisiert durch schraffierte Flächen*

Ebene gewesen wären. Diese aber war im 6. Jh. v. u. Z. zum größten Teil von den Etruskern besetzt worden, die sich auch des (vielleicht ursprünglich griechischen) Ortes Spina bemächtigten und ihn systematisch ausbauten. Insofern gehört Spina zur allgemeinen Geschichte der Etrusker.

Jene frühe Klassengesellschaft auf italienischem Boden, die etruskische, entstand im 8. Jh. v. u. Z. wahrscheinlich aus verschiedenen ethnischen, sprachlichen, politischen und kulturellen Elementen. Einwohner aus Kleinasien könnten daran beteiligt gewesen sein. Obwohl die Städte der Etrusker wegen ihrer Bauweise und ihres Reichtums berühmt waren, ist doch über ihr politisches und soziales Gefüge sowie über die in ihnen herrschenden Dynastien nur sehr wenig bekannt. Fachleute vermögen zwar etruskische Texte zu lesen – die Schrift hat sich aus einem westgriechischen Alphabet entwickelt –, aber an der Sinndeutung der Wörter fehlt es noch. Man brauchte längere Texte gleichen Inhalts, die in etruskisch und zugleich in einer anderen, jedoch bekannten Sprache geschrieben sind, um das Etruskische besser erforschen zu können. Das meiste, was wir von den Etruskern besitzen, ist übrigens aus ihren Gräbern zum Vorschein gekommen (vgl. dazu im letzten Kapitel den Abschnitt »Wettlauf mit den Grabräubern«).

Vom 8. bis 1. Jh. v. u. Z. spielten sie in Italien eine wichtige, lange Zeit sogar beherrschende Rolle. Während des 7. und 6. Jh. dehnten sie ihren Machtbereich von Etrurien (das etwa die heutige Toskana umfaßte) nach Süden bis zum Golf von Neapel aus. Dort gründeten sie die Stadt Capua. Im Norden drangen sie in die Po-Ebene vor. Adria (nach der das Adriatische Meer benannt wurde) und Spina waren dort die bedeutendsten etruskischen Hafenstädte (Abb. 33).

Zu Wasser und zu Lande trieben die Bewohner Spinas einen schwunghaften Handel. Über das Meer und die Alpen reichten ihre Beziehungen nach Gallien, den Britischen Inseln und Skandinavien. Von den Ufern der Ostsee bezogen sie den begehrten Bernstein. Besonders intensiv waren ihre Verbindungen zu Griechenland, zu Athen. Außerdem gab es in Spina ohne Zweifel eine starke Bevölkerungsgruppe aus griechischen Handwerkern und Seefahrern. Die importierten Produkte fanden im Hinterland, in der Po-Ebene, einen kaum zu sättigenden Markt. Welcher Art die Keramik war, die man aus Griechenland einführte, zeigen die Grabbeigaben aus den Totenstädten Spinas in geradezu verschwenderischer Fülle. Ihre Bemalung stammt aus den Werkstätten der berühmtesten griechischen Meister. Das Museo Nazionale von Spina, das man in Ferrara im Palast des Lodovico Moro für die Grabfunde eingerichtet hat, besitzt durch sie die größte Sammlung griechischer Vasen des rotfigurigen Stils aus dem 5. Jh. v. u. Z., die es überhaupt gibt! Die Malereien vermitteln uns einen ungewöhnlichen Einblick in die künstlerisch-religiösen Motive dieser Zeit. Dargestellt wurden Kämpfe der Götter mit den Giganten, mythische Szenen mit Kentauren und Amazonen, die Sagenwelt der homerischen Helden und kultische Handlungen. Beliebt waren in Spina auch Wiedergaben des

Kultes um den Gott Dionysos, die häufig in den Malereien erscheinen. Tatsächlich haben wohl die Gallier, wie überliefert, mit zum Niedergang Spinas beigetragen. Am verhängnisvollsten für die Stadt war aber offenbar die rasche Veränderung der natürlichen Umgebung. Anschwemmungen des Po drängten das Meer zurück und schnitten Spina (wie auf einigen Luftfotos gut zu erkennen ist) immer stärker von ihm ab. Damit verlor es seine Existenzmöglichkeiten. Es verödete und verfiel. Infolge eines Dammbruchs veränderte der Po im 12. Jh. seinen Lauf nach Norden in Richtung Venedig. Spina und Umgebung verwandelten sich in ein unwirtliches Gelände aus Sümpfen und Lagunen. Die einst so reiche und mächtige Stadt schien spurlos verschwunden. Manche bezweifelten sogar, daß es sie je gegeben hatte. Aber die Entdeckung der Nekropolen und die Luftbilder rückten sie wieder in das helle Licht des Tages und der Geschichte.

Monumente und Städte aus der Vogelschau zu betrachten war sicher schon der Wunsch von Menschen des Altertums. Er ließ sich jedoch erst seit der Erfindung von Ballons, Zeppelinen und Flugzeugen verwirklichen. Was man von oben sah, konnte man auch fotografieren, und bald erregten solche Fotos großes Aufsehen. Dazu gehörten zum Beispiel eine Schräg- und eine Senkrechtaufnahme der berühmten Anlage von Stonehenge in Südengland. Die beiden Luftbilder wurden 1906 von Leutnant Sharpe aus einem Militärballon angefertigt und 1907 in der Zeitschrift »Archaeologia« veröffentlicht. In bezug auf den damaligen Zustand von Stonehenge sind diese Fotos interessante historische Dokumente. Zwischen 1908 und 1911 nahmen italienische Ingenieur-Offiziere von Ballons aus das Forum Romanum und den antiken Hafen von Ostia auf. Damals fanden auf dem Forum Romanum gerade Ausgrabungen statt, deren Verlauf auf diese Weise erstmalig festgehalten und überwacht wurde.

Während des ersten Weltkriegs ergaben sich für deutsche, französische und englische Militärflieger verschiedene Möglichkeiten, antike Stätten zu fotografieren. So entstanden unter anderem Luftbilder von Troja an der Westküste der Türkei, von spätrömischen und byzantinischen Bauten in der Wüste Negev sowie auf der Halbinsel Sinai, die eine Menge noch unbekannter Details enthüllten.

Oft schaffen großräumige Übersichten erst die Grundlagen, alte Städte in ihrer gesamten Ausdehnung und in der Eigenart ihrer Gliederung und Struktur zu erkennen. Spina bietet dafür ein instruktives Beispiel. Nicht weniger bemerkenswert ist Alt-Samarra im Irak, rund 100 km nordwestlich von Bagdad. Wo Alt-Samarra liegt, war zwar bekannt, aber erst Luftbilder des englischen Oberstleutnants G. A. Beazeley während des ersten Weltkriegs vermittelten eine fundierte Vorstellung von der wahren Größe dieser Stadt. Abbildung **34** zeigt uns aus niedriger Höhe einen Teil des früheren Samarra mit der »Großen Moschee« und ihrem über 50 m hohen Minarett, bei dem, ungewöhnlicherweise, der Aufgang spiralförmig an der

Alte Stadtanlagen im Luftbild

Außenseite angebracht ist. Die Moschee ist mit 240 × 156 m Grundfläche die größte, die jemals errichtet wurde. In ihr fanden 100 000 Gläubige Platz. Erbaut wurde sie während der Regierungszeit des Kalifen al-Mutawakkil (847–861). Ihre Ziegelmauern wirken durch die halbrunden Türme wie die Wehr einer mächtigen Befestigung.

So eindrucksvoll der Anblick der Moschee auch ist, wichtiger sind die Spuren der geradlinigen Straßen und Häuserblöcke. Zu ebener Erde bilden sie für den Betrachter nur eine unentwirrbare Trümmerstätte. Außerdem hat der Wind die verfallenen Gebäude und Straßen zum Teil zugeweht. In dieses Chaos Ordnung zu bringen vermag man praktisch nur noch aus der Luft. Dann aber unterscheidet man, wie Beazeley schrieb, »klar die Besitzungen der Adligen und der reichen Kaufleute am Tigrisufer mit ihren Herrenhäusern, Büros, Sommerhäusern und Gärten, alle nach verschiedenem Plan angelegt, je nach dem Geschmack des Besitzers. Die ärmeren Leute durften sich nicht am Fluß niederlassen, genau wie im heutigen Bagdad. Das Stadtzentrum scheint mit unterirdischen Wasserkanälen ausgestattet zu sein«.

Alt-Samarra wurde 836 von Kalif al-Mu'tasim aus innenpolitischen Gründen als neue Residenz am rechten Tigrisufer gegründet, doch bereits 883 wieder aufgegeben und verlassen. Seitdem war die etwa 33 km lange

35 *Nach Luftbildern gezeichneter Stadtplan von Paestum*

Decumanus

Cardo

Forum

Amphitheater

alte Straßen

ausgegrabene Straßen

0   250 m

Stadt dem Verfall preisgegeben – nach gigantischen Anstrengungen, sie in wenigen Jahren aus dem Boden zu stampfen. Was die Städteplaner der Kalifen hier einst entworfen und in die Tat umgesetzt haben, wurde von Beazeley und anderen durch Schräg- und Senkrechtaufnahmen inzwischen in den Grundzügen rekonstruiert.

Zur Identifizierung und Erforschung alter Stadtanlagen im Nahen Osten trug auch der bereits erwähnte Jesuitenpater Antoine Poidebard mit seinen Luftbildern bei. John P. S. Bradford, den wir im Zusammenhang mit der Erkundung früher Siedlungen in Apulien kennenlernten, wertete unter anderem Luftfotos des alten Paestum aus, die 1943 bis 1945 bei militärischen Aufklärungsflügen angefertigt worden waren. Eine dieser Aufnahmen sowie den Grundrißplan dazu stellen die Abbildungen 35 und 36 dar.

Paestum befindet sich im Südwesten Italiens unweit der Küste des Golfes von Salerno. Die Senkrechtaufnahme zeigt uns die fünfeckige Grundfläche der ehemaligen Stadt, deren noch erhaltene Umfassungsmauern 4750 m lang sind. Osten ist im Bild unten, Westen oben. Ganz deutlich heben sich innerhalb der Stadt die beiden Hauptverkehrsstraßen ab: der Decumanus maximus als Ost-West-Trasse (etwa 1,5 km lang) und der Cardo maximus (mit ca. 1 km Länge) als Nord-Süd-Verbindung. Beide Straßen stoßen im Stadtzentrum rechtwinklig aufeinander.

36 *Paestum im Südwesten Italiens, aus der Luft gesehen*

Zur Zeit der Aufnahme war das Stadtgebiet zum größten Teil mit Feldern bedeckt. Durch unterschiedlichen Bewuchs, durch Boden- und Schattenmerkmale sowie durch bestimmte Feldergrenzen sind innerhalb der bepflanzten Flächen alte Straßen und Wege sichtbar geworden, die parallel von Nord nach Süd verlaufen. Das war eine besonders wichtige Entdeckung! Solche Straßenzüge hatte bisher in dieser Vollständigkeit noch niemand in Paestum bemerkt! Allein aus diesem Luftfoto vermochte man nun einen Teil des alten Stadtplanes nachzuzeichnen. Später fand man durch weitere Luftbilder und durch Ausgrabungen auch von West nach Ost angelegte Parallel-Straßen. Sie bilden insgesamt ein regelmäßiges Netz sich rechtwinklig kreuzender Wege, wie es, von den Haupttrassen Decumanus und Cardo ausgehend, für etruskische und römische Städte typisch ist. (Vgl. dazu die Anordnung der Kanäle und Häuserblöcke in Spina auf den Abbildungen 30 und 31.) Die Griechen verwandten für ihre Städte ein ganz ähnliches Straßennetz, das man, nach Hippodamus von Milet (Mitte des 5. Jh. v. u. Z.), hippodamisch nennt. An den Enden von Cardo und Decumanus öffneten sich in der Stadtmauer von Paestum große Tore. Außerdem gab es dort, vor allem im Süden und Norden, noch zahlreiche kleine Eingangspforten, die anscheinend zur Erleichterung des regen Verkehrs von innen nach außen und umgekehrt nötig waren.

Auf den Abbildungen 35 und 36 erkennen wir weiterhin am Schnittpunkt von Cardo und Decumanus das Forum, also den römischen Marktplatz (aus dem 3. Jh. v. u. Z.) sowie südlich (links) von ihm zwei und nördlich (rechts) einen Tempel. Alle drei stammen aus der griechischen Zeit der Stadt Paestum, auf deren Geschichte wir gleichfalls einen kurzen Blick werfen wollen.

Wir müssen dabei erwähnen, daß seit dem 8. Jh. v. u. Z. von Städten in Griechenland aus Tochterstädte in Unteritalien, auf Sizilien, in Nordafrika und in Südfrankreich gegründet wurden. In Unteritalien waren es so viele, daß dieses Gebiet schließlich zu recht als Magna Graecia, als Großgriechenland, galt. Eine der neuen Städte, die ihrerseits in dem besetzten Land weitere gründeten, war Sybaris am Golf von Tarent. Sybariten schufen im 7. Jh. v. u. Z. nahe der Sele-Mündung in den Golf von Salerno eine Stadt, der sie zu Ehren des Meeresgottes den Namen Poseidonia verliehen. Ihre Blütezeit erlebte diese mächtige und einflußreiche Handelsmetropole etwa von der Mitte des 6. bis zur Mitte des 5. Jh. v. u. Z. Damals wurden auch die drei oben genannten großen Tempel errichtet. Um 400 v. u. Z. übernahmen einheimische Lukaner, die von den Griechen nur zurückgedrängt worden waren, die Herrschaft in der Stadt, die bei ihnen Paiston hieß. Die Lukaner mußten sich schließlich 273 v. u. Z. den Römern beugen, die Poseidonia-Paiston nun in Paestum umtauften. Mit der Blütezeit der Stadt war es aber bald vorbei. Während der frühen römischen Kaiserzeit senkte sich die Küstenebene, und Malaria-Sümpfe breiteten sich aus. In Paestum vermochte man nur noch die höher gelegenen Areale zu bewohnen. Im 9. Jh. wurde der Ort endgültig verlassen. Danach diente er

als billiger Steinbruch, bis man um 1730 wieder auf die drei großen Tempel aufmerksam wurde. Sie gehören zu den schönsten Bauten aus klas-
sisch-griechischer Zeit außerhalb des Mutterlandes. Wir wollen sie uns
deshalb auf einem Luftbild etwas näher betrachten (Abb. 37).

37 *Das Forum von
Paestum mit seinen
Tempeln*

Unser Blick schweift dabei etwa von Südwesten nach Nordosten über
den heiligen Bezirk von Poseidonia-Paestum. Den Vordergrund nehmen
vor allem 2 Tempel ein. Den weiß schimmernden hielt man anfangs für
einen profanen Bau, eine Basilika, bei den Römern eine Halle für den
Markt und die Tagungen des Gerichts. Wie Ausgrabungen bewiesen, handelte es sich jedoch in Wirklichkeit um ein Heiligtum für Hera, Schwester
und zugleich Gemahlin des Göttervaters Zeus. Man hat diesen Tempel
um 550 v. u. Z. aus einheimischem porösem Muschelkalk errichtet, an den
Schmalseiten mit 9 und an den Langseiten mit 18 Säulen versehen. Die un-
gerade Säulenzahl ist ungewöhnlich, weil das Zentrum der Frontseite in
der Regel wie ein monumentaler Eingang zwischen 2 Säulen liegt. Hier
wird das Zentrum jedoch von der mittelsten der 9 Säulen eingenommen.
Diese selbst sind dem Stil nach dorisch; sie sind gerillt und verjüngen sich
nach oben, was ihnen eine eigenartige Spannung verleiht. Insgesamt mißt
der Hera-Tempel 54,30 × 24,50 m.

Neben ihm, nach Norden zu, erhebt sich ein etwa gleich langes, aber breiteres Heiligtum, ebenfalls aus Kalkstein, doch mehr hell-ockerfarbig. Es wurde dem Meeresgott Poseidon zugeschrieben, nach dem die Stadt ja benannt war. Alle Funde weisen jedoch darauf hin, daß wir es wiederum mit einer Kultstätte der Hera zu tun haben, die um 460 v.u.Z. entstand. Sie besitzt 6 Säulen an den Schmal- und 14 an den Langseiten. Auch diese Säulen sind dorisch und verjüngen sich nach oben. Insgesamt ist der Hera-Tempel II wesentlich besser erhalten als das Heiligtum I. Fachleute und Kunstliebhaber können an beiden Kultstätten noch die wesentlichsten Elemente des griechischen Tempelbaus studieren.

Das viel weiter nördlich (am oberen Bildrand) gelegene Heiligtum zeugt gleichfalls von dem Kunstverstand der alten Baumeister und vom Reichtum der Stadt, die sich solche Prachtbauten zu leisten vermochte. Dieser dritte Tempel, um 500 v.u.Z. erbaut, galt zunächst als heilige Stätte der Acker- und Fruchtbarkeitsgöttin Ceres. Er war aber, wie unter anderem eine Inschrift ergab, der Göttin Athene geweiht. Mit $32,88 \times 14,54$ m Grundfläche kleiner als die zwei Hera-Stätten, weist er erstmals die in der Folgezeit für griechische Tempel kanonische Zahl von 6 Säulen an Vorder- und Rückfront sowie 13 Säulen an den Seitenfronten auf. Später, als das Christentum seinen Einzug in Paestum gehalten hatte, gestaltete man den Athene-Tempel in eine Kirche für die Maria um.

Das Luftbild, das uns einen großartigen Überblick bietet, zeigt die Tempel einsam und verlassen in einem weiten Trümmerfeld. Einst waren sie jedoch von pulsierendem Leben umgeben. Vor allem im Umkreis der beiden Hera-Heiligtümer befanden sich noch kleinere Kultstätten, Altäre und Schatzhäuser. Quer durch die Mitte des großen, rechteckigen, ehemaligen Temenos, des heiligen Bezirks, erstreckt sich von West nach Ost (also von links nach rechts) ein breites grünes Band: das frühere römische Forum, gestaltet im 3.Jh. v.u.Z. Es nahm wohl den Platz des vorhergehenden griechischen Marktes, der Agora, ein.

Die 150×57 m messende Fläche des Forums sowie dessen nähere Umgebung gibt der Plan auf Abbildung 38 wieder. Wie bei römischen Städten üblich, befindet sich das Forum an der Kreuzung von Cardo und Decumanus. Der Cardo, die Nord-Süd-Straße, verläuft am linken Bildrand. Das römische Straßenpflaster ist noch gut zu erkennen. Da der Cardo die beiden durch das Forum getrennten Tempelbezirke im Norden und Süden verband, war er zugleich eine Via sacra, eine Heilige Straße. Am rechten Bildrand bemerken wir die moderne Staatsstraße (vgl. Abb. 37), die das große Oval des Amphitheaters durchschneidet.

Luftbild und Plan (Abb. 37 und 38) lehren uns, wie das Forum in die städtische Umgebung eingeordnet und zu ihr in Beziehung gesetzt wurde. Eine mehrreihige Säulenhalle, ein Portikus, begrenzte es an den Seiten. Hinter dem Portikus öffneten sich zum Forum hin viele kleine Räumlichkeiten, in denen meist Läden untergebracht waren. Das Forum bildete ja in jedem römischen Ort den öffentlichen Mittelpunkt des gesellschaftlichen Lebens. Einige Bauten dienten auch Verwaltungszwecken und dem Kult. Im

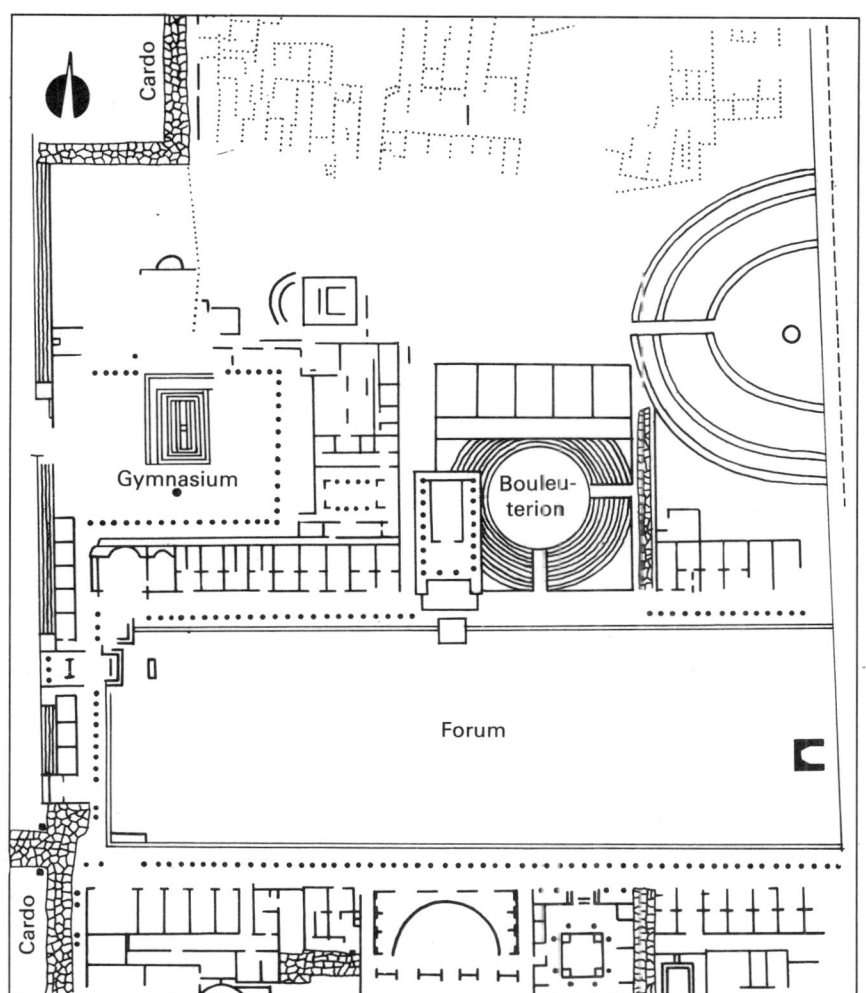

Süden schloß sich direkt an das Forum ein größeres Gebäude mit halb-
kreisförmig angeordneten Sitzen an (vgl. Abb. 38, unterer Bildrand). Hier
fanden wohl Versammlungen statt. Gerade gegenüber lag an der Nordseite des Forums der sogenannte italienische oder Friedenstempel,
26,50 m lang und 14,50 m breit. Im Gegensatz zu den griechischen Kultstätten, die von Westen nach Osten orientiert sind (mit dem Eingang im
Osten), weist der römische Tempel von Süden nach Norden. Man betrat
ihn an der Südseite. Er war den drei besonders verehrten Göttern Jupiter,
Juno und Minerva geweiht. Jupiter verkörperte den höchsten Gott der Römer (bei den alten Griechen Zeus), Juno dessen Gemahlin (der griechischen Hera vergleichbar), und Minerva galt als Schutzherrin der Künste
und Fertigkeiten, des Handwerks und der Handwerker, der Lehrer, Künst-
ler und Ärzte (wie etwa Athene).

Auf Abbildung 38 erkennen wir, daß der Friedenstempel zum Teil einen
älteren quadratischen Bau mit kreisförmigen Sitzreihen überlagert. Dieses

Gebäude war vermutlich das Bouleuterion, das Rathaus der griechischen Stadt. Westlich (links) von ihm und dem Tempel befand sich ein großflächiges Gymnasium, eine Anlage für sportliche Übungen. Sie bestand aus einem weiten Hof, zu dem Nebengebäude und ein Säulengang gehörten. Die Mitte des Hofes nahm ein Schwimmbecken ein. Körperertüchtigung durch Sport stand bei Griechen und Römern in hohem Ansehen.

Aufschlußreich ist auch der Nordteil des Planes. Dort bemerken wir Häuserblöcke und Straßenzüge, die offenbar aus griechischer Zeit stammen und genau nordsüdlich ausgerichtet sind. Die römischen Straßen und Gebäude weichen dagegen leicht von Nord nach West ab. Außerdem waren sie wohl großzügiger angelegt. Unsere Abbildungen verdeutlichen, daß durch eine Reihe von Aufnahmen aus der Vogelschau die einzelnen Ausgrabungsstadien dokumentarisch festgehalten werden können und daß man dabei auch den besten Überblick über ältere und jüngere Stadtteile, über Gebäude, Plätze und Straßen sowie über den gesamten Stadtplan erhält. So trägt die Luftbildarchäologie ganz wesentlich zur Erforschung alter Stadtanlagen bei.

Der APX in der CUT

Hinter diesen merkwürdigen Abkürzungen verbergen sich keine rätselhaften technischen Begriffe und schon gar nicht zwei Geheimcodes. Die Abkürzungen bedeuten ganz einfach: Archäologischer Park Xanten in der Colonia Ulpia Traiana.

In einer Colonia, einer Kolonie, besaßen die Bewohner das volle römische Bürgerrecht (außer den Sklaven natürlich). Marcus Ulpius Traianus war von 98 bis 117 römischer Kaiser. Ihm zu Ehren nannte man die Stadt, die zwischen 98 und 104 nördlich des heutigen Xanten auf dem Gelände einer älteren augusteischen Zivilsiedlung angelegt wurde, Colonia Ulpia Traiana. Bis in die fünfziger Jahre unseres Jahrhunderts blieb ihr Terrain weitgehend unbebaut. Nur der Pflug zog darüber hin. Dann wurde jedoch der Westteil der ehemaligen Stadt mit Fabrikanlagen überdeckt. Im Ostteil sollte eine Freizeit- und Naherholungsstätte mit einem See entstehen. Aber da schlugen die Archäologen Alarm. Es gelang ihnen, die noch verbliebenen 40 ha der einst 83 ha umfassenden CUT für einen Archäologischen Park zu retten. In ihm begegnen seitdem zahllose Besucher unmittelbar den Spuren und Zeugnissen aus der Römerzeit. Uns erschließen sie sich am anschaulichsten in einem Luftbild (Abb. 39).

Wir überblicken den APX in schräger Sicht von Nord nach Süd. Rechts (im Westen) befinden sich neue Industrieanlagen, im Hintergrund liegt die Altstadt von Xanten, auf die eine Straße gerade zuläuft. Von ihr zweigt eine andere ab und führt links (im Osten) an Xanten vorbei. Beide Verkehrswege durchqueren das Areal der einstigen CUT, deren helle Straßenzüge sich kräftig abheben. Unverkennbar bilden diese ein geometrisches Netz sich rechtwinklig schneidender Linien. Zwischen den 10 bis 12 m breiten, einst auf beiden Seiten von etwa 4,50 m breiten Laubengängen gesäumten Straßen erstreckten sich die ca. 100 × 100 m messenden Insulae, die »Wohninseln«, mit Gebäuden verschiedener Funktion und Größe. Ihre Grundmauern sind noch zum größten Teil unter den gepflegten Rasenflächen des APX verborgen. Nach und nach sollen sie freigelegt werden, wobei die Besucher den Archäologen zusehen dürfen.

Schaulustige können sich jedoch in ganz anderer Weise in der Römerzeit bewegen und betätigen. Mit Hilfe antiker Gerätschaften vermögen sie selbst Lasten zu heben oder Getreide mit einer Kornmühle zu mahlen. Eine der Hauptattraktionen ist ein rekonstruierter antiker Kran, der ebenfalls für Arbeitsversuche zur Verfügung steht. In einer wieder aufgebauten römischen Schenke werden nach antiken Rezepten zubereitete Speisen und Getränke angeboten. Die langen Straßen laden zum Spazierengehen ein.

So eindrucksvoll und unterhaltsam das auch ist, die Anlage des APX erschließt sich doch am besten aus der Vogelperspektive. Sogar von den Wehrgängen und Türmen der Stadtmauer aus, die streckenweise nachgebaut wurde, ergibt sich kein so instruktives Panorama wie hoch aus der Luft. Bei der Rekonstruktion von Mauer und Türmen hat man sich übrigens nach ihren noch vorhandenen Fundamenten, nach Bruchstücken im verschütteten ehemaligen Stadtgraben, nach antiken Überlieferungen und nach anderen, noch gut erhaltenen römischen Mauern gerichtet. Bevor Feinde die Umfassungsmauer der CUT angreifen konnten, mußten sie erst einen Wall und einen tiefen Graben überwinden.

In der Ferne, am oberen Bildrand links, bemerken wir das Amphitheater der Stadt. Es ist exemplarisch für Bauten dieser Art. Daher wollen wir es ebenfalls aus der Luft betrachten. Abbildung 40 zeigt uns das große Oval

39 Der Archäologische Park von Xanten

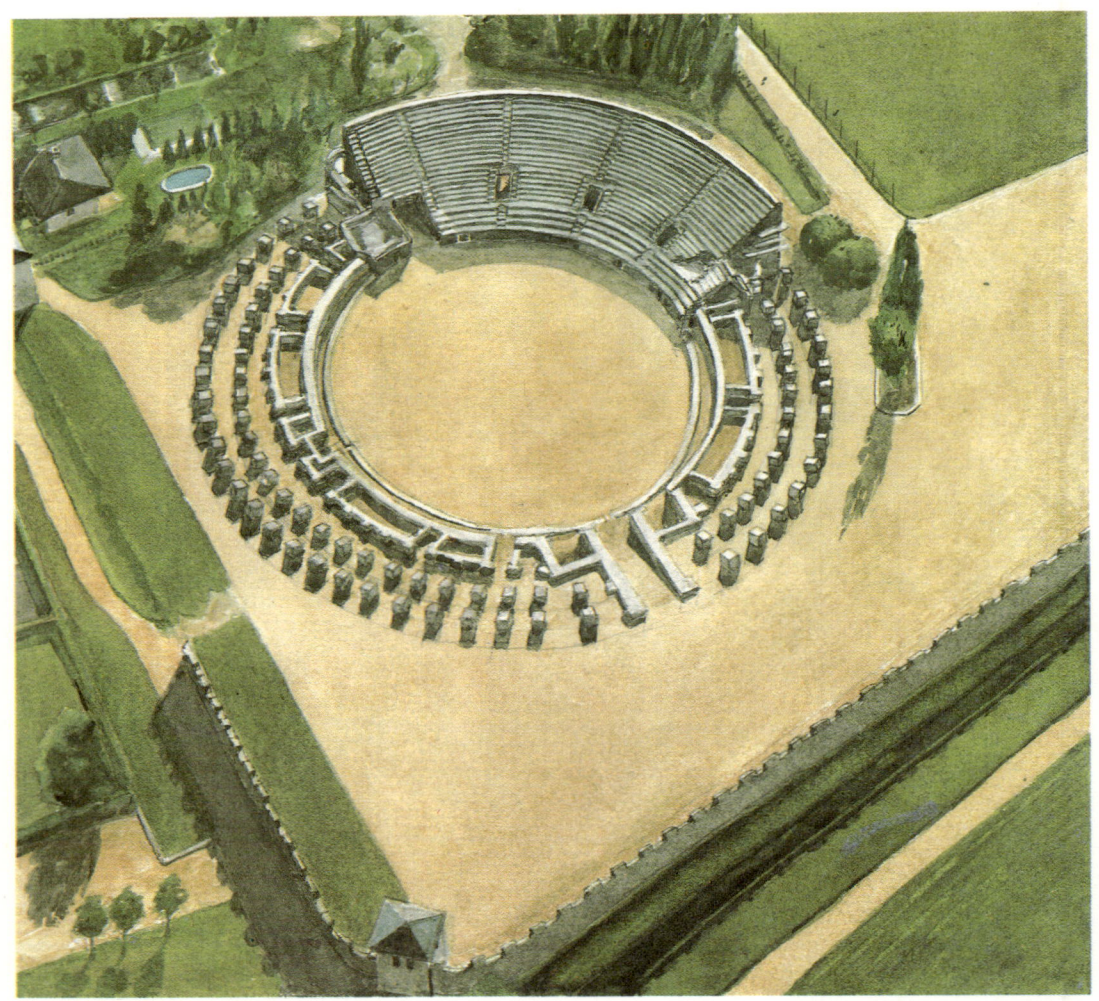

in Senkrechtsicht. Seine Längsachse mißt 99, seine Querachse 87,50 m. Einst faßte das Theater rund 12 000 Besucher. Über zwei rampenartige Zugänge gelangte man in der Längsachse zur Arena, in der vor schaulustigem Publikum Gladiatoren, Sklaven oder zum Tode verurteilte Verbrecher untereinander und mit wilden Tieren um Leben und Ruhm kämpfen mußten. Unter der Arena befand sich ein Keller mit einer Hebebühne, die im Bedarfsfalle Menschen, Tiere und Kulissen nach oben beförderte. Die Arena war von einer Schutzmauer und diese von einem Gang umgeben, der zu Aufenthaltsräumen für die Kämpfer und zu Tierkäfigen geleitete. Etwa ein Viertel des Amphitheaters hat man in seinem ursprünglichen Zustand wieder aufgebaut. Dort finden über 3 000 Zuschauer Platz. Bei günstigem Wetter werden nun in jedem Jahr statt der Gladiatorenkämpfe antike Dramen in der Arena aufgeführt.

Es ist interessant, den Archäologischen Park mit der gesamten Colonia Ulpia Traiana in Zusammenhang zu bringen und auf einem Stadtplan zu

40 *Amphitheater und rekonstruierte Stadtmauer der Colonia Ulpia Traiana (Xanten)*

studieren. Dank Luftbildern und Ausgrabungen vermag man nun einen schon recht detaillierten Grundriß der früheren Römerstadt zu zeichnen. Vergleichen wir ihn (Abb. 41) mit der Luftaufnahme (Abb. 39)! Die Colonia lag mit ihrem Hafen unmittelbar an einem einst von Südost nach Nordwest verlaufenden Rheinarm. Infolgedessen bildete ihre Ostseite mit der nördlichen und südlichen Stadtumgrenzung keinen rechten Winkel. Die Straßen waren nicht nach den vier Haupthimmelsrichtungen, sondern von Südost nach Nordwest und von Südwest nach Nordost orientiert. Cardo maximus (nord-südlich) und Decumanus maximus (west-östlich) dienten als Achsenkreuz für alle anderen Wege. So entstand eine Art Schachbrettmuster, das jedoch in der Nordostecke vom rechten Winkel abwich. Dort folgten die neuen vielleicht den alten Straßen der vorhergehenden Siedlung.

Was man bisher innerhalb der CUT entdeckte, entspricht im wesentlichen den in anderen römischen Städten gefundenen Baulichkeiten und Einrichtungen. Im Zentrum lag am Schnittpunkt von Cardo und Decumanus das Forum, der öffentliche Stadtplatz. Südöstlich schloß sich der den Göttern Jupiter, Juno und Minerva geweihte Staatstempel, das Capitolinum, an. Südwestlich des Forums erstreckten sich über zwei Insulae offenbar große Verwaltungsgebäude. Ihnen folgten im Nordwesten die

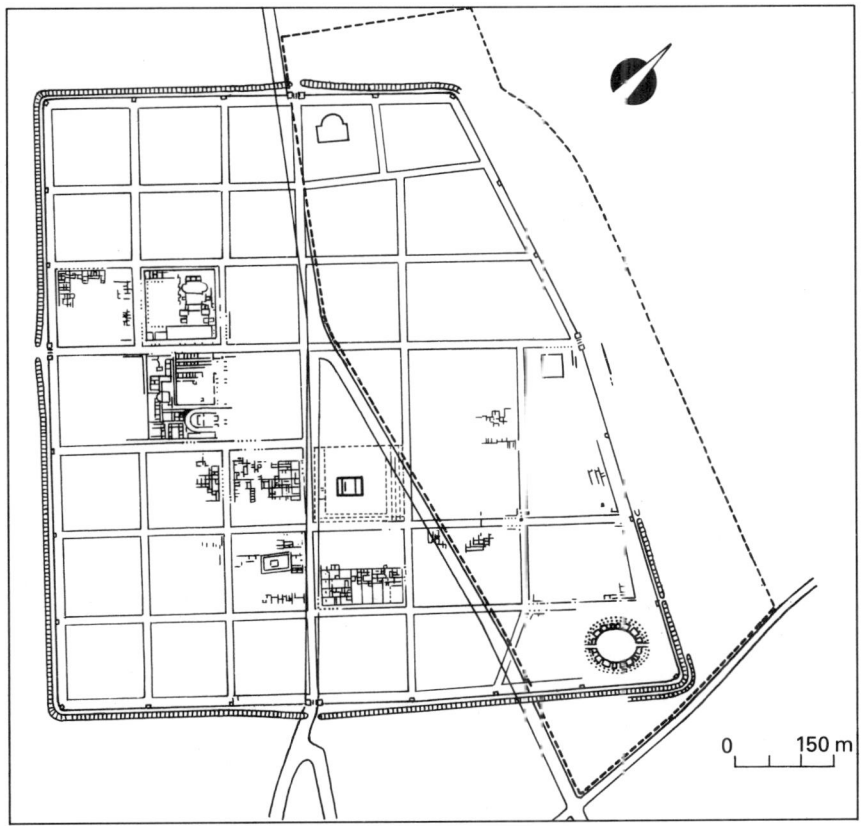

0   150 m

41 *Plan der Colonia Ulpia Traiana und des Archäologischen Parks*

Thermen: ein Badekomplex mit einer Empfangshalle, einem Kaltbad, zwei Laubädern, einem Heißbad, zwei Schwitzbädern, einer Toilettenanlage mit Wasserspülung sowie einem Gymnastikhof mit angrenzenden Hallen und Räumen. Das alles war mit Marmor ausgekleidet und bedeckte ein Quadrat von 107 × 105 m Seitenlänge. Leider wurden in den sechziger Jahren die Reste dieser großartigen Thermen, kaum, daß sie zum Vorschein gekommen waren, mit einem Betonwerk überzogen und so dem Gewinnstreben geopfert!

Im Südosten und Südwesten des Capitolinums stießen die Archäologen auf Häuser von Gewerbetreibenden und Händlern. Von der Straße aus gelangte man hier durch Laubengänge in Werkstätten, Verkaufsräume und Gaststätten. Dahinter gruppierten sich, meist um einen Hof, die eigentlichen Wohnbereiche. Sie konnten auch einen Tempel umschließen, wie er südlich vom Capitolinum zum Vorschein kam. Es war ein sogenannter Umgangstempel, der wohl einheimischen Muttergottheiten geweiht war.

In der Südostecke der Stadt befand sich das Amphitheater, das wir bereits kennengelernt haben (Abb. 40). Nordwestlich von ihm grub man das »Haus am kleinen Hafentor« aus: Fundamente eines rund 78 m langen und 25 m breiten Gebäudes mit einer Badeanlage. Vermutlich handelte es sich um eine Herberge für Reisende, die gerade im Hafen angekommen waren oder sich dort einschiffen wollten. Unweit davon erhob sich der »Hafentempel am großen Hafentor«. Seine 36 × 24 m messende Fundamentplatte ist noch bis zu 2 m Höhe erhalten geblieben. Sie besteht aus vermörtelten Basalt-, Grauwacke- und Tuffsteinbrocken.

Die Blütezeit der CUT fiel ins 2. und 3. Jh. Doch dann wurde sie zwischen 250 und 280 durch häufige Überfälle von germanischen Stämmen zugrunde gerichtet. Schatzfunde aus dieser Zeit verraten, daß wohlhabende Einwohner angesichts des Feindes noch schnell ihre Wertsachen vergraben haben. Tot oder vertrieben, konnten sie diese später nicht mehr bergen. Unter Kaiser Constantinus (Konstantin, 272–337) legte man im Zentrum der Colonia eine starke Befestigung an; auch sie wurde nach 350 zerstört. Danach gab man die CUT auf. Für die nächsten anderthalbtausend Jahre übte sie in der steinarmen Landschaft des Niederrheins eine unwiderstehliche Anziehungskraft aus – als bequemer und billiger Steinbruch, dessen Material nicht nur in Xanten verwendet, sondern auch bis nach Dänemark verkauft wurde. Der Steinraub hörte erst auf, als die letzten oberirdischen Spuren der CUT völlig verschwunden waren. Das mittelalterliche Xanten, im Nibelungenlied Geburtsstadt des Helden Siegfried, den Hagen heimtückisch ermordete, entstand unmittelbar südlich von ihr.

Xantens ältester Teil befindet sich auf dem Gelände eines römischen Friedhofs im jetzigen Dombezirk. Hier wurden im 4. Jh. zwei christliche Märtyrer bestattet. Um ihre Grabstätte wuchs allmählich die neue Stadt, nahe ad Sanctos, bei den Heiligen. Daraus entstand der Name Santen, aus ihm Xanten. Es liegt zwischen der alten CUT und den römischen Legionslagern Vetera I und II, deren Grundrisse durch Luftbilder ebenfalls genau bekannt sind. Als die Lager um die Wende des 1. Jh. aufgelöst und die Legionäre nach Mainz (damals Mogontiacum) verlegt wurden, siedelte man die Veteranen in der neugestalteten CUT an. Auf ihrem Gebiet dauern die Forschungsarbeiten an. Sie werden auch künftig durch Luftbilder unterstützt werden.

Im Jahre 1928 war der Sommer in England ungewöhnlich heiß und trocken. Da zeigten sich innerhalb von Caistor (dem früheren römischen Venta Icenorum), rund 5 km südöstlich von Norwich in Norfolk (Ostengland), im reifenden Getreide merkwürdige Spuren. Von einem etwas erhöhten Standort fielen sie deutlich ins Auge.

Fast jährlich brachte der Pflug auf dem Gelände von Caistor Überreste aus der Römerzeit zutage, vor allem Tonscherben und Münzen. Nachgegraben hatten die Archäologen aber noch nicht. Sie waren sich unschlüssig, wo sie eigentlich beginnen sollten. Hinweise auf besondere Gebäude fehlten. Würden die Spuren im Getreide solche Fingerzeige liefern? Über erstaunliche Einzelheiten, die durch Luftbilder mit Bewuchsmerkmalen an den Tag gebracht wurden, war damals in England in Zeitungen und anderen Veröffentlichungen schon berichtet worden. Daher baten Archäologen und Historiker das Luftfahrtministerium in London, Caistor vom Flugzeug aus fotografieren zu lassen. Tatsächlich übertrafen diese Fotos vom alten Venta Icenorum alle Erwartungen.

Eine Senkrechtaufnahme aus 1 000 m Höhe, Ende Juli 1928 gegen Mittag »geschossen«, gibt das gesamte einstige Stadtgebiet wieder (Abb. 42). Wie erhofft, sind vor allem die Straßenzüge und sogar die Umrisse einiger Gebäude sichtbar geworden. Über ihnen ist der Hafer schneller gereift und hebt sich so durch seine hellere Farbe von den noch grünen Flächen ab. Gelbe Spuren in einem zentral gelegenen Rechteck, einer Insula, lassen auf öffentliche Gebäude schließen. Später fand man dort die Grundmauern von zwei kleinen, unmittelbar benachbarten keltisch-römischen Tempeln und die von Verwaltungsbauten. Die Luftbilder verrieten ja, wo man nun suchen mußte. Sie machten außerdem klar, daß sich die peripheren Straßenzüge noch bis jenseits der Stadtmauer hinzogen. Offenbar war diese erst nach der Anlage des Straßennetzes erbaut worden, aber um ein verkleinertes Stadtareal. (In den trockenen Junitagen 1959 wurde durch Luftbilder sogar ein System von Abwässerkanälen entdeckt. Außerdem bemerkte man auf den Fotos eine größere, sicher ältere Umwallung außerhalb von Caistor, das also offenbar im Laufe seiner Geschichte »geschrumpft« ist.) Die Straßen selbst verliefen, typisch für römische Siedlungen, rechtwinklig zueinander. Der Grundriß von Venta Icenorum lag jetzt allen Interessierten offen vor Augen und lud die Archäologen geradezu ein, mit ihren Forschungen zu beginnen.

Das frühere Venta war nicht die einzige von den Römern in Britannien gegründete Stadt, die im Luftbild ihre Struktur offenbarte. Auch der Grundriß von Calleva Atrebatum (Silchester) im Norden von Hampshire (Südengland) ließ sich aus der Luft deutlich erkennen. Calleva bestand schon in keltischer Zeit. Unter römischer Verwaltung wurde der Ort ausgebaut und mit Mauer und Graben versehen. Sie sind noch teilweise erhalten; ihr Verlauf wird durch Bäume gekennzeichnet, die wir auf Abbildung 43 sehen. Die Befestigungen begrenzten zwar eine unregelmäßig gestaltete Fläche, aber diese wurde nach dem üblichen Schema von schnurgeraden Straßen durchzogen. Auf der Schrägaufnahme vom Juni 1934 treten sie durch negative Bewuchsmerkmale ebenfalls hell hervor. Im Gegensatz zu den meisten anderen römisch-britischen Städten dieser Zeit ist Calleva völlig ausgegraben worden. Allerdings geschah das in Etappen und zunächst nicht immer sehr fachgerecht. Dennoch kann man die Ergebnisse der Archäologen mit denen der Luftbilder gut vergleichen. Die Übereinstimmung ist verblüffend. Aus Abbildung 44 erfahren wir nähere Einzelheiten des Stadtplans, der im wesentlichen Anlagen und Bauten enthält, die noch im 3. und 4. Jh. vorhanden waren.

Wir erblicken die Stadtmauer mit Toren nach den vier Himmelsrichtungen sowie mit je einem weiteren Tor auf der West- und der Ostseite. Außerhalb der Stadt befand sich im Osten das Amphitheater. Das Forum lag selbstverständlich im Stadtzentrum (A). Südlich davon stand eine

42 *Luftbild des römischen Venta Icenorum (Caistor) in Ostengland*

74

43 *Calleva Atrebatum (Silchester) in Südengland*

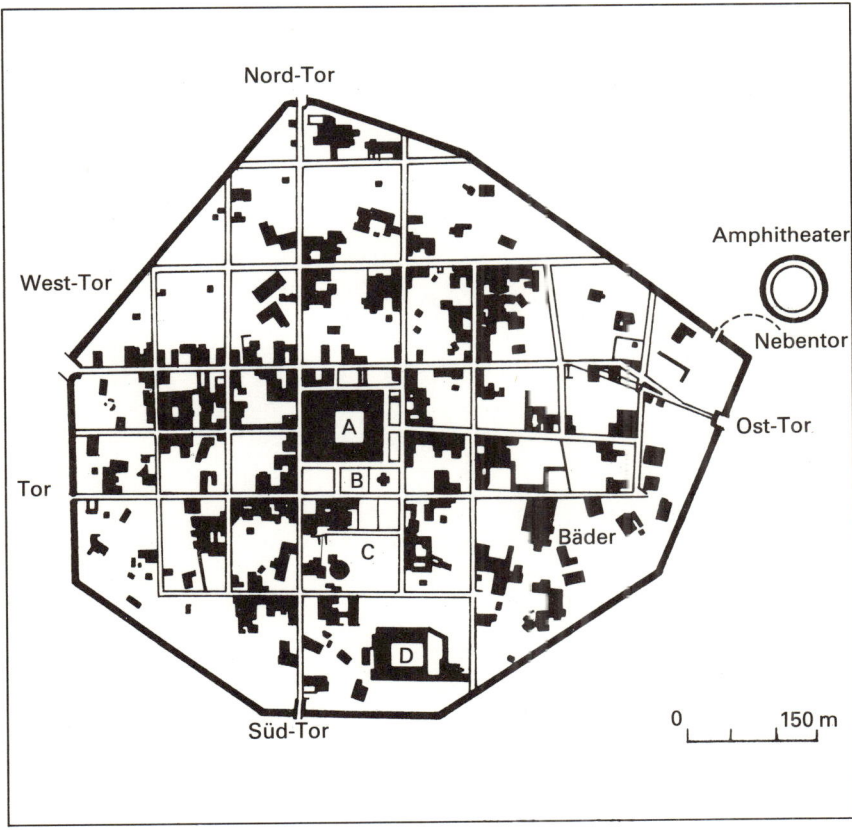

Nord-Tor

West-Tor

Tor

Süd-Tor

Amphitheater

Nebentor

Ost-Tor

Bäder

A

B

C

D

0   150 m

44 *Stadtplan von Calleva Atrebatum (Silchester)*

christliche Kirche (B), denn das Christentum hatte schon Ende des 2. Jh. in Britannien Eingang gefunden. Noch weiter südlich schloß sich ein Tempelgebiet an (C). Zwei Tempel gab es auch im Ostteil nahe der Stadtmauer (C). Ein Gasthaus (D) mit Bädern, ganz im Süden gelegen, fehlte gleichfalls nicht. Der größte Durchmesser Callevas betrug von Süden nach Norden rund 610 und von Westen nach Osten rund 570 m. In diesem Areal werden mindestens 2500 Menschen gewohnt haben.

Damit war Calleva größer als viele andere Städte dieser Art in Britannien. Dort lebte man meist auf dem Lande und nicht in städtischen Zentren. Aber sowohl auf dem Lande wie in der Stadt paßten sich die Einheimischen allmählich den römischen Sitten und Gebräuchen an. Vor allem der Stammesadel profitierte von der Lebensweise der neuen Herren. Sie brachte viele Annehmlichkeiten mit sich: Sport und Spiel, raffinierten Luxus, Wohlleben in bisher unbekannter Form. So arrangierten sich die Herrschenden oft miteinander zum gegenseitigen Vorteil.

Schon in den Jahren 55 und 54 v. u. Z. hatte der römische Feldherr Caesar mit seinen Legionen versucht, in Britannien Fuß zu fassen. Aber ein dauerhafter Erfolg war ihm nicht beschieden. Fast 100 Jahre lang beschränkten sich dann die Kontakte zwischen Inselkelten und Römern auf den Handelsverkehr. Im Jahre 43 u. Z. nutzte jedoch Kaiser Tiberius Claudius Streitigkeiten zwischen einheimischen Stämmen in Südengland zu einer machtvollen Invasion aus. Bei Boulogne am Kanal von Calais stach sein Heer in See, schlug nach der Landung die einheimischen Catuvellauner in einer zweitägigen verlustreichen Schlacht und erstürmte deren Stammeszentrum Camulodunum beim heutigen Colchester, rund 65 km nordöstlich von London. Während eines zweiten Feldzugs wurde die Insel Wight besetzt und der Südwesten Englands unterworfen. Schließlich befand sich im Jahre 47 der ganze Süden in römischer Hand. Als Provinz Britannia wurde er dem Imperium eingegliedert.

Doch die römische Herrschaft, die zeitweise bis zu den Meerbusen des Clyde und Forth in Schottland ausgedehnt wurde, erlitt ein recht wechselhaftes Schicksal. So einfach fanden sich die Einheimischen mit den neuen Machtverhältnissen nicht ab. Immer wieder versuchten sie, das fremde Joch abzuschütteln. Ohne auf weitere Einzelheiten einzugehen, erwähnen wir nur, daß die Römer durch ständige Überfälle von Pikten und Skoten aus Schottland sowie durch Einfälle germanischer Stämme im 4. Jh. besonders stark unter Druck gerieten. Anfang des 5. Jh. mußten sie Britannien räumen. Nun übernahmen einheimische Stämme und eindringende Angeln, Sachsen und Jüten die Herrschaft.

Die lange römische Besetzung hat bleibende Spuren hinterlassen, vor allem im Süden und Südosten Englands. Hier sind Land und Leute am stärksten romanisiert worden. Manche römischen Städtegründungen zeugen noch heute davon, außer den genannten zum Beispiel Londinium (London), Verulamium (St. Albans), Corinium (Cirencester) und Aquae Sulis (Bath).

Im Laufe der Jahrhunderte sind viele der alten Römerstädte überbaut worden oder unter den Pflug geraten. Das gleiche Schicksal traf die zahlreichen römischen Landhäuser und Luxusvillen in Italien wie in den Provinzen des einstigen Imperiums. Die meisten dieser Gebäude sind vom Erdboden verschwunden, aber mitunter kommen ihre unterirdischen Reste noch auf den Luftbildern zum Vorschein. Häufig vermag man dann bereits zu erkennen, wie groß die ehemaligen Häuser waren und zu welchem Bautyp sie gehörten. So ergeben sich Vergleiche, wo die Römer in den Provinzen Gebäude errichteten, von welchen Überlegungen sie dabei ausgingen, welche sozialen Unterschiede durch die Baupläne deutlich werden.

Landhäuser und Luxusvillen

Abbildung 45 stellt uns die schon freigelegten Grundmauern einer Villa rustica, also eines römischen Landhauses, vor. Spuren des Gebäudes wurden 1971 zufällig während einer Geländebegehung im Ortsteil Zimmerhof bei Bad Rappenau, Kreis Heilbronn (Baden-Württemberg), entdeckt. Vor rund 2000 Jahren zählte der Fundort zur Provinz Germania superior, zu Obergermanien. 1972 hat man die Reste der Villa rustica vollständig ausgegraben, weil ihr Terrain einer Flurbereinigung zum Opfer fallen sollte. Da das Haus in seinen Grundzügen aber noch so gut erhalten war, beschloß man, aus ihm ein Schauobjekt zu machen und seine Überbleibsel zu restaurieren. Sie bieten nun ein schönes Beispiel für die Anlage eines römischen Landhauses im 2. und 3. Jh.

Aus der Luft läßt sich sein Grundriß besonders gut erkennen. Er verrät, daß wir es hier mit einer sogenannten Peristylvilla zu tun haben. Peristylon, ein griechisches Wort, bedeutet »rings von Säulen umgeben«. Diese

45 *Grundmauern eines römischen Landhauses bei Bad Rappenau*

standen innerhalb eines Gebäudekomplexes um einen rechteckigen Innenhof. Von den Säulen bemerkten die Ausgräber diesmal allerdings nichts mehr. Nur auf der Westseite des Hofes (wir blicken aus Osten nach Westen auf die Fundamente; vgl. dazu auch den Grundriß, Abb. 46) stießen sie auf den Fußboden des ehemaligen Säulenganges.

Um den Hof (12 in Abb. 46) gruppierten sich die vier Flügel des Gebäudes. Es maß 32 × 23 m. Heute wird infolge einer Geländeauffüllung gar nicht mehr richtig deutlich, daß das Grundstück auf dem unteren Südhang des Jungfrauenbergs stark zu einem nahen Gewässer, dem Tiefenbach, abfiel. Der Fußboden des dem Bach benachbarten Südflügels lag daher 3,30 m unter dem des Nordflügels. Dem Hang angepaßt, war das Haus terrassenförmig gebaut worden.

In Gedanken wollen wir seine verschiedenen Räume durchwandern. Wir betreten an der Ostseite einen Anbau von 12 m Länge und 5 m Breite (14). Eine Herdstelle und eine aus Ziegeln gemauerte Abflußrinne weisen darauf hin, daß wir uns in der früheren Küche befinden. Vermutlich diente hier eine halbhohe Mauer entlang der Innenwände als Abstellbord. Für Wirtschaftszwecke bestimmt waren sicher auch benachbarte Räume (9, 10, 11, 13, 14). Ihre Mauern hatte man weniger sorgfältig ausgeführt, ihre Wände waren unverputzt, die Fußböden trugen keinen Estrich. Die Mauern des Gebäudes waren übrigens bis zu 90 cm breit. Sie bestanden auf beiden Seiten aus behauenen Kalksteinquadern, zwischen die man Bruchsteine vermörtelt hatte.

Von einem Feuerungsraum in der Südostecke (9) führte ein unterirdischer Heizkanal zu dem großen Zimmer im Südflügel (8). Eine solche Hypokausten-Anlage (das Wort ist dem Griechischen entlehnt und heißt zu deutsch Unterfeuerung) war typisch für römische Häuser und Thermen. Die erhitzte Luft floß unter den Fußböden entlang oder stieg zwischen den Wänden nach oben. Das war eine sehr praktische und wirkungsvolle Wärmeeinrichtung, die seit dem 1. Jh. v. u. Z. Verwendung fand.

Das lange Zimmer der Südseite war zweifellos der repräsentativste Raum des gesamten Gebäudes. Er war nicht nur heizbar, sondern sein Boden besaß auch einen Kalkestrich, und seine Wände waren weißlich-gelb verputzt sowie mit roten und grünen Ranken verziert. Die beiden folgenden kleineren Wohnräume (4, 5) zeichneten sich ebenfalls durch einen farbigen Putz aus. Weniger Aufwand hatte man dagegen mit den gleichfalls zum Wohnen bestimmten Räumen des West- und Nordwestteils (2, 3, 6, 7) getrieben. Sie verfügten über keine Bodenheizung, und die Kalksteinquadern der Mauern waren nicht durch Putz verdeckt. Dafür hatte man die Mauerfugen mit Mörtel ausgestrichen und dann rot bemalt. Anscheinend konnte man die Zimmer von den Säulengängen des Innenhofes aus betreten.

Die Zeiten am besten überdauert hat der Keller (1) in der Nordwestecke des Hauses. Er lag am tiefsten im Hang, war 3,70 × 3,70 m groß und etwa 1,90 m hoch. Die Wände waren genauso gestaltet wie die der benachbarten Räumlichkeiten (2, 3, 6, 7). In der Nordwand gab es außerdem zwei Nischen, in der Ostwand eine Nische und in der Westwand einen Lichtschacht.

Wie die meisten römischen Gebäude ist auch das Landhaus bei Bad Rappenau in den vergangenen Jahrhunderten von Steinräubern fast völlig abgetragen worden. Zum Glück waren wenigstens im Nord- und Westflügel die ursprünglichen Fundamente noch vorhanden. Man hat sie zum Schutz überdeckt und zum Teil ergänzt. Außerdem sind hier die Estrichböden erneuert worden. Den Keller hat man am eingehendsten restauriert und bis zu seiner früheren Höhe aufgemauert. Die Fundamente des Süd- und Osttrakts sowie die der dortigen Anbauten wurden durch Steinplatten gekennzeichnet. So kann man den gesamten Grundriß erkennen und die Wohn- und Wirtschaftsteile unterscheiden. Für damalige Verhältnisse war es ein stattliches Gebäude, das bestimmt eine wohlhabende Familie errichtet hatte.

Neben solchen Landhäusern gab es, natürlich in weitaus geringerer Zahl, ausgesprochene Luxusvillen reicher römischer Latifundienbesitzer. Eines der bemerkenswertesten Beispiele dafür finden wir in Luxemburg südöstlich der Stadt Echternach, Gemarkung »In der Schwarzuecht«. In römischer Zeit gehörte dieses Gebiet zur Provinz Gallia Belgica, das die Wohnsitze verschiedener Stämme zwischen Seine, Nordsee und Rhein umfaßte.

Schon 1850 war man auf die Reste der Prunkvilla bei Echternach aufmerksam geworden, und eine gerade gegründete archäologische Gesellschaft hatte dort Ausgrabungen unternommen. Dabei wurde ein pracht-

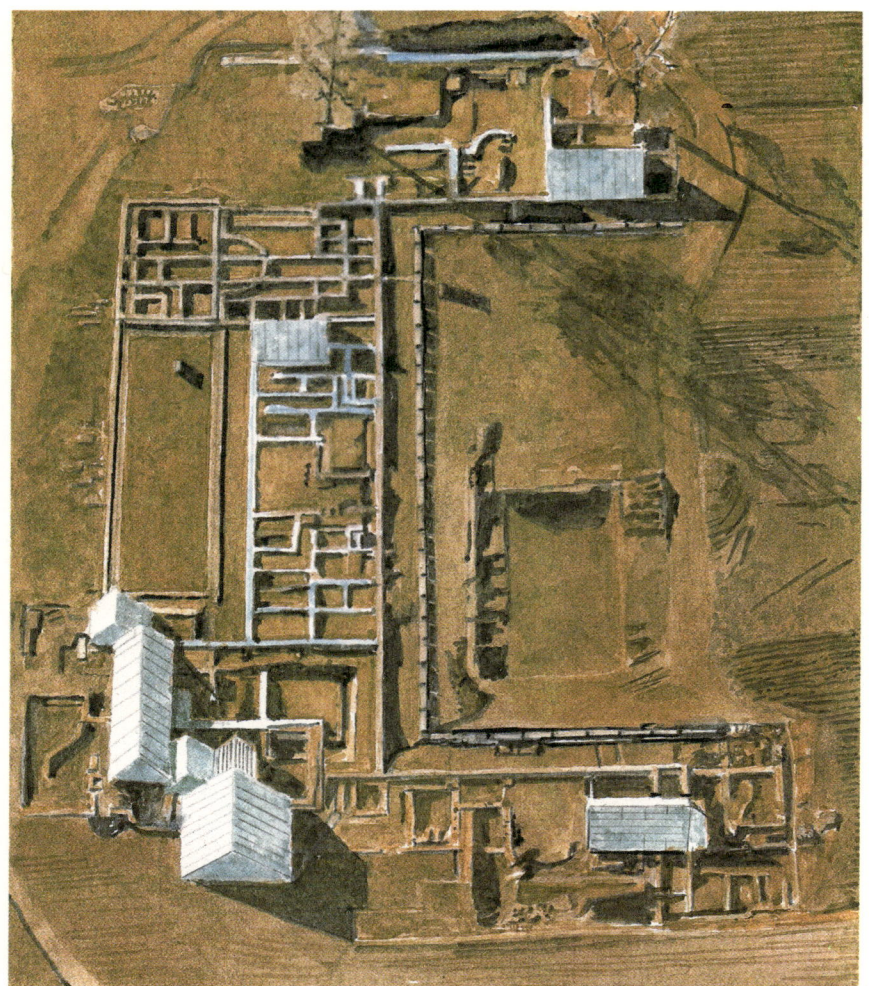

voller Mosaikfußboden von 12 m Länge und 10 m Breite entdeckt. Doch zu seiner Konservierung, zum Ankauf des betreffendes Landes und zur Fortsetzung der Grabungen fehlte leider das Geld. So geriet die Fundstelle wieder unter den Pflug, der ab und zu römische Überreste zutage förderte.

Schließlich stießen im August 1975 Bodenräummaschinen auf das Gelände der Villa, bis zu dem sich ein Wassersportzentrum erstrecken sollte. Durch die Nachricht von den Gemäuern aus der Römerzeit alarmiert, rückte eine Museumsmannschaft an und leitete umfangreiche Forschungsarbeiten ein. Noch mehr als von dem Sportzentrum wurde der Fundort durch eine geplante Umgehungsstraße bedroht. Die Ausgrabungen gingen daher bis November 1976 zügig voran. Dann waren die Grenzen des in öffentlicher Hand befindlichen Terrains erreicht. Was darüber hinaus lag, war privater Besitz und weiteren Untersuchungen zunächst nicht zugänglich.

Welchen Umfang die römische Anlage einst aufwies, haben nun die

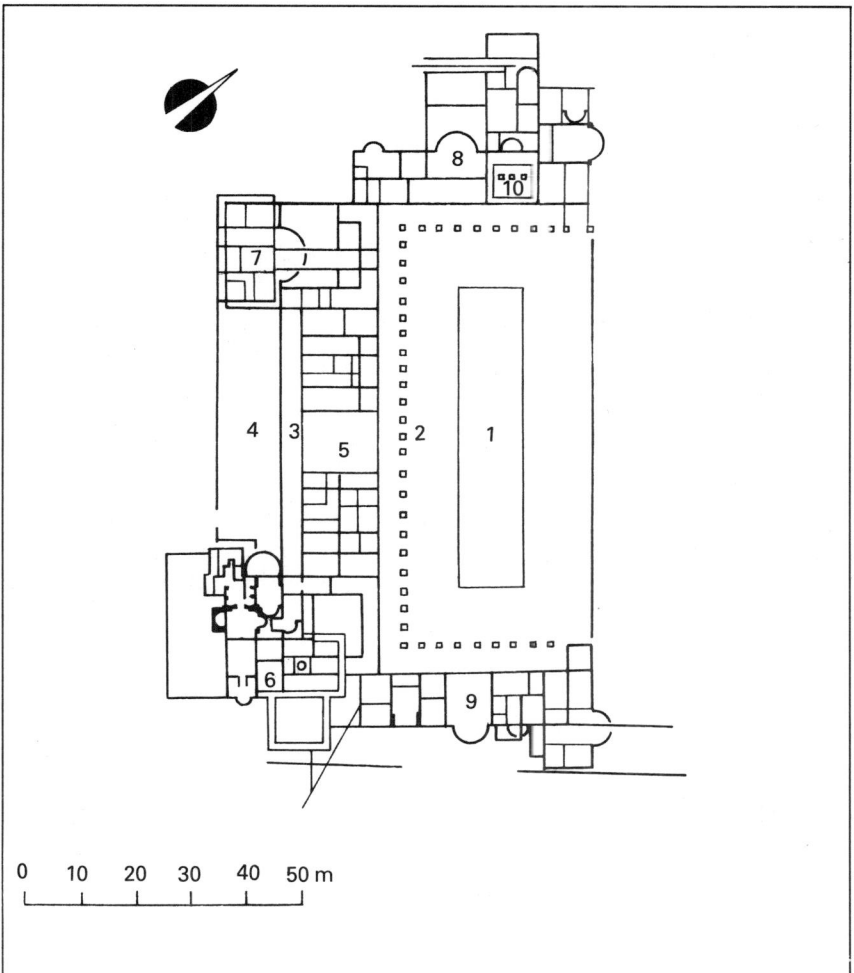

Grabungen und vor allem Luftbilder geklärt. Der gesamte ummauerte Gutshof bildete etwa ein Rechteck mit einer Länge von rund 320 und einer Breite von rund 220 m. Bei solchen Besitztümern (Latifundien) war es üblich, den eigentlichen Gutshof (pars domestica) durch Mauern abzutrennen. Das war auch hier der Fall. In dem für die Grabungen zur Verfügung stehenden Gelände lag das ehemalige Herrenhaus, auf das sich die Forschungen konzentrierten. Man deckte rund 1 ha Fläche ab und bewegte dabei 8000 m³ Erde. Die Luftbilder zeigen jedoch, daß die Nebengebäude das Fünffache der bisher erschlossenen Fläche einnehmen!

Während das Landhaus bei Bad Rappenau eine Peristylvilla verkörperte, zählte das Herrenhaus nahe Echternach zum Typ der großen Risalitvillen. Es besaß vier vorspringende Eckflügel, die sich von beiden Enden des Mitteltraktes aus in entgegengesetzte Richtungen, nach Südwesten und Nordosten, hinzogen (vgl. die Abb. 47–49). Alles in allem war das Gebäude 133 m lang und 80 m breit. Auch diese Dimensionen heben es deutlich von

49 *Rekonstruktion der römischen Luxusvilla*

der bereits vorgestellten Peristylvilla (Abb. 45 und 46) ab. Aber die Luxusvilla war in der Spätantike und im Mittelalter genauso gründlich bis auf die Fundamente ausgeplündert worden. Daher war es für die Archäologen sehr schwierig, die Mauerreste einzelnen Bauphasen zuzuordnen. Dennoch vermochte man vier größere Umbauphasen zu unterscheiden. Sie fanden zwischen der 2. Hälfte des 1. Jh. und dem Beginn des 5. Jh. statt. Das Herrenhaus war also mindestens 350 Jahre lang bewohnt.

Wenn wir uns seinen Aufbau näher betrachten, vergleichen wir am besten das Luftbild (Abb. 47), den Grundriß (Abb. 48) und den Rekonstruktionsversuch (Abb. 49) miteinander. Auf dem Luftbild sind übrigens auch einige Schutzhütten über bestimmten Grabungsstellen zu sehen.

Die nach Nordosten weisenden, weit vorspringenden Risalite umgaben einen 34 m breiten und 73,50 m langen Innenhof, in dem ein 60 m langes und 12 m breites Zierbecken (1 auf Abb. 48) angelegt war. Ursprünglich war es im Innern und am Rande mit Statuen versehen. Im Hofe selbst wuchsen sicher verschiedenartige Zierpflanzen. Die drei den Hof einschließenden Gebäudeseiten waren von einem Säulengang (2) umgeben, und auch an der Rückfront des Gebäudes gab es einen solchen Gang (3) und einen Hof (4). Bewohner und Gäste hatten also genügend Raum, in unmittelbarer Nähe der Villa herumzuspazieren oder auf andere Weise angenehm die Zeit zu verbringen.

Der Hausherr empfing seine Besucher in einem 10 × 12 m großen Raum, der sich in der Mittelachse der Gesamtanlage befand (5). Seine ganze Grundfläche war mit einem Mosaikboden geschmückt, den man, wie erwähnt, schon im 19. Jh. aufgedeckt hatte. Aber da ihn damals niemand konservierte und schützte, war er nun völlig zerfallen. In der Mitte des Raumes stand auf quadratischem Fundament wohl ein Springbrunnen. Die Wände waren mit Marmorplatten getäfelt, die wiederum mit schönen Kapitellen, Architraven und Simsen skulpiert waren. Reichtum und Geschmack des Besitzers wurden im Empfangsraum besonders eindrucksvoll demonstriert.

Zu beiden Seiten schlossen sich im Mittelflügel dann Wohnräume und eine Küche an. Einige dieser Zimmer besaßen ebenfalls eine Marmortäfelung und zwei einen Mosaikfußboden. Insgesamt fanden die Archäologen sechs solcher Mosaikböden und in mindestens 20 Räumen eine Fußbodenheizung. Das zeugt gleichfalls von dem Wohlstand der hier ansässigen Besitzer.

Die Bäder lagen im Südosten der Villa (6). Sie sind offensichtlich mehrfach umgebaut worden. Zuletzt richtete man dort ein 9×9 m großes Schwimmbecken sowie einen Raum für ein Kaltbad mit einem achteckigen Becken für Fußwaschungen ein.

Der im Westen des Gebäudes gelegene hintere Eckteil (7) umfaßte zunächst eine große Halle mit einer halbrunden Apsis. Später hat man in diesem Seitenflügel einen rechteckigen Raum geschaffen, der eventuell als Speicher diente. Auch in die langen vorderen Seitengebäude (8, 9) wurden im Laufe der Zeit viele Räumlichkeiten eingebaut und zum Teil mit Fußbodenheizungen ausgestattet. Im westlichen Vorderflügel legte man einen großen Keller an (10), dessen Decke drei Säulen stützten. Anscheinend hat man verschiedene Räume dieses Gebäudeteils während des 3. Jh. für gewerbliche Zwecke genutzt.

Obwohl die große Villa bis auf die Grundmauern zerstört war, vermochten die Archäologen doch durch die zahllosen Bruchstücke aus Marmor und Stuck Rückschlüsse auf die ehemalige Ausstattung der verschiedenen Zimmer zu ziehen. Viele farbige Glaswürfel wiesen auf Decken- und Wandmosaiken hin, Fragmente von Wandmalereien zeigten geometrische und figürliche Darstellungen. Überraschend waren Scherben von Gläsern mit Trinksprüchen in erhabenen griechischen Buchstaben. Die Statuette einer Muttergottheit aus Ton belegte die Verehrung von Mächten der Fruchtbarkeit und Ernte. So können wir uns noch ein anschauliches Bild vom luxuriösen Leben reicher Gutsbesitzer während der mittleren und späten römischen Kaiserzeit machen. Ausgrabungen der anderen Gebäude, die sich auf den Luftbildern abzeichnen, würden uns dagegen nähere Auskünfte über Leben und Tätigkeit der Sklaven und der anderen Untertanen auf den Latifundien vermitteln.

Wie die Römer in der Stadt und auf dem Lande wohnten, haben wir durch Luftbilder und Ausgrabungen kennengelernt. Wohn- und Lebensweise von Germanen, die einst an der Nordseeküste lebten, wollen wir nun ebenfalls aus der Vogelschau betrachten.

Vom Meere bezwungen

Die Küsten der Nordsee sind, wie die großer und kleiner Gewässer überhaupt, nicht statisch und in ihrem Verlauf festliegend. Ständig werden sie vom Meere umgeformt, das Land ab- oder anspült, erobert oder freigibt. Das Schwemmland an der Küste und deren Flußmündungen ist besonders fruchtbar; es lockte schon vor Jahrtausenden Menschen an.

Im 1. Jh. v. u. Z. zog sich die Nordsee von den Küsten Hollands und Nordwestdeutschlands in weiten Gebieten zurück. Dorthin drängten germanische Siedler nach. Über ihre Arbeit und ihr Leben, über die Geschichte ihrer Niederlassungen und über die sozialen Verhältnisse brachten während der letzten Jahrzehnte umfangreiche Siedlungsforschungen Aufschluß. An ihnen waren nicht nur Archäologen, sondern auch Zoologen, Botaniker, Geologen und andere Naturwissenschaftler beteiligt. Durch ihre Zusammenarbeit entstand ein anschauliches Bild der ehemaligen dörflichen Anlagen.

Von ihnen zeugen noch die Reste früherer Holzhäuser. Abbildung 50 zeigt uns eine der teilweise freigelegten Siedlungsflächen aus der Luft. Die Ansicht aus der Vogelschau bietet einen aufschlußreichen Überblick. Wir sehen die Wände langgestreckter rechteckiger Häuser, aus Pfosten und Flechtwerk bestehend. Auf dem Flugbild ist die räumliche Struktur der Bauten ebenfalls deutlich zu erkennen. Auffällig ist besonders die Untergliederung in schmale Boxen. Dank der vielen Funde vermochte man solche Häuser gut zu rekonstruieren. Ein Gebäude dieser Art, das für das gesamte germanische Nordseegebiet typisch ist, führt uns Abbildung 51 vor Augen.

Die Häuser waren meist 18 bis 22 m lang und 5 bis 6 m breit. Ausnahmsweise erreichten sie an die 30 m Länge und 7 m Breite. Für die Wände wurden eine Menge Stützpfosten und Ruten zum Flechten benötigt. Im Innern waren in Längsrichtung jeweils zwei sich gegenüberstehende dicke Pfosten angeordnet, auf denen ebenso starke Querbalken ruhten. Dieses Gerüst trug die Hauptlast des Daches. Es teilte das Gebäude zugleich in ein breites Mittelschiff und in zwei schmalere Seitenschiffe.

Nach seiner unterschiedlichen Funktion war das Haus in drei Abschnitte gegliedert: in den eigentlichen Wohnteil mit dem Herd in der Mitte und in einen sich anschließenden kleineren Wirtschaftsteil, in dem die Frauen ihre Arbeit verrichteten. Man konnte diesen Hausabschnitt von beiden Längsseiten her betreten. Ihm folgte der Bereich für das Vieh, das rechts und links von einem breiten Mittelgang in Boxen untergebracht war. Zwischen Mittelgang und Boxen zogen sich Jaucherinnen hin; die eingestallten Tiere standen mit dem Kopf zur Wand. In diesen Hausteil führte von der Schmalseite ein Eingang hinein. Oft waren die Spuren der Boxen noch so gut erhalten, daß sich sogar die Stückzahl des Viehs ermitteln ließ. Mitunter könnten es bis zu 32 Rinder oder Pferde gewesen sein; außerdem hielt man Schafe, Ziegen und Schweine.

Solche Gebäude waren also Wohnstallhäuser, in denen Menschen und Vieh unter einem gemeinsamen Dache lebten. Hier war die Großfamilie

50 *Reste der Wurtsiedlung Feddersen-Wierde*

51 *Modell eines dreischiffigen Wohnstallhauses in der Wurtsiedlung*

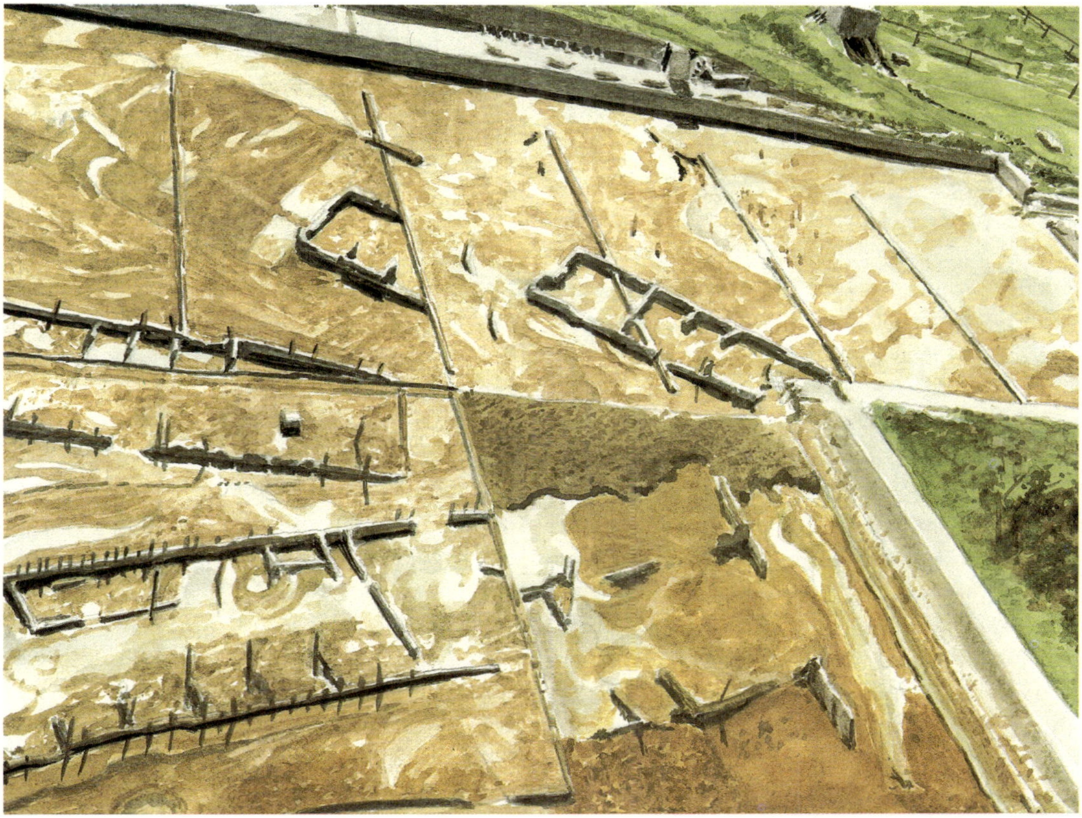

mit jung und alt eng vereint. Alles spielte sich vor den Augen aller ab: Freude und Leid, Krankheit und Siechtum, Geburt, Hochzeit und Tod. Jeder war auf jeden angewiesen.

Neben den Wohnstallhäusern befand sich ein Vorratsspeicher, etwas erhöht auf neun Pfosten gezimmert und so besser vor Schädlingen geschützt (Abb. 51). Kleinere Wohnhäuser, die es natürlich auch gab, besaßen in der Regel keinen Wirtschaftsteil und nur Boxen für zwei bis vier Stück Vieh. Nach den Funden zu urteilen, lebten in diesen Holzbauten die Familien von Handwerkern. Die Siedlungen selbst waren wohl mit Gräben und Palisaden umgeben.

Während des 1. Jh. v. u. Z. errichtete man die Gebäude noch direkt auf dem ebenen Boden. Aber die »Flachsiedlungen« erwiesen sich bald als ungeeignet. Schon im 1. Jh. u. Z. häuften sich wieder die Überschwemmungen. Wer dem Meere nicht einfach weichen wollte, mußte dann aus Abfällen aller Art, Klei, Stallmist, Bauschutt, Gras- und Heidesoden einen Wohnhügel anhäufen. Solche künstlichen Erhöhungen heißen im niederdeutschen Dialekt Wurten, Wierden, Warfen oder Warpen (vgl. Abb. 8 mit dem untergegangenen Niedam). Durch die erste Aufschüttung bildete sich eine Kernwurt, auf der Wohnstallhäuser, Handwerkerhäuser und Speicher Platz fanden. Sicher gab es in einer Siedlung viele derartige Kernwurten. Doch in den folgenden 400 bis 500 Jahren mußten diese ständig erhöht und ausgeweitet werden, bis schließlich vier, fünf oder noch mehr Siedlungsschichten übereinanderlagen. Im Endergebnis wuchsen die einzelnen Wohnhügel zu einer einzigen großen Wurt zusammen, manchmal mit einem Durchmesser bis zu 400 m und rund 5 m über dem ursprünglichen Niveau. Dafür war eine gewaltige gemeinschaftliche Arbeitsleistung erforderlich.

Den Aufbau einer Wurt stellt uns Abbildung 52 im Profilschnitt dar. Auch hier blicken wir schräg von oben auf die Rekonstruktion. Die zeitlich verschiedenen Siedlungsphasen sind klar voneinander abgehoben; Reste von Wänden, Stützpfosten und Palisaden liegen in unterschiedlicher Höhe. Über drei unteren Besiedlungsschichten erheben sich auf dem Plateau des Hügels nun moderne Wohnhäuser. Am Fuße der Wurt fließt ein Entwässerungsgraben (Priel) entlang. Auch auf dem Luftbild (Abb. 50) bemerken wir ungleiche Siedlungsniveaus bei Hausgrundrissen, die scheinbar ineinanderlaufen, sich in Wirklichkeit jedoch teilweise überdecken. Man hat die Häuser also immer wieder fast genau an derselben Stelle errichtet.

Als charakteristisches Beispiel für Aufbau, Entwicklung und Schicksal einer germanischen Siedlung an der Nordseeküste gilt die Wurt Feddersen Wierde. Sie gehörte zu einer Reihe ähnlicher Niederlassungen am rechten Ufer des Mündungstrichters der Weser in der Seemarsch des Landes Wursten zwischen Bremerhaven und Cuxhaven. Feddersen Wierde ist von 1955 bis 1963 fast völlig ausgegraben worden.

Die Besiedlung begann hier während des 1. Jh. v. u. Z. östlich des Bran-

dungswalls einer von zwei Prielen umflossenen Marschinsel. Als Wohn-
und Wirtschaftsgebiet standen den Ankömmlingen zunächst 6 bis 8 ha Fläche zur Verfügung, auf der sie eine langgestreckte Flachsiedlung mit 5 bis
11 reihenförmig angeordneten Gehöften gründeten. Als man im 1. Jh. u. Z.
zum Wurtenbau gezwungen war, gestaltete man auch die Ansiedlung um.
Nun wurden die Häuser radial auf einen freien Platz hin ausgerichtet —
eine Richtlage, die für andere Wurten ebenfalls typisch ist. Sie fällt auch
auf dem Luftbild (Abb. 50) auf. Während der nächsten Jahrhunderte vereinigten sich die einzelnen Wohnhügel schließlich zu einer einzigen Wurt
von rund 4 m Höhe. Insgesamt sieben verschiedene Bauphasen vermochten die Archäologen bei ihren Ausgrabungen zu unterscheiden.

Zunehmende Überflutungsgefahren hatten die Bauern offenbar veran-
laßt, sich zusammenzutun, um auf einer gemeinsamen Wurt besser
Schutz zu finden. Dort stieg nun die Bevölkerungszahl an. Existenzgrundlagen bildeten nach wie vor Ackerbau und Viehzucht. Auf langen, schmalen Feldern erntete man Hafer, Gerste, Emmer, Rispenhirse, Feldbohne,
Faser- und Öllein sowie Waid zum Färben der Stoffe.

Rund 70 000 Knochenfragmente verrieten außerdem, welche Haustiere
am häufigsten gehalten und in welchem Alter sie geschlachtet wurden.
Am stärksten war das Rind vertreten, ihm folgten Schaf, Pferd, Schwein
und Hund. Rinder schlachtete man meistens erst, wenn sie 4 bis 5 Jahre
alt waren. Ihre Milchleistung hatte dann vermutlich nachgelassen. Von
Schafen und Pferden wurden 40 Prozent aller Jungtiere geschlachtet. Ihr
Fleisch spielte demnach für die Ernährung eine wesentliche Rolle. Es war
sicher auch schwierig, während des Winters viele Jungtiere ausreichend

52 *Siedlungs-
schichten einer
Wurt im Profil-
schnitt*

mit Futter zu versorgen und sie bis zum Frühjahr gut durchzubringen. Da die Flächen für die Felder und die Viehweiden nicht weiter ausgedehnt werden konnten, sondern durch die zerstörerische Wirkung der Nordsee eher kleiner wurden, vermochten nicht mehr alle Bewohner der Wurt ihren Lebensunterhalt durch Ackerbau und Viehzucht zu bestreiten. Aber man fand zunächst einen passablen Ausweg, indem man sich verstärkt handwerklichen Tätigkeiten zuwandte. Diese hatten in Feddersen Wierde eine alte Tradition. Spinnen, Weben, Flechten und Töpfern war dort von Anfang an bekannt. Es gab Zimmerleute, Böttcher, Drechsler und Stellmacher. Andere fertigten aus Knochen, Horn und Geweih spezielle Geräte. Dazu kam nun noch das Schmelzen und Schmieden von Eisen und das Gießen von Bronze.

Die vielfältigen Gewerke bedingten einen regen Tauschhandel von Rohstoffen und Fertigprodukten. In Feddersen Wierde brauchte man Holz und Holzkohle, Raseneisenerz und Bronzebarren. Dafür bot man Fleisch, tierische Fette, Häute und Textilien an. Offenbar erstreckte sich der florierende Handel bis zu den römischen Provinzen. Als Importgut kamen von dort rote Töpferwaren (die die Fachleute Terra sigillata nennen), Gläser, Perlen, Münzen, Mahlsteine für die Getreidemühlen und anderes mehr.

Während des 3. Jh. stand Feddersen Wierde in voller Blüte. Vermutlich war es damals von 250 bis 300 Menschen bevölkert. Jetzt bestand die Siedlung aus 16 Bauernhöfen mittlerer Größe, aus 10 kleineren, zum Teil handwerklich genutzten Gebäuden, aus zwei großen Häusern ohne Stallteil und aus zwei reinen Werkstattgebäuden. Damit hatte sich eine bemerkenswerte soziale Gliederung herausgebildet. Zu Beginn der Landnahme waren die Höfe noch etwa gleichgroß gewesen. Dann weiteten sich einige Gehöfte stärker aus. Sie verfügten über mehr Vieh und über mehr Nebengebäude. Meist lagen sie nun mit kleineren Wohnstall- und Handwerkerhäusern zusammen in einem umzäunten Areal. Manche Bauern und Handwerker waren also von wohlhabenderen, einflußreicheren abhängig geworden. In einem der großen Häuser ohne Stallteil wohnte offenbar ein »Häuptling«, der anderen die Arbeit zuteilte sowie Handwerk und Handel leitete und organisierte. Ein dicht benachbartes, ebenfalls stalloses Gebäude diente anscheinend als Versammlungshaus.

Wie Feddersen Wierde in seiner Blütezeit vermutlich ausgesehen hat, macht uns Abbildung 53 deutlich. Sie zeigt ein Modell der Siedlung, das ebenfalls aus der Vogelschau dargestellt ist. Wir erkennen die Watteninsel und die Priele, den »Dorfplatz« und die auf ihn ausgerichteten Häuser sowie die Zäune, die größere »Wirtschaftseinheiten« umschlossen.

Doch allmählich überspülten die Flutwellen der Nordsee die Existenzgrundlagen der Wurt-Siedlungen. Im 4. und 5. Jh. engte das Meer das Nutzland weiter ein und versalzte es stärker als vorher. Auch Feddersen Wierde verarmte und siechte dahin. Nach 500 Jahren mußten die Bewohner schließlich aufgeben und in andere Gebiete auswandern, einer ungewissen Zukunft entgegen. Das Meer hatte vorerst die Oberhand behalten.

Aber seine Ablagerungen konservierten die Siedlungsreste, aus denen Archäologen und Naturwissenschaftler das einstige Leben auf den Wurten rekonstruierten.

Abbildung 54, eine Schrägaufnahme aus der Vogelperspektive, führt uns in den Westen der Schweiz. Umgeben vom Murtner, Bieler und Neuenburger See, breitet sich hier das bernische Seeland mit dem Großen Moos (d. h. Moor) aus. Durch umfangreiche Entwässerungsmaßnahmen ist aus dem ursprünglich sumpfigen Gebiet ein fruchtbares Land für Ackerbau und Gemüsezucht geworden.

    Am unteren Bildrand bemerken wir einen Wasserlauf und eine helle quadratische Fläche, einen freigelegten römischen Brückenkopf. Von ihm aus führte eine Straße weiter durch das Große Moos. Auf dem Erdboden ist sie nicht mehr zu erkennen, aber auf dem Luftbild verrät sie sich durch

Über Wege und Straßen

deutliche Bewuchsmerkmale. Typisch ist, daß sie sich in der grünen Fläche, die vermutlich mit Kartoffeln oder Rüben bestellt war, nicht abzeichnet. Im Getreide prägt sie sich dagegen als schnurgerade Linie aus. Über der ehemaligen Straße sind die Ähren schneller reif geworden und fallen nun durch eine dunklere gelbe Farbe auf.

Römischen Straßen sind wir in alten Stadtanlagen bereits mehrfach begegnet. Natürlich haben die Römer auch innerhalb ihres riesigen Imperiums, von Ort zu Ort und Stadt zu Stadt, Wege und Straßen angelegt. Ohne solche Verkehrsadern hätten sie ihr Reich nicht verwalten und regieren können; ohne Verkehr zu Wasser und zu Lande wären überall in der Welt weiterreichende Kontakte von Menschen untereinander gar nicht möglich gewesen.

Im Straßenbau waren die Römer wahre Meister. Ihre erste und wichtigste ausgebaute Fernstraße war die Via Appia, die zunächst über 220 km von Rom nach Capua verlief. Genannt wurde sie nach Appius Claudius Caesus, der 312 v. u. Z. als Zensor ihre Ausführung anordnete. Später, im 3. Jh. v. u. Z., verlängerte man die Via Appia über Beneventum und Tarent bis Brundisium (Brindisi) an der Adria. Oft mußten Legionäre die nun 540 km lange Strecke entlang marschieren, wenn sie im Nahen Osten oder auf der Balkanhalbinsel gebraucht wurden. In Brundisium schifften sie

sich ein. Dort gingen aber auch Handelsschiffe vor Anker, deren Frachten über die Via Appia bis nach Rom gelangten.

55 *Heutiger An-blick der Via Appia*

Die meisten römischen Straßen sind im Laufe der Zeit zerstört worden; zum Teil liegen sie noch verborgen im Erdreich. Seitdem man Luftbildarchäologie treibt, hat man durch Bewuchs- und Bodenmerkmale viele ehemalige Römerstraßen aus der Vogelschau wiederentdeckt. Wie solche Verkehrswege einst ausgesehen haben, zeigt uns ein ausgegrabenes Teilstück der Via Appia nahe Rom (Abb. 55) — ein stimmungsvolles Bild bei tiefstehender Sonne. Die Via Appia verläuft hier durch eine Landschaft mit Hecken, Büschen und Bäumen. Daß sie noch heute an manchen Stellen so gut erhalten ist, verdankt sie einer außerordentlich sol den Bauweise.

Solche Straßen wurden mehrschichtig angelegt. Von der untersten Schicht bis zur gepflasterten Decke konnte ihre Stärke rund 2 m betragen. Zunächst hob man die Trasse im gewachsenen Boden aus und stampfte ihren Untergrund fest. Dieser trug ein oder zwei Lagen aus Steinplatten unterschiedlicher Größe. In die Fugen der oberen Plattenlage kam zur Verfestigung ein Gemisch aus Steinschotter und Kalkmörtel. Dann wurde Kies darüber geschüttet, den man mit in Mörtel gebetteten Steinplatten bedeckte. Die bis zu 4,5 m breiten Straßen waren leicht gewölbt, damit das Regenwasser ungehindert nach den Seiten abfließen konnte. Rechts und links neben der Trasse liefen Gräben, die das Wasser aufnahmen. Tatsächlich waren Straßen dieser Art fast unverwüstlich. Auf ihnen legten die Legionäre pro Tag im Durchschnitt 30 km zurück. Ihre eisenbeschlagenen Stiefel vermochten dem Pflaster nichts anzuhaben. Wirkungsvoller waren da schon die eisernen Reifen der Wagenräder. Sklaven, aber auch Legionäre mußten nicht nur Verkehrswege bauen, sondern diese auch, ebenfalls meist auf Kosten des Staates, ständig in Ordnung halten. Bei der Planung verfolgte man das Ziel, die Straßen möglichst geradlinig zu führen und dabei Hindernisse direkt zu bezwingen. Notfalls legte man deshalb Sümpfe und Niederungen trocken, überwand sie durch Dämme oder Bohlenwege, durchschnitt Berge und überspannte Ströme, Flüsse und Bäche mit massiven Steinbrücken.

Systematisch wurden von den Römern auf diese Weise Wege und Straßen befestigt und ausgebaut. Meilensteine an den Rändern verkündeten in etwa 1,5 km Abstand voneinander die jeweilige Entfernung von der Metropole Rom. Rasthäuser und Stationen für den Pferdewechsel sorgten dafür, daß die Reisenden schnell, doch ohne allzu große Strapazen ihr Ziel zu erreichen vermochten. Sogenannte Itinerarien, eine Art Reiseführer, gaben Auskünfte über Straßen, Rastplätze, Herbergen, Städte und Entfernungen. Außerdem konnte man sich an Hand von Reisekarten orientieren.

Die Reste römischer Straßen sind in allen Teilen des ehemaligen Imperiums zum Vorschein gekommen. Bei ihrer Entdeckung und Erkundung spielte und spielt die Luftbildarchäologie eine entscheidende Rolle. Im Nahen Osten hat vor allem Pater Antoine Poidebard vom Flugzeug aus das römische Straßennetz erforscht. Über die manchmal abenteuerlichen Suchflüge des Paters schreibt Leo Deuel in seiner Geschichte der Luftbildarchäologie:

»Bei einem bemerkenswerten Unternehmen verfolgte er eine wichtige Straße, die von Damaskus ausging, 250 km lang aus einer Höhe, die selten 25 m überstieg. Aber eine andere alte Straße zwischen Palmyra und Hit erschien aus einer Höhe von 350 m als ein Band, das von zwei schwarzen Linien eingefaßt war. Und zu Poidebards Überraschung verschwand die Straße allmählich, wenn das Flugzeug niedriger flog. Einmal, als er einen römischen Meilenstein sah, ließ er seinen Piloten bis auf 5 m hinuntergehen, wobei sich der Propeller kaum drehte, und las die griechische Inschrift, aus der die Zeit der Erbauung und die Bestimmung dieser neuentdeckten Straße hervorgingen. Sie enthielt eine Widmung des Senats und Volkes von Palmyra an einen gewissen Soados, offenbar einen Wohltäter des Karawanenhandels. Das Datum bezog sich auf die Herrschaft des römischen Kaisers Antoninus Pius im 2. Jh.«

Wege und Straßen finden wir natürlich bei allen Völkern. Manche dieser Handels- und Verkehrswege haben eine geradezu legendäre Berühmtheit erlangt. Denken wir nur an die Weihrauchstraße, die von Südarabien am Ostabhang des westarabischen Küstengebirges entlang zum Mittelmeer führte. Karawanen legten diese Strecke mit Kamelen in rund 70 Tagen zurück. Sie transportierten dabei zu Handelszwecken außer dem stark duftenden Harz eines arabischen Balsamgewächses, bei dessen Verbrennen der Weihrauch entsteht, Gewürze, Gold, Edelsteine und andere wertvolle Güter. Diese kamen meist aus Indien und China. Eine so weitreichende Verbindung bildete auch die Seidenstraße von China über Mittelasien und den Vorderen Orient bis nach Rom. Nicht nur Seide wurde da gehandelt; durch die Reisenden fand zugleich ein Austausch verschiedenartiger kultureller Güter statt. Das galt sicher ebenfalls für die Bernsteinstraßen von der Ostsee nach dem Süden.

Freilich dürfen wir uns diese Handelsrouten nicht als ausgebaute Straßen vorstellen, sondern eher als unbefestigte Pfade, die sich allmählich durch häufige Begehung herausbildeten. Richtige Straßen durchs Gelände ließen erst die Herrscher des Alten Orients anlegen — aus strategischen, politischen und militärischen Gründen. Unter Darius I. (522—486 v. u. Z.) wurden im Perserreich zum Beispiel die 2500 km langen Königsstraßen von Susa nach Sardes gepflastert.

Im Straßenbau blieben die Römer für viele Jahrhunderte unerreichte Meister. Noch im Mittelalter bestanden die Fernstraßen Europas nur aus Erdwegen, die schwer zugängliche Täler mieden und dafür Höhenzüge bevorzugten. Mitunter lief an bestimmten Stellen ein ganzes Wegebündel zusammen. Eine solch typische Anhäufung von Wegen bemerken wir auf einer sehr anschaulichen Senkrechtaufnahme (Abb. 56). Sie zeigt eine Landschaft bei Amesbury in Wiltshire, Südengland, mit keltischen Äckern (den Lynchets) und mittelalterlichen Pfaden. Das schräg einfallende Sonnenlicht hebt diese durch Schattenmerkmale kräftig hervor. In der Mitte

56 *Mittelalterliches Wegebündel und Spuren ehemaliger Feldergrenzen in Südengland*

sowie am rechten und am unteren Bildrand sind als runde Gebilde urgeschichtliche Grabhügel zu sehen. Zu ebener Erde würden weder die Lynchets noch die Wegebündel besonders auffallen.

57 *Schnurgerade Inka-Straße in der Pampa Nordperus*

Nicht nur in Europa, Asien und Nordafrika gelang die Entdeckung von Straßen aus der Luft, sondern auch in Mittel- und Südamerika. Die Inka haben im Westen des südamerikanischen Kontinents ein nicht weniger großartiges Straßennetz geschaffen als anderswo die Römer. Noch heute findet man imposante Reste davon in Ekuador, Peru, Bolivien und Chile auf einer Strecke, die etwa der Entfernung vom Nordkap bis zur Sahara entspricht.

Durch das gesamte Inka-Reich führten zwei Straßen von Nord nach Süd. Parallel zur »Königlichen Straße des Gebirges« (sie war rund 6000 km lang) verlief die »Königliche Straße der Küste«. Beide Hauptverkehrsadern waren durch zahlreiche Querstraßen miteinander verbunden. Eine deutsche Expedition unter Leitung von Heinrich Ubbelohde-Doering konnte von 1937 bis 1939 solche Inka-Straßen vom Flugzeug aus fotografieren. Das war vorher kaum geschehen und erbrachte deshalb viel Neues.

Abbildung 57 zeigt uns eine der typischen Trassen in der Pampa Nordperus zwischen Chicama und Trujillo aus der Vogelperspektive. Der Wind hat die Pampa und die Straße mit Sand bedeckt. Schnurgerade zieht der Verkehrsweg durch das Gelände, noch erkennbar durch Mauern, die beide Seiten der Trasse einfassen. Ein so geradliniger Verlauf ist das Merkmal aller Inka-Straßen. Darin gleichen sie denen der Römer. Auf dem Luftbild erkennen wir aber auch eine damals gerade im Bau befindliche moderne Autostraße, die ihre Vorgängerin kreuzt. Auf ebener Erde wäre der Verlauf der alten Trasse wegen der Verwehungen sicher kaum mehr wahrzunehmen.

Wie sich die Straßen der Inka am Erdboden darstellen, geht aus Abbildung 58 hervor. Durch die Pampa läuft hier die 7 m breite Trasse in südliche Richtung auf das Jequetepeque-Tal (ebenfalls in Nordperu) zu, verschwindet in diesem und taucht jenseits am Abhang der Berge von Chocofán wieder auf, wo sie einer Paßhöhe zustrebt. Auch auf diesem Bild wird die schnurgerade Ausrichtung der Straßen deutlich. Zwischen 6 und 9 m breit, überwanden sie Einöden, Wüsten, Sümpfe und Seen. Die Mauern, die wir auf den Abbildungen 57 und 58 sehen, bestanden meistens aus Bruchsteinen mit einer feinen Steinschuttfüllung dazwischen. Offenbar enthielt diese ein sehr wirksames Bindemittel, denn die Mauern sind noch heute oft in gutem Zustand. Interessant ist auch, daß die Straße auf Abbildung 58 über die Bodenwellen im Vordergrund hinweggeht, sie also nicht durchschneidet, im Gegensatz zu den Verkehrswegen der Römer. Die Erklärung dafür ist einfach: Weder im Reich der Inka noch sonst irgendwo im alten Amerika gab es so etwas wie einen Wagen, denn das Rad war hier noch unbekannt. Für ein Gefährt wären solche Erhebungen und Senkungen natürlich ungünstig gewesen.

Die großartigen Fernstraßen der Inka sind im 15. Jh. angelegt worden.

58 *Zu beiden Seiten begrenzte Inka-Straße in Nordperu*

Der spanische Chronist Cieza de León berichtete darüber: »Wenn der Herrscher bestimmt hatte, daß eine dieser so berühmten Straßen gebaut werden sollte, waren nicht viele Befehle oder Aufforderungen nötig, sondern die aufsichtführenden Beamten reisten durch die Provinzen und bestimmten die Strecke und die Arbeiter, denen sie auftrugen, die betreffenden Straßenstücke auszuführen. Auf diese Weise wurden sie gebaut, indem jeweils eine Provinz auf ihre Kosten und mit ihren Einwohnern bis an ihre Grenzen baute, und in kurzer Zeit stellten sie sie fertig. Andere taten dasselbe; so wurde, falls es notwendig war, zu gleicher Zeit ein großes Stück der Straße fertiggestellt oder die ganze Straße.«

59 Lynchets »Keltischer Felder« in Südengland

Das Verkehrsnetz diente, wie bei den Römern, militärischen, Verwaltungs- und zivilen Zwecken. In 20 bis 30 km Abstand voneinander befanden sich Rasthäuser für die Reisenden und in etwas größeren Abständen Magazine für das Heer, für dessen Verpflegung und Ausrüstung. Die Straßen waren aber auch für einen möglichst schnellen Nachrichtendienst vorgesehen. Dafür gab es Stafettenläufer, die aller 2 bis 3 km in Postenhäusern bereitstanden. Auf diese Weise sollen von Cuzco, der Hauptstadt des Reiches, nach Quito (in der Nähe des Äquators) und wieder zurück (ca. 4500 km) Nachrichten innerhalb von 20 Tagen übermittelt worden sein. Manche Quellen sprechen sogar von nur 12 Tagen! Besonders wichtige Nachrichten und Befehle wurden tagsüber durch Rauch- und nachts durch Feuerzeichen weitergegeben. So sollen in 2 bis 3 Stunden an die 3000 km überbrückt worden sein, eine wahrhaft erstaunliche Leistung! Selbst ein modernes Verkehrsflugzeug wäre beim Durchfliegen dieser Strecke nicht schneller. Aus der Luft wird jedoch am deutlichsten, mit welchen Schwierigkeiten die Straßenbaumeister der Inka im Gelände zu kämpfen hatten und mit welchem Geschick sie ihrer Aufgabe gerecht wurden.

Die Luftbildarchäologie hat nicht nur frühe Ansiedlungen und Städte, Wege und Straßen entdeckt oder zusätzliche Erkenntnisse über sie vermittelt. Auch alte Felder sind aus der Vogelschau gefunden und »kartiert« worden.

Felder und ihre Bewirtschaftung

Wir haben schon einige Male auf die von dem englischen Pionier der Luftbildforschung, O. G. S. Crawford, enträtselten Ackerbaudämme, die Lynchets, Bezug genommen. Mit Hilfe der Luftfotos ist es Crawford gelungen, Ausdehnung und Umfang des Lynchet-Systems zu klären und seine Besonderheiten herauszuarbeiten. Sehen wir uns außer den Abbildungen 3, 4 und 56 auch Abbildung 59 an! Sie zeigt uns ein hügeliges, nach dem unteren Bildrand zu abfallendes Gelände bei Windover Hill in Sussex, Südengland. Die Oberfläche des Kreidebodens, mit Gras bewachsen, wird als Weideland genutzt. Seit Jahrhunderten ist es nicht mehr gepflügt worden. So haben sich die Umrisse noch älterer Felder klar und scharf erhalten. Das gilt aus den gleichen Gründen für viele Fundstätten im Süden Britanniens.

Quer über die Hügel, die wir senkrecht von oben betrachten, ziehen sich zahlreiche fast parallele Linien hin – Lynchets. Ihre Entstehung ist auf das Pflügen vor langer Zeit zurückzuführen. Der Pflug lockerte den Boden, und ein Teil seines Materials glitt, rutschte oder rollte allmählich die mehr oder weniger geneigten Hänge zum unteren Feldrand hinunter. Dort hatte man einen schmalen Rasenstreifen stehenlassen, um ein weiteres Abgleiten des Bodens zu verhindern. An diesen Rändern staute sich die Ackerkrume und bildete nach und nach einen Wall, einen positiven Lynchet im Gegensatz zum oberen Feldrand, wo infolge der Bodenfluktuation eine flache Vertiefung, ein negativer Lynchet, entstand. Auf Abbildung 59 treten die Dämme als helle Bodenmerkmale hervor. Sie bestehen ja vor allem aus kreidehaltigem Material. Auch wo durch späteres Überpflügen die Lynchets eingeebnet worden sind, fallen sie noch durch die Kreide auf und können aus der Luft fotografiert werden.

Genau das ist der entscheidende Punkt. Eine Gesamtübersicht über die Lynchets und damit über alte Feldergrenzen und Feldeinteilungen ergibt sich nur aus der Vogelperspektive. Dabei vermag man auch zu unterscheiden, wie verschieden einst diese Felder angelegt waren. Oft verlaufen die Lynchets als parallele Dämme quer über die Hügel wie auf Abbildung 59. Wir erkennen übrigens auch, daß senkrecht dazu, also hügelabwärts, hier und da ebenfalls schwache Markierungen vorhanden sind. Sie unterteilen die langen Ackerstreifen in kleinere rechteckige oder quadratische Felder. An anderen Orten finden wir kaum merkbare Spuren von parallelen Feldergrenzen, die einen Hügel senkrecht zu seiner Basis überziehen. Quer dazu haben sich Lynchets angehäuft, aber nun nicht in durchgängigen parallelen Linien, sondern mal höher, mal tiefer, je nach der Größe des abwärts gerichteten Feldes. Und schließlich bilden die Feldergrenzen mitunter auch ein ganz unregelmäßiges Netz.

Man nennt diese Äcker »Celtic fields«, »Keltische Felder«, obwohl sie nicht nur mit den Kelten und ihrem Bodenbau verbunden waren. In England, aber auch in anderen Teilen Mittel- und Westeuropas stammen sie aus der frühen Eisenzeit und der römischen Periode. Die Höhe der Lynchets, oft an die 2,5 m, manchmal sogar bis zu 5,5 m, läßt darauf schließen, daß die Felder lange Zeit bewirtschaftet wurden. Andererseits muß man annehmen, daß die ur- und frühgeschichtlichen Äcker nach einigen Jahren erschöpft waren und erst wieder brachliegen mußten, um sich zu »erholen«. (Den Wechsel zwischen Brache und Bebauung bezeichnet man als »wilde Feldgraswirtschaft«.) Es ist jedoch überliefert, daß in England während der 3 bis 4 Jahrhunderte vor und nach der Zeitrechnung reiche Ernten eingebracht wurden. Die Lösung dieser Widersprüche kann eigentlich nur in einer Düngung der Felder liegen. Tiefe Löcher weisen zum Beispiel darauf hin, daß man Kreide aus ihnen gewonnen und auf die Felder gestreut hat, um die Säure des Bodens zu neutralisieren und seine Fruchtbarkeit zu erhöhen. Versuche haben ergeben, daß dieses Verfahren besonders für Gerste günstig ist.

Außer den »Keltischen Feldern« hat die Luftbildarchäologie noch einen ganz anderen Feldertyp in seiner Eigenart und Verbreitung deutlich gemacht. Ein Beispiel dafür haben wir in Abbildung 60 vor uns. Sie stellt eine Hochfläche über dem Steilabfall am Kanal bei Winspit Bottom in Dorset, Südengland, dar. Gegen Mittag senkrecht aus 1300 m Höhe aufgenommen, zeigt das Flugbild sehr lange, schmale Äcker, die ganz dicht parallel beieinanderliegen. Durch den Schattenwurf zeichnen sie sich scharf ab. Am rechten oberen Bildrand erkennen wir, daß das Meer die Steilküste immer weiter zernagt und zum Einsturz bringt. Offenbar haben die stürmischen Fluten auch die Ackerfläche im Laufe der Zeit verkleinert. Die noch sichtbaren alten Feldstreifen enden unmittelbar am Abhang.

Der Unterschied dieser Äcker zu den »Keltischen Feldern« springt sofort ins Auge. Letztere sind klein, quadratisch bis rechteckig und nicht streng symmetrisch einander benachbart. Bei den Streifenäckern hat sich die Länge auf Kosten der Breite ganz beträchtlich ausgedehnt, und sie bilden ein fast exaktes lineares Muster. In der Regel ziehen sie sich terrassenförmig die Hügel hinauf, während die »Keltischen Felder« umgekehrt von den Spitzen oder Kämmen der Hügel zu den Tälern herabsteigen.

Die langen Streifenäcker, die aus der Luft ebensogut zu überschauen sind wie ihre Vorgänger, gehen auf die Angelsachsen zurück. Als Angehörige germanischer Stämme waren sie im 5. und 6. Jh. vom Kontinent her in den Südosten Englands eingedrungen und hatten zunächst hier auf ihre Weise die Felder bestellt. Warum sich diese so auffällig von den »Celtic fields« unterscheiden, erklärt sich durch verschiedene Arten des Pfluges und des Pflügens. Wir betrachten uns dazu am besten ein Felsbild aus den

60 *Angelsächsische Streifenäcker an der südenglischen Steilküste*

Ligurischen Alpen, das auch zwei Pflüge wiedergibt, mit denen Felder wie die »keltischen« geackert wurden (Abb. 61). Aus der Darstellung geht hervor, daß zwei Ochsen die Pflüge zogen. Die Tiere waren mit dem Pflugbaum verbunden, an dessen hinterem Ende ein kräftiger Haken angebracht war, den der Pflüger in den Boden drückte. Damit das kraftvoll geschehen konnte, gab es etwa im rechten Winkel zum Pflugbaum noch ein Druckholz, einen Sterz.

Bei dem vorderen Gespann auf dem Felsbild werden die Ochsen anscheinend von einem zweiten Mann geführt. Das andere Gespann (am linken Bildrand) ist deshalb merkwürdig, weil sein Pflüger von einem Mann dahinter offenbar bedroht oder erschlagen wird. Vielleicht symbolisiert das eine mythische oder rituelle Handlung, in der man eine Gottheit des Wachstums (den Pflüger) im Herbst tötete, damit sie im Frühjahr wie die Saat zu neuem Leben erwachen konnte. Die Dolche um die Pflügenden und ihre Gespanne sowie die Fußsohle hatten sicher ebenfalls eine kultische Bedeutung. Es gab ja auch ein rituelles Pflügen, das der Fruchtbarkeit des Bodens dienen sollte.

Der auf Abbildung 61 wiedergegebene Hakenpflug ritzte nur eine flache Furche in den Boden. Um diesen stärker aufzulockern, mußte man ihn längs und quer pflügen, also in zwei gerade entgegengesetzten Richtungen. Eine sehr effektive und wirksame Methode war das nicht, und die so bearbeiteten Felder waren meist nur klein. Der römische Schriftsteller Plinius beschrieb aber auch einen Pflug, der im 1. Jh. in der Provinz Rätien benutzt wurde. Er bestand aus einem Vorgestell mit zwei Rädern, dem Pflugbaum, einem Vorschneidemesser, das den Boden aufriß, und aus einem Streichbrett dahinter, das die Scholle hochhob und wendete wie unsere modernen Pflüge. Mit einem solchen Gerät wurde der Boden nicht nur viel besser gelockert. Es brachte zugleich die weniger erschöpfte Erde aus den tieferen Schichten nach oben und trug so wesentlich zu einem besseren Ernteertrag bei. Außerdem brauchte man mit ihm nicht mehr kreuz und quer zu pflügen, sondern nur noch hin und zurück. Damit das möglichst zeitsparend geschah und man dabei so wenig wie möglich wenden mußte, wurden sehr lange Furchen gezogen. Statt kleiner quadratischer oder rechteckiger Felder entstanden nun lange schmale Äcker. Um sie durchgehend zu pflügen, reichten zwei Ochsen nicht mehr aus. Man spannte deshalb bis zu acht Ochsen vor den Pflug.

Verschiedene Pflüge und unterschiedliches Pflügen hatten also, wir wiederholen es, andere Felderformen und -größen zur Folge. Wie diese im einzelnen beschaffen waren, hat vor allem die Luftbildarchäologie mit ihren weite Gebiete erfassenden Fotos zutage gebracht. Was schließlich aus den Streifenäckern wurde, die durch die Angelsachsen auch nach England gelangten, wird durch Luftfotos gleichfalls sehr anschaulich verdeutlicht. Betrachten wir uns dazu die Abbildung 62!

Wir blicken hier senkrecht auf einen typischen Geländeausschnitt bei Mere Bank zwischen Bristol und dem Severn in Südwestengland. Auch

61 *Felsbild aus den Ligurischen Alpen mit zwei Pflügen*

dieses Gebiet ist seit Jahrhunderten Weideland; der Pflug hat die mittelalterlichen Feldereinteilungen verschont. Von oben gesehen, treten sie bei günstigem Schattenwurf in voller Klarheit hervor. Zum Teil folgen die heutigen Grenzen der Wiesen noch den alten Feldergrenzen. Gehöfte, Straßen und Feldraine mit Hecken beleben das Bild.

Es ist merkwürdig und eindrucksvoll zugleich. In den Wiesen zeichnen sich die Spuren von langen, schmalen, ganz eng aneinanderliegenden Akkerstreifen ab. Sie wirken wie mit einem Kamm gezogen. Es sind Gewanne, an denen die Bauern eines größeren Ortes, etwa eines Haufendorfes, gemeinsam einen gleichen Anteil hatten. Die Aufteilung der Flur in drei Gewanne hatte große Vorteile. Durch sie ließ sich die Dreifelderwirtschaft voll verwirklichen. Sie wurden dabei so genutzt, daß abwechselnd immer ein Gewann brachlag, während auf den anderen beiden, ebenfalls im Wechsel, Winter- oder Sommergetreide angebaut wurde. Mit dieser rationellen Folge von Fruchtwechsel und Brache vermochte man den Boden viel besser auszunutzen und den Ertrag der Ernten zu steigern. Das war aber nur möglich, wenn man sich gemeinsam auf die jeweilige Bestellung der Flur einigte. Man mußte sie also gemeinschaftlich bewirtschaften. Über jene Gewanne, die gerade brachlagen, gelangte man zur Arbeit an die anderen heran und konnte so auch den Bau von Wegen sparen. Natürlich war das gleichfalls nur nach gemeinschaftlichem Beschluß möglich. Die Gewannflur, die uns Abbildung 62 so instruktiv darstellt, ist mit ihrem »Flurzwang« das Ergebnis einer langen Entwicklung und hat sich, entgegen früheren Auffassungen, erst im hohen Mittelalter voll entfaltet. –

Zu den großartigsten Leistungen der Luftbildarchäologie gehört die Entdeckung, wie die Römer in den verschiedenen Gebieten ihres riesigen Imperiums Land verteilt haben. An der Erforschung dieses Verfahrens war maßgeblich der Engländer John S. P. Bradford beteiligt, der uns schon im Zusammenhang mit der frühen Besiedlung des Tavoliere in Apulien begegnet ist. Auf Luftfotos aus dem zweiten Weltkrieg fand Bradford zum Beispiel nahe der Stadt Zadar an der dalmatinischen Küste im Nordwesten des Balkans die Spuren merkwürdiger Quadrate. Abbildung 63 stellt einen nach solchen Fotos gezeichneten Plan dar. Von der Küste aus ziehen sich Linien ins Landesinnere, die sich rechtwinklig kreuzen und so quadratische Flächen einschließen. In Wirklichkeit sind diese Linien alte römische Straßen. Sie bilden ein regelmäßiges geometrisches Netz, wie wir es bereits, wenn auch kleiner, in römischen Städten und Militärlagern kennenlernten. Die einzelnen Quadrate waren noch vielfach unterteilt. Jedes von ihnen war während der römischen Herrschaft ein Ager centuriatus, ein Gebiet von 710 m Seitenlänge und 20 Actus bzw. 200 Iugera Flächeninhalt (gleich 50,41 ha). Die Einteilung des Landes in solche Centuriae nannten die Römer Centuriation. Gestrichelte Linien symbolisieren moderne Straßen. Das römische Straßennetz orientierte sich am Verlauf der Küste, indem es sich parallel von Nordwest nach Südost und rechtwinklig zu ihr von Südwest nach Nordost erstreckte. Weiter ins Landesinnere folgt nach einem Hügelkamm ein Tal mit sehr fruchtbarem Boden und vielen kleinen Äkkern. Hier ist die ursprüngliche Centuriation auch aus der Luft nicht mehr wahrzunehmen. Ähnlich ist es in einem sich anschließenden Moorgebiet. Danach tauchen wieder einige der Centuriations-Linien auf. Der Plan läßt erkennen, daß sie früher das gesamte Gelände überzogen. Römische Landvermesser haben diese »geplante Landschaft« entworfen, nachdem Octavianus, der spätere Kaiser Augustus, in den Jahren 34 und 33 v. u. Z. in Dalmatien die Autorität Roms gesichert hatte. Das Terrain um Zadar wurde zur Colonia Iadera erklärt. Aber nicht nur hier, sondern auch auf den Zadar gegenüberliegenden Inseln und in anderen Teilen des dalmatinischen Küstengebietes stieß Bradford auf Spuren der einstigen Centuriation.

Sie bildeten keine Ausnahme. Bradford spürte sie ebenfalls in Apulien auf, wo ehemalige Gräben entlang den verwehten Straßen deren Verlauf durch Bewuchsmerkmale markierten. Der Tavoliere war eng mit einem quadratischen Wegenetz überzogen. Ihm begegneten Bradford und andere Forscher ebenso in Norditalien, an der italienischen Adriaküste, in Südfrankreich, England, den Niederlanden und in Nordafrika, insbesondere in Tunesien von dessen Nord- bis zur Südgrenze. Was war der eigentliche Grund für die Anlage dieses mathematisch ausgeklügelten und so

62 *Mittelalterliche Gewanneinteilung in Südwestengland*

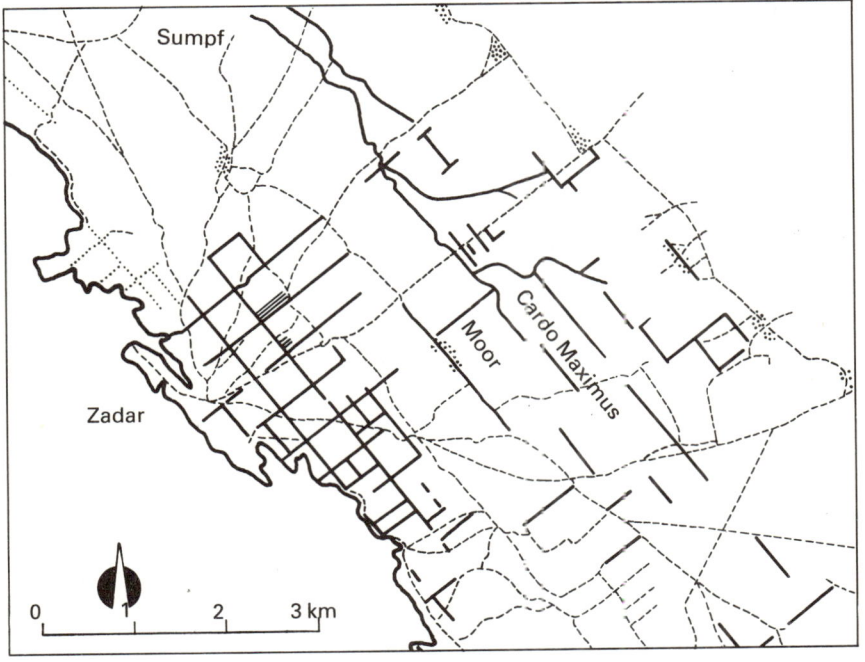

63 *Römische Centuriation in der Umgebung von Zadar an der dalmatinischen Küste*

exakt und dauerhaft ausgeführten Staßen- und Landteilungssytems? An schriftlichen Berichten und Überlieferungen dazu fehlt es nicht. Um den Großgrundbesitz einzuschränken und den Besitzlosen Land zur Verfügung zu stellen, hatten 133 v. u. Z. Tiberius und 123 v. u. Z. sein Bruder Gaius Gracchus Ackergesetze eingebracht. Obwohl nicht strikt verwirklicht, vermittelten sie doch vielen Armen Land in Erbpacht. Es wurde zu gleichen Teilen vergeben, als Ager centuriatus, und dazu mußte man das betreffende Land in der beschriebenen Weise vermessen und mit Straßen versehen. Auch später behielt man dieses Verfahren bei, vor allem, als unter Augustus und anderen Kaisern viele altgediente Soldaten mit Land belohnt und zufriedengestellt werden mußten. In den eroberten Provinzen stand ja genügend fruchtbarer Boden zur Verfügung. Vor allem auf dem Gebiet des heutigen Tunesien wurde nach dem Ende der Punischen Kriege und der Zerstörung Karthagos (146 v. u. Z.) eine umfangreiche Centuriation betrieben.

Dafür gab es genaue theoretische Anweisungen. In der Regel sollte das gesamte Terrain von West nach Ost durch einen Decumanus maximus und von Nord nach Süd durch einen Cardo maximus geviertelt werden. Je nach den örtlichen Verhältnissen wichen die Hauptstraßen (sie sollten 12 bzw. 6 m breit sein) aber auch von diesen Himmelsrichtungen ab, wie das Beispiel Zadar lehrt. Im rechten Winkel zu Decumanus und Cardo wurde der Verlauf der anderen Straßen festgelegt. Für jede fünfte Straße vom Ausgangspunkt des Centuriations-Systems (innerhalb einer Stadt oder möglichst nahe bei ihr) war eine Breite bis zu 12 Fuß (3,60 m) vorgesehen, für die anderen Straßen 8 Fuß (2,40 m). Freilich hielt man sich in der Praxis nicht immer streng an diese Vorgaben. Ausmessungen der Luftbilder von Apulien bewiesen zum Beispiel, daß die Straßen dort 12 bis 15 Fuß breit gewesen waren, während die Gräben rechts und links davon nochmals eine Breite von 4 Fuß besaßen. Die Straßen sollten überhaupt von Gräben, Hecken, Bäumen oder Dämmen gesäumt sein.

Ohne Fotos aus der Vogelschau wüßten wir über die Centuriation im römischen Imperium nur sehr wenig. Die Aufnahmen liefern uns vielfältige Informationen. Sie belegen, wie weit sich römische Verwaltung und Kultur einst erstreckten. Wir lernen durch sie einen beträchtlichen Teil des römischen Straßennetzes kennen. Die Bilder enthüllen uns, in welcher Weise man das Land vergab, aufteilte und untergliederte, um verschiedene Feldfrüchte anzubauen. Das zur Verfügung gestellte Land war jedoch nicht immer gleich groß. Mitunter maß es nur 5 × 5 oder 12 × 12 actus. Erst in der Kaiserzeit umfaßte es fast stets 20 × 20 actus wie auf Abbildung 63. Aus alldem lassen sich Rückschlüsse auf historische Entwicklungen, soziale Strukturen, Besitzverhältnisse und anderes ziehen. Vor allem aus Luftfotos von Tunesien wird deutlich, in welch geradezu gigantischem Maße die Römer planten, Ordnungsprinzipien verwirklichten und kontrollierten.

Luftbilder brachten auch viele neue Erkenntnisse über den Ackerbau auf dem amerikanischen Kontinent. Besonders interessant sind in dieser Hin-

sicht jene Gebiete, die einst zum Inka-Reich zählten. Die Küstenregionen dort unterscheiden sich scharf von denen des Hochlandes. Erstere bilden einen verhältnismäßig schmalen, jedoch sehr langen, wüstenartigen Streifen mit wenigen Niederschlägen. Feldbau ist allein in Tälern möglich, in denen die von den Anden herabströmenden größeren und kleineren Flüsse Wasser spenden. Bewässerungskanäle, Aquädukte und Staudämme dienten und dienen dazu, dem Boden das notwendige Naß zuzuführen. Auf diese Weise gedeihen Mais, Bohnen, Maniok, Süßkartoffeln, Melonen, Kürbisse, Erdnüsse, Tabak und Baumwolle. Das Hochland der Anden ist dagegen ziemlich kühl und regenreich. Aber auch hier ist der Bodenbau meist nur in den tief eingeschnittenen engen Flußtälern, in denen mitunter subtropisches Klima herrscht, und auf einigen südlichen Hochebenen möglich. Kartoffeln, Quinoa (eine als Getreide benutzte Meldenart) und Mais kann man sogar in Höhen bis zu fast 4 000 m anpflanzen. Abbildung 64 vermittelt einen Blick in das von schroffen Berghängen umschlossene tiefe Tal des Urubamba, eines Quellflusses des Ucayali. Zu beiden Seiten haben schon die Inka Ackerbauterrassen angelegt, die noch heute genutzt werden. In breiten, geschwungenen Flächen erheben sie sich übereinander. Nach vorn werden sie durch Stützmauern abgesichert. Es muß sehr mühsam gewesen sein, diese Mauern zu errichten, Erde herbeizuschaffen, die Terrassen aufzufüllen, zu planieren und zu nivellieren.

Noch eindrucksvoller ist ein Blick auf steile Berghänge in der Nähe von Yucay, einige Wegstunden von der alten Inka-Hauptstadt Cuzco entfernt. Yucay, etwa 2 900 m über dem Meeresspiegel gelegen, soll wegen seines herrlichen Klimas ein Lieblingsplatz der Inka-Herrscher gewesen sein. Hier finden sich die berühmtesten Ackerbauterrassen dieser Zeit. Unten im Urubamba-Tal steigen sie, breit gelagert, Stufe um Stufe herab, mit 3 bis 4 m hohen Stützmauern versehen. Oben, auf den Bergflanken selbst, sind sie natürlich kleiner und wie Treppenstufen übereinander angelegt (Abb. 65). Man fragt sich, wie die Bauern diese abschüssigen und gefährlichen Hänge überhaupt hinaufgekommen sind. Jeden Quadratzentimeter Erde mußten sie dabei zunächst mit hinaufschleppen, dazu Geräte und Saatgut. Doch wohl nur lotrechte Felswände konnten die Anlage solcher Terrassenfelder wirklich verhindern. Sie sind ein Loblied auf den Wagemut und den Fleiß der Hochlandbewohner. Ganz oben liegen die nun aufgegebenen, grasüberwachsenen Felder aus der Inka-Zeit. Noch über ihnen, in 5 000 m Höhe, glänzt ewiger Schnee. Die Luft ist so klar und rein, daß der Blick ungetrübt in weite Fernen schweift. Unendlich hoch scheint der Himmel, über den, von den Urwaldtiefen Amazoniens her, weiße Wolken fliegen.

Zum Schluß wollen wir unser Augenmerk auf Entdeckungen richten, die auf Routine-Luftfotos in Kolumbien gelangen. Es handelt sich um ein Netz merkwürdiger Erdwälle. Zusammen mit einem Mitarbeiter untersuchte sie James J. Parsons, ein amerikanischer Professor für Geographie, 1965 am Boden und von einem Flugboot aus näher. Die seltsamen Erhebungen fan-

65 *Bergfelder an den Hängen des Urubamba-Tales in Südperu*

den sich auf den weiten Ebenen im Nordwesten des Landes am San Jorge und Cauca, zwei Nebenflüssen des Rio Magdalena. Jährlich überschwemmen sie ein Gebiet, das etwa 110 km lang und 30 km breit ist. Offenbar sind die Wälle wegen dieser Überschwemmungen geschaffen worden (Abb. 66). Manche besitzen eine Länge von über anderthalb Kilometern! Sie liegen parallel zueinander oder gleichen in ihrer Anordnung Schachbrettmustern, Fischgräten usw. Ihr Alter reicht sicher weit in vorspanische Zeit zurück. Bis ins 19. Jh. waren sie wohl mit Wald bedeckt. Ursprünglich haben sie jedoch vermutlich landwirtschaftlichen Zwecken gedient. Die Dämme und Rinnen dazwischen könnten dabei für die Ent- oder die Bewässerung bestimmt gewesen sein. Beides scheint entsprechend den örtlichen Verhältnissen möglich. Vielleicht wurde einst auf den Wällen Mais oder Yucca angebaut, spanischen Chronisten zufolge ein stärkehaltiges Haupterzeugnis der indianischen Bewohner dieser Gegend. Nach Schätzungen hätten die Erdwall-Felder bis zu 80 000 Menschen ernähren können! Das spricht für eine viel größere Bevölkerung in dieser Gegend, als man sie für die vorspanischen Perioden angenommen hat. Auch in Bolivien, in Venezuela und an der Atlantikküste von Surinam sind solche erhöhten Felder zum Vorschein gekommen. Am Erdboden fallen sie gar nicht auf. Ohne Luftbildarchäologie wüßten wir sicher nichts von ihnen.

66 *Vorgeschichtliche Erdwülste im Überschwemmungsgebiet des Rio San Jorge in Nordkolumbien*

Schutz vor Feinden

4

Die Luftfotografie könnte selbst an
den bekanntesten Monumenten noch fehlende Einzelheiten entdecken.
J. S. K. St. Joseph

Aus den ältesten Perioden der Menschheitsgeschichte kennen wir zwar die Spuren verschiedenartiger Wohnstätten, aber noch keine Verteidigungsanlagen. Diese tauchen erst im frühen Neolithikum auf.

Eine befestigte Großsiedlung

Durch Ackerbau und Viehzucht vermochten sich nun viel mehr Menschen zu ernähren als nur durch Jagd und durch Sammeln eßbarer Pflanzen und Früchte. Aber die neue Produktionsweise erforderte auch viele Arbeitskräfte. Landsuchende Gruppen durchzogen weite Gebiete und stießen dabei auf schon bestehende Siedlungen. Leicht konnte es da zu kriegerischen Auseinandersetzungen kommen. Wer fruchtbares Ackerland bestellte und über gute Weidegründe verfügte, hatte allen Grund, sich nicht einfach verdrängen zu lassen. Er mußte also seine Vorräte, Häuser und Gerätschaften vor dem Zugriff hungriger und beutelüsterner Scharen schützen. Schon vor rund 10 000 Jahren besaß deshalb das älteste Jericho auf dem Tell es-Sultán eine Befestigungsmauer mit Wehrtürmen. Die Bandkeramiker hatten ihre Niederlassungen mit Graben und Wall um-

67 Gräben des südlichen Teils der Großsiedlung bei Zeholfing-Kothingeichendorf

geben (Abb. 20). Durch Luftbilder ist auch eine ungewöhnliche befestigte Großsiedlung der mittleren Jungsteinzeit erschlossen worden.

Schon seit über 100 Jahren bringt der Pflug auf einer Lößfläche bei Zeholfing-Kothingeichendorf im Landkreis Dingolfing-Landau, Niederbayern, dunkle Streifen ans Tageslicht. Die Flur fällt in diesem Gebiet nach Norden ab und reicht bis zum Steilhang am Südufer der Isar, die 30 m tiefer in Richtung Donau fließt. Im Osten und Westen begrenzen zur Isar ziehende Tälchen die Lößfläche.

Natürlich weckten die dunklen Streifen auch das Interesse der Archäologen. 1919 erkannten sie, daß hier einst ein großes Grabensystem bestanden hatte. Anfang der zwanziger Jahre begannen sie dann mit der Untersuchung der sich dunkel abzeichnenden Stellen. Es waren alte Grabeneinfüllungen. Wie vermutet, enthielten sie zahllose Gefäßscherben aus der älteren und mittleren Jungsteinzeit, aber auch menschliche Skelette. Offenbar hatte man eine vielgliedrige urgeschichtliche Anlage vor sich. Lange Zeit blieb sie ohne Parallelen. Über ihre eigentliche Funktion waren sich die Fachleute daher unklar. Erst Luftbilder enthüllten zwischen 1977 und 1981 die wahre Größe und Bedeutung des ehemaligen Erdwerks.

Betrachten wir uns dazu die Abbildungen 67 und 68! Sie zeigen uns aus der Vogelperspektive das Gelände bis zum Steilabfall der Isar, der sich im Hintergrund durch eine Baumreihe abhebt. Bis dorthin erstreckte sich die Gesamtanlage. Im oberen Bildteil durchquert die Straße Landau-Zeholfing die Felder. Südlich von ihr sind deutlich parallele Gräben zu erkennen, die eine ovale Fläche umschließen. Etwas unterhalb der Bildmitte verläuft ein

Feldweg in derselben Richtung wie die Straße. Er durchschneidet ein weiteres, von einem Graben umgebenes Oval. Einst waren das alles von Gräben und Wällen geschützte Siedlungsareale. Nur Luftbilder vermögen uns ihre erstaunliche Ausdehnung vor Augen zu führen. Ihre Auswertung ergab auch einen Grundriß mit zahlreichen Details (Abbildung 69).

Auf dem Plan ist im Norden der Lauf der Isar dargestellt. Zwischen ihr und der Straße liegt offenbar der umfangreichste Teil der ursprünglichen Ansiedlungen. Nahe dem Ufer befindet sich ein Rondell aus zwei konzentrischen Grabenringen. Sie treten auf Luftbildern ebenfalls als dunkle Bänder in einer helleren Umgebung hervor. Der innere Kreis besitzt 50, der äußere 70 m Durchmesser! Bereits diese Ausmaße machen die Größe des gesamten Erdwerkes deutlich. Ins Innere des Rondells gelangte man über vier nach den Himmelsrichtungen orientierte Erdbrücken.

Die merkwürdige Kreisanlage bereitete den Archäologen lange Kopfzerbrechen. Heute hält man sie für eine Kultstätte. Ihre Eingänge weisen auf ein Zentrum, dessen ehemalige Gestaltung jedoch nicht mehr zu erkennen ist. Hier hat der Pflug sicher alles zerstört. Durch Luftbilder sind jedoch ähnliche mittelneolithische Kultplätze in Niederbayern und Niederösterreich bekannt geworden. Wir kommen in einem anderen Zusammenhang noch auf sie zurück.

Zu beiden Seiten des Rondells verlaufen, wie uns der Plan zeigt, parallele Gräben bis hin zur heutigen Straße. Östlich und westlich von ihnen deuten sich weitere Grabenzüge an. Südlich der Straße ist das Gebiet kartiert, das wir auf dem Flugbild (Abb. 67) und dem dazu gehörigen Grundriß (Abb. 68) sehen.

Die punktierten Flächen auf dem Plan bezeichnen die Areale, in denen man Siedlungsspuren entdeckt hat. Jenseits der Straße, nach dem Isarufer zu, hatten sich zuerst Angehörige der linienbandkeramischen Kultur niedergelassen. Ihnen folgten Leute der Oberlauterbacher Kulturgruppe (benannt nach einem Fundort im Landkreis Landshut mit charakteristischer Keramik). Sie schufen in der ersten Hälfte des 4. Jahrtausends v. u. Z. das Rondell mit seinen begleitenden Grabenzügen. Auch an anderen Orten siedelten die »Oberlauterbacher« dort, wo durch Flüsse und Bäche im Gelände eine Spornlage entstand. Solche Plätze waren geschützter und leichter zu verteidigen. Gräben und Wälle bei Kothingeichendorf sollten natürlich ebenfalls vor Feinden schützen.

Das umwehrte Siedlungsgebiet maß hier etwa 350 × 175 m. Es war also noch größer als der Tell es-Sultán, der Platz des alten Jericho! Im Osten weisen die Doppelgräben mehrere Unterbrechungen auf: einstige Durchlässe bzw. Tore, durch die man in die sich anschließende Feldflur gelangte. Bei den Grabenzügen im Westen ist nur ein Ein- oder Ausgang zu erkennen. Die Siedlung grenzte nach dieser Seite an einen steilen, nicht nutzbaren Hang. Vielleicht liefen die Gräben im Gebiet der jetzigen Straße zusammen und sperrten so die Ansiedlung im Süden ab.

Vermutlich später wird man die Gräben südlich der Straße ausgehoben haben. Sie könnten eine erste Erweiterung der Siedlung kennzeichnen. Bisher noch isolierte Grabenstücke zu beiden Seiten lassen vermuten, daß dieser »Anhang« früher vielleicht wesentlich größer war. Er beherbergte Vertreter der Münchshöfener Kultur. Sie wurde nach dem Fundort Münchshöfen bei Straubing benannt, war in Niederbayern und Westöster-reich verbreitet und bildete sich am Ende der mittleren Jungsteinzeit her-aus. Möglicherweise war das südlichste Oval sogar von einer noch jünge-ren Kulturgruppe bewohnt.

Alle drei Siedlungsteile könnten nacheinander über 500 Jahre bestan-den haben. Während dieser Zeit verlagerte sich die Wohnfläche allmäh-lich von Nordwesten nach Südosten. Aber immer hat man dabei anschei-nend an die vorhergehenden Gräben und Wälle angeknüpft. Vor allem durch Luftbilder weiß man nun, daß der unregelmäßige Verlauf der Gra-benzüge mit seinen Unterbrechungen (den »Toren«) auch bei anderen mit-telneolithischen Anlagen zu beobachten ist. Das spitze Profil der Gräben gilt als weiteres gemeinsames Merkmal dieser Erdwerke. Eine so umfang-reiche und langfristige Erweiterung des Siedlungsgebietes fand man bis-her jedoch nur in Kothingeichendorf.

Offenbar kam der Großsiedlung hier eine besondere Bedeutung zu. Daß sie über einen längeren Zeitraum hinweg Bestand hatte, war damals wohl eher die Ausnahme als die Regel. Jungsteinzeitliche Wohnstätten besaßen sonst eine wesentlich kürzere Lebensdauer. Wie viele Menschen einst in den verschiedenen Arealen bei Kothingeichendorf gleichzeitig gelebt haben, kann man freilich noch nicht sagen.

Auch über ein anderes, schon länger bekanntes Erdwerk schufen erst Luftbilder Klarheit. Altheim, der Fundort, befindet sich in der Gemeinde Essenbach nordöstlich von Landshut nahe der Isar. Er wurde 1979 und 1980 mehrfach aus der Vogelschau fotografiert. Eine dieser Aufnahmen haben wir in Abbildung 70 vor uns; eine Skizze dazu zeigt die Abbildung 71. Zwischen zwei Feldwegen und der Eisenbahnlinie hebt sich der nördliche Teil einer ursprünglich rechteckigen Anlage durch dunkle Bodenverfärbungen im Acker ab.

Wehrhafte »Herrenhöfe«

Diese dunklen Streifen fielen bereits 1911 dem Landshuter Oberlehrer Pollinger auf, als er vom fahrenden Zuge aus zufällig durchs Fenster blickte. In den Jahren 1914 und 1938 grub man die merkwürdigen Verfärbungen teilweise aus. Man erkannte sie als ehemalige Gräben, vermochte jedoch weder Gestalt und Ausdehnung der Anlage noch ihre Funktion zu klären.

Die Funde in den oben 2 bis 3 m breiten und 1 bis 2 m tiefen Sohlengräben waren seltsam und rätselhaft. Zu ihnen gehörten die Skelette von einigen Dutzend Menschen, deren Gebeine anatomisch nicht so beieinander lagen, wie man es bei regelrechten Bestattungen erwarten müßte. Offensichtlich waren einzelne Leichenteile völlig durcheinander in die Gräben gelangt. Dort fanden sich auch ganze und zertrümmerte Tongefäße, Geräte aus Feuerstein, Knochen, Horn und Kupfer, Amulette und Schmuckstücke, verkohlte Tierknochen und Getreidekörner sowie faustgroße Steine. Vor allem der innerste von drei die Anlage umgebenden Gräben war mit diesem »Kulturschutt« zugefüllt worden. Die umwehrte Fläche selbst enthielt nur einige Gruben, aber keine Spuren von Häusern.

Was war das also für ein Grabenwerk? Hatte es Wohnbauten umgrenzt, einen Kultplatz oder gar eine Begräbnisstätte? Wenn auch der Sinn der Anlage umstritten blieb, so bezeichnete man doch nach ihren charakteristischen Funden eine Kulturgruppe, die im bayrischen Donauraum und im Gebiet der Voralpen zu Hause war, als Altheimer Kultur. Sie blühte in der Mitte und in der 2. Hälfte des 4. Jahrtausends v. u. Z. Mittlerweile hat man durch Luftbilder und Ausgrabungen eine ganze Reihe von Anlagen entdeckt, die dem Grabenwerk von Altheim vergleichbar sind. Abbildung 72 gibt die Grundrisse von einigen dieser Erdwerke wieder, darunter auch den von Altheim (auf der Abbildung rechts in der Mitte).

Die Luftfotos der Altheimer Fundstätte verrieten den Archäologen bisher unbekannte Einzelheiten. Aus den Flugbildern vermochte man außerdem den Gesamtplan der Anlage sowie ihre genaue Form und Ausdeh-

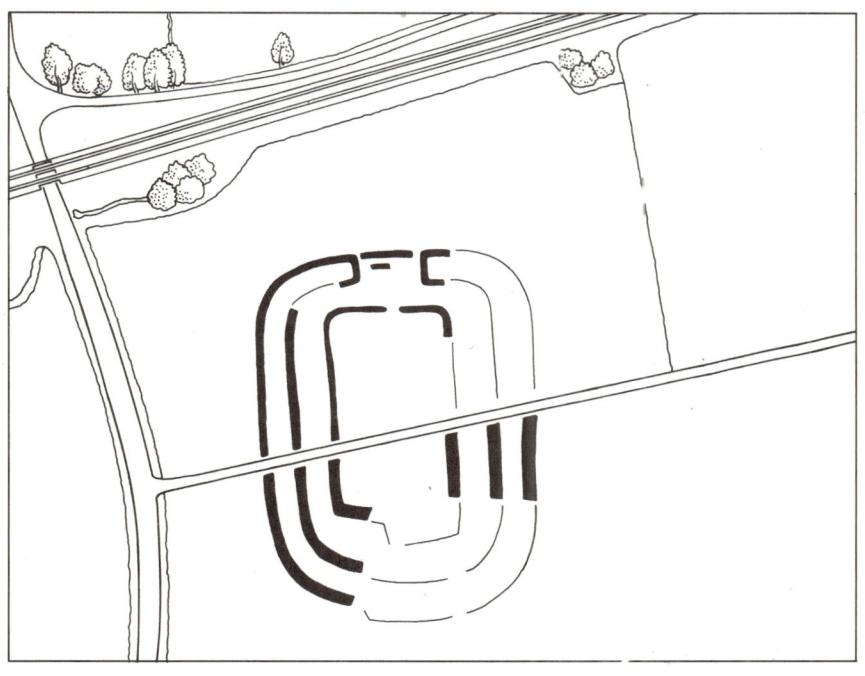

70 *Spuren des Ge-
höftes von Altheim,
aus der Luft be-
trachtet*

71 *Grundriß des
befestigten Gehöf-
tes von Altheim
nach dem Luftbild*

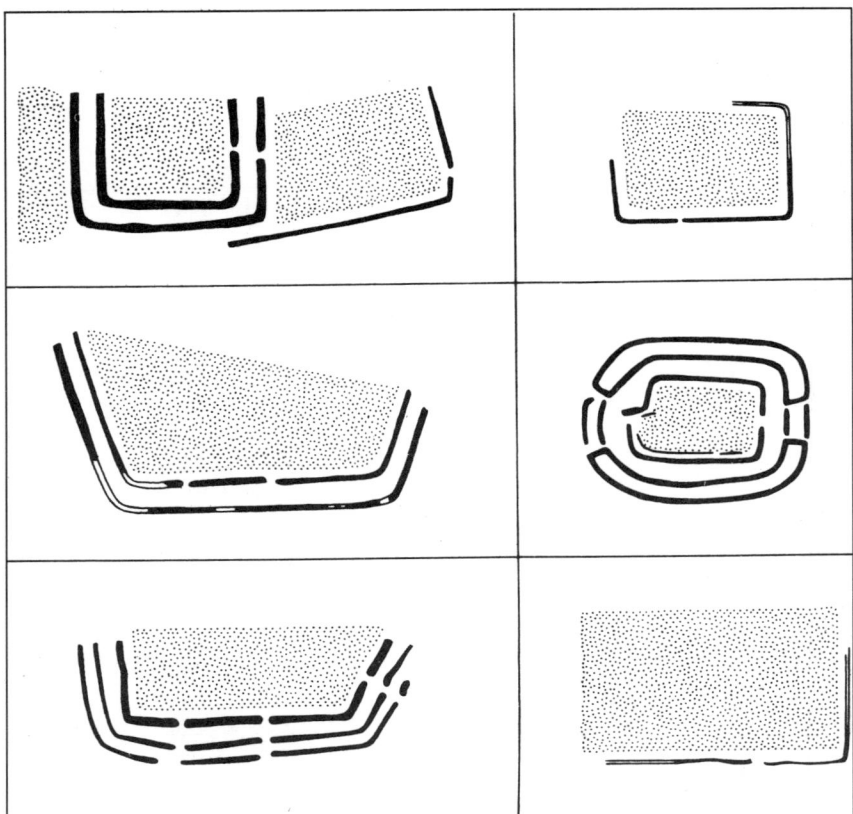

nung zu erschließen. Drei etwa parallele Grabenzüge bildeten zusammen ungefähr ein Rechteck mit einer größten Länge von ca. 130 und einer maximalen Breite von rund 95 m. In ihm deutete sich noch ein schmaler vierter Graben mit Pfostenspuren an. Ins Innere der einst von Gräben und (heute nicht mehr sichtbaren) Wällen geschützten Fläche gelangte man durch breite Eingänge an beiden Schmalseiten. Mittlerer und äußerer Graben waren im Gebiet dieser Durchgänge miteinander verbunden, so daß sie in der Aufsicht wie das Profil zweier einander zugekehrter Schalen wirken. Offenbar kurz vor der Vernichtung des Erdwerks sind die offenen Zugänge ebenfalls durch Gräben, Wälle und Tore versperrt worden. Auf dem Luftbild (Abb. 70) ist die Erdbrücke über den dritten (inneren) Graben noch gut erkennbar. Dort wird sich ursprünglich eines der Tore befunden haben.

Obwohl auf der eigentlichen Siedlungsfläche nichts mehr auf ehemalige Wohnbauten hinweist, war die Altheimer Anlage wohl so etwas wie ein herausgehobener Hof. Das legen jedenfalls alle anderen Faktoren und Vergleiche mit den Grabenwerken derselben Kultur und Zeitstufe nahe. Die Funde lassen auch kaum Zweifel daran, daß das Gehöft von Altheim gewaltsam zerstört wurde. Offenbar sind dabei viele Menschen erschlagen und dann vor allem in den innersten der drei Gräben geworfen worden, vielleicht erst einige Zeit nach der Eroberung der Verteidigungsanlagen. Diese unterschieden sich von den älteren bei Kothingeichendorf nicht nur dadurch, daß sie keine große Siedlung, sondern nur eine bestimmte Wohneinheit umgaben. Bei Kothingeichendorf wurden nach unten spitz zulaufende Gräben ausgehoben, die ein ovales Areal schützten. Die Gräben der »Altheimer« besaßen dagegen eine breitere Sohle und verliefen meistens etwa rechtwinklig zueinander (vgl. Abb. 72). Vor rund 5 000 Jahren muß es auf bayrischem Gebiet eine Menge derartiger Befestigungen gegeben haben. Andere Kulturgruppen schufen dort im 3. Jahrtausend v. u. Z. ebenfalls zahlreiche Verteidigungsanlagen. Offenbar bestand dafür eine zwingende Notwendigkeit.

Schließlich zog das Auftreten der sogenannten Becherkulturen, zu denen die Schnurkeramik- und die Glockenbecher-Leute zählten, große Veränderungen nach sich. Ihre Namen erhielten diese Kulturen nach der Form bzw. der Verzierung ihrer Tongefäße. Die Schnurkeramiker, die zwischen 2200 und 1800 v. u. Z. in Mittel- und Osteuropa verbreitet waren, trieben ebenfalls Ackerbau und Viehzucht und wohnten in Siedlungen. Aber diese haben, wohl infolge der Bauweise der Häuser, kaum Spuren hinterlassen. Vermutlich von Südspanien aus drangen Glockenbecher-Leute an der Wende vom 3. zum 2. Jahrtausend v. u. Z. über West- und Mitteleuropa bis nach Ungarn und Polen vor. Sie gründeten kleine Siedlungen mit leichtgebauten Häusern, von denen ebenfalls fast nichts erhalten blieb. Von besonderen Verteidigungswerken der beiden Kulturen ist kaum etwas bekannt. Solche kennt man erst wieder aus der Bronzezeit.

Über das Moor in Sage und Dichtung ließe sich ein eigenes Buch schreiben. Vielen scheint das Moor unheimlich zu sein, voller Irrlichter und Spukgestalten, gefährlich wegen seines schwankenden Bodens und seiner morastigen Tiefen. Und tatsächlich birgt es viele Geheimnisse. Luftdicht abgeschlossen, haben sich in ihm Holz, Pflanzen, Knochen, Horn, Textilien, Gegenstände aus Metall und im Hochmoor sogar die Körper toter Tiere und Menschen erhalten. Deshalb sind ehemalige und noch bestehende Moore für die Archäologen Fundgruben ganz besonderer Art.

Im Moor konserviert

In einem früheren Moor verborgen, lag nahe der heutigen Stadt Buchau (Baden-Württemberg) eine Insel samt den Spuren ihrer Häuser und Palisadenringe. Um 1100 v. u. Z. befand sich diese Insel im nunmehr fast völlig verlandeten Federsee, etwa 500 m von seinem Südufer entfernt. Damals wurde sie von Menschen der späten Bronzezeit besiedelt, die rund 300 Jahre auf ihr wohnten. Danach versanken Insel und »Dorf« im moorigen See, der sie mit einer Torfschicht bedeckte. Zwischen 1800 und 1870 wurde diese in weitem Umkreis abgebaut. Das flache, feuchte Gelände verwandelte sich in ausgedehnte Wiesen.

Mitten in solchen Wiesen stieß man auf den Fundort, auf den wir in Abbildung 73 herabblicken. Das Flugbild zeigt ein Oval mit 151 m größter

Länge und 118 m größter Breite. Es wird von den Resten eines Palisaden-
ringes gebildet, der einst, im Wasser errichtet, die gesamte Insel umfaßte
und zur Kennzeichnung teilweise durch helle Punkte markiert ist. Ein breiter Entwässerungsgraben durchquert das Oval in dessen Längsrichtung;
schmale, geradlinige Gräben laufen durch die Wiesen rechtwinklig auf ihn
zu. Als Datum und Zeit für das Luftbild sind der 6. November 1928, 14 Uhr,
und als Höhe 350 m angegeben. Das Haus nahe der Bildmitte und die flachen Erhebungen werfen zu diesem Zeitpunkt bereits lange Schatten, die
Höhenunterschiede deutlich hervorheben. Der Sonne zugewandte Stellen
erglänzen im Licht. So bietet sich uns eine anschauliche Übersicht über
das große Grabungsgelände.

Denn um ein solches handelt es sich. Wir erblicken die Endphase der
Grabungen, die sich durch die zwanziger Jahre hinzogen. Die ausgegrabe-
nen Flächen sind zum größten Teil bereits wieder verfüllt. Im Osten und
Süden liegen sie jedoch noch frei. Dort fallen uns Erdwälle ins Auge, die
aber nicht prähistorischen Ursprungs sind, sondern von den Archäologen
und ihren Helfern angelegt wurden. Es ist das ausgehobene Material, das
sich am Rande der Gräben auftürmt. In diesen sind die Reste der Palisaden zum Vorschein gekommen. Wie wir sehen, gab es auf der Ostseite
nicht nur eine Außen-, sondern auch zwei Innenpalisaden. Man hat sie bis
zum großen Entwässerungsgraben und ein Stück darüber hinaus freigeschaufelt (vgl. Abb. 73). Während die mittlere Palisade hier endete, verlief
die innere weiter bis zu dem noch offenliegenden Teilstück der Außenpali-
sade im Norden. Der gesamte Umfang der äußeren Palisadenwand wird
durch die dunkleren Bewuchsmerkmale sichtbar. Er bildet das schon mit

73 *Das Gebiet der
früheren Insel Bu-
chau im Federsee*

74 *Palisaden im
Süd- und Ostteil
der Insel*

75 *Südteil der In-
selbefestigung*

seinen Maßen genannte Oval der ehemals befestigten Insel in dem See. Südlich des breiten Entwässerungsgrabens bemerken wir die Grundrisse der Häuser, deren Fußböden aus Balken bestanden. Was sich wie eine Schlange quer durch diese Fläche windet, ist ein Profilgraben, der die verschiedenen Ablagerungsschichten klären sollte. Aus größerer Nähe können wir die Details des damaligen Grabungsareals auf einer Schrägaufnahme betrachten (Abb. 74). Auf dem Bild treten nun auch die Palisaden deutlicher hervor. Innerhalb der Häusergrundrisse heben sich hellere Stellen ab: ehemalige Herde aus Lehm oder aus Steinen.

Während uns das Senkrechtfoto einen Gesamtüberblick vermittelt, bietet das Bild aus schräger Sicht nur einen Ausschnitt, der die Einzelheiten plastischer und genauer wiedergibt. Beide Aufnahmen ergänzen sich und geben so dem Fachmann jeweils spezielle Auskünfte. Er kann damit auch den Verlauf der Grabung kontrollieren sowie die angefertigten Pläne überprüfen. Außerdem sind solche Fotos wichtige Dokumente, die bestimmte Grabungsetappen und ihre Ergebnisse festhalten und bezeugen.

Noch eindrucksvoller bieten sich uns die unteren Enden der Palisaden auf Abbildung 75 dar. Diesmal blicken wir auf die Südseite der früheren Inselbefestigung. Insgesamt bestand diese aus rund 15 000 entästeten, ca. 8 bis 9 m langen Kieferstämmen, die man am dickeren Ende zugespitzt und etwa 3 m tief in den Seeboden rund um die Insel hineingerammt hatte. Einst ragten sie 3,5 bis 4,5 m über die Wasseroberfläche empor. Gemeinsam bildeten sie eine bis zu 3 m breite elastische Palisadenwand, deren obere Enden wohl miteinander verflochten und vielleicht auch durch Weiden verbunden waren, So stellten sie einen wirksamen Schutz gegen Feinde und zugleich gegen stürmischen Wellenschlag dar.

Hinter der Palisadenwand befindet sich in 2 bis 3 m Entfernung eine Reihe einzelner Stämme. Ursprünglich trugen diese einen Wehrgang, zu dem man vom Inselufer aus rasch über Brücken gelangte. Die Palisaden standen nämlich so weit von der Insel entfernt in tieferem Wasser, daß sie von außen nur auf Flößen oder Kähnen zu erreichen waren. Auf diese Weise vermochten sie Feinde nur schwer zu attackieren und zu bezwingen. Durch Holztürme besonders geschützte Tore im Nordosten und Südwesten ermöglichten den Inselbewohnern die Aus- und Einfahrt. Innerhalb der Palisaden konnte man unter den Brücken hindurch um die ganze Insel herumfahren und an einer beliebigen Stelle an Land gehen. Die Uferzone war ringsum mit Steinen und Baumstämmen ausgelegt und befestigt.

Als erste hatten sich Viehzüchter auf der Insel niedergelassen und diese Verteidigungsanlagen errichtet. Um einen großen freien Platz herum wohnten sie in kleinen quadratischen Holzhäusern. Offenbar bestanden im 11. Jh. v. u. Z. 38 solcher Wohnstätten. Nach 150 bis 200 Jahren gab anscheinend die gleiche Bevölkerungsgruppe den Häusern eine völlig andere Gestalt. Nun baute man sie wesentlich größer nach einem hufeisenförmigen Grundriß, der einen langen schmalen Hof einschloß. Dieser öffnete sich auf den »Dorfplatz« zu. Statt 38 kleiner Häuser verteilten sich jetzt 9 große Gehöfte mit geräumigen Vorratsspeichern über die Insel.

Ausgrabungen und Luftbilder gestatteten eine wirklichkeitsgetreue Rekonstruktion der beiden Siedlungen. Etwa um 900 v. u. Z. sah die Niederlassung so aus, wie sie Abbildung 76 aus der Vogelschau wiedergibt. Sie zeigt uns die Außen- und Innenpalisaden mit ihren Türmen, die Wehrgänge und Brücken, die Uferzone, den großen freien Platz sowie die Gehöfte mit ihren Speichern. Eines der Gehöfte war mit rund 240 m² Grundfläche beträchtlich größer als die anderen. Seinen Bewohnern kam wohl eine besondere Stellung innerhalb der Gemeinschaft zu, die schätzungsweise an die 200 Mitglieder zählte. Auch in der ersten Siedlungsphase hatte es bereits so etwas wie ein Herrenhaus und damit eine erste soziale Differenzierung gegeben.

Der Anstoß für die Umstrukturierung der dörflichen Ansiedlung ist sicher auf veränderte klimatische und wirtschaftliche Bedingungen zurückzuführen. Im 10. Jh. v. u. Z. ging eine zweitausendjährige, relativ trockene Periode zu Ende. Wachsende Niederschläge machten den Ackerbau auch in der nahen Umgebung des Federsees lohnender. Daher wandten sich die Inselbewohner nun vor allem der Feldbestellung zu, für die jedoch mehr Arbeitskräfte nötig waren. Die Großfamilien schlossen sich deshalb zu Wirtschaftsverbänden zusammen, errichteten eigene Gehöfte und Speicher für Aussaat und Ernte. Obwohl die tägliche Fahrt zur Arbeit, der Transport des Arbeitsgerätes, des Getreides und anderer Güter sicher mühsam und aufwendig waren, verließ man die schützende Insel nicht. Allem Anschein nach ist die Insel dann doch von Feinden erobert und verwü-

76 *Rekonstruktion der einstigen Inselsiedlung (um 900 v. u. Z.)*

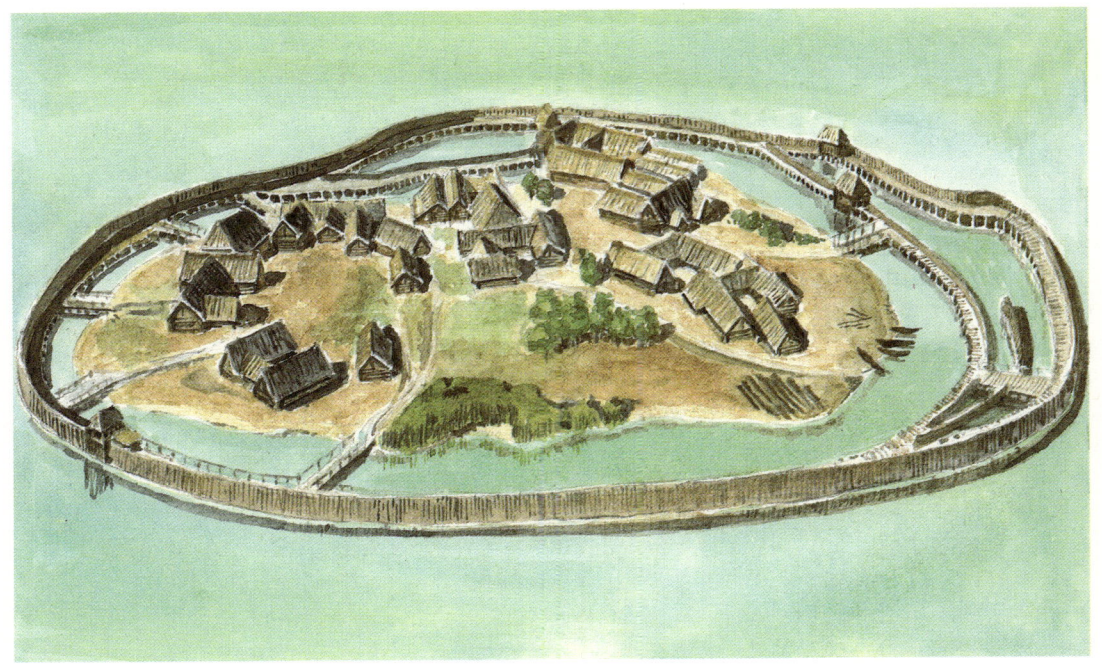

stet worden. Kurz vorher verbargen die Bewohner im Schlamm des Ufers ihre wertvolle Habe: Schmuck, Geräte und vor allem verschiedene Gefäße. Über 500 prachtvoll erhaltene Schalen, Becher, Krüge und Töpfe aus gebranntem Ton sind von den Archäologen am Rande des ehemaligen Ufers entdeckt worden!

Etwa 800 v. u. Z. hat man die Insel aufgegeben und verlassen. Der Wasserspiegel des Federsees war angestiegen und begann, die Insel zu überfluten. Allmählich versank sie mit ihren Siedlungsresten unter einer konservierenden Moor- und Torfschicht. Unter ihr vermochten die Archäologen die Spuren der Befestigung und der Wohnstätten auszugraben, aus der Luft zu fotografieren und durch ihre Rekonstruktionen zu neuem Leben zu erwecken.

Ihr Name, den ihnen der Volksmund beigelegt hat, läßt ahnen, worum es sich handelt. Es sind Befestigungsanlagen aus vorgeschichtlicher, »heidnischer« Zeit. Mitunter bezeichnet man damit auch Landwehren, die sich viele Kilometer weit durchs Gelände hinziehen. Heidenschanzen oder Schweden- bzw. Hussitenschanzen, wie man sie ebenfalls nennt (weil diese Namen der historischen Erinnerung nicht so fern liegen), sind meist runde oder ovale, durch hohe Wälle geschützte ehemalige Siedlungsflächen.

Heidenschanzen

Solche Befestigungen um besondere Plätze erkennt man in ihrer Struktur und Eigenart am besten aus der Luft. Aus der Vogelschau werden auch ihre strategische Lage, ihre Ausdehnung und Gliederung am eindrucksvollsten sichtbar. Oft blicken wir dann von oben auf eine mehrtausendjährige Geschichte herab.

Abbildung 77 führt uns eine Anlage vor Augen, die auch offiziell Heidenschanze heißt. Man erreicht sie bequem von Dresden-Coschütz aus. Sie liegt auf einem Bergsporn, der sich bis zum rechten Ufer der Weißeritz erstreckt, die mehr als 70 m unter dem Felsplateau vorüberfließt.

Das Luftbild gibt die Heidenschanze mit dem Blick von etwa Südwest nach Nordost wieder. Fast senkrecht fallen ihre Hänge nach drei Seiten hin ab. Links müssen wir uns das Weißeritz-Tal denken. Nach hinten geht der Bergsporn allmählich in flacheres Gelände über. Vom Plateau aus vermag man weit in die Ferne zu schauen: nach Südosten zur Sächsischen Schweiz, nach Südwesten zum Tharandter Wald, nach Nordosten auf Dresden. Dem Bergsporn gegenüber, am linken Ufer der Weißeritz, erheben sich die steilen Wände des Plauenschen Grundes und die frühere Begerburg. Die großartige Rundsicht spielte bei den strategischen Überlegungen der einstigen Siedler auf der Heidenschanze bestimmt eine wesentliche Rolle.

Am Fuße der Geländezunge führt eine Straße entlang, an Gebäuden und Grünanlagen vorbei. Die zerklüfteten Felswände zeichnen sich im hellen Sonnenlicht und durch dunkle Schatten scharf ab. Von der 2. Hälfte des 19. Jh. an bis 1956/57 ist hier intensiv Steinbruch betrieben worden. Er hat den Bergsporn beträchtlich reduziert; seine besiedelte Fläche betrug einst rund 5 ha. Nun ist er als einer der bedeutendsten Bodendenkmale der Ur- und Frühgeschichte des Dresdener Raumes unter Schutz gestellt.

Auf dem Luftbild ist die beherrschende Lage der Heidenschanze klar erkennbar. An Siedlungsspuren sind, wie wir sehen, oberflächlich nur noch die Wälle erhalten. Noch heute sind sie streckenweise bis zu 11 m hoch. Im Inneren waren sie durch Holzkästen verfestigt, die man mit Erde und Steinen gefüllt hatte. Die gewaltigen Verteidigungsanlagen stammen aus der Lausitzer Kultur der jüngeren Bronzezeit (1100–900 v. u. Z.). Nach ihren Hinterlassenschaften gräbt man auf der Heidenschanze schon seit 1851. Umfangreichere Untersuchungen fanden dann noch einmal vor der Stillegung des Steinbruches statt. Sie bewiesen die lange Siedlungsdauer, auf die mitunter 5 m hohe Ablagerungsschichten zurückgingen. In ihnen fanden sich Pfosten und Grundrisse von Häusern, Herdstellen, Lehm mit Holzabdrücken von den Wänden, Speisereste (vor allem Tierknochen), Steine zum Zermahlen des Getreides, Töpferwaren, Spinnwirtel und vieles andere.

Aber die Heidenschanze war nicht nur eine umwallte Siedlung, auf deren Fläche wir im Bild schauen, sondern auch ein Zentrum für den Austausch von Materialien und Produkten. Offenbar lag sie günstig an einem alten Handelsweg, der von Böhmen aus zu einer Elbfurt führte. Innerhalb der Ansiedlung hatten sich Bronzegießer niedergelassen und ihren Wohn- und Arbeitsbereich mit einer Palisade aus doppelten Pfostenreihen abgesichert. Hier stießen die Archäologen auf Schmelzstellen mit Schmelzgefä-

77 *Die Heidenschanze bei Dresden-Coschütz*

ßen und Gußformen, auf Tondüsen für die ehemaligen Blasebälge, auf Schlacke, Bronzeschrott und gehortete Gegenstände aus Bronze. Außerdem gab es eine Werkstatt, in der Pfeilspitzen aus Knochen und Horn angefertigt wurden. Alles das waren sicher begehrte Tauschprodukte.

Nach dieser Periode blieb der Bergsporn erstaunlicherweise über anderthalb Jahrtausende unbewohnt. Er erregte erst wieder das Interesse von Slawen, die nach der Zerstörung des Reiches der Thüringer durch die Franken im Jahre 531 allmählich in das Gebiet zwischen Elbe und Saale eindrangen. Vermutlich brauchten sie nur wenig an den bereits vorhandenen Wällen und Gräben zu tun, um die Geländezunge wieder wirksam verteidigen zu können.

Aus der slawischen und der späteren frühdeutschen Zeit legte man auf der Heidenschanze viele Objekte frei. Anscheinend bildete sie den Mittelpunkt des Burgwardbezirks Bvistrizi (Weißeritz), der für 1068 bezeugt ist und administrative wie militärische Aufgaben hatte. Nach dem 11. Jh. ist die Wallanlage jedoch offenbar aufgegeben worden.

Nicht weniger interessant ist die Geschichte der »Schwedenschanze« bei dem Dorfe Lossow südlich von Frankfurt an der Oder, Kreis Eisenhüttenstadt. Ein fast senkrecht aufgenommenes Bild (1600 m Höhe) aus dem Herbst und ein Schrägfoto (300 m Höhe) aus dem Frühjahr 1937 stellen uns diese Schanze dar (Abb. 78 und Abb. 79). Wir überblicken sie auf dem schrägen Flugbild etwa von Nordwest nach Südost; Wall und Bäume werfen lange Schatten in das Gelände.

Die Luftbilder verdeutlichen uns wiederum die Besonderheiten der Befestigungsanlage. Im Osten grenzte sie an das linke Ufer der Oder, das hier bezeichnenderweise »Steile Wand« heißt. Auf dieser Seite war die ehemalige Siedlung durch die natürlichen Gegebenheiten gut geschützt. Nach den anderen Seiten riegelte der Wall die ursprünglich rund 4 ha große Wohnfläche ab. Am Oderufer entlang wird sie nun von der Bahnlinie durchquert. Leider ist dadurch ein Teil der alten Fundstätte zerstört worden.

Daß man gerade an dieser Stelle des Stromes einen mächtigen Schutzwall errichtete, hatte einen besonderen Grund. Von Lossow bis Frankfurt fließt die Oder in einem engen Bett und ist daher leichter zu überqueren als anderswo. Durch das Gebiet führte wohl ein wichtiger Handelsweg; für die verschiedenen Stämme besaß die Gegend eine zentrale Lage. Deshalb ist es nicht verwunderlich, daß an dem verkehrsmäßig und strategisch so wichtigen Ort eine stark befestigte Siedlung entstand.

Gegründet wurde sie von Angehörigen der Göritzer Kulturgruppe, die nach dem Gräberfeld von Göritz (heute Gôrzyca in der VR Polen) nördlich von Frankfurt benannt wurde. Sie bildete sich um 700 v. u. Z. heraus und war an der mittleren und unteren Oder sowie an der unteren Warta verbreitet. Außer der »Schanze« bei Lossow, die dem 7. Jh. v. u. Z. zugeschrieben wird, gab es nördlich und südlich vom heutigen Frankfurt noch andere Wallanlagen aus der frühen Eisenzeit. Nach einer langen Besiedlungs-

78 *Wallanlage bei Lossow im Kreis Eisenhüttenstadt*

79 *Die Anlage bei Lossow in einer Schrägaufnahme*

pause sind sie später meist, wie die Heidenschanze, im 7./8. Jh. von Slawen besetzt worden. Das war auch bei der Befestigung von Lossow der Fall. In ihrer Südostecke errichteten slawische Siedler um 900 eine Burg, deren Umrisse auf einem alten, schon vor dem Bau der Bahnlinie aufgenommenen Plan noch festgehalten sind. Aus ihm geht hervor, daß die runde Burganlage 130 m im Durchmesser maß. Ihren mit Holz versteiften Erdwall umgab ein bis zu 35 m breiter Sohlgraben. Bedauerlicherweise ist diese »Festung« dann dem Einschnitt für die Bahntrasse zum Opfer gefallen. Die Geländespitze am oberen Rande unserer Abbildungen verkörpert noch ein kleines Segment des einstigen Burggeländes. Es mußte im Sommer 1968 ebenfalls einer Erweiterung des Bahnkörpers weichen. Die Luftbilder aus dem Jahre 1937 zeigen uns also den damaligen Erhaltungszustand der Gesamtanlage und stellen in dieser Hinsicht ein wichtiges historisches Dokument dar.

Bereits in der frühen Eisenzeit war das von dem Wall umschlossene Areal offenbar dicht besiedelt. Zwar bemerken wir auf den Abbildungen kaum noch etwas davon, doch die Ausgrabungen förderten zahlreiche Pfostenlöcher von ehemaligen Häusern zutage. Noch aufsehenerregender waren andere Entdeckungen. Als im Sommer 1919 der Einschnitt an der Ostseite wegen eines Überholgleises verbreitert wurde, stieß man auf 15 bis zu 8 m tiefe und 1 bis 1,5 m breite Schächte. Sie waren mit Lehm und dazwischen mit Knochen von Rindern, Pferden und Menschen verfüllt. Bis jetzt hat man, über die gesamte Wohnfläche verteilt, 61 solcher seltsamen Gruben aufgespürt. Sie sind noch nicht alle untersucht worden; vermutlich würde man bei der weiteren Abdeckung des umwallten Geländes sogar noch sehr viel mehr Schächte finden. Offensichtlich hat man in ihnen Tier- und Menschenopfer versenkt. Warum diese dargebracht wurden, ist freilich ungeklärt. Wir wissen auch nicht, ob man die tiefen Löcher von vornherein für die Opfer bestimmt hatte oder ob es zunächst Brunnen waren, die dann, ausgetrocknet, für die Opferhandlungen genutzt wurden.

Der große Wall von Lossow war ebenso stabil gebaut wie der auf der Heidenschanze. Auch ihn hatte man im Innern durch mit Steinen verfüllte Holzkästen und Holzkonstruktionen verfestigt. So war er sicher noch gut instand, als ihn slawische Ankömmlinge in Besitz nahmen. Sie errichteten in der Südostecke des Areals die schon erwähnte Burg. Es war übrigens in vielen Gegenden üblich, daß man später in große Befestigungen kleinere einbaute. Ein Beispiel dafür hatten wir schon im Zusammenhang mit der eisenzeitlichen Wallanlage von Hod Hill in Südengland kennengelernt (Abb. 6 und 7), in dessen Nordwestecke von den Römern ein Kastell eingefügt worden war.

Lange blieben die Slawen nicht in der »Schwedenschanze« von Lossow. Ihre Burg ist in ein oder zwei Brandkatastrophen untergegangen. Spätestens Anfang des 11. Jh. wurde die befestigte Siedlung aufgegeben und verlassen. Ihre weitere Erforschung bildet für die Archäologen immer noch eine reizvolle Aufgabe.

»Recht deutlich sieht man im Frühjahr, und zwar besonders nach starkem Regen, wenn die Saaten noch jung sind, wo Mauern unter der Oberfläche des Bodens laufen, denn sie wachsen da langsamer und spärlicher, daher auch die Bauern, um sich den Boden zu verbessern, fleißig das Mauerwerk herausnehmen, wobei sie noch den Vortheil haben, die guten Bruchsteine und vortrefflichen Ziegel zu neueren Bauten verwenden oder verkaufen zu können und Münzen oder andere Monumente zu finden. So werden hier Nachgrabungen gemacht!«

Das schrieb 1852 der Wiener Altertumsforscher Ernst Freiherr von Sakken in seinem Buch über die römische Festung und Stadt Carnuntum an der Donau. Mitte des 19. Jh., so der Bericht, waren nur noch ihre Grundmauern tief im Erdboden vorhanden, aber an negativen Bewuchsmerkmalen erkennbar. Die Bauern plünderten aus, was von der einst mächtigen, reichen und berühmten Niederlassung übriggeblieben war. Carnuntum lag an der Bernsteinstraße, die die Ostsee mit dem Mittelmeer verband, und an der Fernverbindung vom Rhein zum Schwarzen Meer. Heute finden wir es 45 km östlich von Wien, zwischen den österreichischen Orten Petronell und Bad Deutsch-Altenburg.

Ins helle Licht der Geschichte rückte der ursprünglich keltische Ort erstmals im Jahre 6 u.Z., als sich hier der Feldherr und spätere Kaiser Tiberius zum Krieg gegen Marbod rüstete, den Stammesfürsten der Markomannen. Marbod hatte diese aus dem Maingebiet nach Böhmen geführt und dort angesiedelt. Sein schlagkräftiges Heer empfanden die Römer als Bedrohung und wollten daher einen Präventivkrieg führen. Aber sie mußten ihre Pläne ändern, weil in der östlich gelegenen Provinz Illyricum ein Aufstand gegen sie losbrach. Carnuntum wurde jedoch immer weiter ausgebaut. Für 400 Jahre blieb es ein Bollwerk an der natürlichen Eingangspforte nach Italien. Auf seinem Boden hielten sich mehrmals römische Kaiser auf, in seiner Festung wurde imperiale Politik vorbereitet und ausgeführt. Dann erlitt es, nachdem seine Bedeutung im 5. Jh. erlosch, das Schicksal aller anderen antiken Städte: Es wurde verwüstet, ausgeraubt und bis zu den Grundmauern hinab zerstört.

Trotzdem: Diese zeichnen sich unter bestimmten Bedingungen, wie schon das Zitat anklingen läßt, immer noch im Boden ab. Daher ist das gesamte Gebiet der alten Niederlassung von 1968 bis 1972 vom Flugzeug aus fotografiert worden. Viele der so entstandenen Bilder sind in ihrer Wirkung und Aussagekraft einzigartig. Jeweils Anfang Juli kurz vor Beginn der Ernte aufgenommen, verraten sie den Verlauf der ehemaligen Straßen und die Besiedlungsdichte in den einzelnen Stadtteilen.

Den Mittelpunkt der römischen Besiedlung bildete das Legionslager, das man bereits 1877 ausgegraben und vermessen, dann aber wieder zugeschüttet hat. Auf dem Luftbild, einem Schrägfoto (Abb. 80), ist sein bedeutendster Teil im gelben Weizenfeld noch klar zu erkennen. Wir vergleichen die Aufnahme am besten mit dem während der Grabungen gewonnenen Lageplan (Abb. 81). Auf diese Weise erhalten wir einen anschaulichen und beispielhaften Überblick über ein festes Standlager römischer Legionen.

Das Luftbild gibt vor allem die Lagerfläche südlich der österreichischen Bundesstraße 9 wieder, die praktisch mit der früheren Hauptstraße der Fe-stungsanlage, der Via principalis, zusammenfällt. Diese war, wie in man-chen anderen Städten und Lagern auch, nicht genau west-östlich orien-tiert, sondern wich von Osten um 36° nach Nordosten ab. Man hatte sie nämlich auf den Aufgangspunkt der Sonne zur Sommersonnenwende aus-gerichtet.

Die Nordfront des Legionslagers grenzte an den Steilhang des damali-gen Donaubettes. Er ist teilweise abgerutscht und hat die Ruinen mit in die Tiefe gerissen. In unserer Abbildung 80 erblicken wir von diesem La-gerabschnitt nur einen sehr schmalen Bereich nördlich der Bundesstraße (am rechten Bildrand), der nicht mit Weizen bewachsen ist und daher keine alten Mauerreste anzeigt. Ursprünglich befanden sich hier die Häu-

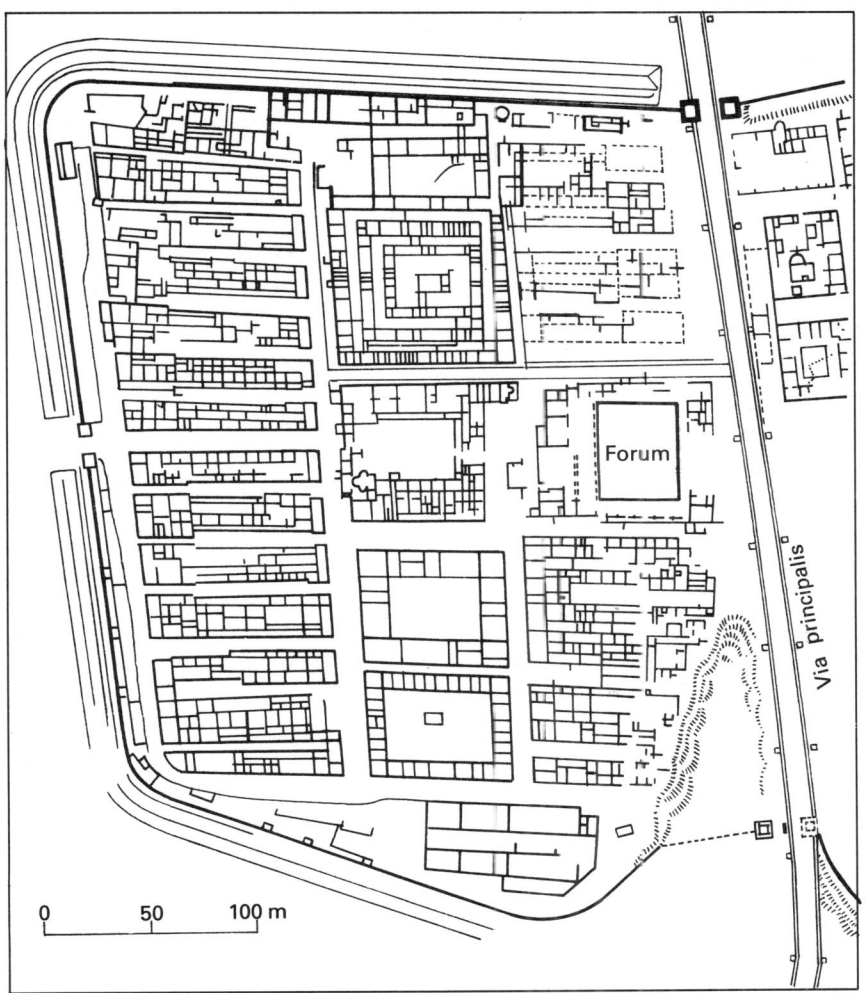

ser für die Offiziere und einige Kasernen. Im Gegensatz zu anderen Lagern
der Römer bildet die Festung von Carnuntum kein exaktes Rechteck, sondern eher ein rautenähnliches Gebilde mit abgerundeten Ecken (vgl. Plan
auf Abb. 81). Seine West-, Süd- und Ostseite folgten natürlichen Mulden
und Senken, die diesen ungewöhnlichen Grundriß bedingten. Er umschloß
eine Fläche von rund 17 ha.

Das Kastell wurde von einer 4 m hohen und 2,80 m breiten Mauer mit
Zinnen und Türmen geschützt. Auf Abbildung 80 bemerken wir die Mauerspuren am West- und Südrand des Weizenfeldes noch als dunkle Linien.
Um die Festungsmauer zog sich ein 4 m tiefer und bis zu 20 m breiter Dop-
pelgraben. Er hebt sich auf der uns zugewandten Ostseite als dunklerer
grüner Streifen ab. Die Nordseite war zum Steilhang der Donau wohl nur
durch Palisadenwände gesichert. Ein Tor wäre hier natürlich sinnlos gewesen. Tore standen jedoch am West- und Osteingang des Lagers an der Via
principalis. Im rechten unteren Bildeck sind die freigelegten Fundamente

eines der Tortürme zu sehen. Das dritte Tor befand sich in der Mitte der südlichen Kastellseite. Hier führte die Nord-Süd-Straße, die Via decumana, ins Freie. Und schließlich gab es nördlich des Westeingangs noch ein viertes, geheimes Tor unter der Erde. Bei Belagerungen konnte man dort einen Ausfall wagen und die Feinde überraschen.

Betrachten wir uns nun das Innere der Lagerfläche mit seinen dunklen Linien im gelben Weizenfeld! Im Vordergrund fällt zunächst der Grundriß eines langen Gebäudes auf. Es war ein Getreidespeicher. Ihm schlossen sich nach Westen zwei große Gebäude mit Innenhöfen an, denen, im Luftbild kaum erkennbar, vermutlich der Palast des Legaten, des Oberbefehlshabers der Legion, folgte. Um einen geräumigen Hof mit Säulenhallen gruppierten sich die Wohn- und Empfangsräume. Von diesem Gebäude ist leider nur sehr wenig erhalten geblieben. Das ist auch deshalb bedauerlich, weil in ihm Kaiser Marcus Aurelius (Regierungszeit 161–180) länger geweilt haben wird. Er hielt sich während der verlustreichen Markomannenkriege in Carnuntum auf, wo er die Feldzüge entwarf und vorbereitete. Offenbar hat der »Philosoph auf dem Thron« im Legatenpalast das zweite Buch seiner viel gelesenen »Selbstbetrachtungen« geschrieben.

Dem Palast war dicht an der Westseite ein umfangreicher Gebäudekomplex mit vielen kleinen Räumen benachbart. Wahrscheinlich handelte es sich um das Lazarett. Nördlich vom Palast erstreckte sich an der Via principalis das 42 × 38 m große Forum, der Versammlungs- und Lagerplatz. Die angrenzenden Räumlichkeiten waren für die Dienstgeschäfte der Stabsoffiziere und der Anführer der Zenturionen, der Hundertschaften, bestimmt. Südlich des Forums stieß man bei den Ausgrabungen auf das zentrale Lagerheiligtum, in dem sich einst der Legionsadler, die übrigen Feldzeichen, die Statue des jeweils regierenden Kaisers sowie die Altäre der von der Legion besonders verehrten Götter befunden hatten. Auch drei andere kleine Kultstätten kamen in der Umgebung zum Vorschein.

An der Via principalis und vor allem entlang der Südseite fallen die langen, schmalen, rechteckigen Gebäudegrundrisse auf. Sie bezeichnen den Standort der Kasernen, in denen die meisten Legionäre untergebracht waren. Besondere Bequemlichkeiten gab es in ihren kleinen Kammern nicht. Außer zum Schlafen luden sie zu längerem Verweilen sicher nicht ein. Zwischen den engen Kasernen-Gassen hatte man übrigens Fallgruben ausgehoben, die einem eindringenden Feind zum Verhängnis werden sollten.

Während der Ausgrabungen entdeckte man auch ein umfangreiches Magazin für Waffen, Pfeile und Wurfkugeln. Verschiedene Gewerbe hatten ebenfalls ihre Spuren hinterlassen. Zu ihnen gehörten Werkstätten, Töpferöfen, eine Getreidekammer und eine Backstube. Eine Schenke, in der die einfachen Soldaten ihren geringen Sold vertrinken und verspielen konnten, und ein Gefängnis für straffällig gewordene Legionäre fehlten gleichfalls nicht. Für genügend Wasser sorgten zahlreiche Brunnen. Das Abwasser floß durch ein Netz ausgemauerter unterirdischer Kanäle in einen Hauptkanal, der sich in die Donau ergoß. Insgesamt bildete das La-

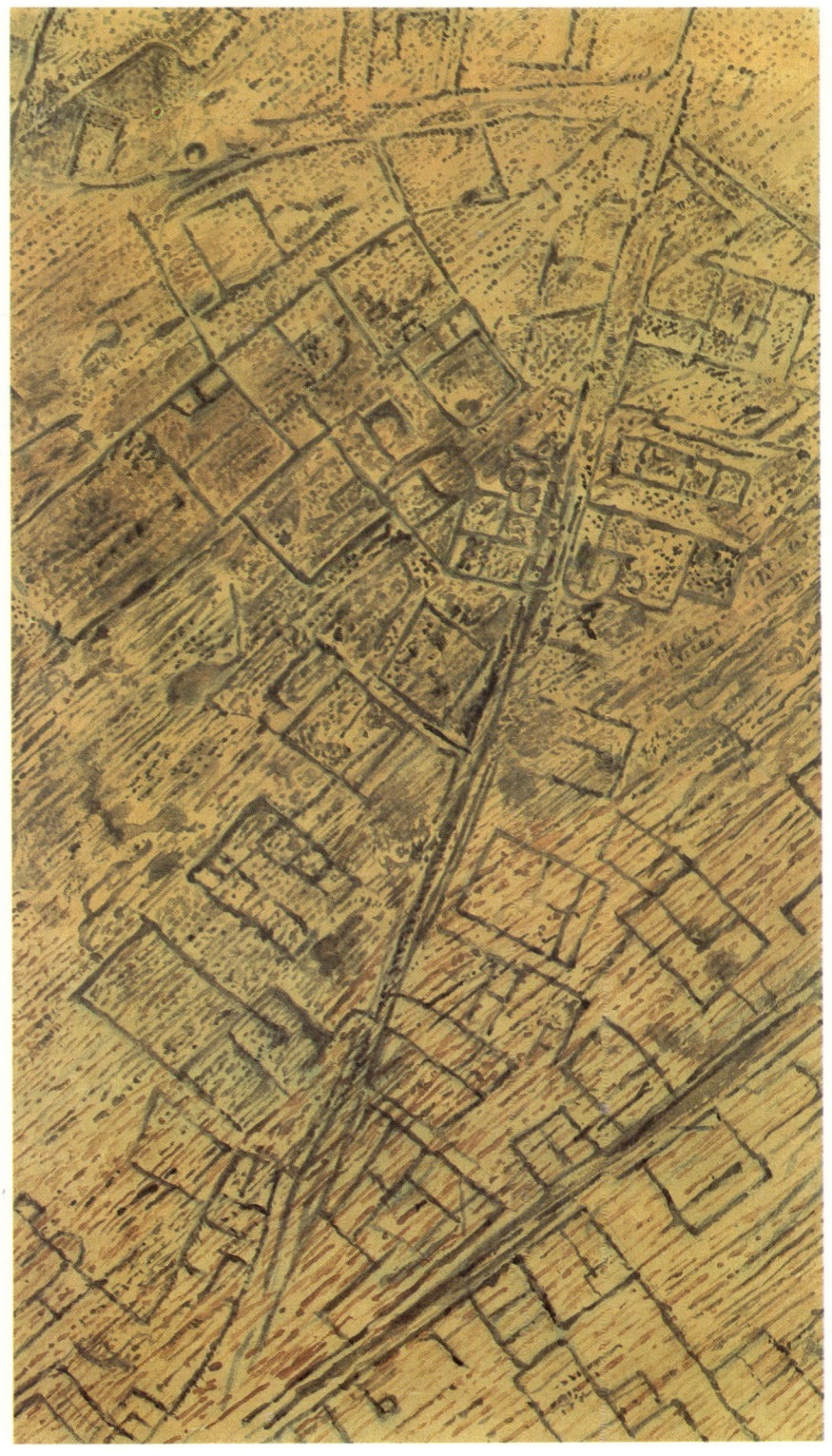

82 *Auch die Cana-bae, die Lagersied-lungen, heben sich noch im Getreide ab*

ger also eine Stadt für sich. Sie beherbergte vermutlich 6000 bis 8000 Soldaten, was der Sollstärke einer Legion entsprach.

Um Wall und Graben erstreckte sich ein Schußfeld von 200 m Breite. Es durfte nicht bebaut werden, damit Feinde keine Deckung finden konnten. Im Anschluß an das freie Gelände begannen jedoch ausgedehnte Siedlungsgebiete. Zunächst waren es die Canabae, die Lagersiedlungen, in denen die Frauen und Kinder der Legionäre sowie Händler und Handwerker wohnten. Durch Luftbilder weiß man nun auch über die Anlage und Gliederung der Canabae von Carnuntum gut Bescheid.

Eine dieser Aufnahmen geben wir in Abbildung 82 wieder. Das Senkrechtfoto zeigt uns einen Geländeabschnitt südlich des Lagers. Hier verzweigte sich die Straße, die aus dem Südtor herausführte. Wir blicken auf ein ehemals dicht bebautes Gebiet herab. Die Wohn- und Handelshäuser und die Werkstätten öffneten sich mit einer ihrer Schmalseiten auf die Straßen zu. Über den früheren Verkehrswegen und Fundamenten ist der Weizen weniger hoch gewachsen und schneller reif geworden. So treten die Grundrisse in dem Feld mit geradezu atemberaubender Schärfe und Deutlichkeit hervor. Sieht man jedoch auf der Erde über die Ähren hinweg, ist von all dem fast nichts zu bemerken.

Die Canabae verwalteten sich selbst, wenn auch unter militärischer Oberaufsicht. Sie bildeten eine mehr oder weniger zufällig gewachsene, nicht streng nach dem üblichen geradlinigen Schema errichtete Niederlassung. Ihr unregelmäßiger, willkürlicher Straßenverlauf läßt sich auf den Luftbildern mühelos verfolgen. Mit Hilfe dieser Fotos vermochte man die Gesamtfläche für das Legionslager und die Lagersiedlung zu bestimmen. Sie umfaßte etwa 2,6 km². Im Westen gingen die Canabae unmittelbar in die Zivilstadt von Carnuntum über.

Deren Zentrum liegt heute wohl größtenteils unter den Häusern von Petronell. Ausgrabungen und »Hitzestreifen« (negative Bewuchsmerkmale) in den Randgebieten weisen auf sich rechtwinklig kreuzende römische Straßen im Untergrund. Die Zivilstadt war demnach, anders als die Canabae, bewußt geplant worden. Was von ihr freigelegt worden ist, stellt zum Teil Abbildung 83 dar.

Aus der Vogelschau bietet sich der Blick auf ein parkähnliches Gelände am Westrand von Petronell, auf den sogenannten Spaziergarten des Schlosses Abensberg-Traun. Schon vor dem zweiten Weltkrieg wurde man durch Luftbilder darauf aufmerksam, daß hier noch viele Spuren aus der Römerzeit zu finden sein müßten. Grabungen 1938 und 1948 bis 1957 bestätigten das in vollem Maße. Die alten Straßen- und Gebäudereste wurden nicht wieder zugeschüttet, sondern für ein Freilichtmuseum konserviert.

Besucher können nun, wie wir es von oben tun, die Grundflächen von sechs unterschiedlich großen Häusern besichtigen. Ihr Gebiet wird von der Schloßstraße durchquert. Auch der römische Pflasterweg auf zwei Seiten des größten Geländekomplexes am unteren Bildrand und ein Weg

83 *Römische Häuserreste am Westrand von Petronell*

in spitzem Winkel zur modernen Schloßstraße sind gut zu erkennen. Abgesehen von dem größten Haus, waren die anderen Häuser etwa nach dem gleichen Prinzip angelegt. An einen ummauerten, geräumigen Gartenhof schloß sich das rechteckige Wohngebäude mit einem Flachdach an, dessen Giebel sich dem Garten zuwandte. Von diesem aus gelangte man zuerst in eine Vorhalle und dann in einen Längsgang, der das Haus in zwei Zimmerreihen teilte.

Den Luftbildern zufolge erstreckte sich Carnuntum in der Länge über 6 km vom heutigen Bad Deutsch-Altenburg bis westlich von Petronell und in der Breite rund 2 km vom Donauufer aus nach Süden. Sowohl das Legionslager wie die Zivilstadt besaßen ein Amphitheater. »Brot und Spiele« waren für die Soldaten wie für Zivilpersonen und Beamte gleichermaßen wichtig. Das Interesse an solchen »Spielen« bewiesen auch zahlreiche Statuetten von Gladiatoren und viele Öllämpchen mit Gladiatorenbildern, die auf dem Gelände von Carnuntum gefunden wurden.

Im Frühjahr 1888 bemerkte der damalige Grabungsleiter Hauser östlich des früheren Legionslagers eine helle gerade Spur in der jungen Saat. Sie markierte den Verlauf der ehemaligen Römerstraße außerhalb des Lagers. Aber er sah, wie er schrieb, noch mehr: »Links der Straße waren gleicherzeit eine Anzahl Streifen durch die Felder gehend zu erkennen, die ihrer Formation nach auf das Vorhandensein des Amphitheaters schließen ließen. Eine muldenförmige Terrainbildung an derselben Stelle bestärkte mich außerdem noch in der Annahme, dass das Gesuchte hier zu finden sei.« Nach Abernten der Felder brachte ein Probegraben Gewißheit. Er schnitt den Zuschauerraum und die Arena des Amphitheaters von Carnuntum an.

Dieses wurde nun von 1888 bis 1896 freigelegt. (Das der Zivilstadt ist seit 1923 durch Grabungen erschlossen worden.) Man mußte dabei harte Arbeit leisten, war doch das Oval der 72 × 44 m messenden Arena bis zu 3 m hoch zugeweht und zugeschwemmt worden. Der Fuß der Umfas-

84 *Das Amphitheater des Legionslagers Carnuntum*

sungsmauer lag bis zu 4 m Tiefe unter der Erdoberfläche. Nachdem man die Ruine völlig freigeschaufelt hatte, wurde sie vom niederösterreichischen Landtag erworben und konserviert. Damit besaß Carnuntum sein erstes Freilichtmuseum. Wir erblicken es auf Abbildung 84. Am oberen Bildrand rechts ist eine Ecke von der Ostseite des Legionslagers zu sehen, südlich von der einstigen Ost-West-Trasse bzw. der heutigen Bundesstraße gelegen. Das Amphitheater stand nicht einsam in weiter Flur, sondern war von Straßen und Gebäuden umgeben. Es befand sich unweit vom Steilrand der Donau, der, mit Bäumen und Büschen bewachsen, den unteren Bildrand einnimmt. Wie das Luftfoto verrät, war es auf etwas abschüssigem Terrain erbaut. Vom 14 m höher gelegenen Lager senkt es sich zur Donau hinab. Das weite Rund des Theaters bot ca. 8000 Zuschauern Platz. (Bei dem in der Zivilstadt gab es rund 13 000 Plätze.) Zunächst hatte der gesamte Bau offenbar nur aus Holz bestanden. In der 2. Hälfte des 2. Jh. wurde er jedoch völlig neu errichtet und mit einem Unterbau aus Steinen versehen. Die oberen Ränge waren aber weiterhin aus Holz gefertigt.

Einer Inschrift zufolge ist den Legionären das Amphitheater von Caius Domitius Zmaragdus gestiftet worden, einem Syrer aus der Stadt Antiochia, der als Ratsherr und Kaufmann in Carnuntum lebte. Vermutlich war er durch umfangreiche Lieferungen an das Militär reich geworden und zeigte sich nun durch diese Stiftung erkenntlich. Das Amphitheater diente dann etwa 200 Jahre lang als Kampfstätte. Während eines Germanensturmes auf das Lager wurde es schließlich zerstört und im Laufe der Zeit zugefüllt. Doch seit 1955 werden in der Arena moderne und antike Schauspiele aufgeführt wie im Amphitheater des Archäologischen Parks von Xanten. Die Luftbilder verdeutlichen, daß auf dem Gebiet Carnuntums von den Archäologen noch sehr viel Arbeit zu vollbringen ist.

Die Teufelsmauer

Wenn man früher Tongefäße oder Steingeräte im Boden fand, glaubte man, sie seien entweder dort von allein gewachsen, stammten von Göttern oder einfach von den Heiden ab. Daß mit solchen Vorstellungen der Name Heidenschanze zusammenhängt, hatten wir schon erwähnt. Unerklärliche Bauwerke wurden aber auch dem Werk des Teufels zugeschrieben. Deshalb ist die Grenzbefestigung der Römer, der Limes, dessen Spuren sich noch heute über Hunderte von Kilometern hinziehen, vom Volksmund auch als Teufelsmauer bezeichnet worden. Viel nüchterner und sachgemäßer klingt eine andere, ebenfalls übliche Benennung des Limes: »der Pfahl«. Man meinte damit Graben, Wall, Palisaden- und Mauerreste der ehemaligen Verteidigungsanlagen. Am eindrucksvollsten stellen sie sich aus der Luft dar. Dann werden ihr Verlauf und ihre Funktion am deutlichsten. Manchmal entdeckt man aus der Vogelschau auch unbekannte Limesstrecken.

Wie auffällig der Limes noch nach zwei Jahrtausenden ist, beweisen

Luftfotos wie Abbildung 85. Lange Schatten heben Graben und Wall hervor, die durch eine leicht hügelige Wiesen- und Waldlandschaft verlaufen. Rechts von der Bildmitte bemerken wir kleine flache Erhebungen: eine Gruppe urgeschichtlicher Grabstätten.

Wir haben hier ein Stück des obergermanischen Limes vor uns, und zwar an einer besonders interessanten Stelle. Es ist fast der südlichste Punkt dieser Grenzlinie in Germania superior, in Obergermanien. Das vom Luftbild erfaßte Gelände befindet sich südlich von Welzheim in Baden-Württemberg. Von hier aus läuft der »Pfahl« 80 km schnurgerade nach Norden bis Walldürn. Dann geht es mehr nordwestlich weiter in die Gegend von Miltenberg am Main, der als »nasse Grenze« stromabwärts bis zum Ort Groß-Krotzenburg (einst ein römisches Kastell) Wälle und Gräben überflüssig machte. Ab Groß-Krotzenburg zieht die »Teufelsmauer« erst nach Norden und schließlich in weiten Bögen nach Westen, Südwesten und wieder Nordwesten.

Nördlich des Neuwieder Beckens stößt sie bei Rheinbrohl auf den Rhein. Von hier an bildete dieser bis zu seiner Mündung die Scheidelinie zwischen dem östlich gelegenen Germanien der »Barbaren« und dem westlichen Germania inferior, dem römischen Niedergermanien. Am Rhein entlang bauten die Römer eine Heerstraße und zu ihrem Schutz zahlreiche Kastelle, das sind kleinere strategische Lager.

Solche Kastelle gab es in ziemlich regelmäßigen Abständen auch am obergermanischen Limes. Nahe an seinem Südende, bei dem bereits genannten heutigen Ort Welzheim, hatte man zwei dieser Lager errichtet und dazu rund 1,5 km nördlich vom westlichen dieser beiden Befestigun-

85 *Der römische Limes bei Welzheim in Baden-Württemberg*

gen noch das Kleinkastell Rötelsee. Es ist 1974 völlig ausgegraben und konserviert worden. Dabei hat man erstmals den gesamten Grundriß und alle Innenbauten eines Kleinkastells an der obergermanischen Grenze erforscht.

Seine Ruinen liegen östlich der modernen Straße Welzheim-Murrhardt, die auf Abbildung 86 am linken Bildrand erscheint. Von ihr aus führt ein Weg ins Kastell hinein. Ursprünglich war es der Weg vom Lager zum Limes. Der Blick aus der Vogelschau macht uns die Anlage des Kastells sehr anschaulich deutlich. Es besaß einen quadratischen Grundriß mit 324 m² Innenfläche. Diese war von einer etwa 1 m breiten, an den Eckpunkten des Lagers abgerundeten Mauer und einem ca. 2 m breiten Graben umgeben. Spuren einer Pfostenreihe weisen darauf hin, daß der Mauer ein Wehrgang aus Holz aufgelegt war, der von hinten durch Pfosten gestützt wurde. Über eine Erdbrücke und durch das Tor gelangte man zunächst in einen überdachten Gang. Er wurde, wie der Innenhof überhaupt, von einem hufeisenförmigen Holzgebäude umschlossen, dessen Räume auf dem Luftbild klar zu unterscheiden sind. Auch bei anderen Limeskastellen hatte man Teile der Befestigung und die Kasernen aus Holz konstruiert.

Nahebei gab es vermutlich ein Tor durch den Grenzwall; beide sollte das Kleinkastell besonders schützen. Den Funden nach ist es erst im späten 2. Jh. entstanden. Sicher spielte bei der Wahl seines Standortes die günstige Lage der Anhöhe mit dem weiten Blick nach Norden und nach Osten in das Gebiet der germanischen Stämme eine entscheidende Rolle.

Außer durch Kastelle wurde der Limes noch durch zahlreiche Wachtürme gesichert. Einige von ihnen hat man in neuerer Zeit rekonstruiert

86 *Blick auf das Kleinkastell Rötelsee bei Welzheim*

und wieder aufgebaut. Ein Beispiel dafür bietet Abbildung 87, die uns einen Turm fast an der nördlichsten Stelle des weiten Bogens zeigt, mit dem der »Pfahl« das Gebiet der Wetterau umfaßte. Was wir hier aus der Luft sehen, ist allerdings die nicht ganz korrekte Nachbildung eines römischen Wachturmes. Dessen Grundmauern, die 90 cm stark waren und ein Quadrat von 5,9 m Seitenlänge bildeten, sind bereits Ende des vergangenen Jahrhunderts bei dem Ort Grüningen ausgegraben worden. Aus der Mauerstärke läßt sich schließen, daß der Turm verhältnismäßig hoch gewesen sein muß. Seine Rekonstruktion ist dagegen leider um ein Stockwerk zu niedrig ausgefallen. Außerdem waren die steinernen Limestürme stets verputzt, was bei der Nachbildung aber nicht der Fall ist. Ihr Dach hat man mit modernen Ziegeln gedeckt. Die römischen Türme des Wetteraulimes werden jedoch mit Schindeln bedeckt gewesen sein. Der lange Schatten des Nachbaus, an dem wir den hölzernen Wehrgang gut erkennen, fällt übrigens zum Teil auf den Platz, auf dem der frühere Turm stand. Vor dem rekonstruierten Bauwerk ziehen sich, wie im Bild sehr schön wahrzunehmen ist, Wall, Graben und Palisadenwand entlang.

Solche Schutzbauten sind jedoch erst für eine späte Phase des obergermanischen Limes kennzeichnend. Seine Anfänge waren sehr viel bescheidener. Er bestand zunächst aus Straßen für Truppenbewegungen sowie aus Holztürmen, die Aussichtsplattformen ähnelten und von einem kreisrunden Graben umgeben waren. Diese lockere militärische Grenzlinie wurde unter Kaiser Domitianus (81—96) während des Krieges gegen die germanischen Chatten im nordmainischen Bergland geschaffen. Erst unter Kaiser Hadrianus (117—138) sperrte man den bis dahin offenen Zugang zum römischen Provinzialland durch eine zusammenhängende Palisadenwand ab. Der Verkehr wurde nun an den wenigen Durchgangsstraßen kontrolliert. Die Truppen zog man näher an den Limes heran. In der 2. Hälfte des 2. Jh. verlegten ihn die Römer bis zu 30 km nach Osten, wo er sich dann von Miltenberg am Main im Norden bis nach Lorch (Baden-Württemberg) im Süden erstreckte. Zu dieser Anlage gehörte auch die über 80 km lange Gerade zwischen Walldürn und Welzheim (Abb. 85). Kaiser Caracalla (211—217) ordnete schließlich an, die Grenzlinie durch Wall und Graben zu verstärken. Dennoch wurde der obergermanische Limes von den Alemannen mehrfach überrannt und um 260 ganz aufgegeben.

Nicht weniger interessant ist die Geschichte des rätischen Limes, der östlich von Lorch begann und in einem weiten Bogen, dessen nördlichster Punkt etwa bei dem heutigen Gunzenhausen in Niederbayern lag, bis zur Donau südöstlich von Regensburg verlief. Einen Teil dieser Strecke erblicken wir auf Abbildung 88. Mitten durch die winterliche Landschaft, durch Wiesen, Felder, Wälder und Dörfer, zieht sich die ehemalige Grenzbefestigung dahin. Sie schied die römische Provinz Rätien (links) vom Gebiet der unabhängigen germanischen Stämme (rechts). Der auf dem außerordentlich eindrucksvollen Bild weithin zu verfolgende Limesabschnitt bei Hirnstetten im Landkreis Eichstätt kommt vom Altmühltal herauf und

schwenkt dann nach Nordwesten ab. Die einstige Steinmauer ist längst verfallen und zu einem mit Sträuchern bewachsenen Feldrain geworden. Infolge der niedrig stehenden Sonne wirft er lange Schatten ins Gelände. Noch nach zwei Jahrtausenden sind die Spuren des Bauwerkes aus der Luft klar auszumachen.

Rätien umfaßte einst das Voralpenland, das 15 v. u. Z. unter römische Herrschaft geriet. Auch der rätische Limes, der dieses Gebiet nach Norden abgrenzte, bildete sich in Etappen heraus. Anfangs gab es eine überwachte Marschroute für die Truppen. Sie wurde im Westen der Provinz mehrfach vorverlegt, um den Anschluß an den obergermanischen Limes zu verkürzen. Vor dem durch Wachtürme gesicherten Grenzweg errichtete man dann eine Palisade und ersetzte schließlich die Holztürme durch solche aus Stein. Während der Regentschaft Caracallas wurde eine durchgängige, 1 bis 1,5 m breite und 2,5 bis 3 m hohe Mauer geschaffen, die die Türme mit einbezog. Reste der letzten Phase dieser Befestigungsanlage sehen wir auf Abbildung 88. Wie der obergermanische war auch der rätische Limes um 260 nicht mehr gegen den Ansturm der Germanen zu halten.

Südöstlich von Regensburg, bei Eining, begann der Donau-Limes, die »nasse Grenze« für die römischen Provinzen Noricum, Pannonien und Mö-

87 *Rekonstruierter Limesturm mit Wall, Graben und Palisade nahe Grüningen in Hessen*

88 *Verlauf des räti-
schen Limes bei
Hirnstetten in Nie-
derbayern*

sien. Ähnlich wie am unteren Rhein waren entlang des Stromes bis zu seiner Mündung ins Schwarze Meer Straßen und Kastelle gebaut worden.
Trotz teilweiser Zerstörung durch »Barbarenstämme« schützten sie die römischen Besitzungen bis ins 5. Jh.

Überall, wo sich die Römer festgesetzt hatten, legten sie Grenzbefesti-
gungen an, die sie geschickt den jeweiligen natürlichen Gegebenheiten
anpaßten. Wie sie dabei in der Provinz Britannia, im Nahen Osten und in
Nordafrika verfuhren, konnte in entscheidendem Maße durch die Luftbildarchäologie geklärt werden. In Großbritannien brachten Fotos aus der
Vogelschau zahlreiche römische Straßen, Wachtürme, Exerzier- und Aus-
bildungslager, Festungen und Garnisonen ans Licht. Dadurch vermochten
Archäologen und Historiker die Entwicklung der Zivil- und Militärverwal-
tung der Römer zu erhellen, über die es sonst nur wenige schriftliche
Zeugnisse gibt. Man konnte aus der Luft auch die Marschrouten der Legionäre, ihre Stützpunkte und die Reichweite ihrer Vorstöße genauer ermit-

teln. St. Joseph, einer der Pioniere der Luftbildforschung, bemerkte dazu: »Ein Bild von der Kühnheit römischer Strategie taucht auf, ergänzt durch reichliche Beweise für das technische Geschick der Militäringenieure auf der Machthöhe der römischen Armee. Sie zeigt sich in einer Vielfalt von Militäranlagen des späten ersten und des zweiten Jahrhunderts, wie man sie in anderen Grenzprovinzen des Imperiums nicht leicht findet.«

Im Nahen Osten ist die Erforschung des römischen Limes insbesondere dem bereits mehrfach genannten französischen Jesuitenpater Antoine Poidebard zu verdanken. Während der 1. Hälfte der zwanziger und Anfang der dreißiger Jahre fotografierte er vom Flugzeug aus weite Gebiete Syriens. Dabei entdeckte und entschlüsselte er tief gestaffelte Verteidigungsanlagen, die sich südlich von Damaskus vom Ostufer des Sees Tiberias nach Nordosten bis zum Tigris im Nordirak erstreckten (Abb. 89). Auf dieser rund 1 000 km langen und 300 km breiten Fläche wurde die römische Vergangenheit durch Schatten-, Boden- und Bewuchsmerkmale wieder lebendig. Das war nur aus der Luft möglich. »Zwischen Tigris und Euphrat«, schrieb Poidebard, »sind fast alle Spuren des alten Mesopotamien und der römischen Besiedlung wegen der aufeinanderfolgenden Invasionen verwischt. Die Erde wird seit Tausenden von Jahren vom Wind davongetragen. Sie hat die Steppe mit einem gleichförmigen Mantel bedeckt, der die Ruinen verbirgt. Kein einziger Gebäuderest war dort zu finden, wo die Beobachtungen aus der Luft zuvor ganz deutlich antike Wohnstätten gezeigt hatten.«

Die Luftaufnahmen enthüllten das verzweigte Netz von Straßen, Städten, Befestigungen und Entwässerungssystemen. Fast greifbar nahe

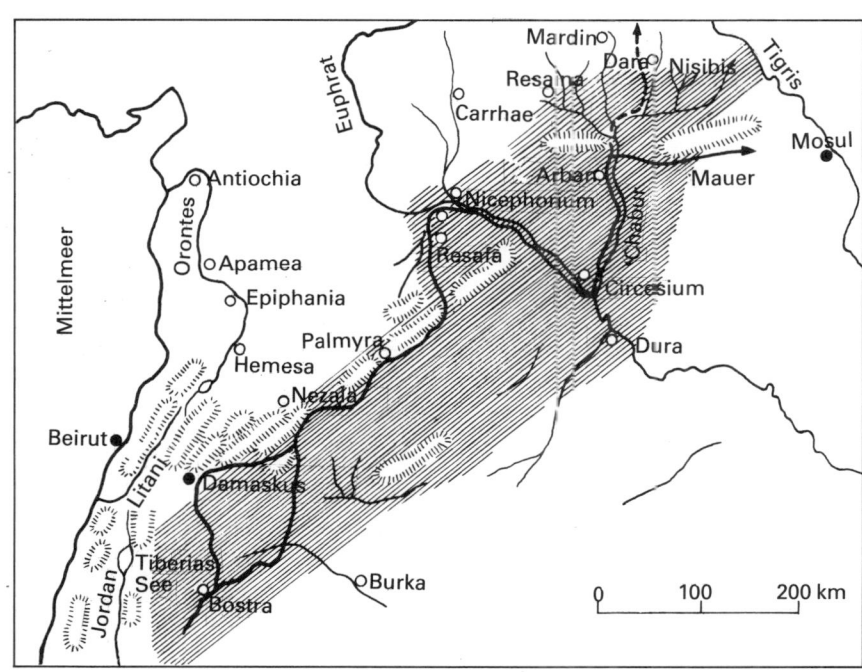

89 Schematische Darstellung der Limeszone in Syrien

schienen nun die langen, verlustreichen Kämpfe der Römer mit den Parthern und Sassaniden. Jetzt ließen sich auch die Kontakte der Invasoren zur einheimischen Bevölkerung und zu den nomadisierenden Beduinen besser erschließen. Ein ganzes Kapitel ungeschriebener Geschichte des römischen Imperiums wurde so aus der Vogelschau erkennbar und nachvollziehbar.

Auf syrischem Gebiet hatte der Limes einen ganz anderen Charakter als auf dem europäischen. Er entpuppte sich als breiter Gürtel von Straßen, Signalstationen, Kastellen und Befestigungen. Besonders wichtig war dabei das Netzwerk der Straßen. Die Hauptverkehrsader verlief vom alten Bostra im Südwesten nach Damaskus, Palmyra, Sura, Circesium in Richtung Mosul (vgl. Abb. 89). Aus der Anlage der Limeszone ging hervor, wie die Römer die Wüstenregion unter Kontrolle brachten, wie sie die schlagkräftige persische Reiterei an der Entfaltung hinderten und Überraschungsangriffen der Beduinen vorbeugten. Der Limes nutzte die Gebiete mit den relativ größten Niederschlägen und den besten Weidegründen, auf die die Beduinen angewiesen waren. Zeigten sie sich widerspenstig, konnte man sie leicht von diesen Weiden fernhalten und sie so unter Druck setzen. Mit Hilfe der Luftbilder gelang es Poidebard auch, das Wasserversorgungssystem der Römer mit seinen Quellen, Zisternen, Kanälen, Aquädukten, Staudämmen und Staubecken zu erforschen. Vom Jahre 64 v.u.Z. an, als Pompeius Syrien zur römischen Provinz machte, überdauerte der allmählich ausgebaute Limes die byzantinische Epoche bis zum Aufblühen arabischer Kultur im 7. Jh. Dann zerfiel er und versank unter einer Sandschicht.

Von dem nordafrikanischen Limes der Römer war ebenfalls nichts genaues bekannt. Eine Überlieferung aus dem 5. Jh. besagte jedoch, daß ein solches Verteidigungssystem im Süden der Provinz Nubien existiert habe, also etwa im Gebiet des heutigen Algerien. Tatsächlich gelang es, durch Luftbilder die Struktur der römischen Befestigungsanlagen zu erkunden. Das Verdienst dafür kommt vor allem dem französischen Oberst Jean Baradez zu. 1940 konnte er in Algerien Luftfotos auswerten, die zwar andere vor ihm aufgenommen hatten, die er jedoch speziell nach archäologischen Merkmalen untersuchte. Dabei kam ihm zustatten, daß er ursprünglich Kriegsflieger und Beobachter gewesen war. Es fiel ihm daher leichter, den militärischen Absichten der Römer zu folgen und ihre Befestigungen zu erkennen. Er spürte sie in einer fast 800 km langen Zone auf, die sich durch den Süden Algeriens und Tunesiens hinzog (Abb. 90).

Auch in Nordafrika war der Limes, wie in Syrien, tief gestaffelt. Hier gab es gleichfalls verschiedene Lager, Wälle und Kastelle sowie Straßen, die bis in das Territorium der Nomaden reichten. Diese wurden durch die Grenzanlagen wirkungsvoll kontrolliert und im Zaume gehalten. Wieder zeigte sich das Geschick der römischen Ingenieure und Baumeister, natürliche Gegebenheiten wie schroffe Felsen und ausgedehnte Salzseen mit in das Verteidigungssystem einzubeziehen. Oft war dieses so konstruiert, daß es heranrückende Feinde erst im letzten Augenblick bemerkten. Außerdem hatte man Beobachtungsstationen eingerichtet, von denen aus Signale und Meldungen rasch weitervermittelt werden konnten.

Jean Baradez flog und fotografierte auch selbst und suchte an Hand der Luftbilder nach den entdeckten Spuren auf der Erde. Ohne die Fotos hätte er die künstlichen Unebenheiten meist gar nicht gefunden. Bei seinen Exkursionen stieß er auf einen mehr als 3 m langen Steinblock mit einer Widmung an Kaiser Hadrianus, denn gerade dieser Herrscher hatte die römischen Grenzen ausbauen lassen. In seiner Blütezeit erstreckte sich das riesige Imperium von der Provinz Britannia bis zur Sahara, vom Tigris bis zum Rhein.

Zur Verstärkung des nordafrikanischen Limes hatten die Römer ein »Fossatum« genanntes Grabensystem geschaffen. Es bildete in den rückwärtigen Linien eine Art letzte Bastion, die Feinde noch überwinden mußten, wenn sie bereits alle anderen Befestigungen erstürmt hatten (vgl. Abb.90). Hinter dem Limes konnten die Römer in Ruhe ein großartiges Bewässerungs- und Feldersystem anlegen. Auch diese zivilisatorische Tätigkeit ist erst durch Luftbilder genauer bekannt geworden; wir haben sie bereits erläutert (vgl. den Abschnitt »Felder und ihre Bewirtschaftung«).

Eine dem Limes vergleichbare Anlage ist in diesem Zusammenhang noch erwähnenswert. Im Jahre 1931 starteten zwei Amerikaner, Robert Shipee und George R. Johnson, eine Expedition nach Peru. Johnson hatte dort schon vorher für kartografische, topografische und geografische Zwecke Flugbilder angefertigt. Diesmal wollte man vor allem die vielen Zeugen aus der peruanischen Vergangenheit im Küstengebiet und im Ge-

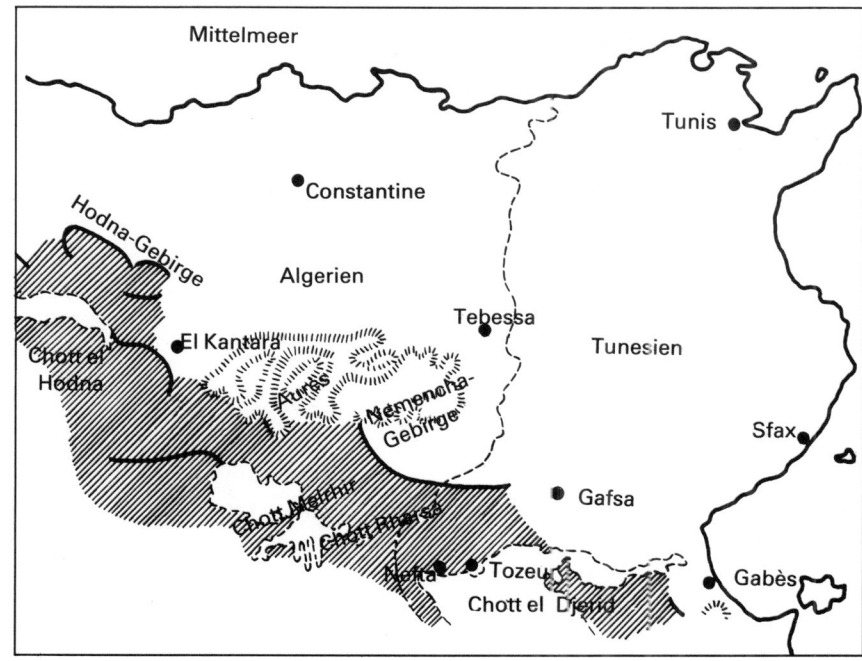

90 *Das Gebiet des Limes in Nordafrika*

birge aus der Vogelschau fotografieren. Dabei wurde auch das Tal des Rio Santa überflogen, das schon vor den Inka-Herrschern künstlich bewässert und für den Ackerbau nutzbar gemacht worden war. Plötzlich bemerkte Johnson tief unter sich eine Art Mauer, die sich weit über die Bergketten hinzog, und nahm sie ebenfalls mit seiner Kamera aufs Korn.

Das Foto überraschte nicht nur die Expeditionsteilnehmer, sondern alle, die es sahen (Abb. 91). Eine so ungewöhnliche Mauer war bis dahin in Peru noch unbekannt. Deshalb wurde ein weiterer Flug geplant, um sie aus der Luft und danach am Boden genauer zu erforschen. Das Vorhaben gelang und führte zu unerwarteten Ergebnissen. Über die kahlen Höhenzüge am Ufer des Rio Santa verlief der Wall ins Landesinnere, auf die Anden zu, wobei er Bergketten und Täler passierte. 65 km weit vermochte man ihn schließlich zu verfolgen. Am Boden selbst stellte sich heraus, daß die Mauer aus Steinblöcken zusammengesetzt und im Durchschnitt noch 5 m hoch war. Ursprünglich könnte sie 3 bis 5 m höher gewesen sein. Auch sie war, wie der Limes in Nordafrika und dem Nahen Osten, dem Gelände so geschickt angepaßt worden, daß sie einem anrückenden Feind zunächst verborgen blieb. An beiden Seiten wurde sie von rechteckigen und runden Befestigungsanlagen begleitet. Eine dieser Festungen bedeckte eine Fläche von 60 × 90 m.

Die Mauer stammt offenbar aus der Vor-Inka-Zeit. Seltsamerweise war sie völlig in Vergessenheit geraten und bis zu Johnsons Fotos unbemerkt geblieben. Ein Wunder war das nicht, denn am Erdboden fiel sie kaum mehr auf. Nur aus der Vogelschau vermochte man sie verhältnismäßig leicht von anderen sandbedeckten Erhebungen zu unterscheiden.

Abbildung 91 vermittelt von der Großen Mauer in Peru einen grandiosen Eindruck. Als langes Band zieht sie sich nahe dem Rio-Santa-Tal entlang, hangauf, hangab. Sicher ist sie aus militärischen Gründen gebaut worden, aber Näheres darüber wissen wir nicht. Sie stellt sich jedoch dem römischen Limes und der Chinesischen Mauer würdig an die Seite.

Eines der bemerkenswertesten Beispiele, wie Ausgrabungen durch Luftbilder systematisch vorbereitet und kontrolliert wurden, bildet die Festung Masada. Ihre Geschichte zu erhellen war das Ziel von Forschungen, die israelische Archäologen und viele freiwillige Helfer von 1963 bis 1965 unternahmen.

Masada, die Festung des Herodes

Von der Natur wie zur Festung vorherbestimmt, erhebt sich der Felsen von Masada am Westrand des Toten Meeres, zu dem er über 400 m steil abfällt. Sein Plateau ähnelt der Form eines Schiffes. Auf einem Luftbild (Abb. 92) überblicken wir es von Süden nach Norden und bemerken dabei, vor allem im nördlichen Teil, Spuren ehemaliger Gebäude. Sie stammen fast alle aus der Zeit des Königs Herodes, der 37 v. u. Z. mit Hilfe der Römer die Herrschaft über die Juden errang und sie mit Brutalität und Grausamkeit bis zu seinem Tode im Jahre 4 v. u. Z. behauptete.

91 »Große Mauer«
im Tal des Rio
Santa in Peru

92 *Das Felsmassiv von Masada*

Herodes war ein großer Bauherr. Unter anderem ließ er den Tempel in Jerusalem auf das prachtvollste neu errichten. Masada bestimmte er zur Festung und zum Refugium für sich und seine Familie. In seinem Auftrage wurden dort frühere Anlagen ausgebaut und umgestaltet. Zum Plateau ganz oben führte nur ein »Schlangenpfad« genannter Weg am Osthang des Berges. Er war leicht zu überwachen und zu verteidigen.

Vor dem Beginn und im Verlaufe der Grabungen ließen die Archäologen den ehemaligen Zufluchtsort des Herodes von allen Seiten aus der Luft fotografieren. Ein solches Flugbild (Abb. 93) zeigt das Plateau im Zustand vor den Grabungen. Wie der östliche Steilhang ist es in gleißendes Sonnenlicht getaucht. Der Westrand wirft dagegen lange Schatten. Von Süd nach Nord steigt die rund 600 m lange und bis zu 200 m breite Gipfelfläche etwas an. Sie ist mit Geröll bedeckt. Die Ruinen der Gebäude, die sich aus der Vogelschau klar abzeichnen, konzentrieren sich in der Nordhälfte des Plateaus. Auf der wenig bebauten südlichen Hälfte hat man zur Zeit des Herodes vielleicht Gemüse angepflanzt.

Direkt an den Felsrändern befindet sich eine 1300 m lange Kasemattenmauer, die nur die äußerste Nordspitze des Plateaus ausspart. Kasemattenmauern waren im 1. Jh. v. u. Z. sehr beliebt. Sie bestanden aus einer Innen- und Außenmauer, zwischen denen man Räume verschiedener Größe

146

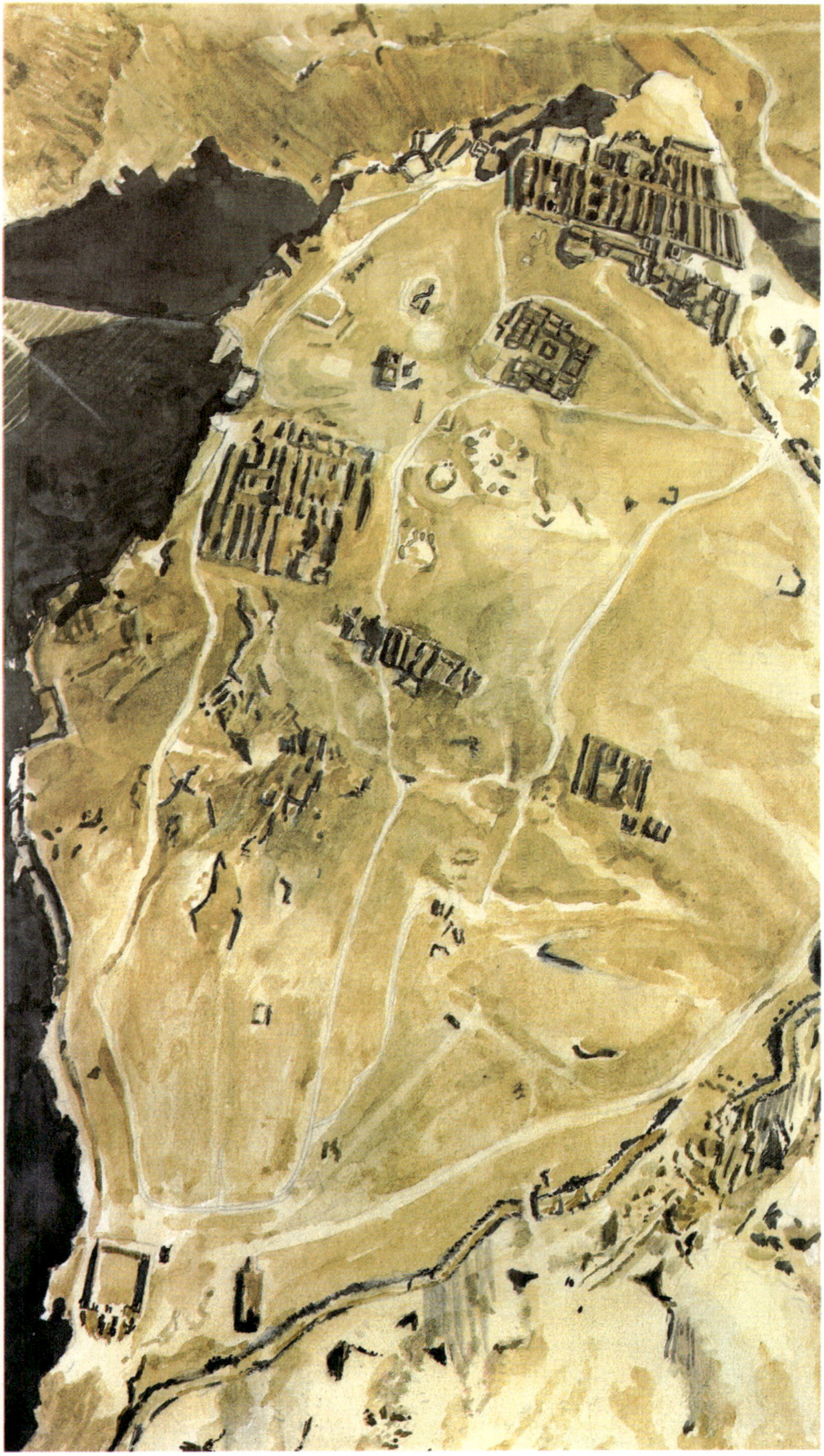

93 *Das Plateau von Masada vor Beginn der Ausgrabungen*

einrichtete. Hier wohnten die Mannschaften für die Festungen, und hier wurden Vorräte untergebracht. Durch Schießscharten wehrte man den Feind ab. Bei diesem Mauertyp ließ sich viel Baumaterial einsparen.

Daß die Mauer am Rande von Masada doppelt war, ist auf dem Luftbild gut zu erkennen. Ursprünglich soll es in Verbindung mit ihr 38 Türme gegeben haben. In ihnen und in der Kasemattenmauer waren etwa 110 Räume eingebaut, zwischen 6 und 35 m lang. Gerade in diesen Räumlichkeiten stießen die Ausgräber auf besonders viele Spuren der letzten jüdischen Verteidiger von Masada. Sie hatten dort mehr als bescheiden gelebt und gewohnt. Doch eben deshalb hinterließen die einfachen Gegenstände des täglichen Bedarfs, die geringe persönliche Habe, das Kochgeschirr und die primitiven Kochgelegenheiten einen tiefen Eindruck.

Nach Luftfotos wie Abbildung 93 legte man die einzelnen Grabungsetappen fest, die auch eine besondere Anlage an der Nordspitze und am Nordhang des Felsens einschlossen. Dieses Gebiet hatte Herodes einst persönlich für sich reserviert. Hier ließ er einen raffiniert ausgedachten und kühn ausgeführten kleinen Palast errichten. Seine Ruinen stellt Abbildung 94 aus der Vogelperspektive dar. Wie Vogelnester hängen die drei Terrassen des Palastes in einer Reihe über- bzw. untereinander an der Steilwand. Vermutlich hatte der König diesen Platz ausgewählt, weil er fast den ganzen Tag lang im Schatten lag und vor dem heftigen Wind geschützt war, der auf der Hochfläche meist ständig aus Süden bläst.

Um den Palast überhaupt bauen zu können, mußten erst einmal bis zu 25 m hohe Stützmauern geschaffen werden. Wir erblicken sie am unteren Bildrand von Abbildung 94. Sie trugen eine künstliche Plattform hoch über dem Abgrund als unterste von drei Terrassen. Die Räume auf ihr waren für Erholung und Vergnügungen vorgesehen. 350 m über dem Toten Meer hatte Herodes hier für sich ein Bad mit einem Kaltwasserbassin sowie einem lauwarmen und heißen Raum anlegen lassen. Die Heizung erfolgte nach römischem Vorbild durch erhitzte Luft, die zwischen einem doppelten Boden entlangströmte.

Auch die mittlere Terrasse zeugte von einer ebenso gewagten wie gekonnten architektonischen Leistung. Auf ihr stand gleichfalls eine Art Lustschlößchen. Von ihm bemerken wir auf dem instruktiven Luftbild noch die doppelten Fundamente eines Rundbaus, der wahrscheinlich aus zwei Säulenreihen und einem Dach bestanden hatte. Außerdem fand sich der gemauerte untere Teil einer Treppe, der zu einem verborgenen oberen, aus dem Felsen gehauenen Teil führte. Ohne von außen gesehen zu werden, vermochte Herodes einst auf der Treppe von einer Terrasse zur anderen zu gelangen.

Wohnräume im eigentlichen Sinne waren nur auf der obersten Terrasse vorhanden. Ganz am Rande des Abgrunds hatte man einen Balkon gebaut, dessen Spuren auf dem Luftbild ebenfalls noch deutlich zu erkennen sind. Vermutlich war der Balkon ein Säulenbau mit doppelten Mauern ähnlich

94 *Der Palast des Herodes auf den drei Terrassen am Nordhang des Felsens*

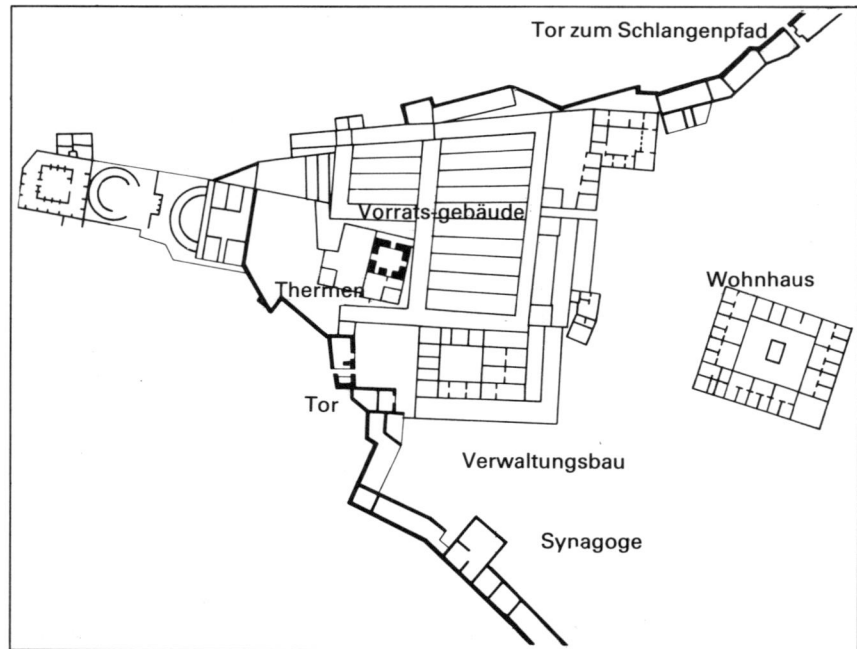

Labels within figure: Tor zum Schlangenpfad · Vorrats-gebäude · Wohnhaus · Thermen · Tor · Verwaltungsbau · Synagoge

jenem auf der mittleren Terrasse. Von der Brüstung aus genoß man eine herrliche Fernsicht: nach Osten zum Toten Meer und zu den Bergen von Moab, nach Norden auf den langen Küstenstreifen und nach Westen auf die Hügel von Judäa.

Die Nordspitze des Felsens und damit auch den Palast hatte der König durch eine von Ost nach West verlaufende Mauer vom übrigen Plateau abtrennen lassen. Es war also ein kleiner Bezirk für sich, der eine eigene Festung darstellte und nur am Ostende der Mauer einen schmalen Zugang besaß. Wie die gesamte Nordhälfte der Felsfläche bebaut war, geht aus Abbildung 96 und aus einem Lageplan, Abbildung 95, hervor. Das eindrucksvolle Luftbild zeigt die Reste der Bauten nach Beendigung der Ausgrabungen.

Nach Süden zu folgten den Palastterrassen Thermen, wie sie bei den Römern üblich waren. Vor allem das Warmbad befand sich noch in einem erstaunlich guten Erhaltungszustand. Sicher hat es große Schwierigkeiten bereitet, die Bäder auf dem Plateau mit dem notwendigen Wasser zu versorgen. Östlich und südlich von ihnen deckte man lange, schmale, rechteckige Vorratsräume auf, in denen Korn, Wein, Öl, Hülsenfrüchte, Datteln sowie Waffen, Eisen-, Kupfer- und Zinnbarren aufbewahrt wurden. Nicht alle diese Räume sind freigelegt und restauriert worden, um den Besuchern einen Vergleich zwischen dem vorhergehenden und dem jetzigen Zustand zu ermöglichen und ihnen die mühevolle Arbeit der Archäologen zu verdeutlichen.

Westlich der Vorratsgebäude erhob sich um einen Hof ein großer Verwaltungsbau. Das Tor neben ihm bildete den alleinigen Zugang zu dem ge-

96 *Nordhälfte des Felsplateaus. Links unten der Hauptpalast des Herodes*

samten Nordkomplex mit Verwaltung, Vorratslager, Bädern und Palast. Es konnte durch einen einzigen Posten kontrolliert und gesperrt werden. Außerhalb dieses Terrains war an der westlichen Kasemattenmauer eine Synagoge eingerichtet.

Die Fundamente eines umfangreichen ehemaligen Wohngebäudes für hohe Verwaltungsbeamte oder Offiziere erblicken wir weiter im Süden. Im gemeinsamen Innenhof der früheren Wohnungen haben im 5. oder 6. Jh. byzantinische Mönche ein kleines Bauwerk errichtet. Südlich des Wohnhauses stieß man noch auf eine christliche Kapelle aus byzantinischer Zeit mit den Resten eines sehr schönen Fußbodenmosaiks.

Der Hauptpalast des Herodes lag am Westrand des Felsens. Auf Abbildung 95 bemerken wir ihn in der unteren linken Bildecke. Seine drei Flügel nahmen zusammen mit den beiden Innenhöfen eine Fläche von fast 4 000 m² ein. Insgesamt war dieser Palast, den Bewohnern entsprechend, recht luxuriös ausgestattet. Die Baumeister hatten ihn so konzipiert, daß hier der König mit seinem Gefolge und seinen Beamten unabhängig von allen anderen Einrichtungen auf Masada leben konnte. Man hatte kostbare Waren gelagert, Nahrungsmittel gespeichert und eine Zisterne angelegt, in der sich das Regenwasser sammelte. Etwas entfernt lagen in verschiedenen Abständen voneinander fünf Villen, die für die Frauen und Brüder des Königs bestimmt waren. Zwischen dem Hauptpalast und einer der Villen konnte man sich in einem Schwimmbad erfrischen.

Nach dem Tode des Herodes sicherten die Römer Masada durch eine eigene Garnison. Im Jahre 66 u. Z. wurde diese jedoch während des jüdischen Aufstandes gegen die römische Herrschaft überrumpelt. Für einige Jahre konnte Masada nun seine Freiheit bewahren. Als Jerusalem im Jahre 70 von den Römern zurückerobert und zerstört worden war, gelang einigen seiner Bewohner die Flucht zu der ehemaligen Herodes-Festung. Von hier aus setzten sie ihren Kampf gegen die Eindringlinge fort.

Offenbar schien diesen Masada so gefährlich, daß der römische Statthalter Flavius Silva die unbedingte Vernichtung des Widerstandsnestes beschloß. Mit der X. Legion, Hilfstruppen und vielen tausend Kriegsgefangenen zog er 72 nach Masada. Die Gefangenen mußten Wasser, Holz sowie alle notwendigen Vorräte herantransportieren. Zunächst ließ Flavius Silva acht Kastelle um den Felsen herum anlegen. Noch heute sind diese aus der Luft so deutlich sichtbar, daß man glauben könnte, sie wären gerade erst verlassen worden. Die Lager erfüllten mehrere Funktionen. In ihnen waren die Truppen untergebracht. Sie dienten zum Schutz vor plötzlichen Überfällen. Von ihnen aus vermochte man eventuelle Fluchtwege für die Belagerten zu überwachen. Damit von diesen niemand entkommen konnte, wurde der gesamte Felsen von einer 3 500 m langen, mit 12 Türmen bewehrten Mauer eingeschlossen.

Von dem ungeheuren Aufwand, Masada, das Symbol des Widerstandes, endgültig zu bezwingen, zeugt auch eine insgesamt 96 m lange Rampe, die vom Westrand des Felsens fast bis zu dessen Plateau emporreichte. Wir sehen sie auf dem Luftbild (Abb. 92) links als langen hellen Streifen. Ihre größte untere Breite erreicht fast das Maß ihrer Länge! Es muß eine schreckliche Zwangsarbeit für die Kriegsgefangenen gewesen sein, die Rampe unter dem Beschuß der eigenen Leute aufzuschütten. Auf dem oberen Ende der Rampe installierten die Römer einen Belagerungsturm mit einem Rammbock und mit Katapulten. Mit welcher Wucht dann der entscheidende Angriff geführt wurde, lassen Hunderte von Wurfsteinen in der Größe einer Grapefruit ahnen, die nahe der Kasemattenmauer gefunden wurden.

Als die Römer eine Bresche in die Mauer geschlagen und eine von den Verteidigern schnell errichtete Ersatzmauer aus Holz in Brand geschossen hatten, brachen für die Festung die letzten Stunden an. Flavius Josephus, ein jüdischer Historiker, der anfangs einer der Befehlshaber im Aufstand gegen die Okkupanten gewesen, dann jedoch zu ihnen übergegangen war, berichtete über die nun folgenden schrecklichen Ereignisse (»Jüdischer Krieg«, VII, 8, 6):

»Nachdem Eleazar seine Mitkämpfer überzeugt hatte, es sei besser, in Freiheit zu sterben als von den Römern erschlagen oder gefangengenommen zu werden, töteten die Männer ihre Frauen und Kinder, die mit in der Festung waren. Dann wählten sie durch Los 10 Männer aus ihrer Mitte; sie sollten die Mörder aller anderen sein. Dann legte sich ein jeder neben die schon dahingestreckten Seinen, die Frau und die Kinder, schlang die Arme um sie und bot schließlich den Männern, die den unseligen Dienst auszuführen hatten, bereitwillig die Kehle.

Ohne Wanken mordeten dann jene alle Liegenden; darauf bestimmten sie dasselbe Gesetz des Loses auch für sich untereinander. Der ausgeloste Mann hatte die neun zu töten, und endlich, nach allen anderen, sollte er auch sich selbst den Todesstoß geben ...

Der einsame Letzte überschaute ringsum die Menge der Dahingestreckten, ob womöglich jemand bei dem unendlichen Morden am Leben geblieben war und deshalb noch seiner Hand bedürfe. Als er erkannte, daß alle getötet seien, legte er an vielen Stellen Feuer im Palast. Dann stieß er mit geballter Kraft das Schwert ganz durch seinen Körper ...«

Kunde von diesen Geschehnissen sollen den Siegern, erzählte Josephus, zwei Frauen und fünf Kinder gegeben haben, die aus einem Versteck alles mit gehört und gesehen hatten.

Der von dem Chronisten genannte Eleazar war Eleazar Ben Yair, der Befehlshaber von Masada. Sein Name tauchte auf einer von elf gefundenen Gefäßscherben auf, vermutlich Losen, mit denen jene ausgewählt wurden, die die 960 Männer, Frauen und Kinder töten sollten. 25 Skelette, die man im Verlaufe der Ausgrabungen entdeckte, stammten wahrscheinlich von den letzten Verteidigern. Es waren die Reste von 15 Männern, 6 Frauen und 4 Kindern.

In dem kleinen Badehaus auf der untersten Terrasse des kleinen Palastes am Nordabhang kamen drei dieser Skelette zum Vorschein. Neben den Gebeinen eines Mannes von etwa 20 Jahren lagen Hunderte von Silberplättchen, offenbar von einer Rüstung, Pfeilspitzen, Fragmente eines Gebetbuches und eine Scherbe mit hebräischen Buchstaben. Unweit davon fand sich das Skelett einer jungen Frau, deren volles Haar noch so gut erhalten war, daß es wie frisch frisiert wirkte. Spuren in der Nähe sahen aus, als ob sie von Blutspritzern herrührten. Auch die Sandalen der Frau hatten die Jahrtausende überdauert. Das dritte Skelett war das eines Kindes. Möglicherweise gehörten die drei Menschen zusammen, und der Mann war vielleicht jener Unglückliche, der sich als letzter selbst getötet und damit das schauerliche Drama von Masada beendet hatte.

Rundburgen und Rundstädte

Es ist immer wieder verblüffend, wie stark bei der Anlage vieler Städte und Befestigungen Gesichtspunkte eine Rolle spielten, die nicht unmittelbar mit rein praktischen Erwägungen zusammenhingen. Dazu gehörten zum Beispiel Rituale bei der Gründung einer Stadt, die Ausrichtung ihrer Hauptstraßen nach den vier Himmelsrichtungen oder, wie wir das bei dem römischen Legionslager Carnuntum kennenlernten, der West-Ost-Achse nach dem Aufgang der Sonne zu Sommersbeginn sowie die streng rechtwinklige Struktur römischer Kastelle.

Eine ebenfalls uralte, symbolträchtige, bei Wohnstätten und Befestigungen verwandte geometrische Figur ist die des Kreises. In Kreisform wurde die Wikingerburg Trelleborg im Westen der dänischen Insel Seeland nahe dem Hafen Korsør errichtet. Nach der Ausgrabung hat man die Spuren ihrer Holzhäuser mit Beton markiert und so dauerhaft sichtbar ge-

97 Die Rundburg von Trelleborg

macht. Auf einer Schrägaufnahme (Abb. 97) tritt die ehemalige Rundburg plastisch hervor und ist gut in ihrer Beziehung zur umgebenden Landschaft zu erkennen. Ganz im Hintergrund des Bildes bemerken wir die heute etwa 3 km von der Wikingerfestung entfernte Küste des Großen Belt. Die Burg selbst liegt auf einem etwas erhöhten Gelände, das zu ihrer Entstehungszeit vor rund 1000 Jahren zungenförmig in einen See hineinragte. Auf seinem Boden breiten sich nun Wiesen aus. Wie die Rundburg einst beschaffen war, stellt die schräg von oben gesehene Rekonstruktion auf Abbildung 98 dar.

Der Wall, der die Kern- oder Hauptburg umschließt, ist so genau rund, als wäre er mit einem riesigen Zirkel gezogen worden. Sein Innendurchmesser beträgt etwa 136 m. Aus Stabilitätsgründen hatte man den noch 6 m hohen und 17 m breiten Wall im Innern mit einer Holzkonstruktion versehen und auf seiner Vorder- und Rückseite durch Palisaden verstärkt. Auch auf der Wallkrone zog sich eine Palisadenwand entlang. Durch diesen mächtigen Schutzwall führten vier fast genau nach den Himmelsrichtungen orientierte Tore. Von einem zum anderen gelangte man auf mit Holzbohlen belegten Wegen, sie teilten die Kreisfläche in vier gleich große Sektoren. In diesen standen wiederum jeweils vier Häuser in einem Karree. Es waren merkwürdige Bauten mit einem schiffsförmigen Grundriß, dessen spitz zulaufende Enden gewissermaßen »abgeschnitten« waren. Um die Lang- und Schmalseiten dieser fast 30 m langen Gebäude lief eine Art überdachter, vermutlich durch Pfosten abgestützter Umgang. Im Nordost- und Südwestkarree gab es noch je ein kleineres, anders konstruiertes Haus, am Rande des Nordostsektors ein weiteres schiffsähnliches Ge-

98 Rekonstruktion der Rundburg von Trelleborg

bäude sowie am Nord- und Westtor wohl ein Wachhaus. Alles in allem wirkt die Kernburg wie auf dem Reißbrett entworfen und dann in die Landschaft eingefügt.

Offenbar hielt man sie jedoch zur Landseite hin für nicht genügend geschützt. Daher sicherte man sie dort noch durch eine Vorburg ab, die wir auf Abbildung 97 in schräger Sicht deutlich sehen. Die Vorburg sperrt das Gelände zwischen zwei kleinen Flüssen, die die gesamte Anlage umfließen, ehe sie sich westlich von ihr vereinigen. Innerhalb der von einem Wall- und Grabensystem umgebenen Vorburg hatte man direkt vor dem Rundwall einen 18 m breiten und 4 m tiefen Graben ausgehoben. Ihm schlossen sich 13 radial auf das Zentrum der Hauptburg hin ausgerichtete Häuser an, die ebenfalls Schiffskörpern ähnelten, aber kleiner waren als die Häuser in den Karrees. Etwas isoliert erhoben sich rechts und links von der West-Ost-Achse zwei weitere Gebäude der gleichen Art. Der rechteckig nach Osten ausgreifende Teil der Vorburg bezog einen Friedhof mit ein. Die gesamte Festung erstreckte sich über eine Fläche von 7 ha. Wahrscheinlich konnten in ihr 1 200 Mann untergebracht werden.

Der Platz, auf dem sie etwa zwischen 980 und 1000 errichtet wurde, hatte schon lange vorher Menschen wegen seiner günstigen Lage angezogen. Bereits vor 4000 bis 5000 Jahren siedelten hier mittelneolithische Bauern der Trichterbecherkultur. Damals reichte der Große Belt bis dicht an die Anhöhe heran. Während der späten Eisenzeit, vor über 2000 Jahren, wurde der erhöhte Ort erneut als Siedlungsgebiet genutzt. Mitte des 10. Jh. bestand hier eine Niederlassung, deren Bewohner ihren Göttern in Opfergruben Kinder und Tiere darbrachten. Dann planierten zum Christentum übergetretene Wikinger den Platz für die Burganlage. Vielleicht gaben dabei nicht nur strategische Gründe den Ausschlag. Man könnte auch ganz bewußt einen »heidnischen Ort« mit Beschlag belegt haben.

Die Bauzeit der Burg fällt in eine besonders dramatische Phase der dänischen Geschichte und des nunmehr geeinten dänischen Staates. Dessen Feudalherren fielen unter Führung von König Sven Gabelbart (986–1014) in England ein. Gabelbarts Sohn Knut (1018–1035) setzte die Expansionspolitik seines Vaters fort, eroberte England (1016), Norwegen (1028), Schottland (1031) und schuf ein kurzlebiges dänisches Großreich. Trelleborgs Rundburg entstand während der Regierungszeit Gabelbarts, aber sie bildete keine Ausnahme, sondern gehörte offenbar zu einem größeren Befestigungs- und Verteidigungssystem. Von ihm sind in Dänemark bisher vier Rundburgen bekannt: außer Trelleborg die von Nonnebacken im Südosten der Halbinsel Jütland sowie im Norden Jütlands die Festungen bei Fyrkat (westlich von Hobro) und bei Aggersborg am Nordufer des Lim-Fjords. Obwohl geographisch und landschaftlich verschieden gelegen, folgen sie doch alle dem gleichen strengen Ordnungsschema. Sie verfügen also über einen kreisrunden Wall, der eine in vier gleiche Teile untergliederte Fläche umgibt. Aggersborg besaß sogar je 12 Häuser in den Kreisvierteln, insgesamt also 48 Häuser. In ihnen wohnten nicht nur Krieger, sondern

auch Handwerker. Wahrscheinlich verwalteten diese die Burgen in Friedenszeiten.

99 *Insel und Stadt Mexcaltitán an der Küste des mexikanischen Staates Nayarit*

Über die Gründe, warum man diese Burgen rund und »gevierteilt« anlegte, können wir nur spekulieren. Eine vergleichbare Bauweise ist zum Beispiel aus dem alten Indien und dem Iran überliefert. Oft stellt der Kreis mit seinem Mittelpunkt ein kosmisches Symbol dar. Der Horizont erscheint uns kreisförmig, und auch die Erde selbst besaß nach früherer Ansicht die Form einer runden Scheibe. Es gab Städte, die man für den Mittelpunkt der Erde und sogar des Kosmos hielt. In diesem Sinne ist Jerusalem auf mittelalterlichen Karten als Kreis mit vier nach den Himmelsrichtungen weisenden Straßen und Toren wiedergegeben. Die Vierteilung ist, wie der Kreis und die Orientierung nach den Himmelsrichtungen, ebenfalls ein wichtiges symbolisches und rituelles Element. Vielleicht wurden die dänischen Rundburgen als Sinnbilder und Mittelpunkte der Erde und des Weltkreises angesehen. Man kann natürlich argumentieren, daß ein kreisförmiger Wall durchaus praktisch wäre, umschließt er doch bei kleinster Länge eine größtmögliche Fläche. Insofern wäre ein Ringwall durchaus rational begründbar. Aber die geometrische Struktur und Gliederung der Rundburgen läßt doch einen nicht nur praktischen Zweck vermuten. Den Ursprung dieser architektonischen Gestaltung sucht man im islamischen Süden, im fränkischen Westen und im slawischen Mitteleuropa.

Wir begegnen Kreis, Vierteilung und Orientierung aber auch in der Kunst und Architektur Altamerikas. Abbildung 99 zeigt uns eine Senkrechtsicht auf die bemerkenswerte Stadt und Insel Mexcaltitán in einer Lagune an der Küste des Stillen Ozeans. Mexcaltitán gehört zum mexikanischen Staat Nayarit und befindet sich ca. 250 km nordwestlich von Guadalajara. Der See, der die Insel umgibt, ist flach und beherbergt zahllose Fische und Krabben, von denen sich die Bewohner der Stadt ernähren und mit denen sie Handel treiben. Auf dem Luftbild breitet sich Mexcaltitán aus wie auf einer großen Karte. Eine Ringstraße ahmt in kleinerem Umfang die Uferlinie der Insel nach. Diese wird von vier sich kreuzenden Straßen durchschnitten. Sie gliedern Stadt und Insel in die »vier Ecken der Welt«. Den Mittelpunkt des Universums nimmt nach dem Glauben der Bewohner Mexcaltitán selbst ein. Es ist eine sehr alte Niederlassung, deren Gründung zweifellos weit in die Zeit vor der spanischen Eroberung Mittelamerikas zurückreicht. Manche Forscher nehmen sogar an, Insel und Stadt wären mit dem legendären Aztlan gleichzusetzen, von dem aus der Stamm der Azteken im Jahre 1068 seine lange Wanderung begonnen haben soll, die ihn schließlich ins Hochtal von Mexiko führte. Wie dem auch sei: Die Rundstadt Mexcaltitán verkörpert ein Ordnungsprinzip, dessen Symbolik auch in Europa, Afrika und Asien anzutreffen ist und die oft kosmische Bezüge aufweist.

Wem sagt eigentlich der Name Bisinus noch etwas? Historiker würden **Die Bösenburg**
antworten: Das war ein König, der die germanischen Stämme der Thüringer um 500 vereinte und auf den Höhepunkt ihrer Macht führte. Diese versuchte er durch geschickte Familienpolitik auszubauen und zu festigen. Seine Tochter verheiratete er deshalb mit dem Langobardenkönig Wacho, seinen Sohn mit der Nichte des Ostgotenkönigs Theoderich.

Einem solchen Mann und seiner Zeit näher auf die Spur zu kommen ist eine anspruchsvolle Forschungsaufgabe. Für ihre Lösung schien sich ein Anhaltspunkt zu bieten. Im Kreis Eisleben (Bezirk Halle) heißt eine spornartige Hochfläche mit ihren Wällen wie der kleine Ort zu ihren Füßen: Bösenburg. Aus den Jahren 1173 bis 1184 ist ihr früherer Name mit Bisinburg und 1265 als Beseneborch überliefert. Hatten diese Bezeichnungen etwas mit dem Thüringerkönig Bisinus zu tun?

Um diese Frage und das Alter der auf der Bösenburg noch sichtbaren Befestigungsanlagen zu klären, setzten dort Archäologen des Landesmuseums für Vorgeschichte Halle von 1960 bis 1964 den Spaten an. In Hinblick auf Bisinus war das Ergebnis ihrer Ausgrabungen jedoch enttäuschend. Weder von ihm noch von seiner Zeit kamen irgendwelche Spuren zum Vorschein. Trotzdem waren die Untersuchungen recht erfolgreich, führten sie doch zu einer Reihe unerwarteter Entdeckungen.

Was es mit diesen auf sich hat, läßt sich im Überblick am besten aus der Luft erkennen. Auch die Hallenser Wissenschaftler nutzten zur Vorbereitung ihrer Arbeit und zu deren Auswertung und Erläuterung ein Foto aus der Vogelschau (Abb. 100). Wir sehen darauf das ca. 630 bis 660 m lange und 250 bis 300 m breite Plateau des Burg- oder, wie er auch heißt, des Kirchberges. Er zieht sich von Osten nach Westen hin und wird an drei Seiten von steil abfallenden Hängen begrenzt. Im Osten trennt eine Schlucht den Berg von der sich anschließenden Hochfläche. Nur im Südosten stellt eine Erdbrücke eine Verbindung zwischen dem westlichen und dem östlichen Gelände her. Im Süden, Westen und Osten fließt am Fuße des Burgberges der Fleischbach entlang und passiert dabei das Dorf Bösenburg.

Der Berg selbst besteht aus Sandstein, der schon im Mittelalter und dann bis zum Beginn unseres Jahrhunderts systematisch abgebaut worden ist. Dadurch wurde der Westteil des Berges, wie wir auf dem Luftbild erkennen, rundum zernagt und verkleinert. Um das fast 40 m hoch aufragende Plateau mit einer romanisch-frühgotischen Kirche und einem alten Friedhof an seinem westlichen Ende nicht weiter einzuengen, wurde schließlich der Sandstein nur noch unterirdisch gewonnen. Welche Mengen an diesem Gestein hier gebrochen worden sind, wird allein daraus deutlich, daß man ganz Sanssouci aus dem Bösenburger Material errichtet hat!

Zur Erforschung der Bösenburg legten die Ausgräber mit Hilfe eines Baggers von West nach Ost zwei sehr lange und einige kürzere Schnitte sowie einen Grabenschnitt in nord-südlicher Richtung an. Im Gegensatz zu den Archäologen des Museums, die ihre Gräben zur Übersicht direkt in das Luftbild einzeichneten, stellen wir diese zusammen mit einem Grundriß der Luftaufnahme gesondert dar (Abb. 101). Die Gräben enthüllten tatsächlich die Vergangenheit des Burgberges. Scherben und Steingeräte beweisen, daß er bereits während des Neolithikums bewohnt war. Am dichtesten besiedelt war er aber zwischen 1000 und 600 v. u. Z., zur jüngeren Bronzezeit und frühen Eisenzeit. Damals hatte man sein Plateau mit einer gewaltigen Holz-Erde-Mauer umgeben, von der am Nordrand noch einige Reste vorhanden sind. Innerhalb dieser so geschützten Fläche fanden sich noch Hunderte von Vorrats- und Siedlungsgruben. Die der jüngeren Bronzezeit sind nach und nach mit allerlei Siedlungsmüll verfüllt worden. Mit den Gruben der frühen Eisenzeit verhält es sich dagegen anders. Sie auf diese Weise zu verfüllen blieb keine Zeit mehr, denn die Ansiedlung ging offenbar durch Brand und Zerstörung gewaltsam zugrunde. Deshalb vermochten die Ausgräber aus den eisenzeitlichen Vorratsgruben noch vollständige Gefäße und Güter verschiedener Art zu bergen.

Eine dieser Entdeckungen bildete eine Sensation besonderer Art. In einer 1,60 m tiefen und 1,36 m breiten Grube mit ebenem Boden stieß man auf einen großen Getreidevorrat sowie auf ein zerdrücktes Gefäß und einen Krug, der einst Speisen enthielt. Über diesen Vorräten lagen in wirrem Durcheinander Scherben, Holzkohlestücke und Lehmbewurfbrocken von Hauswänden. Ohne Zweifel waren die Wände der Grube zum großen Teil rotgebrannt. Das alles erweckte den Eindruck, als ob ein brennendes Gebäude auf die Grube gestürzt wäre und diese so luftdicht abgeschlossen hätte.

Durch die Katastrophe blieben die angekohlten Getreidekörner, Ähren und Unkräuter zur Freude der Botaniker bis heute erhalten. So vermochten sie festzustellen, was man während der frühen Eisenzeit angebaut oder gesammelt und verspeist hatte. Gerste bildete dabei den Hauptanteil. In wesentlich geringeren Mengen folgten die Weizenarten Emmer, Einkorn und Spelz. Außerdem enthielt die Grube Rispenhirse, den Kern einer Vogelkirsche sowie an Unkräutern Roggen-Trespe, Taube Trespe, Ampfer, Ampfer-Knöterich, Gänsefuß, Kornrade, Acker-Meister und Akker-Witwenblume.

Nicht nur der Burgberg war zur jüngeren und späten Bronzezeit dicht besiedelt, sondern auch seine nähere und weitere Umgebung. Die Archäologen konnten hier eine Reihe von Niederlassungen und Gräberfeldern aus dieser Zeit feststellen. Auf dem Burgberg folgte dann offenbar eine lange Besiedlungspause. Erst im 4. und vielleicht noch im frühen 5. Jh. haben germanische Bauern ebenfalls Schutz auf ihm gesucht, wie Scherben ver-

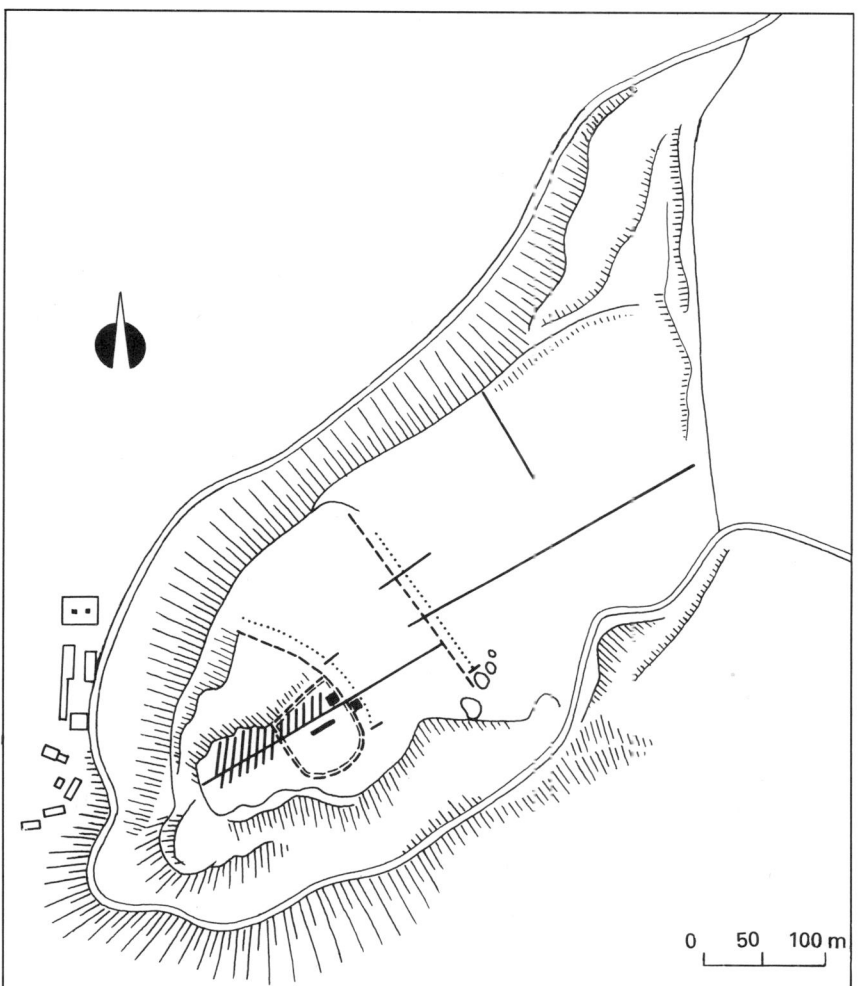

101 *Übersichtsplan des Burgberges mit Suchgräben*

0 50 100 m

muten lassen. Seit dem 8. und 9. Jh. erhielt der Bergsporn schließlich eine neue Funktion.

Wie und warum das geschah, vermochte man durch die Ausgrabungen in den Grundzügen zu klären. Durch die beiden langen und zwei kürzere West-Ost-Schnitte erfaßte man eine Befestigung, die die Geländezunge von Nord nach Süd in etwa zwei gleiche Teile schied. Man fand einen Wall und einen sich östlich unmittelbar daran anschließenden Graben aus dem Zeitraum zwischen dem 8. und dem frühen 10. Jh. Der Wall wurde aus Erde und Holz errichtet und anscheinend mit einer doppelten Palisade versehen. Leider ist er im 19. Jh. bis auf ein ca. 8 m langes Reststück abgetragen und zerpflügt worden. Wo er entlanglief, deutet noch ein etwas erhöhter Feldweg an. Der kürzere nördliche Profilschnitt in der Bergmitte hatte eine genauere Erforschung des verbliebenen Walltorsos zum Ziel. Er war auf seiner Vorderseite mit Steinen verblendet. Direkt vor dem Wall hatte man einen über 8 m breiten und rund 2,75 m tiefen Schlgraben ausgehoben, der unten 1,6 m breit war. Auf der Fläche östlich von dieser Verteidigungsanlage fand sich nur eine Scherbe des 10. Jh. – ein untrüglicher Beweis dafür, daß hier im Mittelalter keine Siedlung existierte. Diese gab es nur westlich von Wall und Graben auf einem ca. 7,5 ha großen Terrain. Es ist durch einen zweiten Wall und Graben nochmals unterteilt worden. Sicher wurden beide zur gleichen Zeit angelegt, im 8. oder im frühen 9. Jh. Der Wall bestand zunächst ebenfalls aus Erde und Holz. 10 bis 11 m östlich vor ihm zog sich ein Spitzgraben entlang, oben 3,8 bis 5 m breit und reichlich 2 m tief. Als man dieses Wallgrabensystem schuf, riß man ein älteres Pfostenhaus ab, auf dessen Spuren die Archäologen in den langen Suchschnitten stießen. Sonst zeugen nur viele Scherben davon, daß der Bereich zwischen den beiden Befestigungswerken eng bewohnt war. Er bildete eine Art Vorburg, der sich im westlichen Zipfel des Bergsporns die Hauptburg anschloß. In ihr erhob (und erhebt) sich eine Kirche (Abb. 102), von der aus sich ein großer Friedhof des 8./9. bis 10. Jh. 100 bis 120 m weit nach Westen erstreckt. Man kann das heute nicht mehr näher überprüfen, weil der Nordteil dem Steinbruch zum Opfer gefallen ist und der Südteil wegen Einsturzgefahr des unterhöhlten Sandsteins nicht mehr betreten werden darf. (Wie stark der nördliche Sektor abgebaut wurde, läßt sich auf dem Luftbild deutlich erkennen.)

Interessant sind auch die Umbauten, die der Wall zwischen Vor- und Hauptburg erfuhr. Anfang des 10. Jh. setzte man eine durch Balken zusammengehaltene Mauer aus Löß und Steinen in ihn und baute auf seiner Rückseite ein kasemattenartiges Haus. Zu Beginn des 11. Jh. stach man den Wall auf seiner Ostseite senkrecht ab und errichtete unmittelbar

102 *Burgberg und Kirche ·nach einer alten Darstellung*

daran eine 2 m breite Steinmauer. Sie wurde in Nord-Süd-Richtung aber nur auf einer Länge von 65 m ausgeführt. Zusammen mit anderen, weniger breiten Mauerzügen entstand damals ein Rechteck, das die Kirche, einen Teil des Friedhofes und einige neu errichtete Gebäude umgab.

In ihrer Art ähnelt die Bösenburg der ebenfalls im Mannsfeldischen gelegenen Seeburg und der Burg Schraplau im Kreis Querfurt. Die Seeburg wird schon 743 als Hochseoburg erwähnt, und auch das Festungswerk von Schraplau geht wahrscheinlich auf das 8. Jh. zurück. Ebenso alt könnte die Bösenburg sein. Gleiche Merkmale dieses Burgentyps sind die Abschnittswälle und -gräben, die ein Plateau von der ihm folgenden Hochfläche trennen, sowie eine Kirche als Kultmittelpunkt. Solche Anlagen pflegt man als Volks- oder Fluchtburgen zu bezeichnen, was jedoch ihre Funktion nicht richtig bzw. nur unvollständig charakterisiert.

Zur Entstehungszeit der betreffenden Burgen hatte der König das Recht, ihren Bau anzuordnen, aber nicht das Volk. Insofern ist der Name Volksburg unzutreffend. Fluchtburgen waren sie wohl, schützende Bastionen im ehemaligen Grenzgebiet zwischen den Sachsen und Franken, auch gegen die Slawen und im 10. Jh. vor allem gegen die Einfälle der Ungarn. Deshalb ist auf der Bösenburg im 10. Jh. vermutlich der Wall dicht neben der Kirche mit der Mauer aus Löß und Steinen verstärkt worden. Hinter ihr werden sich in Zeiten der Gefahr die Bewohner der umliegenden Dörfer in Sicherheit gebracht haben. Darüber hinaus bildeten die Burgen mit ihren Kirchen und Friedhöfen aber auch kultische Zentren und zugleich Mittelpunkte für die Verwaltung des umliegenden Gebietes. Da das Territorium in Gaue eingeteilt war, könnte man auch von Gauburgen sprechen. Bösenburg, Seeburg und Burg Schraplau lagen im Hosgau.

Infolge der feudalen Ostexpansion des Reiches in frühdeutscher Zeit verloren diese Befestigungen allmählich ihre Funktion als Fluchtburgen. Da sie bewußt abseits vom allgemeinen Verkehr errichtet worden waren, ging die weitere wirtschaftliche und gesellschaftliche Entwicklung an ihnen vorbei. Für die Zeit von 1173 bis 1184 ist in Bösenburg allerdings noch das Landgericht bezeugt. Auch die Aufgaben von Kirche und Friedhof blieben erhalten. Im 12. Jh. erneuerte man den Turm der dem St. Michael geweihten Kirche, in der Mitte oder in der 2. Hälfte des 13. Jh. baute man Langhaus und Apsis in der gleichfalls noch bestehenden Form (Abb. 102). Die Bösenburg selbst verfiel und wurde zu einem Bodendenkmal, dessen Ausdehnung und Gliederung uns das Luftbild und die Planskizze erschließen.

Kaiserpfalz Werla

Ein exemplarisches Beispiel für eine befestigte Anlage, die in ihrer Ausdehnung und in ihrem Aufbau erst durch Luftbilder erkannt wurde, bietet uns die Kaiserpfalz Werla. Sie lag rund 16 km nordöstlich vom heutigen Goslar auf einem Höhenzug, der nach Osten zur etwa 18 m tieferen Niederung der Oker steil abfällt (Abb. 103).

Obwohl die Werla vom 10. bis zum Ende des 12. Jh. eine bedeutsame Rolle spielte, sind die schriftlichen Zeugnisse über sie leider nur spärlich. Im Jahre 926, so ist überliefert, hatte sich Heinrich I. in der Pfalz verschanzt, um hier dem ungarischen Heer Widerstand zu leisten, das im Sachsenlande raubte und brandschatzte. Bei einem Ausfall gelang es Heinrichs Kriegern, einen ungarischen Fürsten gefangenzunehmen und in die Werla zu bringen. Mit diesem Faustpfand handelte der König, indem er den Eindringlingen einen jährlichen Tribut zusicherte, für 9 Jahre einen Waffenstillstand aus. Diese Zeit nutzte er, um Burgen zu bauen, die das Land und seine Bewohner vor weiteren Einfällen schützen sollten. Noch vor Ablauf der vereinbarten Waffenruhe verweigerte er den fälligen Tribut und besiegte das daraufhin zurückkehrende Heer der Ungarn 933 bei Riade an der Unstrut.

103 *Oker-Niederung mit dem Bergsporn der einstigen Kaiserpfalz Werla*

Die Erforschung der Werla begann 1875, als man auf dem Bergsporn (dem Kapellen- oder Kreuzberg) einige Gräben aushob und dabei die frühere Hauptburg entdeckte. Man setzte einen Gedenkstein in ihre Mitte und pflanzte drei Linden neben ihn (vgl. Abb. 103). Doch dann ruhten die Arbeiten wieder bis zu neuen Versuchsgrabungen 1926 und schließlich systematischen Untersuchungen ab 1934.

Durch die vielen Funde wurde den Archäologen klar, daß die Pfalz viel größer gewesen sein mußte als vermutet. Mit den sonst üblichen Suchgräben ließ sich ihr tatsächlicher Umfang kaum ergründen. Außerdem mußte Jahr für Jahr mit den Bauern verhandelt werden, wo und wann man graben durfte. Deshalb faßte der damalige Leiter der Forschungsarbeiten, Hermann Schroller, einen ungewöhnlichen Entschluß. Er wandte sich 1937 an die Fliegerbildschule Hildesheim mit der Bitte um Hilfe. In sechs- bis achtwöchentlichen Abständen wurden daraufhin Senkrecht- und Schrägaufnahmen des Pfalzgeländes und seiner Umgebung angefertigt. Erstmalig wurden dabei für archäologische Zwecke auch Stereobilder aufgenommen. Unter dem Stereoskop enthüllten die Fotos verblüffend deutlich Vertiefungen und Erhöhungen, die sich als Gräben, Wälle und Mauerspuren entpuppten. Ohne die Struktur der Pfalz zu kennen, erschlossen die Flieger deren Aufbau allein aus den verschiedenen Luftbildern! Das Ergebnis war höchst überraschend. Die Pfalz war in der Tat wesentlich größer, als man geahnt hatte. Sie nahm ein Areal von 600 × 600 m ein und war so einst die größte Anlage ihrer Art in Mitteldeutschland.

Betrachten wir uns zunächst eines der Luftbilder, aufgenommen aus 1 200 m Höhe (Abb. 104). Wir erblicken den mit langen, schmalen Feldern bedeckten Höhenzug, der im Osten und Süden vom Okertal begrenzt wird. Unmittelbar nach der Schneeschmelze war der Boden noch sehr naß. Das erwies sich als günstig, denn so traten die Spuren der Befestigungsanlagen durch Feuchtigkeitsmerkmale auf den Feldern klar hervor. Um diese Merkmale zu entschlüsseln, vergleichen wir das Bild mit dem Plan, den die Flieger nach Auswertung der Luftfotos von der Pfalz zeichneten (Abb. 105).

Im Südosten des Plateaus ist am Rande des dort etwas ausgebuchteten Steilhanges eine halbkreisförmige dunkle Linie zu erkennen. Sie verkörpert den Graben, der die ehemalige Hauptburg umschloß und vom übrigen Gelände trennte. Innerhalb der kreisähnlichen Kernburg, die einen Durchmesser von rund 140 m besaß, sind einige der von den Archäologen freigelegten Flächen zu sehen. Die während der Grabungen zum Vorschein gekommenen Mauerzüge hatte man zum Schutz vor der Witterung mit Strohmatten abgedeckt. Auf ihnen liegen Schneereste, die auch an Wegrändern, in Ackerfurchen und an anderen Stellen vorhanden sind.

Direkt an die Kernburg schloß sich im Norden eine zweite kreisförmig umrissene Fläche an. Sie bildete eine vorübergehende Erweiterung der Hauptburg, die damit kurzzeitig das Doppelte ihrer ursprünglichen Größe umfaßte. Vor und nach dieser Erweiterung gehörte das Areal zu einer ausgedehnten Vorburg, die sich in West-Ost-Richtung erstreckte und im Südosten an die Hauptburg angrenzte. Im Norden war diese große rechteckige Fläche durch Graben und Mauer gesichert. Ein noch mit Schnee bedeckter Weg (er beginnt bei den 1875 gepflanzten drei Linden und folgt einer alten Wegstrecke aus der Pfalzzeit) durchquert einen Teil der Kernburg sowie deren zeitweilige nördliche Erweiterung und kreuzt dann Mauer und Graben der Vorburg. Etwa an dieser Stelle stößt aus südwestlicher Richtung ein dunkles Band auf den hellen Pfad — ebenfalls ursprünglich ein Weg, der zum Nordtor der inneren und anschließend zum Tor einer zweiten, äußeren Vorburg führte, deren Graben und Wall dunkle und helle Streifen kennzeichnen.

In den Grundzügen war so der Aufbau der Pfalz durch die Luftbilder und ihre stereoskopische Auswertung erschlossen. Nun waren die Archäologen gespannt, ob sich diese theoretischen Ergebnisse in der Praxis bestätigen würden. Sie vermaßen das gesamte Gelände, unterteilten es in Quadrate zu je 10 m Seitenlänge, übertrugen dieses Quadratnetz maßstabgerecht auf die Luftbilder und setzten dann an bestimmten Stellen probeweise den Spaten an. Tatsächlich hatten die Fotos genaue Hinweise gegeben: Kein Spatenstich war umsonst. Jetzt ließen sich die weiteren Grabungen viel besser planen. Aber 1939 setzte der Ausbruch des zweiten Weltkrieges den erfolgversprechenden Forschungen ein jähes Ende. Man konnte sie erst 1957 wieder aufnehmen. Auf dem Terrain der inneren Vorburg fand man dabei früh- und spätmittelalterliche Siedlungsreste des Dorfes Werla, das in Urkunden mehrfach genannt wird. Die vollständig ausgegrabene Hauptburg vermittelte viele neue Erkenntnisse über die Anlage und das Schicksal der Werla.

Pfalzen waren überhaupt sehr bemerkenswerte und wichtige Einrichtungen. (Das Wort Pfalz ist vom lateinischen palatium, d. h. Palast, abgeleitet.) In ihnen wohnten für kürzere oder längere Zeit die mittelalterlichen Könige bzw. Kaiser, da sie nicht über eine ständige Residenz verfügten. Von einer Pfalz zur anderen ziehend, brachten sie auf diese Weise an vielen Orten ihres Herrschaftsgebietes ihren Machtanspruch zur Geltung. Während des Aufenthaltes in den Pfalzen stellten sie Urkunden aus, sprachen Recht, begingen die hohen Feste und riefen Hoftage zusammen.

Bedeutung und Funktion der Pfalzen ging aber noch darüber hinaus. Ihnen waren große Wirtschaftshöfe angeschlossen, ökonomische Zentren, die den Herrscher und sein Gefolge zu verpflegen hatten, solange er in der jeweiligen Pfalz weilte. Waren die Vorräte aufgebraucht, machte sich der gesamte »Hofstaat« zur nächsten Pfalz auf den Weg. Meist gab es in den Vorburgen auch Niederlassungen von Handwerkern, die mit ihren Erzeugnissen Tausch und Handel trieben. Daher verwundert es nicht, daß sich später in Verbindung mit einzelnen Pfalzen Städte herausbildeten. Als jedoch die Pfalzen infolge gewandelter sozialer, ökonomischer und politischer Verhältnisse ihre Funktion und Bedeutung verloren, wurden sie aufgegeben, umgestaltet, abgerissen oder überbaut. Auf dem Gelände der Werla ließen sich als seltene Ausnahme Struktur und Anlage einer Pfalz noch relativ gut erkennen und rekonstruieren. Deshalb erregten die Ergebnisse der Grabungen auch besondere Aufmerksamkeit. Wir fassen sie kurz zusammen.

Im 8. oder 9. Jh. ist in der Südostecke des Bergsporns ein etwa kreisrunder Wall um eine Fläche von etwa 120 m Durchmesser aufgeschüttet worden. Wie viele Häuser innerhalb dieses ersten Ringwalles lagen, war nicht mehr festzustellen. Bei der Umgestaltung dieser Anlage im 10. Jh. wurde nämlich das unebene Gelände für die künftige Hauptburg der Pfalz aufgefüllt und planiert. Man hob außerdem Gräben aus und errichtete hinter ihnen eine Ringmauer. Dadurch wurden die Spuren der älteren Bauten fast völlig vernichtet.

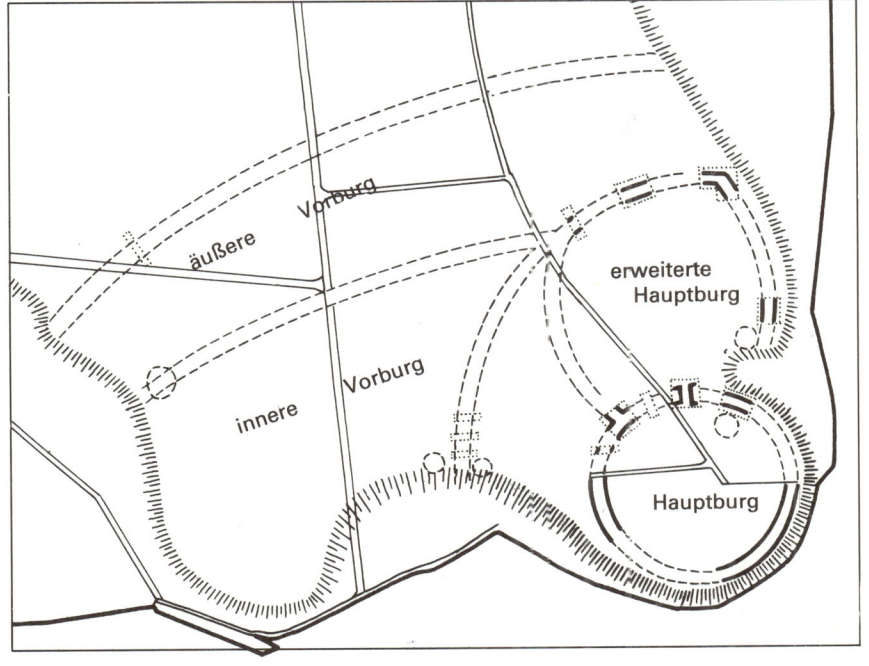

104 *Luftbild des Geländes der Kaiserpfalz Werla*

105 *Nach Luftaufnahmen angefertigter Plan der Kaiserpfalz*

äußere Vorburg

innere Vorburg

erweiterte Hauptburg

Hauptburg

Was man von der Hauptburg des 10. Jh. noch vorfand (zu ihr gehörten auch die beiden bereits erwähnten Vorburgen), ist auf Abb. 106 dargestellt. Angedeutet sind die Gräben, über die zwei Erdbrücken zum Nord- und zum Westtor führten, sowie die Ringmauer. Die Südwestecke wurde durch zwei Türme besonders geschützt, da hier aus dem Okertal Feinde leichter anzugreifen vermochten. Später wurden auch noch ein Turm am Nordtor und einer an der Westseite der Mauer hinzugefügt. Südlich des Westtores standen offensichtlich zwei Wachhäuser.

Wichtigste Gebäude der Pfalz waren zweifellos der Palas, in dem zeitweilig der König (bzw. der Kaiser) wohnte, und die Kapelle. Der Palas befand sich am Südrand der Hauptburg. Er besaß eine Heißluftheizung und einen runden Anbau. Die Kapelle mit kreuzförmigem Grundriß und einer halbrunden Apsis erhob sich nordöstlich davon. Auf einem Luftbild sehen wir direkt auf die Fundamente dieser Kapelle herab (Abb. 107). Es läßt auch noch andere Räume unmittelbar westlich von der Kirche erkennen, aber diese sind erst im 12. Jh. hinzugekommen. Aus dem 10. Jh. stammen jedoch, in einiger Entfernung gleichfalls westlich von der Kapelle, zwei Häuser, die sicher zum Wohnen dienten (vgl. Abb. 106). Das größere Gebäude im Nordosten war wohl für Wirtschaftszwecke bestimmt. Wir haben damit die Hauptgebäude einer Pfalz vor uns: Palas, Kapelle, Wohn- und Wirtschafts- bzw. Verwaltungshäuser. In den Vorburgen siedelten feudalabhängige Bauern, Handwerker und sonstige Bedienstete.

Bemerkenswert sind die Umgestaltungen der Hauptburg während des 12. Jh. (Die vorübergehende Erweiterung dieser Burg nach Norden haben wir schon erwähnt, vgl. Abb. 104 und 105.) Nördlich der Kapelle baute man einen zweiten großen Palas. Außerdem wurde eine riesige Baugrube ausgehoben. In das 12. Jh. fallen ebenfalls Erneuerungen und Verstärkungen der Ringmauer sowie zusätzliche Türme. Vielleicht hingen alle diese Maßnahmen mit einem Hoftag zusammen, den Kaiser Friedrich I. 1180 in der Werla abhielt. Während dieses Treffens der Großen des Reiches wurde über Heinrich den Löwen, Herzog von Bayern und Sachsen, wegen dessen widerspenstigen und räuberischen Verhaltens die Reichsacht verhängt, die ihn all seiner Lehnsrechte für verlustig erklärte. Damals hat man wohl auch auf dem Terrain der Pfalz eine Stadt gründen wollen. Anscheinend ist dieser Versuch gescheitert, weil das rasch aufblühende Goslar eine zu nahe und zu starke Konkurrenz bildete.

Mit diesen letzten großen Bauvorhaben ging die eigentliche Geschichte der Pfalz zu Ende. Bis zum Beginn des 11. Jh. hatten alle sächsischen Kaiser vorübergehend oder für längere Zeit in der Werla residiert. Vor allem unter Otto I. (Lebenszeit 912–973) war sie bei wichtigen und feierlichen Anlässen bevorzugt worden. Erst als Heinrich II. im Jahre 1077 die Pfalz nach Goslar verlegte, schwand die Bedeutung der alten Werla allmählich dahin. Das Jahr 1180 rückte sie noch einmal in den Brennpunkt historischen Geschehens. Nach 1200 verloren die Kaiser das Interesse an ihr. Die Hauptgebäude der Pfalz verfielen. Aus dem 13. und 14. Jh. stammt aber

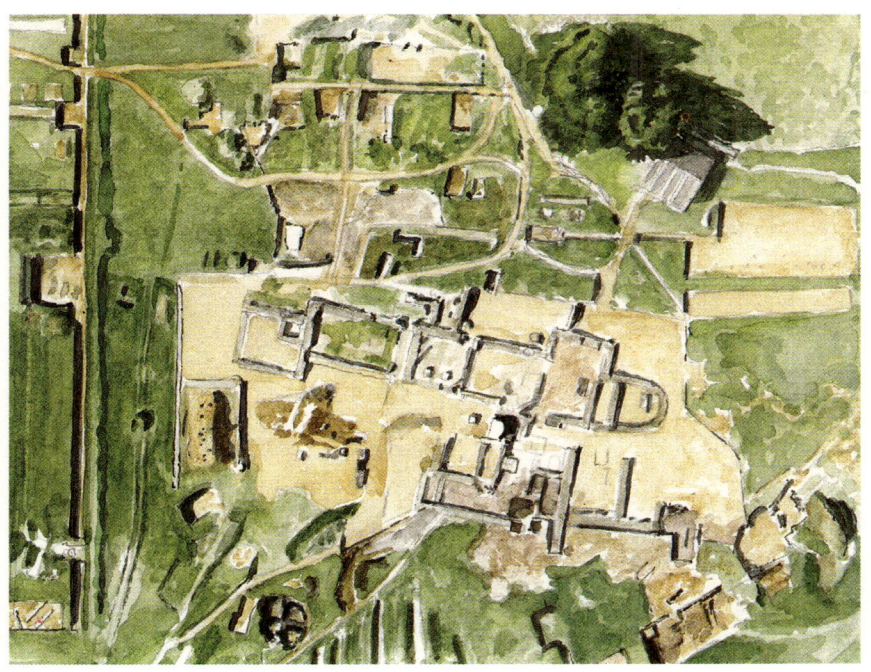

106 *Grundriß der Hauptburg des 10. Jh.*

Oker

alte ← Oker

0   50 m

107 *Mauerreste der Kapelle und umliegender Gebäude*

ein System von Räumen, Kellern und unterirdischen Gängen westlich des älteren Palas.

Urkundlich bezeugt ist, daß Karl IV. im Jahre 1357 die Herren von Burgdorf mit dem Pfalzgelände belehnte. 1505 stand auf ihm noch die Kirche des Dorfes Werla. Bald darauf siedelten dessen Bewohner aber nach Burgdorf-Werlaburg um. Die Gebäude der Pfalz dienten nun endgültig als Steinbruch und wurden abgetragen. Bis 1818 blieb nur eine Wallfahrtskapelle übrig. Der Volksmund bewahrte jedoch die Erinnerung daran, daß sich auf dem »Kapellenberg« die Pfalz befunden hatte. Zum Glück wurde ihr Gebiet nicht überbaut. So blieb es den Forschungen der Archäologen zugänig, die mit Hilfe von Luftbildern Aufbau und Größe der Werla erschlossen.

»Er ist geputzt wie ein Pfingstochse«, sagt man von jemandem, der sich besonders bunt und auffällig kleidet. Einen »Pfingstochsen« zu schmücken und zum ersten Male im Frühling auf die Weide zu führen gehörte zu den uralten Frühlings- und Fruchtbarkeitsbräuchen. Solche müssen einst auch auf dem Pfingstberg südwestlich des Ortes Tilleda am Nordrand des Kyffhäuser-Gebirges ausgeübt worden sein. Bezeichnenderweise heißt das Plateau des Pfingstberges im Volksmund »Bullenwiese«. Wer die Gemeindewiese pachtete, mußte dort den oder die Gemeindebullen mit versorgen. Auf der Bullenwiese des Pfingstberges endeten vermutlich der feierliche erste Viehaustrieb und andere damit verbundene Volksbräuche.

Die Pfalz auf dem Pfingstberg

108 *Der Pfingstberg mit der ehemaligen Kaiserpfalz Tilleda*

Diese waren oft mit Orten verknüpft, deren historische Bedeutung nur noch in mündlicher Überlieferung oder in sagenhafter Gestalt weiterlebte. Der Pfingstberg trug vor rund tausend Jahren die Kaiserpfalz Tilleda. Nach ihrem Verfall wurden, wie bei der Pfalz Werla, die Gebäude abgerissen, und das Gelände kam unter den Pflug. 1871 entdeckte Karl Meyer, ein Lehrer aus Nordhausen, daß auf dem Pfingstberg die Pfalz Tilleda gestanden haben müsse. Doch Grabungen wurden dort erst 1935 bis 1939 vom Landesmuseum für Vorgeschichte in Halle aufgenommen und von 1958 bis 1979 vom Zentralinstitut für Alte Geschichte und Archäologie der Akademie der Wissenschaften der DDR fortgesetzt und beendet. Damit ist erstmals eine Pfalz aus der Regierungszeit ottonischer, salischer und staufischer Kaiser vollständig erforscht worden.

Wie bei der Pfalz Werla ergaben auch bei Tilleda erst Luftbilder einen Gesamtüberblick über die Anlage der Pfalz und über deren Umgebung. Bodenverfärbungen und Schattenmerkmale ließen erkennen, wo Wälle, Gräben, Häusergrundrisse und Wege zu vermuten waren (Abb. 108). Schräg von links unten nach rechts oben (von Südwesten nach Nordosten) zieht sich durch das Bild die lange, schmale Zunge des Pfingstberges. Zum Zeitpunkt der Aufnahme stand die Sonne im Südosten in geringer Höhe über dem Horizont. Deshalb warfen alle Erhebungen lange Schatten. An vielen Stellen lag noch Schnee; an anderen war er weggetaut und hatte dabei Feuchtigkeitsmerkmale hervorgerufen.

Auf der Südseite wird der Abhang des Bergsporns in seiner ganzen Länge durch einen Einschnitt unterteilt, der sich deutlich durch den Schattenwurf abzeichnet. Dem Einschnitt folgt, weiter nach Südosten zu, eine

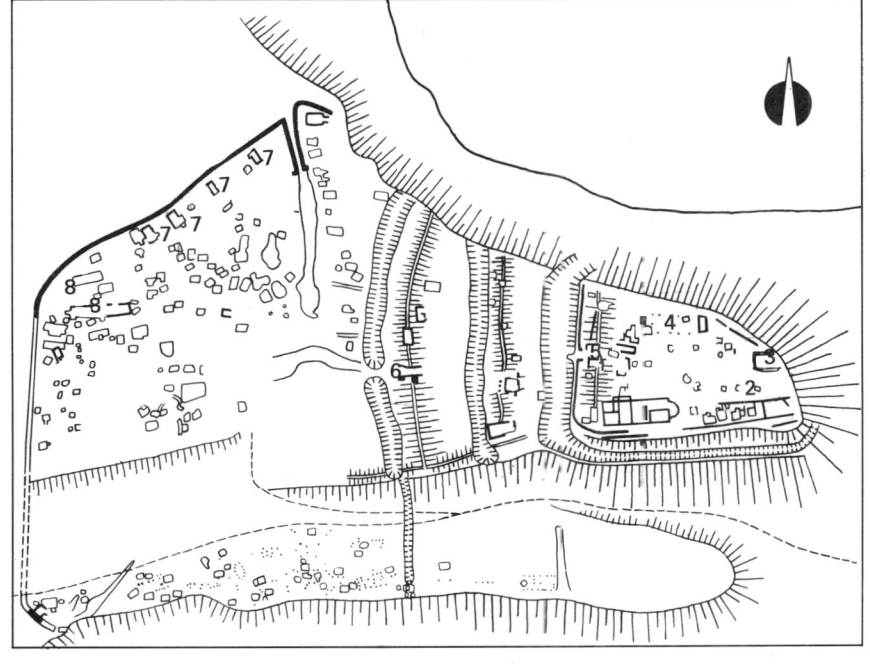

109 *Gesamtplan aller Bauten der Kaiserpfalz Tilleda*
1 *Pfalzkirche*
2 *Wohngebäude*
3 *Festhalle*
4 *jüngere Festhalle*
5 *Kammertor*
6 *jüngeres Tor*
7 *Wachhäuser*
8 *Tuchmachereien*

171

lange schmale Terrasse, die schließlich ins Tal der Wolweda abfällt. Diese entspringt im Kyffhäuser-Gebirge und hat im Laufe der Zeit auf verschieden hohen Erosionsstufen den Südhang des Pfingstberges durchfurcht und ausgenagt. Nun fließt sie am Fuße des Berges entlang und biegt dann an seiner Ostspitze nach Norden um.

Zwischen Tilleda und dem Nordrand des Berges befand sich ein im 19. Jh. abgelassener See, dessen Boden seitdem landwirtschaftlichen Zwecken dient. Seine Existenz verdankte der See offenbar einem Einbruchsbecken, das durch Auslaugen der Stein- und Kalisalze und durch Auswaschen des Gipses in der darunterliegenden Zechsteinschicht entstand. Während der Pfalzzeit bot er für die Nordseite des Bergsporns einen zusätzlichen Schutz. Der Name Tilleda (früher Dullide, Dullede, Tullide, Tullede geschrieben) hängt wohl mit dem See zusammen und bedeutet vermutlich »Ort an der Senke«. Schon Ende des 8. Jh. wurde das Dorf Tilleda zum ersten Male urkundlich erwähnt.

Das durch seine isolierte Lage gut geschützte, rund 25 m über die Talsohle emporragende Plateau des Pfingstberges ist, wie die Hochfläche der Pfalz Werla über der Okerniederung, früh besiedelt worden. Man fand Spuren aus dem Neolithikum und vor allem aus der jüngeren Bronzezeit, in der es auf der »Bullenwiese« eine ausgedehnte Höhensiedlung gegeben haben muß. Im 1. bis 3. Jh. hatten sich auf der Bergzunge anscheinend germanische Bauern niedergelassen. Während des 8. Jh. legten fränkische Herrscher auf ihr eine Befestigung an, die wohl zur Sicherung der am Nordrande des Kyffhäusers entlangführenden Straße gegen östlich benachbarte sächsische Stammesfürsten bestimmt war. Dann folgte, vermutlich in der 2. Hälfte des 10. Jh., auf dem Pfingstberg die Gründung der Pfalz Tilleda. Sie bestand mindestens 250 Jahre und war, obwohl keine häufig aufgesuchte und bevorzugte Pfalz, Schauplatz mancher dramatischer Ereignisse.

Insgesamt vermochten die Archäologen vier verschiedene baugeschichtliche Entwicklungsstufen der Pfalz Tilleda zu unterscheiden. Die Ergebnisse ihrer Forschungen sind auf einem Plan (Abb. 109) festgehalten. Erstmals erwähnt wird die Pfalz Tilleda im Jahre 972, in dem Otto II. sie seiner byzantinischen Gemahlin Theophano als Mitgift zum Geschenk machte. Die erste, in Tilleda selbst ausgestellte Urkunde stammt aus dem Jahre 974. Wie die Pfalz zu dieser Zeit ausgesehen hat, wissen wir nicht. Paul Grimm, ihr verdienstvoller Erforscher, meint, damals habe eine Art Vorstufe existiert, während die eigentlich repräsentativen Bauten erst um 1000 ausgeführt wurden.

Auf dem Luftbild sehen wir an der Spitze des Bergsporns freigelegte Fundamente innerhalb der Hauptburg, deren Innenraum 65 × 90 m maß. Im Westen, wo die ebene Fläche besondere Verteidigungsmaßnahmen erforderte, hatte man einen Holz-Erde-Schutzwall errichtet. Vielleicht trug dieser auch einen Wehrgang. Vor dem sich in Nord-Süd-Richtung erstreckenden Wall lag ein 13 m breiter und 4 m tiefer Sohlgraben. Er umgab die gesamte Hauptburg, auf den anderen Seiten allerdings in geringerer Breite. Seine Spuren sind auf dem Südhang noch klar nachweisbar. Auf der Ost- und Nordseite sind die ehemaligen Befestigungsanlagen dagegen durch Abstürze der Steilhänge und durch den Abbau von Gips zerstört worden.

In der Mitte des Hauptwalles befinden sich die Reste des sogenannten Kammertores, das, von oben betrachtet, den Eindruck von zwei einander zugekehrten Klammern erweckt. Es war 7,5 m lang und außen 9 m breit. Mit seinem Bau wurde in der 2. Hälfte des 12. Jh. begonnen, aber es wurde nie fertiggestellt. Übrigens gab es während der Pfalzzeit nacheinander insgesamt fünf Tore im Hauptwall. Vor dem ersten Verteidigungssystem der Kernburg hatte man noch zwei weitere Wälle und Gräben sowie Palisaden angelegt.

Im Gegensatz zur Pfalz Tilleda besaß die Kernburg der Werla, wie erwähnt, nur eine Ringmauer, zu deren Toren man über Erdbrücken gelangte. Solche fehlten in Tilleda. Mit ihren drei Gräben und Wällen weist diese Pfalz mehr Ähnlichkeiten zu hochmittelalterlichen Herrenburgen auf, die ebenfalls über mehrere Gräben, Wälle und über Zugbrücken verfügten. Vielleicht erklärt sich die größere Verwandtschaft Tilledas zu derartigen Burgen daraus, daß die Pfalz vermutlich 50 bis 75 Jahre später als die Werla erbaut wurde. Auch der Grundriß der Kernburg ist bei den zwei Pfalzen verschieden. In Werla war er kreisähnlich, in Tilleda rechteckig. Man hat erwogen, ob die Franken die Rechteckform der Befestigungsanlagen in das Gebiet um den Harz übertragen haben könnten. Sie selbst sind dabei vielleicht römischen Vorbildern gefolgt (Kastellen und Legionslagern, die wir schon kennenlernten). Dann würde in Tilleda (und an einigen anderen Orten) eine sehr alte Tradition fortgesetzt worden sein.

Wir erinnern uns, daß die Pfalz Werla zwei sehr große Vorburgen besaß. In Tilleda gab es dagegen nur eine Vorburg, die auf der West-, Nordwest- und Nordseite mit einer bis zu 2,5 m breiten Mauer umgeben war. Vor ihr hatte man auf der Nordseite zusätzlich einen Graben ausgehoben. Angeregt durch Bodenverfärbungen, wie sie auf dem Luftbild erkennbar sind, gruben die Archäologen in der Vorburg die Spuren von insgesamt 233 Häusern aus. Der Plan (Abb. 109) zeigt uns, daß sie sich vor allem auf zwei Gebiete verteilten: auf den oberen und auf den südlichen unteren Teil der Vorburg.

Im oberen Areal stand dicht hinter der Mauer eine Reihe von Wachhäusern. Einige größere Gebäude beherbergten Tuchmachereien; in anderen wurde Eisen verarbeitet. Auch aus Knochen, Geweih und Elfenbein stellte man verschiedenartige Gegenstände her. Vieles läßt also darauf schließen, daß in der oberen Vorburg eine Siedlung von Handwerkern bestand. In der unteren stieß man außer auf Reste von Wohnhäusern auf die von 20 größeren ebenerdigen Pfostenbauten, vermutlich einst Speichern des königlichen Tafelgutes. Tafelgüter hatten vor allem die Verpflegung des königlichen Hofstaates und der Verwalter der Pfalzen zu sichern.

In der Hauptburg stellten die Archäologen die Grundrisse von 52 Häusern aus den erwähnten vier Entwicklungsstufen der Pfalz Tilleda fest. Es waren, wie in der Vorburg, Gruben- und Pfostenhäuser sowie Gebäude aus vermörtelten Steinen. Letztere sind typisch für eine neue Bauweise im Mittelalter. Zunächst blieben Steinhäuser dem König und seinen nächsten Untertanen vorbehalten.

Auf die erste, mehr vorbereitende Phase am Ende des 10. Jh. folgte um 1000 eine zweite, repräsentative Bauperiode, der auch die Pfalzkirche in der Südwestecke der Hauptburg zuzuordnen ist. Abbildung 110 zeigt uns die Grundmauern im Überblick. Im Westteil der Pfalzkirche befand sich der Wohnbereich für den König. Von ihm aus konnte er die Westempore betreten und dort den Gottesdienst miterleben. Der eigentliche Kirchenraum wurde von einem 23,5 m langen und 10,5 m breiten Saal mit Apsis gebildet. Als die Kirche nach allerlei Umbauten dann im 14. und 15. Jh. zur Ruine geworden war, setzte man in ihre Südostecke eine kleine Kapelle. Sicher war sie für den Friedhof bestimmt, der wohl seit dem Ende des 11. Jh. nördlich und östlich von der Kirche entstand und anscheinend bis zum 15. Jh. belegt wurde.

Für Zusammenkünfte bei festlichen Anlässen diente anfangs ein großer Steinbau im Nordosten der Hauptburg. Offenbar war das der älteste Festsaal der Pfalz. Neben ihm wurden in zwei großen Kuppelöfen die Speisen für die hohen Herrschaften zubereitet. Noch während der zweiten Entwicklungsstufe Tilledas stürzte ein Teil des Festgebäudes zusammen mit dem Steilrand in die Tiefe. Als rasche Ausweichmöglichkeit schuf man dafür an der Nordseite einen von Holzpfosten gestützten Saal. In der Südostecke der Burg entstand ein weiterer repräsentativer saalartiger Bau mit Heißluftheizung. Aber er stürzte ebenfalls teilweise ab. Westlich von ihm fanden sich die Spuren von fünf kleineren Häusern, die man in den Boden eingetieft und mit rampenartigen Zugängen versehen hatte. Anscheinend waren das Unterkünfte für wichtige Gefolgsleute des Königs. Später hat man diese Wohnbauten verfüllt und an ihrer Stelle ein langes Gebäude geschaffen, das gleichfalls mit Heißluft beheizt wurde.

Offensichtlich ging die zweite Phase der Pfalzzeit gewaltsam zu Ende. Archäologisch war der genaue Zeitpunkt dafür nicht zu ermitteln. Er dürfte aber mit dem Aufstand der Sachsen und Thüringer gegen die Herrschaft Kaiser Heinrichs IV. in den Jahren 1073 bis 1075 verknüpft gewesen sein. Nach der Zerstörung sind zumindest die wichtigsten Gebäude der Pfalz repariert bzw. von Grund auf neu errichtet worden. Doch 1115 brach wieder ein Aufstand der Sachsen los, diesmal gegen Kaiser Heinrich V. Die Pfalz Tilleda wird zwar im Zusammenhang mit diesen historischen Ereignissen nicht erwähnt, im Gegensatz zur Eroberung anderer Harzpfalzen wie Allstedt und Wallhausen. Sie wird jedoch nicht ungeschoren geblieben sein, zumal die nahen Reichsburgen Kyffhausen, die mit zum Schutz der Pfalz Tilleda bestimmt waren, 1118 kapitulieren mußten und geschleift wurden.

So hat die Pfalz offenbar mehrmals ein dramatisches Schicksal erlitten,
obwohl wir darüber keine schriftlichen Zeugnisse besitzen. Von 1042 bis
1174, also rund 130 Jahre lang, gibt es für sie überhaupt keine urkundli-
chen Belege. Aber dann tauchte sie wieder ins helle Rampenlicht der Geschichte. Vor seinem Kriegszug nach Italien weilte Kaiser Friedrich I. 1174
in Tilleda. Vermutlich wurde damals der Befehl erteilt, an der repräsenta-
tivsten Stelle der Westseite, in der Mitte des Hauptwalles, das Kammertor
aus rotem Sandstein zu bauen. Umbau und Erweiterung der palasartigen
Gebäude am Südostrand der Burg werden in die gleiche Zeit fallen. Auch
die Reichsburgen Kyffhausen wurden damals großartig rekonstruiert und
ausgebaut, in dem Bestreben, der Reichsgewalt im gesamten Gebiet erneut Geltung zu verschaffen. 1194 traf sich Kaiser Heinrich VI. mit dem alten Widersacher des Kaisertums, mit dem Welfenherzog Heinrich dem Löwen, in den Mauern Tilledas. Wir erwähnten bereits, daß 1180 über den
Bayern- und Sachsenherzog während des Hoftages in der Pfalz Werla die

Reichsacht verhängt wurde. Nun fand in Tilleda zwischen ihm und dem neuen Kaiser eine Versöhnung statt, ohne daß wir die Hintergründe und Umstände dafür näher kennen.

Der neue Aufschwung der Pfalz hielt nicht lange an. Sie lag nun zu sehr am Rande des weiteren Geschehens. Auch die Ansiedlungen in der großen Vorburg, die frühstädtischen Charakter hatten, führten nicht zu einer dauerhaften Stadtgründung. Der Versuch zu einer solchen in dem benachbarten Ort Tilleda während der 2. Hälfte des 12. Jh. blieb ebenfalls stecken. So kann man die letzte — vierte — Bauperiode auf dem Pfalzgelände (13.–15. Jh.) nur noch als eine Nachstufe betrachten, in der keine repräsentativen Gebäude mehr entstanden. Als Pfalz hatte Tilleda aufgehört zu existieren, als Reichslehen wurden Gebäude und Tafelgüter noch weiter genutzt und verwaltet. Vom Ende des 13. Jh. bis 1420 war eine Familie mit ihnen belehnt, die Bart hieß. Ihre Nachfolge traten die Herren von Witzleben an. Dann verödete das Gelände auf dem Pfingstberg. Wenn wir ihn heute betreten oder aus der Luft auf ihn herabschauen, wissen wir, daß wir historischen Boden vor uns haben.

Alte Kultstätten und Gräber

5

Die Luftarchäologie ist
die Fortsetzung der Bodenarchäologie mit anderen Mitteln.
O. G. S. Crawford

Es gibt viele Berichte von Fliegern und Archäologen über ihre Entdeckungen aus der Luft. Oft schildern sie dabei ihre Überraschung, ihre Freude, ihren Jubel, wenn plötzlich unter ihnen die Spuren von noch unbekannten Häusern, Straßen, Städten, Festungen oder Feldern auftauchten. Ein neuer Blick in die Vergangenheit hatte sich eröffnet. So geschah es auch bei Kamegg in der Marktgemeinde Gars (Österreich) am rechten Ufer des Kamp.

Der Blick von Süd nach Nord auf die Terrassen des Flusses (Abb. 111) erfaßt zwei große Ringe, von denen der innere rund 80 und der äußere ca. 140 m Durchmesser aufweist. Beide heben sich durch dunkleren Bewuchs kräftig von ihrer Umgebung ab. Im Süd- und Ostteil treten sie jedoch weniger scharf hervor oder sind infolge von Abbrüchen des Geländes zum Kamp hin nicht mehr vorhanden.

Um diese 1979 aus der Vogelschau entdeckte kreisförmige Anlage näher zu erforschen, begann man 1981 mit ihrer teilweisen Ausgrabung. Man fand heraus, daß die beiden Ringe ursprünglich Spitzgräben gewesen waren. Der innere besaß eine obere Breite von 10 und eine Tiefe von 3,50 m. Bei dem äußeren Ring betrug die obere Breite 8 und die Tiefe 2,50 m. Um solche Gräben auszuheben, mußten viele Arbeitsstunden geleistet und Tausende Kubikmeter Erde bewegt werden.

Im Nordwesten des äußeren Ringes hatte man die Erde als Brücke in einer Breite von 1,40 m stehen lassen. Was sich im Innern der von den Gräben umschlossenen Fläche befunden hatte, zeichnete sich nur noch durch Bodenverfärbungen ab. Die Archäologen konnten Pfostengruben, einen schmalen Pfostengraben sowie eine rechteckige Grube unterscheiden, die sicher von einem eingetieften Bau stammte. Außerdem bargen sie gebrannten Lehm von Hüttenwänden mit Abdrücken von Flechtwerk und Rundhölzern, Steingeräte, Tierknochen, Hirsekörner und das Schienbein einer erwachsenen Frau. In welchem Zusammenhang all diese Funde stehen, muß noch genauer untersucht werden. Den zahlreichen, zum Teil rot-gelb bemalten Scherben nach gehörte die etwa 6000 Jahre alte Anlage zur Stufe Ia der mährisch-ostösterreichischen Gruppe der sogenannten bemaltkeramischen Kultur der mittleren Jungsteinzeit.

Viele solcher Anlagen sind während der letzten Jahre in Österreich und Bayern durch Flugbilder bekannt geworden. Wir haben auf sie bereits bei unserer Schilderung der befestigten Großsiedlung von Kothingeichendorf hingewiesen (vgl. Abb. 69). Ähnliche Erdwerke findet man auch auf dem Gebiet der ČSSR und im mitteldeutschen Raum. Aus einem kreisförmigen Spitzgraben oder aus zwei derartigen Gebilden bestehend, repräsentieren sie mit Durchmessern zwischen 60 und 150 m die frühesten großen Kultstätten Europas. Denn als solche muß man sie wegen ihrer Gestaltung und kultisch zu deutender Funde wohl ansprechen. Typisch für sie sind die Erdbrücken, die, mitunter nach den Himmelsrichtungen orientiert, ins Innere der von den Gräben umgebenen Fläche führten. Ob diese Anlagen in der Regel auch mit Wällen und Palisaden versehen waren, vermögen Ausgrabungen und eingehende Untersuchungen vielleicht noch zu klären. Ganz anders beschaffen war eine ovale Kultstätte auf der Schalkenburg, einem Bergsporn in der Feldmark Quenstedt, Kreis Hettstedt, rund 50 km nordwestlich der Bezirksstadt Halle. Vor 5500 bis 6000 Jahren wurden dort fünf konzentrisch ineinandergeschachtelte ovale Palisadenringe errichtet, die jeweils etwa 6 m voneinander entfernt standen. Der größte Durchmesser des äußersten Ringes betrug etwa 90 bis 100 m. Für dieses erstaunliche Palisadensystem verwandte man rund 5000 Pfosten aus 10 bis 20 cm dicken Baumstämmen. Auch diese Anlage erforderte für damalige Verhältnisse eine gewaltige Arbeitsleistung. Die drei Eingänge wiesen nach Nordosten, Nordwesten und Südsüdosten. Vermutlich waren die beiden nördlichen Eingänge bewußt auf die Auf- und Untergangspunkte der Sonne zu Beginn des Sommers gerichtet. Wir könnten daraus auf einen jahreszeitlich bedingten Sonnenkult bei den ältesten mitteleuropäischen Ackerbauern schließen.

In England findet man gleichfalls kreisförmige Kultanlagen besonderer Art. Ihre Entdeckung ist häufig der Luftbildarchäologie zu verdanken. Ein Beispiel dafür bietet uns Abbildung 112. Es handelt sich hier um die Spuren einer alten Kultstätte im Hutton-Moor bei Ripon in Yorkshire. Aus der Vogelschau fotografiert wurden sie im Sommer 1949. Ursprünglich bestand die Anlage offenbar aus unterschiedlich breiten Gräben und Wällen sowie verschiedenen Eingängen. Weitergehende Erkenntnisse sind bei solchen überraschenden Entdeckungen natürlich nur durch Ausgrabungen zu erzielen.

Solche haben bei englischen Erdwerken eines bestimmten Typs stattge-

111 *Kreisförmige Kultanlage der mittleren Jungsteinzeit bei Kamegg in Österreich*

funden, deren Zahl durch die Luftbildforschung ebenfalls erheblich vermehrt wurde. Man nennt diese Anlagen Causewayed-camps, was sinngemäß übersetzt Erdbrückenlager heißt. Ihr bekanntester Repräsentant, nach dem auch die früheste Ackerbaukultur Britanniens benannt wurde, befindet sich auf Windmill Hill in Wiltshire. Das Gelände dieser Fundstelle kann man, allerdings aus großer Höhe, auf Abbildung 3 nahe am unteren Bildrand links von der Straße sehen. Aus geringerer Entfernung erblicken wir Windmill Hill auf Abbildung 113. Wir schauen hier etwa von Nord nach Süd auf den Hügel. Was ihn so bemerkenswert macht, ist auf Abbildung 114 im Grundriß wiedergegeben.

Der Hügel ist etwa 35 m hoch. Er steigt auf seiner südlichen und östlichen Seite sanft an, im Nordwesten dagegen ziemlich steil. Sein Gipfel war von drei ovalen Gräben und ebensoviel Dämmen dahinter umschlossen. Rund 380 m maß der größte Durchmesser der Anlage. Die kleinen Erdhügel innerhalb und außerhalb sind Grabstätten aus der Bronzezeit. Auf Windmill Hill bestanden die Gräben aus Serien dicht nebeneinander ausgehobener Löcher, bei denen die Trennwände manchmal nur teilweise entfernt wurden. Im äußersten, durchschnittlich 2,5 m tiefen Graben hat man am häufigsten längere Abschnitte des Kreidebodens stehen lassen. So entstand ein vielfach durchbrochener Ring. Ähnlich verhielt es sich bei

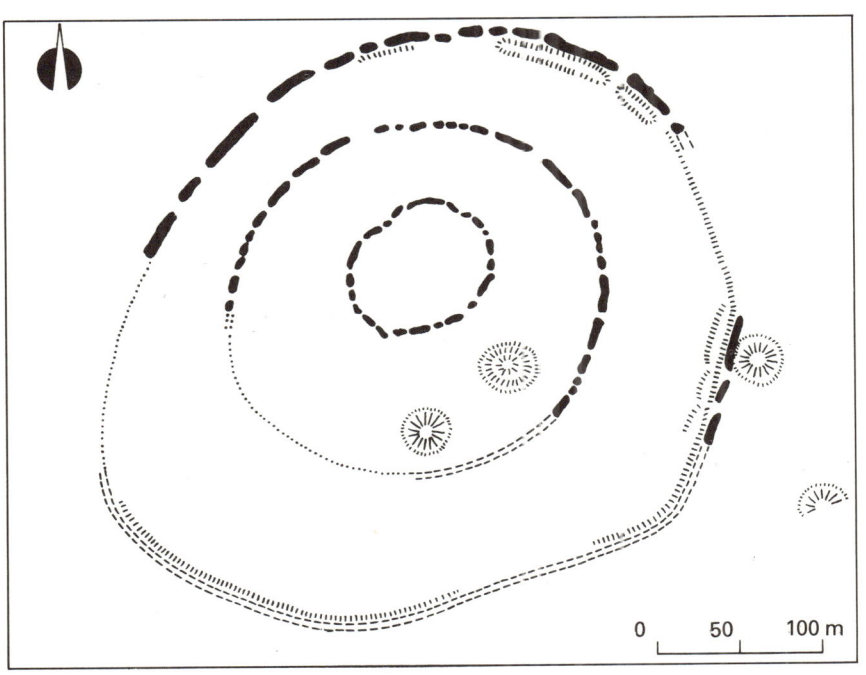

113 *Das »Erdbrük-*
kenlager« von
Windmill Hill in
Südengland

114 *Plan des »Erd-*
brückenlagers« von
Windmill Hill

0   50   100 m

dem mittleren und dem Innengraben, die beide weniger tief waren. Das Material aus den Gräben schüttete man hinter deren Innenrand zu Dämmen auf. Zum Teil sind die drei Gräben und Wälle von Windmill Hill auf Abbildung 113 noch zu erkennen. Auf Abbildung 114 wurden die restlichen Verbindungsstücke ergänzt.

Den Ausgrabungen zufolge haben die Erbauer alle Bestandteile der Anlage zur gleichen Zeit geschaffen. In den Gräben fanden sich Werkzeuge, die sie dabei benutzten. Zum einen waren es Hacken aus Hirschgeweih, die man mit der Spitze in natürliche Spalten der anstehenden Kreide steckte, um diese dann durch Hebelwirkung herauszubrechen. Das andere Gerät bildete eine Art Harke aus Hirschgeweih, mit der man wohl den Schutt zusammenholte. In den Gräben anderer Erdwerke entdeckte man außerdem Schaufeln aus den Schulterblättern großer Tiere.

Die Windmill-Hill-Leute bewirkten durch solche Anlagen, durch ihre langen Hügelgräber, durch das Roden des Waldes, durch Ackerbau und Viehhaltung erstmals bleibende Veränderungen des britischen Landschaftsbildes. Über die materielle Kultur dieser zugewanderten Inselbewohner wissen wir dank der zahlreichen Funde in den Gräben der 200 bis 400 m großen ovalen oder kreisförmigen Anlagen gut Bescheid. Sie bestanden übrigens aus einem Ring oder aus zwei, drei bzw. vier Ringgräben und -dämmen mit unterschiedlich großen Erdbrücken. Aus den Gräben bargen die Archäologen viele Knochen von langhörnigen Rindern, von Schafen, Ziegen und Schweinen. Auf den ehemaligen Feldern wuchsen Emmer, Gerste und Flachs. Die glatt polierten Äxte wurden aus Knollen frischen Feuersteins hergestellt, den man bergmännisch aus den Schichten der Unteren Kreide gewann. Außerdem verfügte man über Ahlen, Hobel, Messer und Sägen aus Feuerstein. Von Vorrats- und Kochgefäßen hat sich eine Unmenge von Scherben erhalten. Typisch für die Windmill-Hill-Keramik sind Schalen aus gut gebranntem Ton, der reichlich mit grobem Sand oder Muschelschalenstückchen gemagert wurde. Verziert waren die Gefäße selten. Zum Verarbeiten des Getreides gab es Mahl- und Reibsteine.

Bisher konzentrierten sich Anlagen vom Windmill-Hill-Typ vor allem auf Kreidehügel in den südenglischen Verwaltungsbezirken Dorset, Wiltshire und Sussex. Aber Luftaufnahmen beweisen, daß sie in einem wesentlich größeren Gebiet verbreitet waren. Sie wurden nun auch nördlich der Themse gefunden. So hat die Luftbildforschung hier ebenfalls ganz neue Aspekte eröffnet. Für gezielte Ausgrabungen bieten sich jetzt viele Objekte an. Sie werden hoffentlich manche offenen Fragen klären.

Diese gibt es noch zur Genüge. Eine der wichtigsten ist: Wozu haben die Causewayed-camps eigentlich gedient? Wohnstätten, Befestigungen oder Viehpferche waren sie offenbar nicht. Eher scheinen es Versammlungsorte für zahlreiche Menschen gewesen zu sein, die dort anscheinend im Herbst zusammenkamen. Dabei müssen kultische Gründe eine entscheidende Rolle gespielt haben. In Windmill Hill und anderen Lagern dieser Art stieß man auf menschliche Skeletteile, die darauf hindeuten, daß aus rituellen Gründen Kannibalismus getrieben wurde. Mitunter hat man bestimmte Personen getötet und offensichtlich als Bauopfer begraben. Ein solches Opfer wurde auf dem Boden des Außengrabens von Windmill Hill gefunden. Hier hatte man einen zwergwüchsigen Menschen bestattet. Auch Fruchtbarkeitskulte hat es in diesen Lagern gegeben. Davon zeugen Phallusformen aus Kreide und stilisierte weibliche Figürchen. Als Schmuck oder als Amulett sind Anhänger aus Kreide verwandt worden.

Ausgrabungen in den Causewayed-camps führten zu der überraschenden Erkenntnis, daß die meisten Gräben sehr bald nach ihrer Anlage wieder mit dem Material der Dämme verfüllt worden sind. Der größte Teil der Funde lag in jenen Gräben, über denen die Wälle ganz oder fast völlig beseitigt waren (so beim inneren und mittleren Graben von Windmill Hill). Wo andererseits die Aufschüttungen noch sehr deutlich zu erkennen sind, enthalten die angrenzenden Gräben verhältnismäßig wenig archäologisches Material (wie beim äußeren Graben von Windmill Hill). Man hat also offenbar jeweils soviel Material auf die Objekte heruntergeworfen, wie nötig war, um sie zu bedecken und den Blicken zu entziehen. Auf diese Weise erklärt sich auch, warum in den Gräben die Funde wirr durcheinander liegen. Welche Vorstellungen man mit solchen Handlungen verband, wissen wir leider nicht. Sie reichen jedoch weit zurück. Die ältesten Erdbrückenlager wurden vor 5500 bis 6000 Jahren geschaffen. Windmill Hill selbst könnte am Ende einer langen Entwicklung stehen und ca. 4500 Jahre alt sein.

Zu den reizvollsten Aufgaben der Luftbildarchäologie gehört auch die Fotografie berühmter alter Bauwerke. Aus der Vogelschau bemerkt man dann Einzelheiten oder Zusammenhänge, die sonst leicht übersehen werden bzw. verborgen bleiben. So vermag man, wie wir schon betonten, selbst an den bekanntesten Monumenten noch neue Einsichten zu gewinnen.

Stonehenge und seine Avenue

Zu den frühesten aus der Luft fotografierten Bauten der Vergangenheit gehört Stonehenge, rund 130 km westsüdwestlich von London und knapp 4 km westlich von Amesbury gelegen. Wie bereits erwähnt, wurde die Anlage schon 1908 von einem Ballon aus aufgenommen. Seitdem hat man aus der Vogelperspektive viele Male Bilder von Stonehenge angefertigt, zu verschiedenen Jahres- und Tageszeiten, ja sogar nachts bei künstlicher Beleuchtung. Dabei ergaben sich bemerkenswerte Fotos, die Stonehenge in Verbindung mit der Heidelandschaft oder in ganz bestimmten Details zeigen. Eines dieser aufschlußreichen Flugbilder stellt Abbildung 115 dar.

Was wir hier schräg von oben ungefähr aus östlicher Richtung erblicken, sind die Reste einer Anlage, die von ca. 2800 bis 1500 v. u. Z., also während rund 1300 Jahren, in mehreren Etappen und Bauphasen geschaffen wurde. Zu den ältesten Teilen der kreisrunden Kultstätte zählen ein Graben und ein Ringwall dahinter, dessen Durchmesser knapp 100 m beträgt. Er ist 6 m breit und war ursprünglich an die 2 m hoch. Stonehenge I (so nennt man das Ergebnis der ersten Bauphase) gehörte also ebenfalls zu den Erdwerken. Es war jedoch jünger als die meisten Erdbrückenlager der Windmill-Hill-Kultur. Von diesen unterschied es sich unter anderem dadurch, daß es einen genauen Kreis bildete, für einen sehr langen Zeitraum benutzt wurde und offenbar ganz anderen Zwecken diente.

Graben und Wall sind auf Abbildung 115 am linken Bildrand zu erkennen. Vom Mittelpunkt der Anlage aus führte eine Art Prozessionsweg (die »Avenue«) nach Nordosten durch den Wall und über den Graben hinweg. Die zunächst etwa 13 m breite Straße verlief in Richtung Sonnenaufgang zur Sommersonnenwende. Rund 80 m vom Zentrum entfernt, errichtete man in der Avenue einen 5 m über den Erdboden aufragenden Steinpfeiler. Er ist unter dem Namen Heel-Stein (Fersen-Stein) bekannt geworden. Der Teufel hätte ihn, berichtet die Legende, nach einem Mönch geworfen, dessen Ferse noch auf dem Stein zu sehen wäre. Vielleicht sollte er früher ein Markierungszeichen für den Aufgang der Sonne am Beginn des Sommers darstellen, er könnte aber auch eine bestimmte Mondstellung am Horizont bezeichnet haben.

Damit sind wir bei einer der interessantesten Deutungen von Stonehenge. Schon die erste Phase der Kultstätte hätte eng mit Sonne und Mond in Verbindung gestanden. Neuen Auftrieb erhielten diese Hypothesen, als der Astronom Gerald Hawkins die Anlage mit Hilfe eines Computers analysierte. Außer dem Heel-Stein, meinte Hawkins, wären Steinpfeiler innerhalb des Walles von Stonehenge I so aufgestellt gewesen, daß sie als Visiermarken zum Horizont benutzt werden konnten. Auf diese Weise

115 *Luftbild von Stonehenge*

hätte man die Auf- und Untergangspunkte der Sonne zu Beginn der Jahreszeiten gekennzeichnet. Auch die nördlichsten und südlichsten Horizontpunkte des Mondes sollen mit diesen Visierpfeilern bestimmt worden sein.

Hawkins Thesen erregten anfangs die Gemüter. Im Prinzip wird jedoch die Konstruktion von Stonehenge I nach astronomischen Gesichtspunkten nicht mehr bestritten. Anders verhält es sich mit einer Hypothese, die sich auf die sogenannten Aubrey-Löcher bezieht. (John Aubrey war ein Altertumsforscher des 17. Jh., der diese Löcher entdeckte und beschrieb.) Sie treten als kleine weiße Kreise innerhalb des Walles in der linken und unteren Hälfte von Abbildung 115 hervor. Insgesamt sind es 56 Gruben in einem Kreis von nicht ganz 90 m Durchmesser. Die erwähnten Visierpfeiler standen nahe bei den Gruben bzw. innerhalb ihres Kreises. Steilwandig, mit flachem Boden, verschieden breit und tief sind diese Gruben bereits während der ersten Phase von Stonehenge wahrscheinlich aus kultischen Gründen mit Kreidesteinen, aber auch mit Knochennadeln, der Asche verbrannter Menschen und anderen Beigaben verfüllt worden. Hawkins und andere Fachleute spekulieren, die Aubrey-Löcher könnten zur Vorhersage von Sonnen- und Mondfinsternissen gedient haben. Verschiebt man eine Anzahl von Steinen in bestimmten Zeitabständen von Loch zu Loch, ver-

116 *So hat einst Stonehenge III ausgesehen*

185

mag man tatsächlich solche Finsternisse im voraus zu ermitteln. Die Aubrey-Löcher wären dann eine Art Rechenmaschine, ein »Computer der Steinzeit«, gewesen – eine verlockende, jedoch umstrittene Hypothese.

In die Mitte des Erdwerks von Stonehenge I ist während der dritten Phase der Kultstätte eine ganz ungewöhnliche Konstruktion aus Stein hineingebaut worden. Aus der Luft wird besonders deutlich, daß sie einen abgeschlossenen Bezirk für sich bildete. Etwa 900 Steinkreise des Neolithikums und der Bronzezeit lassen sich auf den britischen Inseln nachweisen. Aber kein anderer Kreis besitzt solche Eigentümlichkeiten wie der von Stonehenge III. Leider ist diese Anlage zu einem großen Teil zerstört worden, möglicherweise durch die Römer, die damit vielleicht die Macht der einheimischen Priester, der keltischen Druiden, brechen wollten.

Wir erkennen auf dem Flugbild aber noch den Torso eines äußeren Ringes, der aus 30 senkrecht stehenden, etwa 4 m hohen Steinpfeilern und quer darüber gelegten Decksteinen bestand. Auf diese Weise ergab sich ein Ring mit 30 Toren; er besaß einen Innendurchmesser von rund 30 m. (Vgl. dazu auch die Rekonstruktion von Stonehenge III, Abbildung 116.) Sein nördlicher Bogen ist am besten erhalten geblieben, wie wir auf Abbildung 115 sehen. Nach innen zu schloß sich ein unregelmäßiger Kreis aus vermutlich 59 kleineren Monolithen an, den sogenannten »Blausteinpfeilern«. Ihnen folgten fünf große, aus jeweils drei Steinen errichtete Tore. Diese Trilithen hatte man in Hufeisenform angeordnet. Das südlichste Tor war am größten, es maß 7,40 m Höhe. Die Achse des Hufeisens stimmte in ihrer Verlängerung genau mit der Richtung der Avenue überein. Schließlich gab es noch ein zweites, hufeisenförmiges Gebilde aus 19 Blausteinpfeilern innerhalb der fünf Trilithen. Abbildung 115 zeigt uns, daß von den großen Toren des Hufeisens drei stehen blieben und von dem vierten Tor noch ein Pfeiler vorhanden ist. Von den Blausteinen sind dagegen nur noch wenige an Ort und Stelle. Die Rekonstruktion (Abb. 116) vermittelt uns jedoch einen Gesamteindruck von dem monumentalen Bauwerk. Es ist hier ebenfalls schräg von oben wiedergegeben.

Planung und Ausführung dieser einzigartigen Anlage verdienen unsere uneingeschränkte Bewunderung. Ohne Zweifel bildete sie eine repräsentative Kultstätte, die nach Meinung von Hawkins die alte astronomische Tradition weiterführte. Tatsächlich ergeben sich durch die schmalen »Schlitze« zwischen den mächtigen Steinpfeilern der hohen Tore des Hufeisens und durch die breiteren Tore des äußeren Ringes eine Reihe von Visierlinien zu jahreszeitlich und astronomisch wichtigen Auf- und Untergangspunkten von Sonne und Mond am Horizont. Die 30 Tore des Außenringes, die von ihm umschlossenen 59 Blausteinpfeiler und die 19 Blausteine innerhalb des Hufeisens könnten ihrer Zahl nach gleichfalls eine astronomische Bedeutung besessen haben. Das vermutet Hawkins auch für die kreisähnlich angeordneten 59 sogenannten Y- und Z-Löcher außerhalb des 30-Tore-Ringes, die auf der Rekonstruktion (Abb. 116) dargestellt sind. (Wir dürfen diese Gruben nicht mit den 56 Aubrey-Löchern dicht innerhalb des Erdwalles verwechseln.) Wahrscheinlich haben einst vor dem ca. 5 m hohen sogenannten Altarstein, der in der Mitte von Stonehenge III aufgestellt war, Zeremonien und kultische Handlungen zu Ehren von Sonne und Mond stattgefunden.

Luftbilder vermitteln aber nicht nur informative Übersichten über Stonehenge, die zum besseren Verständnis der Anlage beitragen. Im Zusammenhang mit dem einstigen Heiligtum und seiner Avenue sind aus der Vogelschau auch wichtige neue Entdeckungen gelungen. Wir müssen dazu erwähnen, daß die Avenue während der zweiten Bauphase vor rund 4100 bis 4000 Jahren verbreitert worden ist. Man umgab sie auf beiden Seiten mit einem Wall und einem Graben. Die parallelen Wälle oder Dämme waren 21 m voneinander entfernt. John Aubrey hatte sie schon im 17. Jh. bemerkt, doch das geriet wieder in Vergessenheit. Dann wurde 1723 William Stukeley auf sie aufmerksam, ein Arzt und Landvermesser, der Stonehenge als erster näher untersuchte. Er gab der umwallten Straße auch ihren Namen: Avenue.

Sie verläuft, wie bereits erwähnt, anfangs nach Nordosten bis zu einer Entfernung von 663 m vom Zentrum der Kultstätte. Dort schwenkt sie nach Osten um und erstreckt sich weitere 786 m bis zur Spitze eines Hügels, wo sie scheinbar zwischen zwei Gruppen von Hügelgräbern endet. Stukeley ahnte, daß sie sich dennoch fortsetzte und nur durch das Pflügen des Bodens verwischt worden war. Nach seiner Meinung führte die Avenue geradeaus weiter zu einer alten Furt über den Avon.

Das war jedoch ein Irrtum, der erst 200 Jahre später durch die Luftbildarchäologie korrigiert wurde. Abbildung 117 läßt uns ihren wirklichen Verlauf erkennen. Von Osten (vom rechten Bildrand) her läuft sie hier ein Stück geradlinig und beschreibt dann einen großen Bogen durch ein mit Büschen bewachsenes Gelände. Ihre Richtung weist nun nach Südosten, nach dem heutigen West-Amesbury. Die Avenue verrät sich auf den Flugbildern allerdings nur durch zwei schmale parallele Linien. Es sind die ehemaligen Gräben neben den Wällen, über denen, da sie stärker mit Humus gefüllt sind, Gras und Getreide besser gedeihen.

Im Jahre 1923 begann Crawford, mit Hilfe der Luftaufnahmen die Avenue am Boden zu suchen. Bei Sondierungen stieß er tatsächlich auf die beiden Gräben rechts und links von der ehemaligen Avenue. Es waren V-förmige, mit Humus zugeschwemmte Einschnitte. Von den Wällen entlang der Straße war hier gar nichts mehr zu bemerken. Ihr weiterer Verlauf konnte jedoch durch die Luftbilder verfolgt werden. Fast 1 km nach ihrem Abbiegen in südöstliche Richtung traf sie auf den Avon. Wir verdeutlichen uns das an Hand von Abbildung 118.

Auf der Karte ist Stonehenge in seiner heutigen Umgebung wiedergegeben, mit Straßen und Hügelgräbern der Jungsteinzeit und Bronzezeit, die durch Punkte symbolisiert sind. Die Straße A 344 führt nördlich direkt an Stonehenge vorbei. Unmittelbar südlich von der A 344 steht der Heel-Stein. An ihrem nordöstlichsten Punkt, von Stonehenge kommend, gabelt sich die Avenue. Der nach Norden führende Zweig erreicht nach 804 m ein merkwürdiges Erdwerk, das vermutlich etwa zur gleichen Zeit wie Stonehenge I geschaffen wurde. Es wird von zwei parallelen, 91,4 m voneinander entfernten, von Gräben begleiteten Wällen gebildet, die sich über eine Strecke von ca. 2,8 km west-östlich hinziehen. Entdeckt wurde die riesige Anlage 1723 von William Stukeley. Er hielt sie für eine Rennbahn und nannte sie daher »Cursus«. In Britannien (aber nur dort) kennt man bisher mehr als 20 solcher Erdwerke. Das bei Stonehenge ist am zweitlängsten; das größte mißt rund 10 km. Einige der »Rennbahnen« stehen mit Hügelgräbern in Verbindung. Offenbar ist der Cursus auf ein langes Hügelgrab, einen Long barrow, an seinem Ostende ausgerichtet. Von ihm und dem Cursus ist auf dem Erdboden kaum noch etwas auszumachen. Vielleicht hatten derartige Anlagen mit dem Totenkult zu tun; sie könnten auch Prozessionswege gewesen sein.

Aber zurück zur Avenue! In ihrem südöstlichen Abschnitt wird sie von der modernen A 303 und dann von einer Nebenstraße überquert. Schließlich endet sie am Avon, wo dieser Stonehenge am nächsten kommt. Geschickt hat man für die Avenue die jeweils geringste Steigung des Terrains ausgewählt. Die durch Luftbilder ermittelte Streckenführung der Avenue klärt offenbar ein weiteres Problem. Während Stonehenge II wurden nämlich fast genau um die Mitte des Erdwerkes zwei konzentrische Kreise aus Blausteinpfeilern mit 23 bzw. 27 m Durchmesser errichtet. Aus unbekannten Gründen hat man jedoch beide Kreise nicht ganz vollendet. Die über 80 zwischen 4 und 5 t schweren Steine stammen höchstwahrscheinlich aus den Prescelly-Bergen in Wales, 217 km Luftlinie westlich von Stonehenge. Auf Flößen verstaut, wurden sie vermutlich in Küstennähe bis zur Mündung des Severn transportiert, dann auf zusammengekoppelte Boote umgeladen und über Flüsse sowie streckenweise über Land bis zum Treffpunkt der Avenue mit dem Avon beim heutigen West-Amesbury gebracht. Von hier aus hat man sie wohl auf dem von der Avenue bezeichneten Wege nach Stonehenge geschleppt. Im Gegensatz zu den Blausteinen sind die Sandsteinquader der fünf großen Trilithen und des äußeren Ringes von Stonehenge III aus den Hügeln von Marlborough rund 38 km nördlich von Stonehenge herbeigeschafft worden. Die Blausteinpfeiler wurden dann während der dritten Bauphase der Kultstätte in der bereits beschriebenen Weise neu aufgestellt. Obwohl sich Archäologen, Astronomen und andere Wissenschaftler schon lange intensiv mit Stonehenge beschäftigt und seine Baugeschichte erforscht haben, birgt die Anlage noch immer viele Rätsel. Nicht nur sie und der Cursus, sondern auch die zahlreichen Grabhügel lassen vermuten, daß die Landschaft dort im kultischen Sinne als besonders bedeutsam angesehen wurde.

Stonehenge ist ohne Zweifel der berühmteste Steinkreis auf den britischen Inseln, aber er ist nicht der größte. Sein Ruhm überschattet die **Avebury**

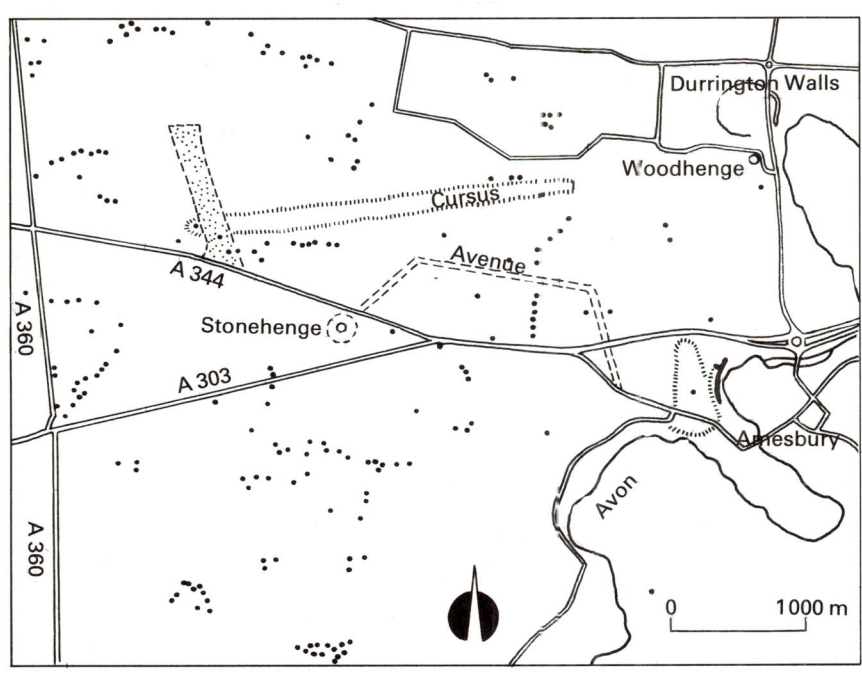

117 *Auf Luftbildern wurde der Verlauf der Avenue nach Stonehenge deutlich*

118 *Karte von Stonehenge und Umgebung*

Kreise von Avebury, und das eigentlich zu unrecht. Als John Aubrey am 7. Januar 1648 zufällig auf Avebury stieß, war er, wie er schrieb, »wunderbar überrascht«. Avebury, verkündete er begeistert, übertrifft Stonehenge an Größe wie eine Kathedrale eine gewöhnliche Pfarrkirche!

Man findet Avebury etwa 22 km nördlich von Stonehenge. Ein Luftbild, schräg aufgenommen (Abb. 119), verrät uns sofort eine Menge über die grandiose Anlage. Auch Avebury ist ein Erdwerk mit Wall und innen liegendem Graben. Es besitzt vier Eingänge, nämlich im Nordnordwesten, Westsüdwesten, Südsüdosten und Ostnordosten. Wir blicken von Südosten nach Nordwesten auf das Erdwerk, das in ost-westlicher Richtung (von rechts unten nach links oben) eine neuzeitliche Straße durchquert. Von den anderen beiden Eingängen aus führen ebenfalls Straßen ins Innere, aber in unterschiedlichem Winkel, so daß sie nicht im Zentrum zusammentreffen (vgl. Abb. 122).

Das Luftbild verdeutlicht uns, warum wir von Avebury zu ebener Erde keinen geschlossenen Eindruck mehr erhalten. Auf dem Wall und an den Straßenrändern wachsen hohe Bäume. Häuser des Dorfes Avebury reihen sich entlang der Ost-West-Straße; der Hauptteil des Dorfes ist am Rande des Westsektors, über dem dort zerstörten Wall und Graben, und jenseits davon errichtet worden. Das Innere des Erdwerkes wird zum größten Teil

119 *Blick auf Kultstätte und Dorf Avebury*

190

120 *Südwestlicher Wall und Graben von Avebury*

von Feldern eingenommen. So ist die Sicht im Erdwerk selbst behindert. Nur aus der Luft können wir es noch in vollem Ausmaß überblicken. Am linken Rand von Abbildung 119 bemerken wir am südwestlichen Grabenabschnitt auch eine Reihe von Steinpfeilern. Weiter nach der Mitte zu bilden solche Steine ebenfalls einen Viertelkreis. Wir wollen uns das außerdem ganz aus der Nähe betrachten. Abbildung 120 stellt uns ein Stück vom südwestlichen Wall und Graben sowie die sich anschließende Steinreihe vor.

Wegen des sehr fragmentarischen Zustands erwies sich eine Rekonstruktion der Gesamtanlage von Avebury als sehr schwierig. Wie sie vor etwa 4000 Jahren ausgesehen haben könnte, ist auf Abbildung 121 aus der Vogelschau wiedergegeben. Hier sind Wall und Graben im Blick von Süd nach Nord sehr plastisch hervorgehoben. Um eine angemessene Vorstellung von der gewaltigen Kultstätte zu vermitteln, führen wir, auch zum Vergleich, eine Reihe von Zahlen an, die die Ausmaße der Anlage verdeutlichen sollen.

Der Wall besaß einen äußeren Umfang von ca. 1353 und einen Durchmesser von rund 430 m; er umschloß also eine Fläche von 14,5 ha. Die Grundfläche des Walls war 22,9 bis 30,5 m breit; seine Höhe betrug ungefähr 6,7 m. Man hat das Material dafür aus dem Graben gewonnen, indem man mit Geweihhacken die anstehende Kreide aufbrach und 7 bis 10 m tief aushob. Dadurch entstand ein Graben mit einer oberen Breite von 21,3 und einer unteren Sohlenbreite von 4,5 m. Fast 200 000 t Kreide mußten dabei losgelöst und zu dem Wall aufgeschüttet werden! Interessant ist in diesem Zusammenhang ein Vergleich mit Stonehenge I, das nur 100 m im Durchmesser maß, und dem Erdwerk von Windmill Hill, das 2,4 km nordwestlich von Avebury entfernt ist. Als größter Durchmesser des ovalen Erdbrückenlagers wird 380 m angegeben, als Flächeninhalt 8,5 ha. Für die Gräben und Wälle von Windmill Hill waren schätzungsweise 120 000 Arbeitsstunden erforderlich, für Damm und Graben von Avebury jedoch vermutlich 1 560 000! Wenn, so rechnet man, in Avebury 750 Menschen jährlich nach der Ernte zwei Monate lang täglich 10 Stunden arbeiteten, könnten sie in vier Jahren den Graben ausgehoben und den Damm errichtet haben. Ob die Arbeit tatsächlich länger dauerte oder in kürzerer Zeit bewältigt wurde – die dabei vollbrachte Leistung setzt uns noch heute in Erstaunen.

Aber sie betraf ja nur einen Teil der Avebury-Kultstätte. Die Abbildungen (119–121) zeigen uns Steinpfeiler, die gleichfalls zu ihr gehörten. Die schwersten Steine besaßen vermutlich ein Gewicht von 50 bis 60 t. Wie die Sandsteine des Tore-Ringes und der Trilithen von Stonehenge III mußten sie aus den Hügeln von Marlborough herbeigeschleppt werden. Im Gegensatz zu denen in Stonehenge hat man sie jedoch nicht besonders zurechtgehauen. Um sie aufzustellen, müßten mindestens 200 Menschen mit Hand angelegt haben. Selbst für das Aufrichten der kleineren Steine war die Kraft von etwa 50 Männern nötig.

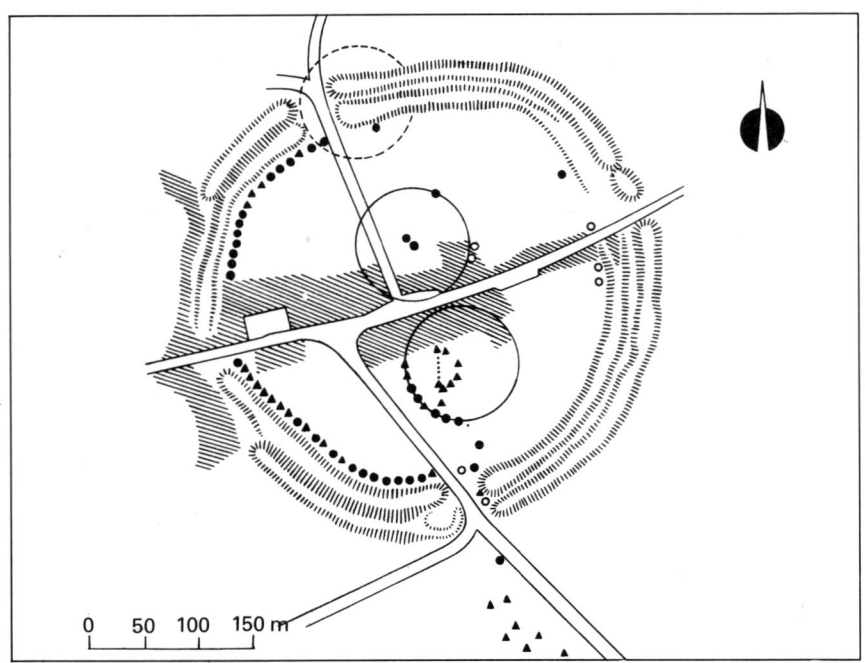

121 *Avebury vor etwa 4000 Jahren*

0 50 100 150 m

122 *Grundriß von Avebury. Schraffierte Flächen symbolisieren moderne Überbauungen*

Der direkt an den Graben anschließende Steinring von Avebury war der weitaus größte in Britannien. Sein mittlerer Durchmesser betrug rund 332 m. An den Eingängen im Südsüdosten und Nordnordwesten standen die wohl längsten Pfeiler paarweise beieinander. Auf dem Luftbild (Abb. 119) sind noch zwei dieser Pfeiler rechts neben der Südsüdost-Straße deutlich zu sehen.

Merkwürdigerweise haben sich die Erbauer von Avebury aber nicht mit diesem riesigen Steinkreis begnügt. Sie fügten ihm noch mindestens zwei weitere ein, den einen in der Nord-, den anderen in der Südhälfte der Anlage. Beide Ringe zählen ebenfalls zu den größten ihrer Art, obwohl sie sich gegenüber dem äußeren Steinkreis klein ausnehmen. Der nördliche Ring wies 97 m Durchmesser auf und bestand offenbar aus 27 Steinen. Vielleicht hat er noch eine zweite kreisförmige Steinsetzung umschlossen. Im Zentrum waren drei Monolithen so angeordnet, daß sie einen kleinen, nach Nordosten offenen Bogen bildeten. Beim südlichen Ring ermittelten die Archäologen rund 103 m Durchmesser und 29 Steine. Etwa im Zentrum ragte ein einzelner, 6,3 m langer Stein auf, den William Stukeley »Obelisk« nannte. Zwischen ihm und dem westlichen Bogen des Kreises fand sich eine rätselhafte Steinsetzung. Acht kleinere Steine waren nebeneinander von Nord nach Süd aufgereiht. Von ihren Enden zweigten weitere Steine ungefähr in östliche Richtung ab. Nahe am Südrand des Kreises erhob sich gleichfalls ein Steinpfeiler und südlich davon, außerhalb, ein als Ringstein bezeichneter Monolith, der am oberen Ende durchbohrt war.

Die aus der Vogelschau dargestellte Rekonstruktion des Heiligtums (Abb. 121) verdeutlicht uns auch, daß zum Eingang im Südsüdosten eine Allee aus Steinen führte. Ihre Struktur und ihren Verlauf vermochte man gleichfalls zu erforschen. Beide Seiten der rund 15 m breiten Allee wurden von Steinblöcken gesäumt, die in der Regel 24 m voneinander entfernt standen. Auf einen schlanken Pfeiler folgte stets ein gedrungener, rhombus- oder rautenförmiger Stein. Manche Archäologen vermuten daher, mit diesem regelmäßigen Wechsel sollte ein Dualismus gekennzeichnet werden, der das Männliche und das Weibliche symbolisierte und mit einem Fruchtbarkeitskult verbunden war. Am Fuße von einigen Steinen stieß man auf menschliche Skelette, die als eine Art Weiheopfer interpretiert werden können.

In diesem Zusammenhang ist noch zu erwähnen, daß auch in dem großen Umfassungsgraben von Avebury menschliche Skelettteile lagen: Knochen von Oberarm und Unterarm, Oberschenkel und Wadenbein sowie Unterkiefer und Schädelbruchstücke.

Die meisten Steine der Allee waren 2 bis 4 m hoch, andere kleiner. Jene Stellen, an denen eine leichte Richtungsänderung erfolgte, hatte man jedoch durch besonders große Steine markiert. Einst wurde die als West Kennet Avenue bezeichnete Allee von ca. 200 Steinen begrenzt. Von Avebury aus südöstlich verlaufend, endete sie nach 2340 m auf dem Overton Hill. Hier befand sich eine ungewöhnliche Kultstätte: The Sanctuary (Das

Heiligtum) genannt. An ihm führt heute die A 4 vorbei (vgl. Abb. 128). Das Sanctuary war anscheinend ein mehrfach umgebauter und erweiterter Holz»tempel«, der schließlich in seinem Inneren einen Steinkreis beherbergte und auch außen von einem solchen Kreis umgeben war. Auf andere Holztempel in Südengland kommen wir im folgenden Kapitel noch zurück.

Weit über drei Jahrtausende blieb Avebury in seinem ursprünglichen Zustand erhalten. Hier sind offenbar auch noch lange alte Kulte ausgeübt worden, die der Kirche ein Dorn im Auge waren. Daher wurde zu Beginn des 14. Jh. ein Stück des westlichen Wallteiles eingeebnet und der Graben dort verfüllt. Außerdem stürzte man viele Steine um und vergrub eine Anzahl von ihnen. Im Südwestabschnitt des äußeren Steinringes geriet ein Bader und Wundarzt, der bei diesem Zerstörungsakt half, unter einen der gewaltigen Monolithen und wurde dabei zerquetscht. Die Archäologen fanden noch seine Überreste sowie seine Scheren, Sonden und drei Münzen in einem Lederbeutel.

Am schwersten wurde Avebury jedoch erst am Ende des 17. und zu Beginn des 18. Jh. verwüstet. Um billiges Baumaterial zu gewinnen, riß man fast alle Steine der verschiedenen Ringe, der West Kennet Avenue und einer anderen Allee, die sich von Avebury nach Südwesten bis zu dem Ort Beckhampton erstreckte, nieder und zerschlug sie. William Stukeley hat diese Zerstörungswut öfters beobachtet und drastisch beschrieben. Mit kleinen und großen Hämmern, Zangen und Stangen ging man den mächtigen Brocken zu Leibe. Man grub große Löcher, um sie zu Fall zu bringen, und ließ sie in lodernden, mit Stroh und Holz genährten Feuern zerbersten. Stukeley kam es vor, als ob die beteiligten Männer wie eine Rotte von Teufeln mit schrecklichem Gebrüll statt der Steine die Seele irgendeines armen Sünders rösten wollten.

Bei einem solchen Raubbau verwundert es nicht, daß von den Steinkreisen und Avenuen Aveburys fast nichts mehr übrigblieb. In die Anlage baute man einen Teil des Dorfes und die Straßenkreuzungen. Nun ist die uralte Kultstätte nur noch aus der Luft überschaubar. Durch Ausgrabungen, die in größeren Abständen seit 1865 stattgefunden haben, ist es jedoch gelungen, das Heiligtum im wesentlichen zu rekonstruieren und zu restaurieren. Besonders erfolgreich war man dabei zwischen 1934 und 1939. Was damals von der Gesamtanlage und dem nördlichen Teil der West Kennet Avenue wiederhergestellt werden konnte, zeigt uns der Grundriß in Abbildung 122. Daß man im Mittelalter zahlreiche Steine vergraben hatte, um die alten Kulte zu ächten und zu bannen, erwies sich für die Archäologen als Glücksfall. So waren die Monolithen nämlich den Steinräubern entgangen. Man legte sie frei und stellte sie an ihrem ursprünglichen Ort wieder auf. Immerhin sind es über 40 Steine, die auf diese Weise gerettet wurden und uns nun eine bessere Vorstellung von der ehemaligen Kultstätte vermitteln. Wo man noch den Standort zerstörter Steine ausfindig zu machen vermochte, kennzeichnete man ihn durch

kleine Betonkegel. In einem Museum im Dorfe Avebury sind auch Stein-
äxte zur Schau gestellt, die einst von weitgereisten Pilgern aus Nord- und
Südwales, Cornwall, Westmoreland und aus anderen Gegenden Britanniens mitgebracht worden sein müssen. Die Funde bezeugen, daß Aveburys Ruhm lange viele Menschen anlockte.

In den zwanziger Jahren unseres Jahrhunderts gelangen durch die Luftbildarchäologie besonders in Südengland große Entdeckungen. Dazu gehörte auch der Fund einer Kultstätte, deren Typ man bis dahin noch nicht
gekannt hatte. Sie gehörte jedoch ebenfalls zu den Henge-Anlagen. (So
nennt man die kreisförmigen Steinsetzungen in Britannien.) Da sie sich
aber nicht durch Stein-, sondern durch Holzringe auszeichnete, nannte
man sie im Gegensatz zu Stonehenge Woodhenge.

Das betreffende Gelände betrachten wir schräg von oben (Abb. 123). Es
befindet sich etwas über 3 km ostnordöstlich von Stonehenge (vgl.
Abb. 118). Zum Zeitpunkt der Aufnahme wuchs dort Weizen, der gerade in
die Ähren schoß. Von den zwei Straßen, die das Gelände durchqueren,
führt die A 345 in der rechten Hälfte (schräg durchs Bild) nach Amesbury.
Unmittelbar südlich der zum oberen Bildrand abzweigenden zweiten
Straße sehen wir ein helles Rechteck. Es ist ein Stück brachliegendes
Land, das zum Aufstellen von Getreideschobern benutzt wurde. Über die
gesamte Bildfläche ziehen sich helle parallele Linien: tief gepflügte Furchen, die den Kreideboden stärker zum Vorschein bringen. Wo einst Löcher oder Gräben ausgehoben worden sind, hat sich eine dickere Humus-

*123 Woodhenge in
Südengland wurde
durch ein Luftbild
entdeckt*

0   10   20 m

schicht angesammelt, die nun dem Getreide bessere Wachstumsbedingungen bietet. Der Weizen fällt deshalb an diesen Stellen durch ein dunkleres Grün auf. Dadurch werden alte Bodenstörungen sichtbar. Links von der Straße nach Amesbury bemerken wir sie als dunkle Ringe. Einst waren das Gräben, die Hügelgräber einschlossen. Runde Flecken im Inneren weisen auf die Grabstätten oder andere ehemalige Vertiefungen hin.

Positive Bewuchsmerkmale markieren neben dem Treffpunkt der beiden Straßen, dicht bei der brachliegenden Fläche, auch einen breiten Ring und in seinem Inneren die Spuren zahlreicher kreisförmig angeordneter Gruben. Zu ebener Erde fällt hier nur eine leichte Erhebung auf, die man für ein besonders großes Hügelgrab hielt. Doch die Luftbilder zeigten, daß das nicht der Fall sein konnte. Bei den Archäologen weckten die Fotos daher größtes Interesse. Im August 1926 setzten sie an der betreffenden Stelle den Spaten an. Ihre Aktion erbrachte sehr überraschende Ergebnisse.

Sie fanden die Relikte einer Anlage, die vermutlich geschaffen wurde, als Stonehenge I gerade in Blüte stand. Insgesamt besaß sie einen Durchmesser von ca. 77 m. Die äußere Umgrenzung bildeten ein Wall und ein Graben (Abb. 124). Beide umgaben sechs konzentrisch angeordnete Pfostenringe. (Durch Holzreste ließ sich nachweisen, daß in den Gruben, die sich auf dem Luftbild deutlich abheben, Pfosten gestanden haben müssen.) Von außen nach innen zählte man in den ovalen bzw. eiförmigen Ringen der Reihe nach 60, 32, 16, zweimal 18 und 12 Löcher.

Wie waren diese Details zu interpretieren? Hatte hier etwa ein Tempel aus Holz gestanden? Die Ausgräber versuchten, nach den Befunden ein solches Gebäude zu rekonstruieren. Abbildung 125 führt uns dieses hypothetische Bauwerk vor Augen. Zur besseren Übersicht ist es aus der Vogelperspektive wiedergegeben. Der Eingang durch den Wall und über den Graben (im Nordosten gelegen) ist in der rechten unteren Bildecke dargestellt. Er geleitete zu einem rundlichen Tempel mit einem Lichthof in der Mitte. Die besonders starken Pfosten des dritten Ringes (von außen gezählt) trugen den Dachfirst, während auf den dünneren und kürzeren Holzstämmen in den anderen Ringen das sich nach innen und außen senkende Dach ruhte. Erinnern wir uns daran, daß das »Sanctuary« auf dem Overton Hill nahe Avebury anscheinend gleichfalls ein Tempel aus Holz war!

Im Woodhenge gab es noch andere beachtenswerte Funde. Quer über der Längsachse der sechs Ringe lag unweit von der Mitte ein Kindergrab. Das etwa dreijährige Kind war in Hockerstellung bestattet worden. Man hatte ihm vorher den Schädel gespalten. Offenbar handelte es sich um ein Bau- oder Weiheopfer. Außer den in Ringen angeordneten Pfostenlöchern entdeckte man noch sechs andere Gruben, von denen vier vielleicht Hilfspfähle aufgenommen hatten, die für die Orientierung des Monumentes benötigt wurden. Ein Loch im südlichen Teil des zweiten Ringes von außen hatte anscheinend einen großen Stein enthalten. Was die Längsachse der Pfostensetzungen betrifft, so wies sie mit erstaunlicher Genauigkeit zum damaligen Aufgangspunkt der Sonne während der Sommersonnenwende. Zufall war das sicher nicht. Es ist jedoch seltsam, daß die Längsachse und der Eingang im Nordosten nicht auf einer Linie liegen (Abb. 124). Möglicherweise ist das durch zwei verschiedene Bauphasen oder durch eine Änderung des ursprünglichen Bauplans zu erklären.

Alexander Thom, lange Jahre Professor für Ingenieurwissenschaften in Oxford, hat zusammen mit seinem Sohn Archibald Stevenson Thom viele urgeschichtliche Anlagen in Britannien und Nordfrankreich vermessen und analysiert. Nach seiner Meinung ist bei der Errichtung der verschiedenartigen Kultstätten ein Einheitsmaß verwandt worden, das er »Megalithisches Yard« nannte. Man könnte es auch als »Megalithische Elle« (abgekürzt ME) bezeichnen. Sie soll 0,829 m lang gewesen sein. Darüber hinaus hätten die Menschen der Jungsteinzeit schon komplizierte geometrische Figuren konstruieren können: Kreise, auf einer Hälfte abgeflachte Kreise, Ellipsen, Eiformen bzw. Ovale. Dabei wären sie von rechtwinkligen pythagoreischen Dreiecken ausgegangen. Ihre Stein- und Pfostensetzungen würden davon zeugen, daß man die Durchmesser nach ganzen Vielfachen der ME bestimmte und solche Vielfache ebenfalls bei den Umfängen anstrebte. In Woodhenge haben die Baumeister nach Alexander Thoms Untersuchungen die Durchmesser der eiförmigen Ringe so festgelegt, daß ihre Umfänge stets ein Vielfaches von 20 ME ergaben. Die einzelnen Ringe besaßen daher (von außen nach innen) jeweils einen Umfang von 160, 140, 100, 80, 60 und 40 ME. Betrachtet man sich den Grundriß von Woodhenge und dazu Thoms vermutete Konstruktion, sind allerdings Abweichungen der Ringe von ihrer angenommenen Idealform nicht zu übersehen. Doch ob nun Woodhenge in seinem Inneren aus einem Gebäude oder nur aus ringförmigen Pfostensetzungen (ähnlich den Steinringen) bestand: Bestimmte Zahlenverhältnisse könnten bei der Planung des Heiligtums schon eine Rolle gespielt haben. Übrigens ist die Lage der Pfostenlöcher von den Ausgräbern durch Betonklötze markiert worden. So vermag man sich an Ort und Stelle noch einen Eindruck von Gestalt und Größe der Ringe zu verschaffen.

Woodhenge war die erste Entdeckung dieser Art; ihr folgten bald andere nach. Ähnliche Pfostensetzungen gab es sogar ganz in der Nähe des ersten Fundes. Fast unmittelbar nördlich von Woodhenge liegt nämlich Durrington Walls, ein riesiges Erdwerk mit einem Gesamtdurchmesser von über 500 m (vgl. Abb. 118)! Die Anlage ist also noch größer als Avebury und besitzt einen fünfmal so großen Durchmesser wie das Erdwerk von Stonehenge I!

Zwischen 1966 und 1968 ist der Ostsektor von Durrington Walls im Zuge einer Straßenbegradigung teilweise ausgegraben worden. Dabei stieß man auf die Spuren von zwei Pfostenrotunden, die etwa von Nord nach Süd 121 m voneinander entfernt waren. Die südliche Rotunde vermochte man zu rekonstruieren. Sie hatte zunächst aus vier Pfostenringen mit 30,50 m maximalem Durchmesser bestanden und war dann durch sechs

125 *Woodhenge war einst vielleicht ein Kultbau aus Holz*

Pfostenkreise mit 38,90 m Gesamtdurchmesser ersetzt worden. Offenbar sind innerhalb von Wall und Graben noch mehr solcher Ringe vorhanden gewesen, aber eben anders als in Avebury aus Holzstämmen und nicht aus Steinen. Durrington Walls scheint mindesten 4000 Jahre alt zu sein. Die beiden Eingänge der Anlage weisen nach Nordwesten und nach Südosten, also in Richtung auf den Sonnenuntergang zur Sommersonnenwende und den Sonnenaufgang zu Beginn des Winters.

Erwähnenswert ist auch ein Woodhenge, der bei Arminghall südlich der Stadt Norwich im Verwaltungsbezirk Norfolk am 18. Juni 1929 aus der Luft aufgespürt wurde. Wie der Woodhenge bei Durrington Walls wurde er von Fliegeroberstleutnant Insall entdeckt. Dieser bemerkte ein dunkles Muster im Gras, das aus zwei konzentrischen Ringen und acht oder neun dunklen Flecken auf der von ihnen eingeschlossenen Fläche bestand (Abb. 126). Insalls Fotos regten die Archäologen an, hier ebenfalls Nachforschungen vorzunehmen.

Ihre Ergebnisse vergleichen wir mit Abbildung 127. Die durch positive Wachstumsmerkmale hervorgetretenen Ringe entpuppten sich, wie vermutet, als ehemalige Gräben. Von Außenrand zu Außenrand maß man bei dem äußeren Graben rund 80 m Durchmesser. Das aus den Gräben gewonnene Material war zwischen ihnen zu einem ca. 15 m breiten Wall aufgeschüttet worden. Im Laufe der Zeit hat man ihn stark zerpflügt, so daß er heute kaum noch wahrnehmbar ist. Von beiden Gräben war er durch Böschungsabsätze getrennt. Der breitere Innengraben war oben 8,40 m weit und durchschnittlich 2,30 m tief.

Auf der zentralen Fläche der Anlage konnte man acht ehemalige Pfo-

126 Der Woodhenge bei Arminghall verriet sich ebenfalls durch Bewuchsmerkmale

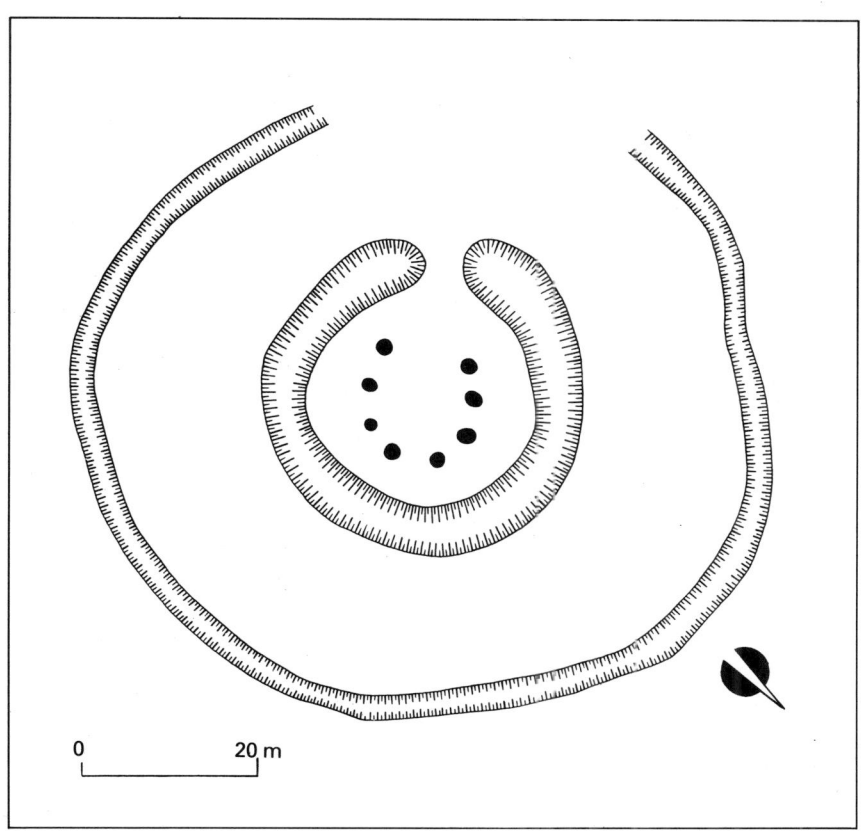

0   20 m

stenlöcher nachweisen, in denen noch Reste von Eichenholz erhalten wa-ren. Eines der Löcher hatte man bis zu 2,25 m Tiefe ausgehoben. Die ande-ren werden kaum weniger tief gewesen sein. In solchen Gruben vermochte man 10 m lange oder noch längere Pfosten sicher zu verankern. Bei einem der Pfosten ließ sich ein Durchmesser von ca. 0,90 m ermitteln. Der Baum, von dem das Holz stammte, dürfte etwa 100 Jahre alt gewesen sein. Mit Hilfe von schräg gegrabenen Rampen hatte man die mächtigen Holzstämme einst in die Löcher gleiten lassen und sie dann vermutlich mit Stricken in die Senkrechte gezogen. Das gleiche Verfahren hat man offen-bar auch im zuerst entdeckten Woodhenge angewandt. Dort legten die Ar-chäologen ebenfalls Rampen frei, die in die Pfostenlöcher hineinführten. Beim Woodhenge von Arminghall war der Abstand der Pfostensetzungen voneinander unterschiedlich. Zusammen bildeten die Holzpfeiler eine Huf-eisenform mit der Öffnung nach Südsüdosten (vgl. Abb. 127). In dieser Richtung lagen auch die Erdbrücken über die Gräben. Als man die Anlage schuf, wird man erst die Pfosten aufgestellt und dann die Gräben und den Wall hinzugefügt haben. Vermutlich war das vor über 4000 Jahren. Wood-henge bei Arminghall diente sicher gleichfalls als Kultstätte. Sie besaß je-doch verhältnismäßig wenig Pfosten und war bei weitem nicht so kompli-ziert wie der Woodhenge neben Durrington Walls.

Wiltshire in Südengland ist für die Archäologen ein ganz besonders fundreiches Gebiet. An Kultstätten dort haben wir uns schon Windmill Hill, Stonehenge, Avebury und Woodhenge aus der Luft betrachtet. Ein anderes, sehr bemerkenswertes Bauwerk in dieser Gegend wollen wir ebenfalls noch aus der Vogelperspektive anschauen. Es ist Silbury Hill, der größte künstliche Hügel Europas.

Er liegt etwa 1,4 km südlich von Avebury, von dessen Mitte aus gemessen (Abb. 128). Das Flugbild zeigt ihn uns mit dem Blick von Nord nach Süd (Abb. 129). Im Hintergrund, am oberen Bildrand, läuft eine moderne Straße, die A 4, entlang. Sie führt von Marlborough nach Bath. Dicht bei ihr zweigt im Südsüdwesten des Hügels eine Erdbrücke über den Graben ab, der die mächtige künstliche Aufschüttung umgibt. In dem Graben hat sich Wasser angesammelt. Der Hügel selbst ist kegelförmig. Sein Gipfel wird jedoch nicht von einer Spitze, sondern von einer Plattform gebildet, die einen Durchmesser von 30 m besitzt. Nur aus der Luft erkennt man so deutlich, daß sich diese Plattform durch einen Absatz oder eine Stufe vom übrigen Hügel abhebt. Die Höhe dieses Absatzes beträgt rund 5 m. Insgesamt wirkt die Erhebung wie ein riesiger runder Pudding, dessen regelmäßige Böschungen in einem Winkel von 30° über der Grundfläche ansteigen. Es ist ein majestätischer »Pudding« mit 40 m Höhe, etwa 168 m

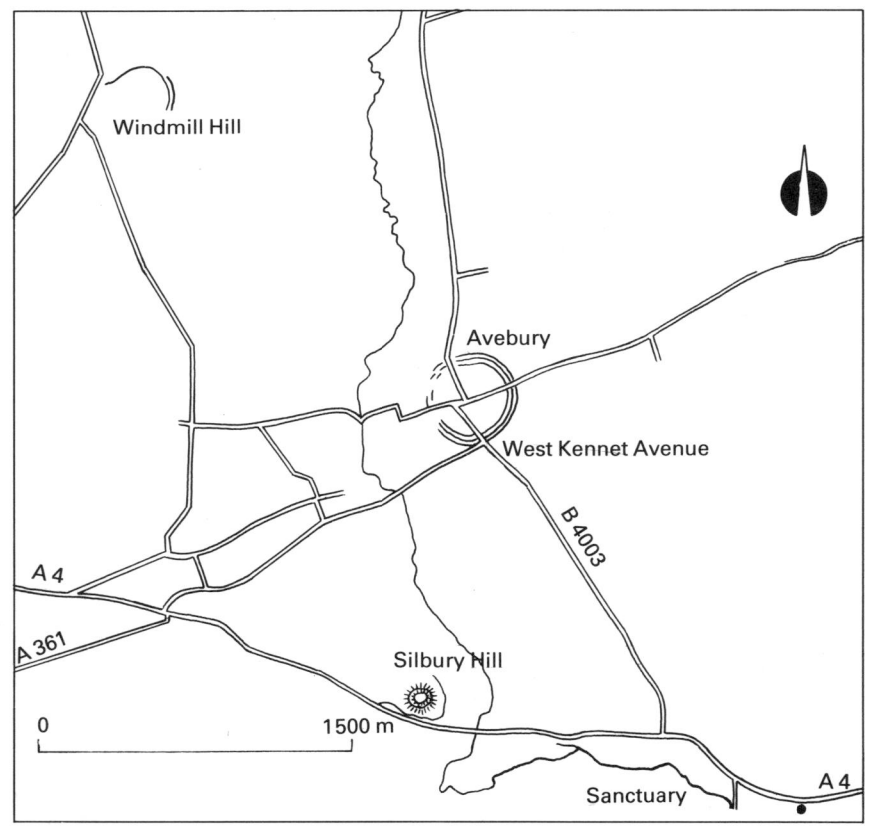

128 *Karte der Umgebung von Avebury mit Silbury Hill*

Durchmesser, 2,2 ha Grundfläche und ca. 350 000 Tonnen aufgetürmten Materials aus Kreide, Erde und Kies!

Natürlich hat dieses auffällige Gebilde seit langem Neugier und Interesse erregt. Auch die Legende hat sich seiner bemächtigt. Ein König namens Sil (oder Zel) soll in ihm begraben sein. Um das Geheimnis des rätselhaften Hügels zu lüften, legte 1776/77 ein Trupp kühner Bergleute aus Cornwall unter Leitung des Herzogs von Northumberland und seines Freundes, Oberst Drax, einen senkrechten Schacht vom Zentrum des Gipfels aus an. Er reichte 30 m tief hinab. Man fand jedoch kein Grab, sondern nur ein Stück Eichenholz.

Den nächsten größeren Versuch zur Ergründung von Silbury Hill unternahmen 1849 der Dekan von Hereford, John Merewether, und der Eisenbahn- und Vermessungsingenieur Henry Blandford. Ihre Arbeiter trieben von Süden her einen Tunnel in den Hügel, indem sie dabei der ursprünglichen Oberfläche folgten. Doch ihre Bemühungen, etwas Besonderes zu entdecken, blieben ebenso erfolglos. Wahrscheinlich spornte das Neugier und Wissensdrang nur noch mehr an. 1867 untersuchte die Archäologische Gesellschaft von Wiltshire, ob die alte römische Straße von Cunetio (heute Mildenhall) nach Aquae Sulis (Bath) im Hügelgebiet geradlinig weiterverlaufen war oder nicht. Wie sich herausstellte, hatte sie um Sil-

129 Der kegelförmige Hügel Silbury Hill

bury Hill einen Bogen beschrieben. Damit war klar, daß der Hügel älter sein mußte als die Straße der römischen Invasoren. Und schließlich sondierte man 1886 den Graben, um dessen ehemalige Tiefe zu ermitteln. Sinn und Zweck von Silbury Hill blieben jedoch weiterhin verborgen. Sogar dem berühmten Ägyptologen Sir William Flinders Petrie war 1922 kein Erfolg beschieden, als er von der Erdbrücke aus versuchte, den vermuteten Eingang zu einer Grabkammer aufzuspüren.

So bildete der rätselhafte Kegel für Archäologen und die interessierte Öffentlichkeit eine unbewältigte, zu neuen Taten anspornende Herausforderung. Luftbilder wie Abbildung 129 vermittelten eindrucksvolle Ansichten von allen Seiten des Hügels, seines Grabens und seiner Umgebung, doch zu röntgen vermochten sie den konischen Koloß nicht. Moderne geophysikalische Methoden, mit denen man ihm 1959 zu Leibe rückte, verrieten nur, daß er nicht homogen aufgebaut war. Hohlräume zeigten sie aber nicht an. Deshalb unternahm man 1967/68 eine wohl vorläufig letzte Aktion, die die Fernsehanstalt der BBC finanzierte. Zum Leiter der bisher aufwendigsten und umfangreichsten Forschungen in Sachen Silbury Hill wurde Richard J. C. Atkinson berufen, ein ausgezeichneter Kenner der Wiltshire-Monumente. Atkinson hat auch in Stonehenge gegraben und ein sehr informatives Buch über Geschichte und Anlage dieser Kultstätte verfaßt.

Nun konnten die Fernsehzuschauer am Bildschirm verfolgen, wie man mit einem neuen Tunnel ins Hügelinnere vorstieß. Man plazierte ihn so, daß er innerhalb des Kegels den alten Tunnel von 1849 erreichte (sein Eingang war längst wieder verschüttet) und fortführte. Außerdem legte man Nebengänge an, die den verschiedenen Schichtungen des Hügels folgten. Graben, Böschungen und Gipfel wurden ebenfalls genau unter die Lupe genommen. Von einem Grab fand sich keine Spur. Dafür erzielte man endlich Klarheit über Aufbau und Struktur von Silbury Hill.

Der Hügel ist in vier Bauphasen errichtet worden. Die erste begann vor etwa 4600 Jahren, also bald nach Vollendung des Erdwerks von Stonehenge I. Auf einem schon vorhandenen Kreidesporn schüttete man einen konischen Hügel von 36 m Durchmesser und 5 m Höhe auf. Sein Kern barg eine Torfschicht, in der sich viele Pflanzen- und Insektenreste erhalten hatten, aus denen man mit Hilfe des sogenannten Radiokarbontestes eine Altersbestimmung für diese erste Bauphase zu erzielen vermochte.

Auf Silbury I folgte Silbury II. Um den künstlichen Hügel wurde ein Graben ausgehoben und mit dessen Material der Kegel vergrößert. Damit dieser möglichst stabil blieb, errichtete man rund herum und nach dem Zentrum zu Mauern aus Kreidesteinen. Die Zwischenräume verfüllte man mit Kreideschutt, Erde und Kies. 73 m maß der neue Hügel im Durchmesser. Doch offenbar war man mit ihm nicht zufrieden. Schon bald nach seiner Fertigstellung schüttete man den Graben wieder zu, um eine größere Fläche für einen noch höheren Kegel zu gewinnen. Stufenförmig konstruiert, kennzeichnet er die Phase III von Silbury. Während Phase IV füllte man diese Stufen oder Absätze so aus, daß rundum glatte Außenflächen entstanden. Nur die letzte Stufe unterhalb des Gipfels blieb, wie sie war und wie sie noch heute auf dem Luftbild klar zu erkennen ist. Um auch sie zu erforschen, ließ Atkinson zwei Sonden quer durch sie hindurchtreiben. Dabei entdeckte er, daß es hier im frühen Mittelalter eine hölzerne Befestigung gegeben hatte. Auf dem Plateau selbst fanden sich konzentrische Mauern aus Kreideblöcken wie im Innern des Hügels.

Für Silbury Hill I bis IV wurden schätzungsweise 18 000 000 Arbeitsstunden benötigt! Wenn 500 Menschen den ganzen Herbst hindurch mit dem Bau des Hügels beschäftigt waren, könnten sie ihr Werk in 50 Jahren vollendet haben. Arbeiteten sie jedoch während aller vier Jahreszeiten, hatten sie wohl schon nach 15 Jahren ihr Werk beendet. Warum haben sie diese ungeheure Mühe auf sich genommen? Wollten sie wirklich für einen Toten oder für mehrere Verstorbene ein immer höheres Grabmal errichten? Dann müßte man doch noch Spuren einer solchen Grabstätte finden! Oder wollte man nicht eher einen Berg auftürmen, um den Göttern näher zu sein? Diente etwa die Plattform dazu, hier die Gottheiten anzuflehen, ihnen Opfer zu bringen, Zeremonien für sie auszuführen und Feste zu ihren Ehren zu feiern? Wir wissen es nicht. Aber wir können zu diesen Vermutungen Beispiele von anderen künstlichen Bergen nennen.

Begräbnisstätten waren, wie allgemein bekannt, die altägyptischen Pyramiden, die nicht eine runde, sondern eine quadratische Grundfläche besitzen. Die ältesten von ihnen stammen etwa aus der Zeit von Stonehenge I und Silbury Hill. Gewiß hat man mit den Pyramiden auch die Vorstellung von Bergen verbunden. Viel stärker begegnen wir dieser Idee

130 *Zikkurat der sumerischen Stadt Ur*

aber bei den Stufentürmen in Mittel- und Südamerika, in Südostasien und in Mesopotamien. Hier galten diese Bauwerke als Symbole für Erde und Himmel, ja für die Welt überhaupt, die man sich in Gestalt eines Berges dachte.

131 *Von dem berühmten Babylonischen Turm ist nur wenig erhalten geblieben*

Den noch am besten erhaltenen »Weltberg« Mesopotamiens stellt Abbildung 130 dar: die Zikkurat von Ur. (Zikkurat ist die Bezeichnung für mehrstufige Sakraltürme in der sumerischen, assyrischen, babylonischen und elamitischen Tempel-Architektur.) Der abgestufte »Berg« in Ur ist der am besten erhaltene seiner Art im Zweistromland. Die Abbildung zeigt ihn aus geringer Höhe, mit dem Blick auf die 62,5 m lange Nordost- und die 43 m lange Südwestseite (im linken Bilddrittel). Man hat die Zikkurat massiv aus luftgetrockneten Ziegeln aufgemauert und außen mit einem etwa 2,40 m dicken Mantel aus gebrannten Ziegeln versehen. Als »Mörtel« wurde dabei Asphalt verwendet. Leicht geböscht steigen die Wände empor, durch flache, aber breite Stützpfeiler gegliedert. Auf der Nordostseite sehen wir drei lange Freitreppen mit ursprünglich wohl jeweils 100 Stufen.

Ob diese Treppen bereits auf der ersten Terrasse oder weiter oben zusammenliefen, ist umstritten. In den Winkeln zwischen den Treppen sind mächtige Abstützungen errichtet worden. Der Stufenturm bestand aus drei Terrassen, von denen jedoch nur die erste genauer rekonstruierbar ist. Sie war 11 m hoch. Von der zweiten Etage haben sich einige Reste erhalten. Offenbar maß ihre Grundfläche 36 × 26 m. Wie die dritte Terrasse beschaffen war, läßt sich nur vermuten. Alle drei Etagen waren durch Treppen an den Seiten erreichbar. Wahrscheinlich hatte man die Absätze mit Bäumen bepflanzt, um so die Illusion eines Berges noch zu verstärken.

Die drei Plattformen werden zusammen etwa 21 m hoch gewesen sein. Ganz oben befand sich der eigentliche Tempel, die »Wohnung des Gottes«, in der sich vermutlich nur Priester aufhalten durften.

Auf dem Wege zu diesem Heiligtum symbolisierten die Terrassen die Unterwelt, die Erde und den Himmel. Bei besonderen Gelegenheiten sollten die Götter zur Rast in dem Hochtempel einkehren und mit ihren Bräuten, den Oberpriesterinnen, die heilige Hochzeit halten. Um die Zikkurat herum lag ein heiliger Bezirk, der, ebenso wie der Stufenbau, dem Mondgott Nanna geweiht war. Das gesamte Tempelgebiet wurde von einer doppelten Mauer umschlossen.

Unsere Abbildung zeigt die Zikkurat, als die Rekonstruktionsarbeiten an ihr noch im Gange waren. Mit dem Bau des »Berges« wurde unter Ur-Nammu begonnen (um 2050 v. u. Z.), der die dritte Dynastie von Ur begründete. Silbury Hill ist also älter als dieser Stufenturm, an dem spätere Herrscher noch eine Reihe von Veränderungen vornahmen.

Überraschend und ungewohnt ist auch der Anblick eines anderen berühmten Bauwerks auf einem Luftbild (Abb. 131). Das merkwürdige Gebilde, das sich uns hier in fast senkrechter Sicht aus ostsüdöstlicher Richtung darbietet, würden wohl die wenigsten für die letzten kümmerlichen Reste des einst so gewaltigen Babylonischen Turmes halten. Was wir

noch deutlich erkennen können, ist der quadratische Grundriß des Baues, dessen Seitenlängen 91,5 m betrugen. Außen wurde der Turm von einer 18 m starken Mauer aus gebrannten Ziegeln umschlossen. Sie ist vor allem im 19. Jh. von den benachbarten Einwohnern abgebrochen und ausgeplündert worden. An Stelle der Mauer zieht sich nun ein mit Wasser gefüllter Graben um das Innere des Bauwerks herum. Man hatte dieses aus luftgetrockneten Ziegeln errichtet. Auf die Mitte der nach Süden weisenden Seite führte eine große Freitreppe zu. Sie begann etwa 50 m vor dem Turmmassiv und war 9,35 m breit. Ihre Lage verrät sich auf dem Luftbild ebenfalls durch eine lange geradlinige Vertiefung. Aus der Vogelperspektive wirkt die Gesamtheit wie eine riesige Pfanne – das ist auch der Spitzname, den Spötter der Ruine »verliehen« haben. Ähnlich wie bei der Zikkurat von Ur sind ihre Seiten nicht genau nach den Himmelsrichtungen orientiert, sondern weichen um rund 20° von Norden nach Westen ab.

Der Babylonische Turm hieß Etemenanki, »Haus des Grundsteins von Himmel und Erde«. Er war offenbar ebenso hoch wie lang oder breit: 91,5 m. Höchstwahrscheinlich besaß er sieben Abstufungen, wenn man das Tempelgebäude auf der sechsten Plattform mitrechnet. Die Höhe der einzelnen Absätze nahm von unten nach oben ab. Im Gegensatz dazu dürfte der Tempel ganz oben 15 m hoch gewesen sein und sich so deutlich von den Etagen darunter abgehoben haben.

Wegen des außerordentlich ruinösen Zustands ist die Rekonstruktion von Etemenanki schwierig. Die große Freitreppe stieg wohl in einem Winkel von ungefähr 36° an und erreichte den Turm vermutlich in Höhe der zweiten Terrasse. Im rechten Winkel dazu gab es an dieser Turmseite direkt am Massiv noch zwei auf die Freitreppe zulaufende Seitentreppen (wie bei der Zikkurat von Ur), die etwas unterhalb der ersten Plattform zusammentrafen. Nach Meinung einiger Gelehrter wäre man auf der Freitreppe bis zum Tempel nach oben gelangt. Wahrscheinlicher ist aber, daß ab der zweiten Etage nur Treppen an der West- und Ostseite weiter emporführten.

Leider liegt die Frühgeschichte des Babylonischen Turmes noch im dunkeln. Wir wissen nur, daß er im 8. Jh. v. u. Z. bestanden haben muß. Seine Grundsteinlegung wird jedoch noch viel weiter zurückreichen. Mehrfach durch assyrische Eroberer zerstört, ist er dann nach dem Untergang des assyrischen Reiches auf Befehl von Nabopolassar (625–605 v. u. Z.) umfassend erneuert worden. Nebukadnezar II. (605–562 v. u. Z.) hat schließlich die Aufbauarbeiten an ihm vollendet. Aber der allmähliche Verfall ließ anscheinend nicht lange auf sich warten. Als der »Vater der Geschichtsschreibung«, der Grieche Herodot, um 458 v. u. Z. in Babylon weilte, muß der Zustand des Turmes schon sehr beklagenswert gewesen sein. Daraus erklärt sich vielleicht, warum ihn Herodot als achtstufig schildert. Eventuell waren die einzelnen Etagen nicht mehr klar voneinander zu unterscheiden. Möglicherweise existierte damals auch die große Freitreppe nicht mehr. Sie könnte 482 v. u. Z. von dem persischen König Xerxes abgerissen worden sein, damit der Turm unzugänglich wurde. Als Vergeltung für einen Aufstand der Babylonier ließ Xerxes außerdem die Statue des Stadt- und Staatsgottes Marduk einschmelzen, dem Etemenanki geweiht war. Wenn Herodot nur noch eine der großen unteren Seitentreppen und einige obere Treppen vorfand, schloß er wohl daraus, daß man den Turm auf einer Wendeltreppe »im Kreis«, wie er schrieb, bestieg. Das war aber sicher nicht der Fall.

Alexander der Große, der 331 nach seinem Sieg über die Perser bei Gaugamela auch in Babylon einzog, wollte die Stadt zur Metropole eines neuen Weltreiches machen. Da anscheinend eine Restaurierung des Stufenturmes nicht mehr möglich war, sollte dieser ganz neu errichtet werden. Daher mußte das gesamte Heer die Schuttmassen wegräumen und westlich von Etemenanki ablagern. Der daraus entstandene Schutthügel ist noch heute zu sehen; er besteht aus rund 300 000 m³ ehemaligen Turmmaterials. Der Überlieferung zufolge wurden für diese Arbeit 600 000 Tagelöhne ausgegeben.

Bei Alexanders Tod 323 v. u. Z. waren die Abbrucharbeiten schon weit fortgeschritten. Zu einem Neubau kam es jedoch nicht mehr. Die eigentliche Geschichte des Babylonischen Turmes ging damit zu Ende. Alexanders Auftrag, die Ruine Etemenankis abzureißen, erklärt, warum wir heute an Ort und Stelle nur noch geringe Reste des Turmes vorfinden. Am eindrucksvollsten und seltsamsten wirken sie aus der Luft.

Bei der Entdeckung bestimmter Kultstätten hat die Luftbildarchäologie in den letzten Jahren einen entscheidenden Durchbruch erzielt. Es handelt sich dabei vor allem um die sogenannten spätkeltischen Viereckschanzen. Spuren bereits länger bekannter und neu gefundener Anlagen dieser Art sehen wir auf Abbildung 132.

Keltische Viereckschanzen

Das Gebiet, das sich hier aus der Vogelschau ausbreitet, liegt bei Teufstetten in der Gemeinde Wörth, Landkreis Erding (Bayern). Östlich und südlich von Erding konzentrieren sich die Viereckschanzen. Eine solche Ansammlung gibt auch das Luftbild wieder. Wir schauen auf gepflügte und geeggte Felder, die schon zum Teil mit junger Saat bedeckt sind. In der meist dunkleren Flur heben sich die Schanzen durch hellere Bodenmerkmale als rechteckige »Rahmen« ab. Zur Verdeutlichung vergleichen wir damit den Grundriß des Luftbildes auf Abbildung 133. Von den mit 1 und 3 bezeichneten Schanzen wußte man bereits durch Geländebegehungen. Doch dann enthüllte das Flugbild, daß man es in Wirklichkeit mit einer ganzen Gruppe derartiger Anlagen zu tun hatte. Die neu erkannten sind auf Abbildung 133 mit den Zahlen 2, 4 und 5 versehen. Nummer 4 tritt besonders klar hervor, während 2 und 5 ziemlich verwischt sind. Am längsten scheint Nummer 5 gewesen zu sein. Etwa 500 m voneinander entfernt, liegen die Schanzen 1, 2, 3 und 4 von Süd nach Nord in einer Reihe hintereinander. Einst muß die Aufeinanderfolge dieser großen Erdwerke

132 *Aus der Luft wurden bei Teuf-stetten in Bayern fünf Viereckschan-zen sichtbar*

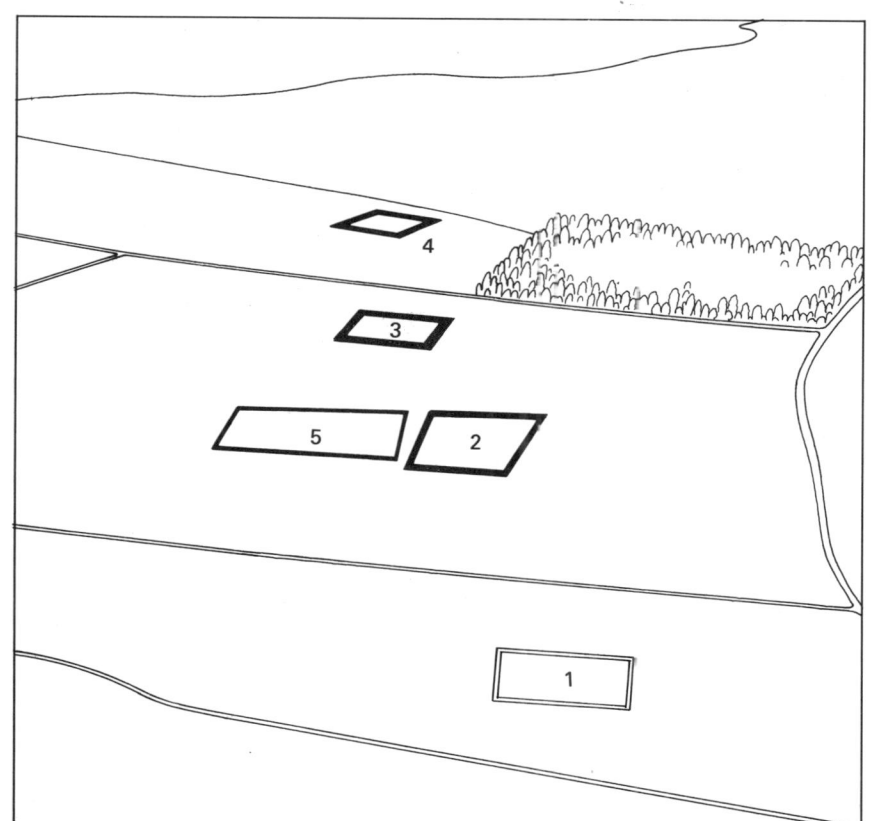

einen recht eindrucksvollen Anblick geboten haben. Daß ihre Spuren verhältnismäßig gut erhalten blieben, ist dem Schutz durch ausgedehnte Waldungen zu verdanken. Erst nach deren später Rodung hat der Ackerbau Wälle und Gräben mehr oder weniger stark eingeebnet.

Keltische Viereckschanzen finden sich vor allem in Süddeutschland. Eine wesentlich geringere Anzahl trifft man an der unteren Seine und in der Normandie, einige auch in Böhmen. Bis 1978 kannte man in Bayern rund 150 dieser Anlagen. Danach hat sich jedoch ihr Bestand durch Entdeckungen aus der Luft rasch vermehrt. Die Erdwerke wurden, wie in ihrem Namen zum Ausdruck kommt, von den Kelten geschaffen. Zeitlich lassen sie sich dem Spätlatène zuordnen. (La Tène ist ein Fundort am Ufer des Neuenburger Sees in der Schweiz. Die Latènezeit reichte vom 5. bis zum 1. Jh. v. u. Z.)

Viele der merkwürdigen Anlagen sind schon auf bayrischen Flurkarten aus der 1. Hälfte des 19. Jh. verzeichnet. Ihrer viereckigen Konstruktion wegen hielt man sie zunächst für Römerschanzen. Aber 1896 stellte sich durch eine Grabung heraus, daß sie offenbar anderen, älteren Ursprungs waren. 1910 prägte man schließlich auf Grund genauerer Kenntnisse den Begriff »spätkeltische Viereckschanzen«. So werden sie auch heute noch genannt, obwohl man inzwischen weiß, daß sie nicht für Verteidigungszwecke bestimmt waren und auch nicht als Viehpferche dienten, wie man ebenfalls erwogen hatte. Sinn und Zweck dieser Erdwerke waren sicher kultischer Art.

Auf den ersten Blick kann man sie freilich leicht für Befestigungswerke halten. Betrachten wir uns dazu ein weiteres Luftfoto (Abb. 134)! Es führt uns die Viereckschanze bei Buchendorf im Landkreis Starnberg (Bayern) vor Augen. Bei ihr sind noch deutlich die Erdwälle zu erkennen. Vor ihnen zog sich auf allen vier Seiten ein Graben hin. Die Wälle stellen nicht durch Holz verfestigte Erdmauern dar, wie es bei echten Befestigungsanlagen meist üblich ist, sondern wirklich nur Erdaufschüttungen. Sie wurden geradlinig angelegt. Im Grundriß bilden die Erdwerke zwar Vierecke, aber die Winkel schließen in der Regel nicht genau 90° ein. Wir haben daher keine exakten Quadrate oder Rechtecke vor uns, aber auch keine echten Parallelogramme oder Trapeze. Dennoch kann man im Prinzip von einer regelmäßigen Konstruktion sprechen. Man muß dabei berücksichtigen, daß sich mit diesen Anlagen zum ersten Male eine derartige Bauweise im Verbreitungsgebiet der Schanzen zu entwickeln und durchzusetzen begann.

Auf Abbildung 134 bemerken wir insbesondere bei der dem unteren Bildrand nächsten Schanzenecke, daß ihre Wallkrone leicht ansteigt. Als die Gräben ausgehoben wurden, fiel nämlich an den Ecken der Anlagen mehr Material an, das man dort zu einer etwas größeren Erhöhung anhäufte. Die Wälle waren bzw. sind im Durchschnitt 70 bis 90 m lang. Graben und Wall zusammen weisen bei dieser Größenordnung eine Breite von etwa 16 m auf. Von der Grabensohle bis zur Wallkrone mißt man noch heute mitunter eine Höhendifferenz von über 6 m, die in der Tat ein beachtliches Annäherungshindernis bildete. Aber das war sicher nicht der eigentliche Zweck. Kleinere Schanzen besitzen eine wesentlich geringere Graben-Wall-Breite, und ihr Höhenunterschied ist so gering, daß es nicht schwer wäre, den Wall zu überspringen. Außerdem befinden sich viele Schanzen in einer für eventuelle Verteidigungszwecke sehr ungünstigen Hanglage, in der man von verschiedenen Seiten ungehindert in das Innere der umwallten Fläche zu blicken vermag. In manchen Fällen hat man das wohl sogar beabsichtigt. Deshalb wird den Gräben und Wällen nicht ein fortifikatorischer, sondern ein symbolisch-kultischer Charakter zugekommen sein. Die von ihnen umschlossene Fläche liegt zwischen 1600 und 25000 m².

Bei der Viereckschanze von Buchendorf erkennen wir in der Mitte der dem linken oberen Bildrand zugewandten Seite eine Wallöffnung. Es ist typisch für solche Schanzen, daß sie nur einen einzigen Zugang besitzen, der sich stets in der Mitte von einer der Seiten befindet. Merkwürdigerweise gibt es jedoch vor diesem Eingangstor im Grabenbereich keine Erdbrücke; der Graben verläuft ringsum ohne Unterbrechung. Noch bemerkenswerter ist eine statistische Ermittlung. Die Tore der Viereckschanzen sparen immer eine ganz bestimmte Richtung aus, die von Nord nach West und Ost rund 50° abweicht. Nach diesem etwa 100° umfassenden Nordbezirk weist also keines der Tore! Interessanterweise ist das auch der Horizontabschnitt, über dem die Sonne, vom Verbreitungsgebiet der Schanzen aus gesehen, niemals über dem Gesichtskreis, sondern immer unter ihm steht. Mit anderen Worten: Die Sonne geht stets östlich von diesem nördlichen Bogenstück des Horizonts auf und westlich von ihm unter. Es ist gewissermaßen das »Nachtreich« der Sonne. Daß keines der Tore dorthin orientiert wurde, hatte sicher eine mythisch-symbolische Bedeutung.

Über die sonstigen Richtungen der Tore schreibt Klaus Schwarz, der sich intensiv um die Erforschung der Viereckschanzen bemüht hat: »Sie weisen mit größter Häufigkeit nach Osten und massieren sich sogar in einem schmalen Winkel beiderseits der astronomischen Ostrichtung. Nach Südosten hin lockert sich ihre Folge auf, um sich danach gegen Süden wieder zu verdichten, allerdings nicht in der im Osten erreichten Intensität. Weiter nach Südwesten und Westen wiederholt sich dann die Ausdünnung und Verdichtung.«

Ausgrabungen in den Viereckschanzen führten zu überraschenden Ergebnissen. Das gilt insbesondere für Untersuchungen der größeren von zwei solchen Schanzen südlich von München bei Holzhausen, Landkreis Wolfratshausen. Bei ihr wurde anfangs eine Fläche von 85 × 90 m mit einem Zaun umgeben. Dicht hinter ihm kam im Nordwesten und Südwesten noch eine Palisadenwand hinzu (Abb. 135, links). Das Tor befand sich in der Mitte der Südostseite. An der Südwestseite wurde ein tiefer Schacht angelegt und in der Westecke ein Holzgebäude errichtet. Durch Bodenverfärbungen ließ sich noch feststellen, daß dessen Innenraum von sechs großen Pfosten begrenzt wurde, die ein Rechteck von 6,5 × 7 m bil-

134 *Viereckschanze bei Buchendorf in Bayern*

deten. 14 andere Pfosten standen um den inneren Raum herum, indem sie eine Gesamtfläche von 10,5 × 11 m einschlossen. Offenbar ist der Befund so zu deuten: Das Dach des Gebäudes erstreckte sich auf allen vier Seiten bis zu den Außenpfosten. Zwischen dem Innenraum und den Außenwänden muß es einen Umgang gegeben haben.

Erst danach wurde diese Anlage in eine Viereckschanze umgewandelt. Man riß dabei die Holzteile ab und umzog die Innenfläche statt des Zaunes mit Wall und Graben. In Größe und Grundriß entsprach dieser Bezirk jenem der vorhergehenden umzäunten Fläche. In veränderter Form brachte man das Tor wieder in der Mitte der Südostseite an. Auch ein fast identisches Holzgebäude wurde erneut in der Westecke errichtet, und in der Nordecke grub man einen Schacht. Auf Grund der vielen Übereinstimmungen zwischen der von einem Zaun und jener von Wall und Graben begrenzten Fläche darf man von der gleichen Funktion beider Anlagen ausgehen.

Für ihren kultischen Charakter sprechen eine Reihe von Indizien. Zum Beispiel hat man hier keine Funde entdeckt, die für einen Wirtschaftshof typisch wären. Das Gebäude in der Westecke war zweifellos ein Tempel, in dessen Mitte zu bestimmten Zeiten ein kultisches Feuer entzündet wurde. Während der Grabungen legten die Archäologen noch einen dritten Schacht frei. Zeitlich vermochte man ihn nicht genau einzuordnen. Einer der Schächte erreichte die erstaunliche Tiefe von 35,6 m! Bei zwei Schächten standen auf dem Grund ein Holzpfahl bzw. eine Holzfigur, die vermutlich Ahnen oder Götterbilder symbolisieren sollten. Als Opfer hatte man Teile von Tieren zu ihnen hinabgeworfen. Das alles verstärkt die Deu-

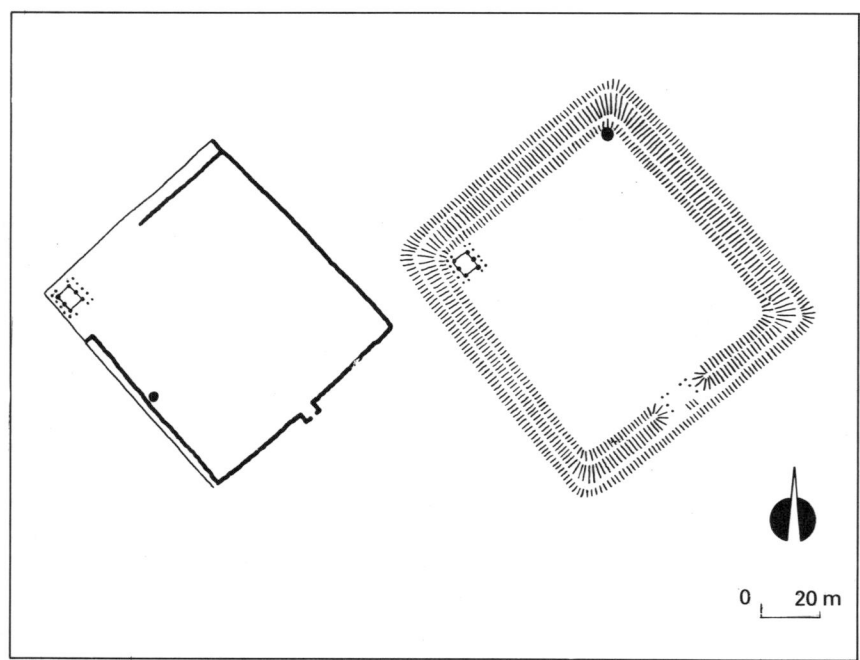

0   20 m

135 *Zwei verschiedene Bauphasen der Viereckschanze bei Holzhausen*

tung der Viereckschanzen als Kultstätten, die zunächst aus einem von Zäunen oder Palisaden umschlossenen heiligen Bezirk bestanden.

Sowohl die rechteckigen Schanzen als auch die Schächte und die Tempel innerhalb des heiligen Bezirkes lassen sich mit vielen anderen ähnlichen Anlagen vergleichen. Opferschächte haben wir schon im Zusammenhang mit der Wallanlage von Lossow an der Oder kennengelernt (Abb. 78 und 79). Auch vom mittleren Rheingebiet und aus Frankreich könnte man Beispiele von solchen Schächten anführen. Sie enthielten mitunter sogar menschliche Überreste. Die verschiedenartigen Opfer werden sich auf die Mächte der Unterwelt und auf das Reich der Verstorbenen bezogen haben. Offenbar kam es dabei darauf an, die Opfergaben in großer Tiefe niederzulegen oder zu vergraben, sonst hätte man sicher nicht 10, 20 oder sogar über 30 m tiefe Schächte in den Boden getrieben.

Rechteckigen Graben- und Wallumschließungen sind wir ebenfalls bereits an anderer Stelle begegnet, und zwar bei den Grabgärten (Abb. 14). Wir wollen hier nicht wiederholen, was wir dort über deren Alter und Funktion ausgeführt haben. Wälle und Gräben überhaupt, so vermag man ganz allgemein zu sagen, schlossen heilige Plätze oder Bezirke ein bzw. grenzten sie gegen ihre Umgebung ab. Diese Tradition reicht bis in die Jungsteinzeit zurück, aber die rechteckigen Wall- und Grabenanlagen sind jünger.

Bemerkenswert ist ein Fund bei Aiterhofen im Landkreis Straubing-Bogen (Bayern). Hier wurden 1977 und 1978 die Spuren einer seltsamen Anlage aus der frühen Hallstattkultur (7. Jh. v. u. Z.) ausgegraben. (Diese Kultur wurde nach einem großen Gräberfeld in Oberösterreich benannt.)

136 *Rekonstruktion der hallstattzeitlichen Kultstätte nahe Aiterhofen in Bayern*

137 *Gebäudegrund-risse des Matronen-heiligtums von Pesch, Nordeifel*

Nahe Aiterhofen hat man einst eine 45 × 55 m große Fläche auf allen vier Seiten mit zwei Palisadenwänden umgeben. Während einer jüngeren Bauphase ist die äußere Palisadenwand beseitigt und durch zwei etwa 1,5 m tiefe Gräben ersetzt worden. Innerhalb der abgegrenzten Fläche standen drei Gebäude aus Holz (Abb. 136). Eines davon bildete eine 12 m lange zweischiffige Halle. Vermutlich war sie ein Kultraum und die gesamte Anlage eine Kultstätte. Überraschenderweise ähnelte diese einem befestigten Herrenhof der Hallstattzeit! Ein solcher kann es jedoch, den Begleitfunden nach, nicht gewesen sein. Die Ausgräber entdeckten nämlich kein Hausratsgeschirr wie bei anderen Fundplätzen dieser Art, sondern fast nur Trinkgefäße. Keller zur Vorratshaltung fehlten gleichfalls. Aller Wahrscheinlichkeit nach handelte es sich hier also um einen Kultbezirk, den man einem Herrenhof nachgebildet hatte. Vermutlich glaubte man, hier wohne ein mythischer Vorfahre oder ein Gott, dem man von Zeit zu Zeit festlich huldigte.

Die Kultstätte bei Aiterhofen ähnelt auch in erstaunlicher Weise den spätkeltischen Viereckschanzen. Ob in diesen eine Tradition weiterlebt, die in Kultbezirken wie dem bei Aiterhofen ihren Anfang nahm, läßt sich jedoch noch nicht überblicken. Dafür hebt sich ein anderer Zusammenhang klarer heraus. Auf ehemals keltischem Gebiet sind während der ersten drei Jahrhunderte unserer Zeitrechnung unter römischem Einfluß massive viereckige Umgangstempel errichtet worden. Am häufigsten findet man sie am Mittelrhein und an der Mosel, in der Schweiz und an der unteren Seine, aber auch in den Gebieten dazwischen. In der Verbreitungszone der süddeutschen Viereckschanzen fehlen sie dagegen nahezu völlig. Dennoch gibt es zwischen beiden Arten von Kultanlagen eine aufschlußreiche Übereinstimmung, die der bereits erwähnte Klaus Schwarz wie folgt erläutert: »Der Eingang aller erfaßten gallo-römischen quadratischen Umgangstempel öffnet sich in Richtungen, nach denen auch die Tore sämtlicher keltischer Viereckschanzen weisen. Sie sparen andererseits beide den gleichen Winkel nach Norden aus … Hier offenbart sich also ganz offensichtlich eine so auffällige Gemeinsamkeit, daß ein vernünftiger Zweifel an der gleichen Funktion beider Denkmälergruppen kaum mehr vorgebracht werden kann.«

Sehen wir uns einen derartigen Vierecktempel innerhalb eines größeren heiligen Bezirkes etwas näher an! Auf Abbildung 137 blicken wir von Südosten aus geringer Höhe auf ein früheres Kultgelände in der Nordeifel bei Pesch, Gemeinde Nöthen, Kreis Schleiden. Es befindet sich auf einer »Addig« genannten Anhöhe etwa auf halbem Wege zwischen Bad Münstereifel und Zingsheim. Offenbar wurden hier vor allem einheimische Muttergottheiten verehrt, allgemein als Matronae, Matres oder Matrae bezeichnet. Ihr Kult war im gesamten keltischen Territorium verbreitet, also in Oberitalien, den gallischen und germanischen Provinzen des römischen Reiches sowie in Britannien, insbesondere aber dort, wo keltische und germanische Stämme eng beieinander wohnten.

Die bei Pesch sowie in seiner näheren und weiteren Umgebung angebeteten Muttergottheiten hießen Matronae Vacallinehae Leudinae. Vermutlich waren sie die Schutzgöttinnen einer großen, verstreut lebenden Sippe, die den Namen Vacalli getragen haben könnte. Die Göttinnen waren wohl so ähnlich dargestellt wie die Matronae im benachbarten Nettersheim, die wir durch Reliefs auf einem Sandstein kennen. Dort sitzen drei Muttergottheiten, jeweils mit einem Fruchtkorb auf dem Schoß, in

138 *Das Matronenheiligtum in einer Rekonstruktion*

einem kleinen Tempel auf einer Bank, die beiden äußeren mit einer großen Haube auf dem Kopfe, die mittlere, jüngere, mit offenem Haar.

Die Kultstätte auf dem Addig ist in der Mitte oder der 2. Hälfte des 1. Jh. gegründet worden. Zwischen 150 und 250 erfreute sie sich offenbar besonderer Beliebtheit. Dann wurden die Gebäude im 2. Viertel des 4. Jh. abgerissen, um einer umfangreicheren Anlage Platz zu machen. Ihre Spuren treten auf dem Luftbild deutlich hervor. Wir vergleichen sie mit der Rekonstruktion des Gesamtheiligtums auf Abbildung 138.

Was an Grundrissen der ehemaligen Gebäude erhalten blieb und konserviert wurde, präsentiert sich uns aus der Vogelschau inmitten einer winterlichen, mit Bäumen bestandenen Landschaft. Nahe dem oberen Bildrand befinden sich die Reste eines Gebäudes, auf das es uns besonders ankommt (in der Rekonstruktion bemerken wir es ganz rechts). Das Bauwerk, wohl die eigentliche Kultstätte für die Matronae, war ein Umgangstempel mit 12,50 × 13,48 m Grundfläche. Der Kultraum in der Mitte maß nur 5,60 × 6,52 m. Er ragte wahrscheinlich turmartig auf. Von ihm aus erstreckte sich das Dach auf allen vier Seiten bis zu äußeren Säulenreihen, so daß ein überdeckter, etwa 3 m breiter Umgang entstand. Der von Halbsäulen flankierte Eingang lag auf der Ostseite. Wir kommen auf diesen Tempel noch zurück.

In der Flucht nach dem unteren linken Bildrand zu bemerken wir die Fundamente weiterer Bauten. Zunächst sind es die Mauerreste eines 22 m breiten und 27 m langen Hofes. Hier stellten die Besucher ihre den Gottheiten zugedachten größeren Weihegaben auf, während sie die kleineren Objekte vermutlich in den Räumen an der Nordost- und Südostecke des Hofes niederlegten. In dessen nördlicher Hälfte erhob sich anscheinend ein von Säulen gestütztes sechseckiges Tempelchen. Auch der Grundriß eines dritten, etwa quadratischen Gebäudes mit rund 13,65 m Seitenlänge ist aus der Vogelschau gut zu erkennen. Auf seiner Westseite besaß es eine rechteckige Apsis. Zwei Säulenreihen, durch niedrige Mauern noch besonders betont, untergliederten den Innenraum in drei Schiffe. Der im Mittelteil erhöhte Bau könnte einem Männerbund zu Versammlungen gedient haben. Solche Bünde, die meist dem Gott Merkur huldigten, hatten sich oft in Matronenheiligtümern angesiedelt. Ein sich anschließendes Fachwerkhaus, wohl ein Vorrats- und Geräteschuppen, ist nur auf der Rekonstruktion (Abb. 138) abgebildet. Seine dürftigen Überreste sind ebensowenig konserviert worden wie die zweier ähnlicher Gebäude in der Südecke des Tempelbezirkes. Hier wohnte möglicherweise das Kultpersonal.

Die in einer Reihe angeordneten Gebäude befanden sich auf der Westseite eines 100 m langen und 34 m breiten Festplatzes. Seine Nord- und Ostseite schloß eine insgesamt 120 m lange und 3 m breite Säulenhalle ab. Ihr Standort wird heute zum Teil von einer Hecke markiert (vgl. das Luftbild), die auf einen früher in der Mitte der Halle gelegenen Brunnen zuläuft. Die Halle hat sicher den Pilgern bei schlechtem Wetter Schutz geboten. Anfang des 5. Jh. ist dann das gesamte Heiligtum durch plündernde

Germanen oder intolerante Christen zerstört worden. Von 1913 bis 1918 hat man seine Relikte ausgegraben und diese 1962 nochmals untersucht.

Im Zusammenhang mit den Viereckschanzen ist für uns der Umgangstempel von Pesch besonders interessant. Tempel dieser Art wurden übrigens häufig durch rechteckig verlaufende Einschließungen von ihrer Umgebung abgegrenzt. Der Kult in solchen Umgangstempeln der frühen und mittleren römischen Kaiserzeit war sicher sehr vielfältig und differenziert. Im Grundriß sind sie mit den hölzernen Umgangstempeln in den Viereckschanzen vergleichbar. Daher darf man diese Holztempel für Vorläufer der massiven Umgangstempel halten. Die Entwicklungslinien über rechteckige Einfriedungen aus Zäunen oder Palisaden zu Graben- und Wallsystemen sowie zu hölzernen und steinernen Kultbauten lassen sich nun durch Luftbilder genauer verfolgen.

Jeder Archäologe hat die Hoffnung, noch Unbekanntes zu entdecken, das uns vergangene Zeiten besser erhellt und erkennen läßt. Wirklich bedeutsame Funde, die uns in umfassendem Sinne ganz neue Einsichten vermitteln, sind freilich selten. Den Mitarbeitern des Schweriner Museums für Ur- und Frühgeschichte war ein solcher Glücksfall beschieden. Seit 1974 haben sie östlich von Schwerin, am Sternberger See bei Groß Raden, zwei Siedlungen ausgegraben, die im 9. und 10. Jh. von Angehörigen eines nordwestslawischen Stammes bewohnt wurden. Man hatte sich damals eine besonders geschützte Stelle für die Ansiedlungen ausgesucht: ein etwas erhöhtes Gelände, das sich in einer weiten Niederung als Halbinsel in den See erstreckte, sowie eine vorgelagerte kleine Insel (Abb. 139 links).

Die »Tempelburg« im See

Wie dieses Gebiet heute, also rund 1 000 Jahre später, beschaffen ist, zeigt uns außer Abbildung 139 (rechts) ein Luftbild (Abb. 140). Wir blicken hier senkrecht auf eine zungenartig in den See vorspringende Halbinsel. Zur Zeit der Aufnahme stand die Sonne sehr tief, so daß alle Erhebungen lange Schatten warfen. Während der letzten 1 000 Jahre hat sich das Land weiter in den See vorgeschoben, und die ehemalige kleine Insel ist mit der Halbinsel zusammengewachsen. Wo die Insel einst lag, erkennen wir aber noch durch einen Rundwall an der Spitze der heutigen Landzunge, der früher fast die gesamte Insel einnahm. Er ist noch immer etwa 5 m hoch und ragt so deutlich über seine Umgebung empor.

Bis 1980 wurden von den Schweriner Archäologen auf der Halbinsel 6 900 m² Fläche freigelegt. In einem 75 m langen Profilgraben durchschnitten sie dabei auch von Nord nach Süd den runden Wall. Die von ihm umschlossene Kreisfläche ist auf Abbildung 140 gut zu sehen. Sie besitzt einen Durchmesser von etwas mehr als 30 m. Der Profilschnitt machte deutlich, wie der Wall konstruiert war. Er bildete eigentlich eine Mauer aus Holz und Erde, für die man vom Ufer aus viele hundert Festmeter Holz und einige tausend Kubikmeter Erde heranschaffen mußte. Dreimal hat man den Wall aus- und umgebaut und ihn dabei von mindestens 8 auf wohl

10 m erhöht. Oben wurde er von einem rundum laufenden Wehrgang gekrönt (vgl. auch Abb. 141). Während der ersten Bauphase war die Burg im Süden durch einen Torturm zugängig, der vermutlich bis zu dem Wehrgang emporreichte. Später ist dieser Turm abgerissen und überbaut worden. Auf dem Luftbild bemerken wir nichts mehr von ihm.

Der Wall selbst war ein erstaunliches Bollwerk. Sein Kern bestand aus längs- und quergelegten Holzstämmen, vor denen man mit Erde gefüllte Holzkästen angebracht hatte. Dadurch entstand eine sehr stabile und dauerhafte Befestigung. Vor ihr wurde noch ein Palisadenring angelegt. Am Ufer schützten große Steine Insel und Burg vor hohem Wellengang.

War das nun der Sitz eines slawischen Feudalherren? Offenbar nicht. Anscheinend kam der Rundburg eine ganz andere Funktion zu. Ihre starken Mauern umgaben wohl eine heilige Stätte, die nicht nur für die Siedlung auf der benachbarten Halbinsel besondere Bedeutung besaß. In der Mitte des Burginneren fand sich eine 1 m breite runde Grube, die 1,2 m tief war und sich nach unten stark verengte. Ihre Füllung bestand aus sandiglehmiger Erde. Nahe an der Innenseite des Walles stießen die Ausgräber auf andere, rechteckige, etwa 10 m² große, mit Rollsteinpackungen ausgelegte Gruben. Was sie zu bedeuten hatten, ist leider unklar geblieben. Auch einige Häuser sind direkt an die Innenseite des Walles gebaut worden.

Von der Burginsel aus führte eine 120 m lange, kunstvoll konstruierte Holzbrücke zur Siedlung auf der Halbinsel hinüber. Diese besaß etwa die Form eines gleichschenkligen Dreiecks, dessen einer spitzer Winkel mit der eigentlichen Uferzone verbunden war. Hier hatte man den engen Zu-

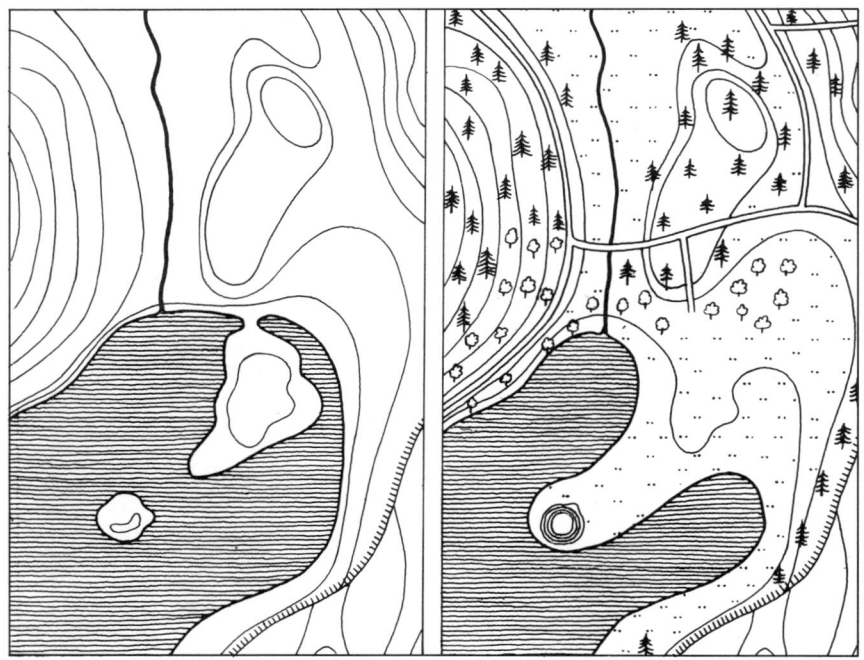

139 Siedlungsgelände bei Groß Raden in Mecklenburg. Linke Karte: vor 1000 Jahren; rechte: heute

gang durch ein Tor mit sich beidseitig anschließenden Palisaden besonders abgesichert. Auf dem Flugbild müssen wir uns diese Passage etwa dort denken, wo am Ende der Halbinsel eine schräg verlaufende, absatzförmige Zone mit Gebüsch und Bäumen beginnt. Ein kurzer, schmaler Graben weist von der Mitte dieser Zone in Richtung auf den weiter entfernten Rundwall.

Zum Glück vermochte man Burg und Siedlung des 10. Jh. nach den Funden recht genau zu rekonstruieren (Abb. 141). Vergleichen wir die Lage der ehemaligen Landzunge, der Insel und der Bauten mit dem Flugbild! Die Rekonstruktion gibt die Rundburg mit dem Torturm, die Holzbrücke mit einem Brückenhaus sowie den Südteil der Halbinsel aus der Vogelschau wieder. Dort, wo die Brücke an der Spitze der Landzunge endete, begann ein 65 m langer Bohlenweg. Der Boden von Insel und Halbinsel bestand nämlich zu einem großen Teil aus Bruchwaldtorf, den man bei feuchtem Wetter auf einem Bohlenweg besser überschreiten konnte. Zu beiden Seiten dieser Trasse hatten die slawischen Siedler aus Eichenstämmen ihre Blockhäuser eng beieinander errichtet. Die Walmdächer waren mit Rohr oder Riedgras bedeckt, die Fußböden hatte man mit einer Sandschicht bestreut und die Herde aus Feldsteinen und Lehm gemauert.

Nachdem die Ansiedlung zerstört oder aufgegeben worden war, blieben ihre Reste dank günstiger Umstände verblüffend gut erhalten. Der Seespiegel stieg allmählich an, und auf dem ehemals bewohnten Gelände bildete sich eine wachsende Wiesentorfschicht heraus. Sie konservierte vor allem organische Objekte aus Holz, Knochen, Horn und Leder. In späteren Jahrhunderten wurde der Uferbereich des Sees meist als Weidegelände genutzt, unter dem in 60 cm Tiefe die Spuren früherer Besiedlungen ungestört die Jahre überdauerten.

Die Schweriner Archäologen merkten jedoch bald, daß sie auf dem Grabungsgelände nicht nur auf eine Niederlassung aus dem 10. Jh., sondern auch auf eine Siedlung aus dem 9. Jh. gestoßen waren. Offenbar war die ältere gewaltsam zerstört und verbrannt worden. Gefäße und andere Funde aus beiden Siedlungen entsprechen sich aber so vollkommen, daß es sich ethnisch um die gleiche Bevölkerung gehandelt haben muß. Die Geflohenen oder Vertriebenen sind sicher zurückgekommen, haben die Häuser völlig neu aufgebaut, die Brücke und die Bohlenwege repariert. In der Bauweise der Häuser gab es jedoch einen wichtigen Unterschied. Während der jüngeren Ansiedlung wurden sie aus Eichenstämmen in Blockbauweise errichtet, während der älteren Besiedlung aus schmalen Eichenbohlen, die man, dem quadratischen oder rechteckigen Hausgrundriß entsprechend, senkrecht in den Boden trieb und dann durch Weidenruten

141 *Modellbild der jüngeren Siedlung von Groß Raden mit der »Tempelburg«*

miteinander verflocht. Die so entstandenen Wände dichtete man schließlich mit einem Lehmverputz ab. Alle diese Flechtwerkhäuser besaßen nur einen einzigen Raum und waren im Durchschnitt 4 × 4,6 m groß. Die Blockhäuser der jüngeren Siedlung maßen dagegen meist 4 × 7 m und wiesen zum Teil zwei Räume auf. Insgesamt war die zweite Niederlassung anscheinend größer als die erste.

Wie diese beschaffen gewesen sein wird, verdeutlicht uns die Rekonstruktion auf Abbildung 142. Vergleichen wir sie mit der späteren Siedlung und dem Luftbild! Auf der Insel hatte man während der älteren Besiedlungsphase noch keine Burg errichtet. Im Windschatten einer natürlichen Erhebung standen hier im Süd- bis Ostteil einige Flechtwerkhäuser. An ihnen führte ein Bohlenweg entlang zur Brücke über den See. Auf der Halbinsel standen die Häuser wie während der jüngeren Siedlungsphase zu beiden Seiten des dortigen Bohlenweges. Insgesamt konnten die Archäologen noch 37 Flechtwerkhäuser nachweisen: 29 auf der Halbinsel und 8 auf der Insel. Alles in allem werden es einst wohl 50 bis 60 solcher Wohnbauten gewesen sein.

Die Funde in dem Siedlungskomplex waren außerordentlich reichlich. Keramikreste nahmen dabei die erste Stelle ein. Es sind über 50 000! An keinem anderen Fundplatz in Mecklenburg hat man so viel Keramik entdeckt. Sie lieferte ein aufschlußreiches Material für formenkundliche und technische Untersuchungen. Aber auch zahlreiche andere Funde zeugen von dem Leben in den ehemaligen Siedlungen. Hier wohnten Handwerker, die sich auf Lederverarbeitung und Schuhmacherei verstanden. Drechsler drehten bereits Schalen, Schüsseln und Teller. Es gab Böttcher, Zimmer-

142 *Blick auf die rekonstruierte ältere Siedlung von Groß Raden*

leute und Kammacher. Von der Tätigkeit der Schmiede zeugen eiserne Nägel, Haken, Spitzen, Beschläge, Sicheln, Scheren, Schlüssel, Ketten, Trensen, Sporen und Messer; von ihrem Handwerkszeug sind Meißel, Dorne und Körner erhalten geblieben.

Auf Grund der Funde und ihrer Auswertung wissen wir auch, wovon sich die slawischen Siedler am Sternberger See ernährten. Als Haustiere hielt man vor allem Schweine, außerdem Rinder, Pferde, Schafe und Ziegen. In den Wäldern jagte man Rothirsche und Rehe, vereinzelt Elche, Auerochsen, Braunbären, Luchse, Hasen und Biber. Überreste von Haus- und Wildgeflügel sowie von Fischen fand man dagegen selten. Von den Getreidearten wurde bevorzugt Hirse angebaut. Für ihre Verarbeitung gab es in vielen Häusern Stampfen aus Eichenholz.

Die eigentliche Sensation der Ausgrabung bildete eine ganz unerwartete Entdeckung. Im Südosten des früheren Siedlungsgeländes kamen Bestandteile eines größeren Gebäudes zutage, das zu der ersten Bebauungsperiode gehört hatte. Es war ein Tempel gewesen! Aus zeitgenössischen Berichten ist zwar bekannt, daß jeder der verschiedenen slawischen Stämme eigene Götter verehrte und ihnen Kultbauten errichtete. Aber wie diese aussahen, ging aus den Berichten nicht klar hervor. Auch Ausgrabungen hatten bisher nicht weitergeholfen. Nun vermochte man zum ersten Male, aus den Funden einen slawischen Tempel des 9. Jh. zu rekonstruieren!

Einen 60 cm breiten Umgang eingeschlossen, besaß dieser eine Grundfläche von 7,6 × 13 m. Er bestand ganz aus Holz. Für die Wände verwandte man nebeneinandergesetzte Eichenbohlen, vor denen man, ebenfalls aus solchen Bohlen, eine Art Zierwand anbrachte (vgl. Abb. 142). Sie war am oberen Ende mit stilisierten Köpfen versehen und ragte etwas über die eigentlichen Wände hinaus. Vielleicht sollten die Köpfe die Begleiter der im Tempel angebeteten Gottheit symbolisieren. Kopfartige Enden als Wahrzeichen des Heiligtums verzierten auch die beiden senkrechten Stützpfosten, die den Firstbalken des mit Schindeln gedeckten Wohndaches trugen. Der Umgang um den Tempel war wohl für Prozessionen im Rahmen der Kulthandlungen gedacht. Auf der Diele der einstigen Halle lagen noch mehrere Pferdeschädel und am Eingang ein Rinderschädel sowie ein Pokal aus Ton. In der Nähe des Gebäudes fanden sich im Moor ebenfalls Schädel von Pferd und Rind sowie ein zweiter Pokal. Pferde, so geht aus schriftlichen Zeugnissen hervor, spielten im Kult der Slawen eine große Rolle. Aus dem Blut von Opfertieren versuchte man zu weissagen. Die Schädel deuten wohl auf solche Gebräuche hin. Was die Pokale angeht, waren es sicher Kultgefäße für den oder die Priester.

Der Tempel wurde bei der Vernichtung der ersten Siedlung gleichfalls zerstört. Ein Neubau blieb vermutlich in den Anfängen stecken. Dann planierten die Ansiedler dieses Areal und bedeckten es mit Bau- und Brandschutt. Doch auf ihr Heiligtum verzichteten sie deshalb nicht. Sie verlegten es in die Burg der zweiten Siedlungsphase. Dort sollte es besser als in der Zeit vorher vor künftigen Angriffen durch Feinde geschützt sein. Eine Rundburg als Tempel gibt auch der Ansiedlung des 10. Jh. ein besonderes Gewicht. Anscheinend ist der Charakter der beiden Siedlungen überhaupt durch ihre heiligen Stätten bestimmt worden. Es fällt nämlich auf, daß Speicher für Getreide fehlten, wie sie sonst in anderen Siedlungen üblich waren. Handwerker arbeiteten zwar in den Ansiedlungen am See, aber trieben ihre Bewohner im Zusammenhang mit den Tempeln etwa weniger Ackerbau? Wir können es nur vermuten. Jedenfalls blicken wir auf dem Luftbild auf die Stätte eines einst regen und auch dramatischen Geschehens herab.

Zu den seltsamsten Schöpfungen des Menschen gehören Bilder, die man oft nur aus der Luft in ihrer wahren Größe und Gestalt erkennen kann. Zum allergrößten Teil wurden sie jedoch geschaffen, als man sich noch gar nicht in die Luft zu erheben vermochte, weder mit einem Ballon noch mit einem Zeppelin, einem Flugzeug oder einem Hubschrauber. Sollten nur Götter diese Bilder in ihrer vollständigen Ausdehnung »von oben« sehen?

Bilder auf der Erde

Auch in England – dies ist sicher nicht allgemein bekannt – gibt es solche merkwürdigen Darstellungen, und zwar fast ausschließlich im Süden der Insel. Man zählt etwa 50 derartige Wiedergaben, darunter 17 Pferde, einige menschliche Figuren, Kreuze und andere Objekte. Sie alle wurden geschaffen, indem man die Grasnarbe über den Kreidefelsen entfernte, so daß sich die Bilder hell von der grünen Umgebung abheben.

Berühmt ist vor allem das Weiße Pferd von Uffington, das wir auf Abbil-

143 *Das Weiße Pferd von Uffington, Südengland*

dung 143 aus der Luft erblicken. Das Pferd ist auf dem Hang eines Hügels in Berkshire dargestellt. Seine Figur ist in ungewöhnlicher Weise stilisiert. Hals, Rücken, Kruppe und Schweif bilden eine zusammenhängende, schwungvolle Linie, die mit einem der Vorder- und Hinterbeine verbunden ist. Die beiden anderen Beine hängen sozusagen in der Luft. Der Kopf macht einen wenig pferdeähnlichen Eindruck. Daher hat man die sehr dynamisch, ja expressionistisch wirkende Darstellung auch für einen Fuchs, einen Drachen, einen Windhund oder für einen fischartigen Saurier gehalten. Von solchen phantasievollen Deutungen wissen ältere Quellen aber nichts. Sie sprechen nur von einem Pferdebild. In einem Traktat des 14. Jh. über die »Wunder« in Britannien wird es gleich nach Stonehenge genannt.

Das Weiße Pferd von Uffington dürfte mindestens 2000 Jahre alt sein. Es geht wohl auf einheimische Kelten zurück. Auf keltischen Münzen sind Pferde wiedergegeben, die sich durch ganz ähnliche Stilisierungen auszeichnen. Knapp 200 m von dem Weißen Pferd entfernt, befindet sich auf dem Plateau des Hügels außerdem eine Befestigung der keltischen Eisenzeit, von Wall und Graben umgeben und mit einem Toreingang versehen. Pferd und Festung könnten etwa gleichzeitig entstanden sein und irgendeine Beziehung zueinander gehabt haben.

Dank den Bewohnern der Umgebung ist die Figur des Pferdes während der Jahrtausende nicht zugewachsen. Aller sieben Jahre hat man den Rasen von den Umrißlinien entfernt und die durch den Regen ausgewaschene Kreide ersetzt. Offenbar fand das bei einer Art Volksfest mit Tanz und Spiel statt. Klingen da noch uralte kultische Bräuche nach? Vielleicht ist die Gestaltung des Pferdes selbst ein kultischer Vorgang gewesen, der während der Reinigung regelmäßig wiederholt wurde. Keltische Pferde wurden übrigens sehr geschätzt. Sie waren widerstandsfähig, wendig und gehorsam und spielten in den Kämpfen gegen die Römer eine große Rolle. Die keltische Göttin Epona, eine mütterliche Gottheit der Fruchtbarkeit, sollte sich in der Gestalt eines Pferdes verkörpern. Ob derartige Vorstellungen auch dem Weißen Pferd von Uffington zugrunde liegen, ist allerdings unbekannt. Dafür hat sich die Legende und der Aberglaube des Pferdes bemächtigt. Wer sich, im Auge des Tieres stehend, mit geschlossenen Augen dreimal um seine Achse dreht, dem soll das Glück begegnen. Um die Darstellung vor solchem und anderem Unfug zu schützen, ist sie nun mit einem Zaun umgeben worden. Während des zweiten Weltkrieges war sie, wie die meisten Kreidebilder Südenglands, mit grüner Farbe, Rasenziegeln und Gestrüpp getarnt. Aus der Luft kann man die Figuren nämlich schon von weitem sehen und sich nach ihnen orientieren.

Bilder an den Abhängen der Kreidehügel regten im 18. und 19. Jh. unternehmungslustige Leute an, sie durch eigene Schöpfungen nachzuahmen. So entstand auch das Weiße Pferd von Alton Barnes in Wiltshire. Um 1812 beauftragte Robert Pile, ein Farmer, einen wandernden Malergesellen, das Pferd zu schaffen. Aber der Pfiffikus strich nur das Geld ein und machte sich dann davon. Später wurde er zwar wegen seiner Gaunereien gehängt, doch Mister Pile mußte für seinen Spleen, das Pferd noch einmal teuer bezahlen. Es ist rund 50 m lang und hoch geworden und wirkt etwas ungeschickt und steifbeinig. Noch größer ist ein Pferd beim Dorf Osmington in Dorset (Abb. 144), das wir uns ebenfalls aus der Luft betrachten. Als einziges von den Kreidepferden trägt es einen Reiter auf seinem Rücken. Mit ihm zusammen ist es 100 m hoch. Es stammt wohl aus dem Jahre 1815 und stellt wahrscheinlich König Georg III. auf seinem Roß dar. Dem König hatte die benachbarte Stadt Weymouth viel zu verdanken. Vielleicht war das Bild eine besondere Huldigung für ihn.

Zwei Menschendarstellungen sind ebenfalls berühmt. Die eine befindet sich in Sussex und ist unter dem Namen »Langer Mann von Wilmington« bekannt. Da der Hang, auf dem der Mann abgebildet wurde, stark geneigt ist, kann er von unten aus gut gesehen werden. Er ist frontal wiedergegeben, mit unnatürlich langem Kopf, leicht gespreizten Beinen und ausgestreckten, dabei jedoch angewinkelten Armen. In seinen Händen hält er je einen Stab. Beide Stäbe sind noch länger als die Figur des Mannes, die immerhin 70 m mißt. Die Umrißlinien der Gestalt sind 70 cm breit. Als das Bild 1874 restauriert wurde, hat man es leider so verändert, daß es nun kaum noch Anhaltspunkte dafür gibt, wen es eigentlich darstellen soll. Die verschiedenen Hypothesen dazu klingen recht abenteuerlich. Man hielt den Langen Mann für den griechischen Gott Apollon oder seinen Halbbruder Hermes, den Helden Beowulf, die germanischen Gottheiten Baldur, Wotan oder Thor, den Religionsstifter Mohammed und den Apostel Paulus.

Wahrscheinlich geht der Ursprung dieses Kreidebildes bis in vorge-

144 *Reiter mit Pferd (wahrscheinlich König Georg III.) bei Osmington*

schichtliche Zeit zurück. Das trifft wohl auch auf den sogenannten Riesen von Cerne Abbas in Dorset zu (Abb. 145). Er ist gleichfalls ringsum durch einen Zaun geschützt. Vom Fuß bis zur Spitze seiner gewaltigen Keule ist er 55 m hoch. Seine Umrißlinien sind ca. 60 cm breit und tief. Für die gesamte Figur mußten schätzungsweise 20 Tonnen Rasenziegel und Kreide entfernt werden.

Trotz der Stilisierung zeigt der Riese wesentlich mehr Einzelheiten als der Lange Mann von Wilmington. Am auffälligsten ist sein abnorm großer erigierter Phallus – ein Ärgernis für prüde Gemüter. 1764, als zum ersten Male ein Bild des Riesen mit Maßangaben der einzelnen Körperteile veröffentlicht wurde, ließ man die Größe des anstößigen Gliedes bewußt weg. Zehn Jahre später wurde das Ärgernis in einer Beschreibung gar nicht mehr erwähnt. Strenge Sittenwächter versuchten nachts mehrere Male, das Zeugungsorgan mit einem improvisierten Feigenblatt zu überdecken, doch wachsame Bürger stellten den alten Zustand stets wieder her.

Wegen seiner Keule wird der Riese von manchen für ein Abbild des griechischen Helden Herakles (lateinisch Hercules) gehalten, dessen Kult unter dem römischen Kaiser Commodus während des 2. Jh. auch in Britannien Einzug hielt. Aber die Figur ist vielleicht noch viel älter. Sie liegt in einer Gegend mit zahlreichen Fundstätten aus der Jungstein-, Bronze- und Eisenzeit. Der Phallus weist auf ein Fruchtbarkeitsidol hin. Wenn Frauen kinderlos blieben, suchten sie heimlich den Riesen auf, in der Hoffnung, daß er ihr Unglück wende.

Sowohl der Lange Mann von Wilmington als auch der Riese von Cerne Abbas werden, wie die Pferdedarstellungen, regelmäßig vom nachwachsenden Gras befreit. Wo das in der Vergangenheit unterblieb, sind die Kreidebilder, die einst vermutlich viel zahlreicher waren, für immer unter der wuchernden Grasdecke verschwunden.

Während die Kreide- bzw. Grasbilder Südenglands schon lange bekannt sind, wurden die meisten anderen künstlichen Figuren auf der Erde durch Luftbilder entdeckt. Erstaunliche Bodenzeichnungen gibt es auch in den USA, in Kalifornien und Arizona auf den Terrassen am Unterlauf des Colorado. Zu den eindrucksvollsten Darstellungen gehören Bilder, die im Sommer 1932 zufällig von dem Piloten George Palmer auf einem Flug von Las Vegas nach Blythe gefunden wurden. Etwa 28 km nördlich von Blythe erblickte er nahe beieinander eine menschenähnliche und eine Tierfigur. Die seltsamen Abbildungen erregten sein Interesse; er kehrte bald wieder und fotografierte sie. Auch eine Expedition aus Fachleuten machte sich auf den Weg und studierte die ungewöhnlichen Bodenzeichnungen an Ort und Stelle. Dabei stieß man noch auf zwei andere Stätten mit ähnlichen Bildern.

Aus der Vogelschau sehen wir die zuerst entdeckten Darstellungen auf der Abbildung 146. Das menschliche Wesen soll eine Frau wiedergeben; das ist früher noch deutlich zu erkennen gewesen. Sie ist 28 m lang; der Abstand zwischen den Enden der ausgestreckten Arme beträgt rund

145 *Der Riese von Cerne Abbas war wohl ein Fruchtbarkeitsidol*

21 m. Das in der Nähe abgebildete Tier ist 13 m lang. Beide Figuren sind vermutlich zur gleichen Zeit geschaffen worden. Wenn der Vierbeiner tatsächlich ein Pferd verkörpert, wie manche annehmen, ergäbe sich daraus ein Anhaltspunkt für die Entstehungszeit. Pferde sind nämlich in Amerika vor etwa 10 000 Jahren ausgestorben. Im Westen dieses Kontinents haben sie die Spanier erst um 1540 wieder eingeführt. Vorher kann man die Bilder nicht angefertigt haben. Aber sie überdecken noch ältere Bodenzeichnungen, deren Spuren auf Abbildung 146 ebenfalls zu bemerken sind.

Um die großen Figuren zu schützen, hat man Zäune um sie herum errichtet. Die zahlreichen Besucher sind mit ihren Autos an den Absperrungen entlang gefahren und haben diese so gewissermaßen durch die Fahrspuren eingerahmt. Eine zweite, ca. 1 km entfernte Bildergruppe stellt gleichfalls ein menschenähnliches weibliches Wesen sowie ein Tier dar. Die Frau ist sogar 51 m groß und das Tier 16 m lang. Abseits, isoliert für sich, ist man auf eine dritte, 32 m hohe menschliche Figur gestoßen, deren männliche Geschlechtsorgane durch Steine gekennzeichnet sind.

Zur Deutung der riesigen Abbildungen wird unter anderem auf eine Darstellung in Arizona, im Gila-River-Reservat der Pima-Indianer, verwiesen. Die Bodenzeichnung dort ist 46 m lang. Sie ist menschenähnlich und von einer einzigen, 50 cm breiten Furche umrissen. Bestimmte Körperstellen und das Ende von Armen und Beinen sind durch Steine markiert. Neben dieser Figur ist wahrscheinlich ein Kind wiedergegeben. Die Pima sehen in der großen Darstellung Hâ-âk, ein weibliches Ungeheuer, das sich von Kindern ernährte, bis es von einem Heros erschlagen wurde. Zur Erinnerung an diese mythischen Vorgänge sollen die Bilder geschaffen worden sein. Obwohl von Yuman-Indianern stammend, könnten auch die Figuren bei Blythe das Ungeheuer Hâ-âk und seinen Bezwinger, den Helden »Älterer Bruder«, symbolisieren.

1951 startete man erneut eine Expedition ins untere Colorado-Becken. Dabei gewann man unter anderem sehr eindrucksvolle farbige Luftaufnahmen von den Bodenzeichnungen. Man entdeckte aus der Luft auch weitere Bilderplätze, zum Beispiel 24 km südöstlich von Blythe nahe der Stadt Ripley und nördlich von Blythe in der Nähe der Stadt Topock. Vergleicht man die Darstellungen im unteren Colorado-Gebiet, vermag man zwei verschiedene Techniken in der Wiedergabe zu unterscheiden. Zunächst sind es Reihen von faust- bis kopfgroßen Steinen, die auf der vorher von Geröll gereinigten »Zeichenfläche« angelegt wurden. Diese Reihen sind mitunter bis zu 200 m lang. Ein Beispiel dafür bietet das sogenannte Mohave-Labyrinth, etwa 150 km von den Figuren bei Blythe, den Colorado stromaufwärts, gelegen. Auf einem viele Hektar großen Gebiet sind dort Steine zu parallelen Reihen angeordnet worden. In Verbindung mit ihnen sollen Ende des vergangenen Jahrhunderts noch zwei riesige menschliche Darstellungen zu sehen gewesen sein. Sie wurden jedoch durch den Bau einer Eisenbahnlinie zerstört.

Die Steinreihungen gehen vermutlich bis zum Beginn des 1. Jahrtau-

146 *Eine der großen Bodenzeichnungen Nordamerikas stellt eine Frau und ein vierbeiniges Tier dar*

sends v. u. Z. zurück. Meist sind es Linien, die anscheinend kein bestimmtes Objekt oder Lebewesen wiedergeben. Was sie insgesamt oder im einzelnen bedeuten sollen, ist unbekannt. Vielleicht wiesen manche der Linien auf kalendarisch wichtige Auf- und Untergangspunkte von Sonne, Mond oder hellen Fixsternen am Horizont. Schon die Anlage der Steinreihen könnte eine kultische Handlung gewesen sein. Welchen indianischen Kulturen sie zuzuordnen sind, wissen wir nicht. Im Norden Australiens, auf Bergkuppen, aber auch in anderen Teilen des fernen Kontinents, gibt es übrigens Geröllzeichnungen der Ureinwohner, die einen für heilig gehaltenen Bezirk von seiner Umgebung abgrenzen. In dem so umfriedeten Terrain finden Riten und Zeremonien statt. Aus der Luft betrachtet, ähneln manche der Geröllsetzungen Tierbildern.

Gegenüber den Steinsetzungen sind die Bodenzeichnungen am unteren Colorado zweifellos wesentlich jünger. Viele entstanden wohl erst kurz vor der Entdeckung des amerikanischen Kontinents durch Kolumbus. Man schuf die Bilder, indem man das schwarzbraune Kiesgestein an der Bodenoberfläche entfernte, bis der hellere Untergrund zum Vorschein kam. Durch den Farb- und Helligkeitskontrast treten die Figuren deutlich hervor. Zur Verstärkung der Konturen wurde das entfernte Material an den Rändern angehäuft. Die Bilder sind zwischen 6 und 100 m groß. Man kann sie also oft nur aus der Luft in ihrer wahren Größe und Gestalt erkennen.

Sowohl zu den Steinsetzungen wie zu den eingetieften Bildern des Colorado-Gebietes gibt es zahlreiche Parallelen. Auf die wichtigsten, die Scharrbilder in Peru, gehen wir im nächsten Kapitel ein. Vergleichbaren Darstellungen begegnen wir aber auch in den Lavawüsten des nordmexikanischen Staates Sonora, in Chile sowie im Norden der Vereinigten Staaten bis weit nach Kanada hinein. Dort nennt man die Figuren auf der Erde Boulder mosaics, Geröllmosaiken, obwohl sie in Wirklichkeit Umrißbilder aus aneinandergereihten Steinen sind. Unter ihnen findet man die Wiedergaben von Menschen, Bisons, Schildkröten und Schlangen. Darstellungen dieser Art sind eine Attraktion des Whiteshell-Provinzparks 200 km nordöstlich von Winnipeg in der kanadischen Provinz Manitoba. Wahrscheinlich wurden sie von den Chippewa-Indianern geschaffen; ihre Entstehungszeit ist jedoch unbekannt. Manche der Figuren hat man wohl an Opferstätten angelegt.

In der Osthälfte des nordamerikanischen Kontinents sind die merkwürdigen Effigy mounds, die Bilderhügel, zu Hause. Meistens bestehen sie aus aufgeschütteter Erde. Noch im 19. Jh. galten sie als ein typisches Merkmal der Landschaften in den Tälern des Mississippi, Missouri und Ohio. Seitdem sind sie vor allem durch den Ackerbau stark dezimiert worden. Dennoch zählt man immer noch etwa 5000 Bilderhügel, die fast alle in Wisconsin liegen. Die einzige größere Gruppe außerhalb dieses Bundesstaates befindet sich als Effigy Mounds National Monument in Iowa am Mississippi. Abbildung 147 gibt in Aufsicht die wichtigsten Bilderhügel-Typen aus dem Mississippi- und Ohio-Tal wieder. Von links nach rechts sind es in der oberen Reihe ein schildähnliches und ein langes, kreisförmiges Gebilde sowie vermutlich ein Panther. Darunter sehen wir, gleichfalls von links nach rechts, einen Adler, einen Wasservogel, einen weiteren Vogel in Kreuzform, einen Bär, unter ihm einen Büffel und eine Schildkröte sowie ganz rechts eine Eidechse. Allerdings bleibt der Phantasie bei diesen Deutungen immer noch ein Spielraum offen!

Die Bilderhügel besitzen oft gewaltige Ausmaße. Manche waren Grabstätten, bei denen die Bestattungen an besonders wichtigen Stellen der dargestellten Tiere vorgenommen wurden: im Gebiet des Kopfes, des Herzens und der Geschlechtsteile. Vielleicht sollten die Figuren Tiere verkörpern, von denen die Sippen oder Stämme ihre Herkunft ableiteten. Es könnten also Totems gewesen sein, und die Begräbnisse in ihnen hingen möglicherweise sowohl mit der Verehrung des heiligen Tieres als auch mit Vorstellungen vom Weiterleben nach dem Tode zusammen. Die Grabbeigaben lassen darauf schließen, daß die betreffenden Bilderhügel meist nach 500 u. Z. angelegt wurden.

Von diesen Darstellungen ist die Große Schlange in Adams County in Ohio sicher am berühmtesten. Über 400 m lang, windet sie sich in der Nähe eines Flusses, des Brush Creek, über einen Hügelkamm. Mit offenem Maul ist sie anscheinend gerade dabei, ein Ei zu verschlucken. Wir sehen die gesamte Schlange, deren Schwanz in eine Spirale ausläuft, auf einem eindrucksvollen Luftbild (Abb. 148). Die Schlange selbst bietet keine Hinweise auf ihre Entstehungszeit und ihre Schöpfer. Da ein Grabhügel unweit von ihr zur Adena-Kultur gehört, schreibt man dieser nun auch den Bilderhügel zu. Die Adena-Kultur ist nach einem Fundort im Ohio-Tal be-

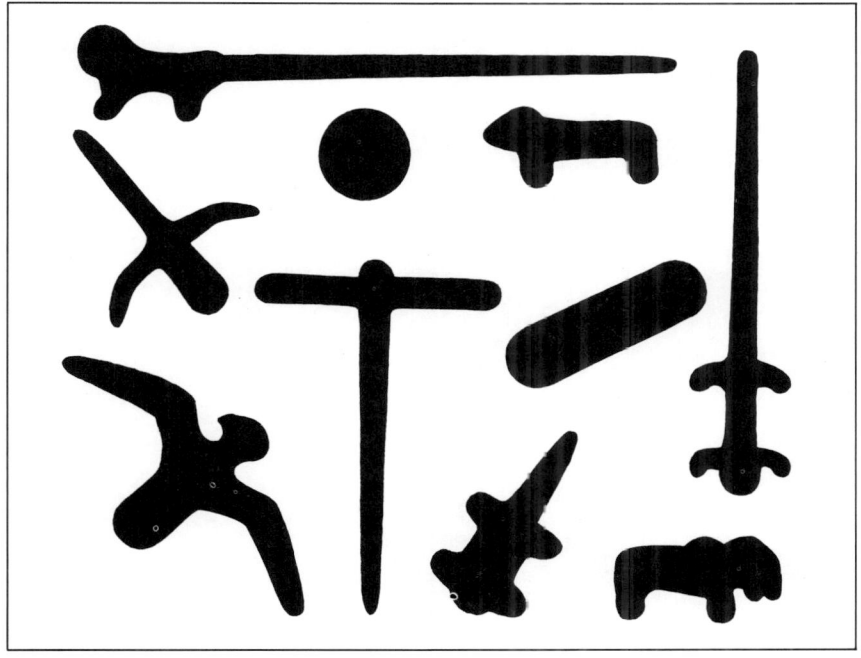

147 *Typen von Bilderhügeln im Mississippi- und Ohio-Tal*

nannt worden. Sie begann etwa um 1 000 v. u. Z. und existierte auf dem Territorium des heutigen Staates Ohio bis ungefähr zum Jahre 400 u. Z. Demnach wäre die Große Schlange älter als die anderen Effigy mounds.

Wie man das Tier konzipierte und ausführte, ist noch feststellbar. Zunächst hat man seine Umrisse durch kleine Steine und Lehmklumpen markiert. Dann wurde aus einer nahe Grube Lehm herbeigeschafft und damit der Schlangenkörper modelliert. Er hat bis heute dem Zahn der Zeit getrotzt. Als kurz vor dem Sezessionskrieg zwischen den Nord- und den Südstaaten (1861–1865) ein Wirbelsturm den schützenden Wald in der Umgebung der Schlange verwüstete, wollten Bauern das gesamte Gelände abholzen und unter den Pflug nehmen. Doch nun schlossen sich interessierte Bürger zusammen und sammelten Geld, um das Terrain zu kaufen und die Schlange so vor der Zerstörung zu retten. Das war eine der ersten Initiativen in Amerika zur Rettung von Altertümern.

Anfang der fünfziger Jahre unseres Jahrhunderts gelang eine bemerkenswerte Entdeckung bei Poverty Point im Überschwemmungsgebiet des Mississippi im nordöstlichen Louisiana, rund 1 500 km von den Erdwällen in den oberen Tälern von Mississippi und Ohio entfernt. Poverty Point liegt inmitten fruchtbaren Ackerlands. Von seiner sehr frühen Besiedlung und Nutzung zeugen zahlreiche Feuersteingeräte. Die Felder, auf denen sie zu finden sind, wurden auch aus der Luft fotografiert. Überraschenderweise zeigten die Flugbilder ein riesiges geometrisches Gebilde, das wir auf Abbildung 149 in Schrägsicht aus Südosten erblicken. Ganz am unteren Bildrand sehen wir das baumbestandene Ufer des Bayou Maçon, der im Laufe der Zeit etwa ein Drittel der Anlage zerstört und weggespült hat. Man er-

148 Die Große Schlange in Adams County, Ohio

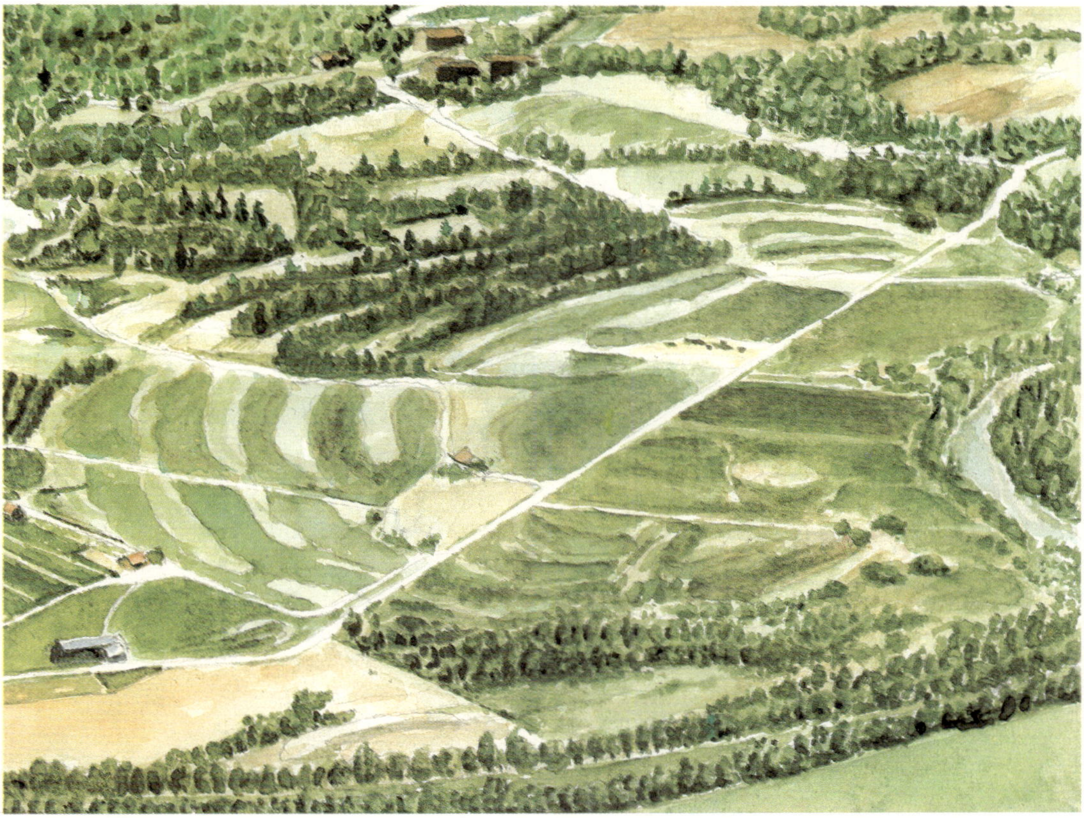

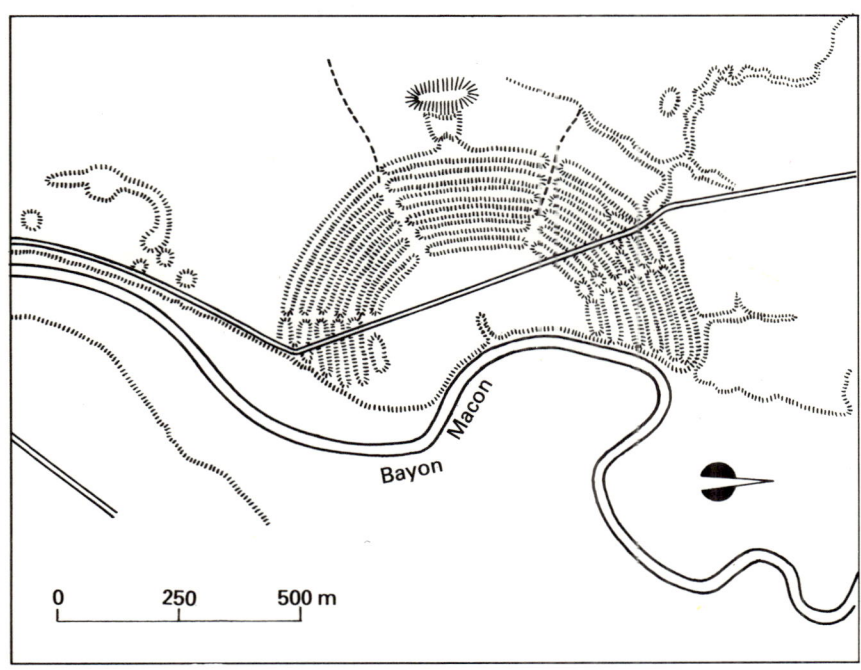

149 *Sechs konzen-trische Erdwälle bei Poverty Point in Louisiana*

Bayon Macon

0   250   500 m

150 *Grundriß der sechs konzentri-schen Erdwälle*

kennt aber noch, daß sechs konzentrisch angeordnete Erdwülste ehemals ein Achteck bildeten (vgl. damit den Grundriß auf Abbildung 150). Die Wälle heben sich hell ab, die feuchten Wiesen dazwischen erscheinen dunkel. Insgesamt besaß das Achteck einen Durchmesser von 1200 m; die Gesamtlänge aller Wälle betrug rund 18 km! Wie war es möglich, daß man von diesem riesigen geometrischen Muster so lange nichts gewußt hatte? Die Erklärung dafür ist verblüffend einfach: Für eine Entdeckung auf der Erde ist das seltsame Gebilde zu groß. Man vermag es nur aus der Luft zu erkennen und zu überschauen.

Im Durchschnitt sind die Wälle des Achtecks 30 m voneinander entfernt und 1 bis 2 m hoch. Wahrscheinlich sind sie um 400 v. u. Z. errichtet worden. Heute wird der Rest der Anlage von Straßen und Wegen durchzogen. Auf dem Gelände hat man Felder abgegrenzt und Bäume gepflanzt. Westlich des Achtecks finden sich zwei künstliche Hügel, der längere nord-südlich, der kleinere ostwestlich orientiert (vgl. Abb. 150). Auf ihren Kuppen und Hängen sind möglicherweise große Vögel mit ausgebreiteten Schwingen dargestellt. Alles das weist auf eine kultische Bedeutung hin. Wir können eine solche auch für das Achteck vermuten. Andererseits ist an die bereits erwähnten Erdwälle im Nordwesten Kolumbiens im Überschwemmungsgebiet des San Jorge und des Cauca zu erinnern (Abb. 66). Die Wälle und »Täler« des Achtecks dienten wohl ebenfalls der Bewässerung und dem Ackerbau. Ihre regelmäßige geometrische Form läßt jedoch auf irrationale Gründe und kultisch bestimmte Zwecke schließen. Mit dem Kult haben aber auch riesige Erdaufschüttungen in Japan zu tun, die allerdings als Grabanlagen dienten. Sie wurden zwischen 300 und 700 geschaffen, sind bis zu 500 m lang und weisen, in Senkrechtsicht betrachtet, die Form eines Schlüsselloches auf. Außerdem hat man sie mit breiten Wassergräben und planierten Erdflächen umgeben. Insgesamt sind so manche dieser merkwürdigen Anlagen etwa 1000 m lang.

Eine moderne, den üblichen Rahmen sprengende Kunstform wollen wir ebenfalls noch erwähnen. Seit dem Ende der sechziger Jahre unseres Jahrhunderts hat sie sich vor allem in den USA und in England entwickelt. Ihre Besonderheit besteht darin, daß auf der Erdoberfläche zum Beispiel Gräben oder Linien gezogen werden oder daß die Schöpfer dieser »Landkunst« Steinreihen aufstellen bzw. Dämme und Wälle aufschütten. Meist werden diese Gebilde in schwer zugänglichen Gebieten angelegt, also fern der menschlichen Zivilisation. Der Interessierte kann sie sich daher in der Regel nur auf Fotografien anschauen. Abbildung 151 stellt uns die Schöpfung eines solchen »Erdkünstlers« vor. Sie ist im Großen Salzsee (Staat Utah, USA) zu finden und von ihrem »Erzeuger« Robert Smithson »Spiral Jetty« genannt worden. Für sein Werk benötigte Smithson rund 6000 Tonnen Basaltblöcke und Schutt. 292 Lastwagenfuhren dieses Materials kippte er so in den See, daß daraus eine 150 m lange und 4,5 m breite spiralförmige Mole entstand. Auf dem Flugbild wirkt sie wie ein riesiger eingerollter Pflanzenstengel. Als das Foto aufgenommen wurde, herrschte

151 *»Spiral Jetty«*
im großen Salzsee
ist das Werk eines
»Erdkünstlers«

gerade hoher Wasserstand. Deutlich zeichnet sich die Aufschüttung in dem durch Rotalgen gefärbten Wasser ab. Im Sommer, wenn der See durch starke Verdunstung schrumpft, liegt die Spirale trocken, und ihre schwarzen Blöcke überziehen sich mit weißen Salzkristallen. Smithson selbst ist, als er mit dem Flugzeug den Standort für ein neues Erdwerk erkundete, 1973 in Texas abgestürzt und dabei umgekommen.

Den Glanzpunkt der Entdeckungen aus der Luft bilden die riesigen Bodenzeichnungen im Süden Perus zwischen den Städten Palpa und Nazca, 50 bis 60 km von der Küste des Stillen Ozeans entfernt. **Das größte Bilderbuch der Welt**

Zuerst hatten Reisende, die im Verkehrsflugzeug dieses Gebiet überflogen, bemerkt, daß tief unter ihnen, auf Hochplateaus und an Talhängen, seltsame flächenartige Gebilde und Linien den Boden bedeckten. Man hielt sie für die Spuren alter Bewässerungsanlagen. Im Jahre 1939 hörte Paul Kosok, Historiker an der Universität in Long Island, von den zufälligen Beobachtungen. Da er sich für die Bewässerungssysteme alter Völker interessierte, ging er der Sache nach und erforschte mit einem eigenen kleinen Flugzeug die betreffende Gegend, die Pampa – ein wüstenhaftes Land. Tatsächlich herrscht hier, am Westhang der Anden, rund 400 km südlich von Lima, ein extrem trockenes Klima. Im Durchschnitt regnet es nur aller zwei Jahre für ganz kurze Zeit. Dennoch ist das Gebiet fruchtbar, wie uns ein Blick in das Tal des Ingenio-Flusses (Abb. 152) lehrt. Wo Wasser auf natürliche oder künstliche Weise hingelangt, vermag man erfolgreich Ackerbau zu treiben. Heute pflanzt man meist Baumwolle an, wobei *152 Das Ingenio-Tal in Südperu*

man auch alte Bewässerungskanäle aus vorspanischer Zeit benutzt. Der grüne Talgrund mit seinen Bäumen entlang des Wasserlaufes steht in scharfem Kontrast zum rötlich-braunen Vordergrund, einer vegetationslosen Wüste. Die Abhänge führen zu den ebenfalls wüstenartigen Hochflächen hinauf. Am linken unteren Bildrand befindet sich ein Steinhaufen. Er ist in Verbindung mit einer der Bodenzeichnungen zusammengetragen worden, die sich auf den Berghängen des Ingenio-Tales und auf den benachbarten Plateaus konzentrieren.

Diese Darstellungen, das wurde Paul Kosok sehr schnell klar, hatten mit Bewässerungsanlagen nichts zu tun. Es sind rätselhafte Schöpfungen, die man nur aus der Luft vollständig zu sehen und zu überblicken vermag. Aus einer bräunlichen Umgebung heben sie sich in hellerem Gelb deutlich ab. Sie bilden Dreiecke, Rechtecke, trapezförmige Flächen, abstrakte Gebilde und Tierfiguren. Abbildung 153 gibt einen der typischen Anblicke wieder. Durch die Pampa ziehen sich ehemalige, längst ausgetrocknete Flußläufe. Die Flüsse waren schon versiegt, als die Bodenzeichnungen angefertigt wurden. Im Hintergrund zeichnet sich das einst dicht besiedelte Tal des Nazca-Flusses ab. Jenseits davon folgen erneut Wüste und Berge. Am verblüffendsten wirken zwei lange, schmale Flächen, die in spitzem Winkel auf der Hochebene zusammenstoßen, und schnurgerade Linien, die kreuz und quer durch das Gelände laufen. Die größere der beiden Flächen (sie ist ca. 800 m lang) ähnelt einem Obelisken. Aus ihrer Spitze tritt eine Linie aus, die leicht nach rechts abbiegt. Auf den ersten Blick glaubt man, zwei Landebahnen für Flugzeuge vor sich zu haben. Das hat den Schweizer Schriftsteller Erich von Däniken bewogen, in der Pampa zwischen Palpa

153 *Südperuanische Scharrbilder in Form langer schmaler Flächen und gerader Linien*

und Nazca die Landebahnen für außerirdische Kosmonauten zu vermuten – eine phantastische Hypothese, wie wir noch zeigen werden.

An vielen Stellen sind solche Flächen und Linien dicht ineinander verschachtelt. Davon vermittelt uns Abbildung 154 einen Eindruck. Wir haben hier ein Gebiet am Rande des Ingenio-Tales vor uns. Es ist mit unterschiedlich breiten, sich verjüngenden Flächen und verschieden starken Linien geradezu übersät. Scheinbar ohne eine bestimmte Richtung gehen die Linien meist von den Flächen aus. Sie streben aber auch fächerförmig auseinander – ein verwirrender und zugleich faszinierender Anblick.

Nicht weniger erstaunlich ist, daß bis zu ihrer Entdeckung vom Flugzeug aus niemand etwas von der Existenz dieser Zeichnungen geahnt hatte. Als man mitten durch die über 50 km lange, rund 500 km² umfassende Bildergalerie die Panamerikastraße baute, waren Ingenieure, Geometer und Straßenarbeiter monatelang in der Pampa tätig. Obwohl sie buchstäblich auf den Bildern hin- und hergingen, bemerkten sie diese nicht. Hier trat das gleiche Phänomen auf wie bei dem Achteck aus Erdwülsten in Louisiana: Solche Gebilde sind einfach zu groß, um auf der Erde erkannt zu werden.

Bei den peruanischen Darstellungen kommt noch eine Besonderheit hinzu. Die »Zeichenfläche« ist mit zahllosen kleinen Steinen übersät. Sie sind eisenhaltig und durch den Tau am Morgen allmählich oxidiert. Dadurch haben sie eine rötlichbraune Farbe angenommen. Fegt man die Steine beiseite, kommt dicht unter ihnen (wie bei den Abbildungen in Kalifornien) der gelbliche Untergrund zum Vorschein. Auf diese Weise kann man die Bilder leicht erzeugen. Bis zu 30 cm sind sie in den Boden eingetieft oder eingescharrt, weshalb sie auch Scharrbilder genannt werden. Die entfernten Steine wurden an den Bildrändern zu Wällen zwischen 20 cm und 1 m Höhe aufgehäuft. Ganz früh am Morgen oder spät abends, wenn die Sonne lange Schatten wirft, vermag man diese Wälle und damit auch die Umrisse der Zeichnungen am besten zu erkennen. Allerdings hat der ständige Südwind wieder eine feine dunklere Staub- und Steinschicht über die Darstellungen geweht, so daß ihre Sichtbarkeit zumindest vom Erdboden aus beeinträchtigt wird. Der Untergrund ist übrigens so weich, daß ein Flugzeug oder gar ein Raumschiff sofort einsinken würde. Ihre verwirrende Fülle würde einen Piloten zudem völlig im unklaren lassen, wo er eigentlich landen solle.

Paul Kosok informierte Maria Reiche, eine gebürtige Deutsche, über seine Entdeckung. Frau Reiche hatte in Hamburg und Dresden Mathematik studiert und war dann nach Peru gegangen. Von den Scharrbildern sofort fasziniert, widmete sie ihnen ihr weiteres Leben. Am Rande der Wüste in einem einfachen Holzhaus wohnend, untersuchte und vermaß sie während vieler Jahre die Zeichnungen. Mit einem gemieteten Hubschrauber überflog sie das Gebiet und fertigte dabei zahlreiche Luftbilder an. Schließlich stellte ihr sogar die peruanische Luftwaffe für ihre Arbeit einen Hubschrauber zur Verfügung.

154 *Ineinander ver-
schachtelte Flä-
chen und Linien am
Rande des Ingenio-
Tales*

Dank Paul Kosok und Maria Reiche wissen wir nun eine Menge über das größte Bilderbuch der Welt. Es enthält recht unterschiedliche Motive. Die verschiedenartigen großen Flächen und die geraden Linien haben wir bereits erwähnt. Erstere weisen mitunter eine Länge von über einem Kilometer auf, letztere können sogar rund 10 km lang sein. Betrachten wir uns auf Abbildung 155 ein paralleles Linienpaar, das ein Trockental überquert! Eigentlich sind es sogar drei Linien, denn die linke Spur ist eine Doppellinie. Die Parallelen verbinden zwei Hochplateaus südlich von Palpa miteinander. Es ist bewundernswert, mit welcher Genauigkeit diese Linien genau geradeaus verlaufen, auf ebenem Gelände ebenso wie im Hintergrund den Berghang empor. Fußpfade waren sie sicher nicht, da hätte statt der drei Linien auch ein Weg genügt. Außerdem ist kaum vorstellbar, daß man einen Pfad einen Steilhang so emporgeführt hätte. Ihn in dieser Weise hinaufzugehen wäre für den ständigen Gebrauch viel zu mühsam und unpraktisch gewesen.

Rätselhaft sind auch die Bodenzeichnungen auf Abbildung 156. Wir sehen ein sehr langes, schmales, in den Boden gescharrtes Dreieck, von dessen Spitze eine Linie ihren Anfang nimmt, die, mehrmals fast genau in rechten Winkeln umbiegend, auf langen Strecken hin- und herschwingt. Dann zieht sie an einer merkwürdigen Figur vorüber, die an der einen Hand vier, an der anderen fünf Finger besitzt. Vielleicht soll das seltsame Wesen einen Affen verkörpern. Anschließend verzweigt sich die Linie zu einem großen pflanzlichen Gebilde, das vermutlich Seetang wiedergibt. Erneut geradeaus verlaufend, überquert sie ein Reptil (vgl. Abb. 160), das von der Panamerikastraße durchschnitten wird, und mündet endlich in eine viereckige Fläche. Diese ist wiederum durch eine bandartige Linie mit dem langen schmalen Dreieck verbunden. Mit ihm zusammen beträgt der Gesamtverlauf der ununterbrochenen Linie etwa 5 km. Man könnte sie für einen Prozessionsweg halten, der bei feierlichen Anlässen abgeschritten wurde. Die Genauigkeit der Darstellung ist bewundernswert.

Es scheint, als hätte ein Teil der Flächen und Linien eine astronomisch-kalendarische Bedeutung. Als Paul Kosok eines Abends noch im Gebiet der Scharrbilder weilte, bemerkte er, daß die Sonne gerade in der Verlängerung von einer der Linien unterging. Das Datum, 21. Dezember, also Sommeranfang auf der Südhalbkugel der Erde, machte Kosok nachdenklich. Waren noch andere Linien nach den Auf- und Untergangspunkten der Sonne zu Beginn der Jahreszeiten orientiert? Weitere Untersuchungen bestärkten Kosok in seiner Vermutung. Er glaubte, bei den Zeichnungen in der Pampa handele es sich um »das größte Astronomiebuch der Welt«.

Auch Maria Reiche bemühte sich intensiv um die Aufklärung dieses Sachverhalts. Sie entdeckte Linien, die auf die Horizontpunkte der Sonnenwenden, die der Tag- und Nachtgleichen sowie auf dazwischenliegende Daten weisen (6. April, 6. Mai, 29. November). Nach ihrer Meinung gibt es außerdem Visierlinien, die auf charakteristische »Wendepunkte« der Mondbahn ausgerichtet sind. Andere zielten eventuell auf die Hori-

155 *Paralleles Li-
nienpaar, das zwei
Hochplateaus mit-
einander verbindet*

zontpunkte heller Fixsterne. Mitunter hat man wohl auch die Seitenlinien der verschiedengestaltigen Flächen für Visuren benutzt. Auffällig ist, daß von kleinen Hügeln oder von Zentren, die durch Steinhaufen markiert wurden, zahlreiche Linien sternförmig aneinanderlaufen bzw. eine Verbindung zu anderen Zentren der Bodenzeichnungen herstellen.

Die Hypothese von den Sonnen-, Mond- und Fixsternlinien ist allerdings von Gerald S. Hawkins, einem bekannten Astronomen, angezweifelt worden. Hawkins hatte mit Hilfe eines Computers Stonehenge in Südengland untersucht und entdeckt bzw. untermauert, daß diese Anlage, wie wir bereits erwähnten, eine ganze Reihe von Sonnen- und Mond-Visierlinien enthält. Mit einem Computer überprüfte Hawkins dann die Scharrbilder bei Nazca nach ihrer Lage und Richtung. Die statistische Auswertung ergab aber nur eine zufällige astronomische Orientierung der Linien und Flächen. Doch das Verfahren von Hawkins ist als ungenau und unvollkommen kritisiert worden. Frau Reiche beharrte auf ihrer Ansicht, daß die Bodenzeichnungen auch kalendarische Bedeutung haben.

Das ist in der Tat anzunehmen. Ende Dezember wartet man in dieser Gegend zum Beispiel auf das Ansteigen der Flüsse, damit man wieder mit der künstlichen Bewässerung der Felder beginnen kann. Durch Richtungslinien vermochte man leichter festzustellen, wann dieser Zeitpunkt bevorstand oder wann andere, für die Landwirtschaft und den Kult wichtige Daten zu beachten waren. In einer Landschaft, in der man so stark vom Wasser und seiner regelmäßigen Wiederkehr abhängt, benötigte man unbedingt einen brauchbaren Kalender. Den alten Ägyptern, um das als Vergleich anzuführen, kündigte die erste Sichtbarkeit des Fixsterns Sirius am Morgenhimmel die baldige Überschwemmungszeit des Nils an. Man weiß auch, daß die späteren Bergbewohner Perus nach genauen Himmelsbeobachtungen einen Kalender aufgestellt hatten. Noch heute zündet man dort zur Sonnenwende im Juni (dem »Winterbeginn«) Feuer an, springt über sie hinweg und um sie herum. Solche Bräuche waren und sind in Skandinavien bei Winteranfang ebenfalls üblich. Damit sollte die Umkehr der Sonne, der Beginn ihres Höhersteigens und die Wiederkehr des Lichtes beschworen und gefeiert werden.

Außer den flächigen geometrischen Darstellungen, den geraden, hin- und herschwingenden sowie im Zickzack verlaufenden Linien findet man in der Pampa zwischen Palpa und Nazca symbolartige Gebilde, die wie ein Schaufelrad aussehen, und Reihen von Steinsetzungen, die miteinander ein Viereck bilden. Öfters begegnet man mit verblüffender Genauigkeit in den Boden gescharrten Spiralen. Dagegen sind die eigentlich figürlichen Wiedergaben, Pflanzen und Tiere, an Zahl in der Minderheit. Dennoch hinterlassen sie den nachhaltigsten Eindruck.

Am häufigsten trifft man auf Vogeldarstellungen. Zu den größten zählen zwei fragmentarische, stark stilisierte Zeichnungen. Bei der einen, über 200 m breiten blieben nur noch Kopf und Flügel des Vogels erhalten. Körper und Füße sind offenbar durch Pferde und Esel, mit denen man die

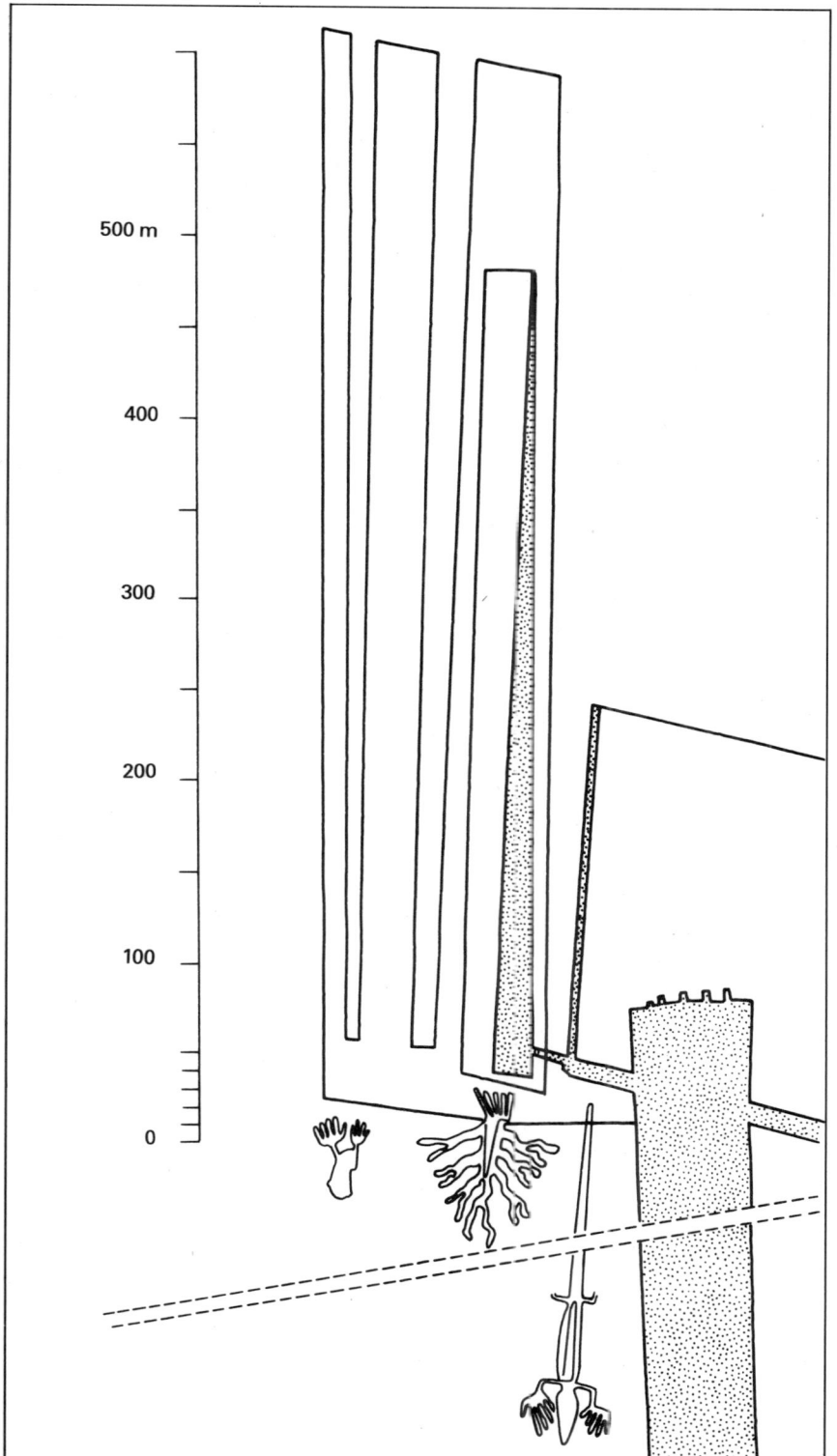

500 m

400

300

200

100

0

Pampa durchquerte, zerstört worden. Der andere, noch größere Vogel besteht aus einer über 3 m breiten Linie, die wie eine Straße wirkt. Zu erkennen sind noch Kopf, gewundener Hals und Füße sowie ein langes Viereck als Körper.

Zwar kleiner, aber gleichfalls von bemerkenswerter Größe sind Vogelfiguren, die wir auf Abbildung 157 im Vergleich mit einigen anderen Tierbildern vorstellen. Die drei Vögel auf der linken Seite der Abbildung verkörpern offenbar Fregattvögel, die in Kolonien die Küsten der tropischen Meere bewohnen. Sie vermögen erstaunlich gut und weit zu fliegen. Hunderte Kilometer vom Festland entfernt, erblickt man sie oft schwebend in den Lüften. Der fächerförmige Schwanz ist tief gegabelt, die Zehen sind mit starken Krallen bewaffnet und die Schwimmhäute dazwischen tief ausgeschnitten. Die Spannweite ihrer spitzen Flügel kann 2,30 m erreichen. Von hoch oben stoßen sie auf die Fische herab. Während das Weibchen eine weiße Unterseite besitzt, ist das Männchen schwarz und sein Kehlsack dunkelrot. Den Kehlsack blasen die Fregattvögel auf, um andere Vögel zu erschrecken, damit diese ihre Beute fallen lassen und sie sich selbst der Beute bemächtigen können.

Sicher kannten die Bewohner der Pampa die Küste und das Meer. Wenn das Wasser in den Flüssen zu spärlich floß, so daß man die Felder nicht genügend zu bewässern vermochte, blieb das Meer die einzige Nahrungsquelle. An den Rastplätzen der Pampa-Bewohner stößt man häufig auf Muschelschalen als Reste ehemaliger Mahlzeiten. Den Bodenzeichnern waren die Fregattvögel bestimmt aus eigener Anschauung bekannt. Auf Abbildung 157 ist links oben die Silhouette eines solchen Tieres, von unten gesehen, wiedergegeben. Seine Umrißlinie steht mit einem großen Viereck in Beziehung, auf dessen gegenüberliegender Seite eine Blume zu finden ist (auf unserem Bild nicht sichtbar). Fast alle figürlichen Darstellungen weisen nur eine einzige durchgehende Umrißlinie auf. Manchmal mündet diese in eine geometrische Fläche ein oder wird durch eine gerade Linie fortgesetzt, die die Figur mit einem anderen Zentrum der Bodenzeichnungen verbindet.

Unterhalb der rund 135 m langen Fregattvogel-Silhouette ist auf Abbildung 157 eine zweite Darstellung dieses Tieres von etwa gleicher Länge zu sehen. Bei ihr sind Kopf, Schnabel und Kehlsack im Profil wiedergegeben, der Körper sowie die zusammengelegten Flügel und der Schwanz dagegen in Aufsicht. Das Tier ist auf einem Hochland oberhalb des Palpa-Tales gezeichnet worden. Wie Teile dieses Vogels am Boden wirken, zeigt uns Abbildung 158. Sie wurde von einer Leiter aus aufgenommen. Wir blicken auf das linke Bein und den linken Fuß des Fregattvogels. Auch die Enden der parallel liegenden Schwungfedern des linken Flügels sind zu erkennen. An dem Bild wird gleichfalls deutlich, mit welcher Treffsicherheit und Sorgfalt die kontinuierliche Umrißlinie in den rostbraunen Boden gescharrt wurde. Schräg über die riesige Zeichnung läuft eine einzelne gerade Linie. Fast alle figürlichen Darstellungen werden von solchen Linien

157 *Größenver-*
gleich der in den
Boden gescharrten
Figuren

200 m   150   100   50   0

durchzogen. Offenbar hat man die Figuren gerade dort geschaffen, wo sich mehrere gerade Linien überschneiden. Meist sind Tiere und geometrische Flächen an den Rändern von Hochplateaus zu finden.

Ganz im Profil, vermutlich beim Herabschweben oder im Kurvenflug, ist mit ca. 50 m Länge ein dritter Fregattvogel wiedergegeben (Abb. 157 unten links). Trotz der Stilisierung erscheint das Bild viel dynamischer als die beiden größeren Vogeldarstellungen. Seine Kontur entwickelt sich aus einer geraden Linie und endet dann in einer etwas unregelmäßigen Fläche. Ebenfalls sehr bemerkenswert ist das Scharrbild eines Kolibris (Abb. 157 rechts oben). Im Gegensatz zu den majestätischen Fregattvögeln sind die Kolibris nur hummel- bis schwalbengroß. Die prächtig gefärbten Vögel leben vor allem im tropischen Amerika. Ihr gerader, gebogener oder röhrenförmiger Schnabel ist meist auffallend lang. Mit ihren zugespitzten schmalen Flügeln vermögen sie blitzschnell in gerader Richtung dahinzuschießen. An den winzigen Füßen sitzen Zehen mit langen, stark gekrümmten, scharfen Krallen.

Der auch auf Abbildung 159 aus der Vogelschau wiedergegebene Kolibri wurde etwa 20 km nordwestlich von Nazca entdeckt. Von der Schnabelspitze bis zum Schwanzende beträgt seine Länge 96 m. Der Schnabel mündet in das Teilstück einer siebenmal hin- und herschwingenden Linie, deren einzelne gerade Strecken jeweils rund 500 m Länge aufweisen. Jene Strecke, auf die der Schnabel stößt, zeigt zum Aufgangspunkt der Sonne am 21. Dezember. Ein Zufall ist das wohl nicht.

Eine weitere Vogelfigur (Abb. 157 ganz rechts) ist nicht weniger interessant. Eigentlich handelt es sich um eine Art Schlangenvogel, also um ein

158 *Linkes Bein und linker Fuß eines riesigen Fregattvogels*

Mischwesen, ein mythisches Tier, dessen Hals und Kopf schlangenförmig gestaltet sind. Man hat das Fabelwesen neben einer riesigen trapezähnlichen Fläche konstruiert. Der »Vogel« besitzt ebenfalls gewaltige Ausmaße. Kopf, Hals und Körper messen rund 135 m. Sogar noch länger ist der Schnabel, nämlich 155 m. Insgesamt ist der Schlangenvogel also ca. 290 m lang! Diesmal weist der Schnabel selbst in eine astronomisch wichtige Richtung: zum Aufgangspunkt der Sonne bei der Juni-Sonnenwende!

Links neben dem »Sonnenvogel« ist auf Abbildung 157 das schon genannte Reptil (vgl. Abb. 156) dargestellt. Mit 188 m Länge gehört es zu den größten Figuren. Aus der Luft betrachtet (Abb. 160), macht es einen furchterregenden Eindruck. Leider führt die Panamerikastraße über das Tier hinweg. Seine Hinterfüße sind dadurch zerstört worden. Außerdem wird es von Autospuren geschnitten. Reisende, die hier vorbeifahren, erliegen mitunter der Versuchung, die feste Straße zu verlassen und im Gelände der Bodenzeichnungen herumzukurven. Die Folgen sind verheerend, denn in der weichen, leicht verletzlichen Oberfläche prägen sich die Spuren der Räder dauerhaft ein und verwischen und zerstören so die Scharrbilder.

Im Zusammenhang mit Abbildung 156 haben wir eine seltsame Figur er-

159 *Die Länge dieses Kolibris beträgt von der Schnabelspitze bis zum Schwanzende 96 m*

währt, die in der untersten Reihe von Abbildung 157 als zweite von links wiedergegeben ist. Maria Reiche deutet die 50 m große Darstellung als stilisierten Affen, von dem nur die Rundung des Schädels, die Ohren und die Hände angegeben sind. Letztere besitzen merkwürdigerweise neun Finger. Der gleichen Fingerzahl begegnen wir auch bei der Affendarstellung in der Mitte der unteren Hälfte von Abbildung 157. Denselben Affen stellt uns ein Luftbild (Abb. 161) vor. Er wird kunstvoll von einer einzigen Linie umrissen. Sein Schwanz ist zu einer Spirale umgebildet, zu deren Mittelpunkt die Konturlinie hinein- und dann wieder herausführt. Auf Abbildung 157 sind als Vergleich noch zwei andere Spiralformen wiedergegeben. Ihre Konstruktion muß besonders schwierig gewesen sein. Warum man sie so häufig ausführte und weshalb man den Affen mit einer Spirale verband, vermögen wir nicht einmal zu ahnen. Der Affe ist jedoch nur Teil eines komplizierten Musters, durch das er mit den zwei Linien links neben seinen Beinen in Verbindung steht. Auf dem Luftbild erkennen wir ein Teilstück dieses Musters. Es setzt sich unter anderem aus zwei Zickzack-Linien und aus einer Schwingungslinie zusammen. Sie kreuzt 16mal eine pfeilähnliche Fläche, bevor sie in deren spitzere Schmalseite mündet.

Zwischen den Bodenzeichnungen hat man auch zwei Hände ohne dazugehörigen Körper gefunden, die gleichfalls nur mit neun Fingern versehen

161 *Affendarstellung mit Spiralschwanz, 9 Fingern und 6 Zehen*

sind. Auffällig ist weiterhin, daß der Affe (Abb. 157 und 161) nur sechs Zehen an den Füßen besitzt. Wir begegnen dem gleichen Phänomen auf Bildern der sogenannten Nazca-Keramik, die uns auf die Schöpfer und das Alter der Bodenzeichnungen in der Pampa schließen läßt. Wahrscheinlich geht die Kultur der Nazca-Indianer bis in das 2. Jh. v. u. Z. zurück. Sie siedelten vor allem im Ica-, Pisco- und Nazca-Tal. Für den Ackerbau hatten sie ein ausgedehntes, kompliziertes Bewässerungssystem geschaffen. Ihre Keramik zeichnet sich durch merkwürdige Bemalungen aus. Die Hauptgottheit wurde katzenartig dargestellt. Andere Gottheiten sind dämonische Mischwesen aus Tieren und Menschen. Sehr häufig findet man auf den Gefäßen die Bilder von abgeschlagenen Menschenköpfen – Symbole für Kriegstrophäen. Es war Brauch, dem besiegten Gegner den Kopf abzuschneiden und diesen nach einer mumifizierenden Behandlung aufzubewahren.

Für die Malereien verwandte man erstaunlich viele Farbtöne und Farbnuancen. Die Themen stammen sowohl aus der Wirklichkeit wie aus der Mythologie: stilisierte Darstellungen von Bohnen, Mais und Pfefferschoten, von Fischen und Vögeln, Kriegern, Fischern, Tänzern, Musikanten und Fabelwesen. Bemerkenswerterweise ähneln die Tierfiguren auf den Gefäßen den riesigen Scharrbildern in der Pampa zwischen Nazca und Palpa sehr. Auch auf den Keramiken besitzen die Affendarstellungen neun Finger und sechs Zehen – wie bei den Bodenzeichnungen. Daraus ergibt sich eine enge Verbindung zwischen den beiden Arten der bildlichen Wiedergaben und ihren Schöpfern. Die Scharrbilder werden ebenfalls von den Nazca-Indianern angefertigt worden sein.

In einer geometrischen Fläche entdeckte man einen Holzpfahl, der einst wohl als Markierungshilfe bei der Konstruktion der großen Zeichnung gedient hatte. Nach seinem Gehalt an radioaktivem Kohlenstoff vermochte man das Alter des Pfahles zu ermitteln. Alter bedeutet hier die Zeit, in der man das Holzstück in den Boden schlug: im Jahre 525 ± 80 Jahre. Die flächige Darstellung, in der man den Pfahl fand, ist also vermutlich im 5. oder 6. Jh. geschaffen worden. Offenbar existierte die Nazca-Kultur bis etwa zum Jahre 1000. Was ihre Scharrbilder betrifft, verteilen sie sich bestimmt über einen Zeitraum von vielen Jahrhunderten. Das extrem trockene Klima hat sie bis heute bewahrt. Aber nun sind sie ernsthaft durch Neugier und Unvernunft bedroht. Immer zahlreicher tummeln sich Besucher zu Pferde oder im Auto auf dem Gebiet des größten Bilderbuches der Welt, das sie auf diese Weise beschädigen und zerstören.

Zu den eindrucksvollsten Tierfiguren unter den Bodenzeichnungen zählt die Darstellung einer Spinne (Abb. 157, unterste Reihe, und 162). 46 m lang, befindet sie sich innerhalb eines Liniennetzes. Links neben ihr sehen wir die Ränder einer ausgedehnten trapezähnlichen Fläche. Bei dem Bild, das schon oft veröffentlicht worden ist, könnte es sich um die Wiedergabe einer Kapuzenspinne aus dem Amazonas-Urwald handeln. Ihr linkes Vorderbein ist, wie wir sehen, im rechten Winkel verlängert. Die Männchen

der Kapuzenspinnen benutzen das verlängerte Vorderbein als Begattungsorgan. Ob deshalb das Spinnenbild etwas mit einem Fruchtbarkeitskult zu tun hat, wissen wir natürlich nicht.

Die exakte Darstellung von Körper, Kopf und Beinen des Tieres konfrontiert uns erneut mit der Frage, wie es möglich war, die Bilder ohne Übersicht von oben mit dieser Genauigkeit auf den Boden zu zeichnen. Maria Reiche schrieb zu diesem Problem: »Bei Tierfiguren, auch wo diese stark stilisiert sind, beobachtet man Ebenmaß und vollkommene Harmonie in allen Proportionen. Die Zeichner, die diese Vollkommenheit ihrer eigenen Schöpfungen nur von der Luft aus hätten erkennen können, müssen diese von vornherein in kleinerem Maßstab geplant und gezeichnet haben. Wie sie dann über große Entfernungen hin jedem Linienstück seinen richtigen Platz und seine Ausrichtung geben konnten, ist ein Rätsel, zu dessen Lösung man noch Jahre brauchen wird. Nur wer mit der Praxis eines Landmessers vertraut ist, kann in vollem Ausmaß ermessen, war für eine Vorbildung für Menschen nötig ist, die fähig sind, den Entwurf einer Zeichnung in kleinem Maßstab unter vollkommener Wahrung der Proportionen in riesige Ausmaße zu übertragen. Die früheren Peruaner müssen Instrumente und Hilfsmittel besessen haben, von denen wir nichts wissen und die sie zusammen mit anderen Kenntnissen vor den Augen der Eroberer verbargen als den einen Reichtum, an den diese nicht Hand anlegen konnten.« Und Frau Reiche fuhr fort: »Das unentbehrlichste Werkzeug für die Übertragung von komplizierten Formen auf unübersehbar große Maßstäbe ist eine in Unterteilungen gegliederte Maßeinheit, mit deren Hilfe eine Koordination von Längen hergestellt werden kann.«

Eine solche Maßeinheit aus den Bildern abzulesen ist jedoch schwierig. Sehr kleine Figuren weisen mitunter Linien von 16 cm Breite auf; bei anderen ergibt sich eine Linienbreite von 33, 66 bzw. 130 cm. Durch Vermessung der Radien von Kurven stieß man ebenfalls auf ein mögliches Einheitsmaß von rund 130 cm. Nach Frau Reiche beträgt es dagegen 110 cm. – Es wäre in »Zehntel« unterteilt; drei solcher »Zehntel« ergäben also 33, sechs »Zehntel« 66 cm. Mit Hilfe solcher Maße als Längen von Radien vermag man bei einigen Figuren tatsächlich die Konturen als Abfolge verschiedener Kreissegmente zu erklären, die bruchlos ineinander übergehen. Wahrscheinlich hat man Holzpflöcke in den Boden geschlagen, verschieden lange Schnüre daran gebunden und dann wie mit einem Zirkel Kreise und Kreisausschnitte gezogen. Im Mittelpunkt unterschiedlicher Kreisbögen liegt häufig ein durch seine Größe, Farbe oder Form auffälliger Stein – wohl ein Markierungszeichen für die Konstruktion. Bei der Lösung geometrischer Probleme haben die Schöpfer der Bilder auch künstliche Steinreihen als Hilfslinien verwandt.

Frau Reiche erwog sogar, ob bestimmte Längenmaße, die den Scharrbildern augenscheinlich zugrunde liegen, zugleich eine Art Zeitmaße verkörperten, um wichtige historische und astronomische Daten zeichnerisch festzuhalten. »Wenn sich erweisen sollte, daß Richtungseinordnung und

Längenmessung in Nazca im Dienste der Zeitmessung gestanden haben und die Maßeinheit einmal bekannt ist, könnte mit der Entzifferung des großen Dokuments begonnen werden.«

Wie schwungvoll kleinere Figuren manchmal dargestellt wurden, zeigt Abbildung 163 – ein Fisch, von einer Leiter aus fotografiert. Mit 25 m Länge gehört er zu den kleinsten Bildern. Ungewöhnlich ist, daß sich die Umrißlinie ins Körperinnere fortsetzt, indem sie viermal parallel zur äußeren Kontur hin- und herläuft. Unter dem Maul des Tieres (auf unserer Abbildung nicht zu sehen) ist ein rundliches Gebilde ähnlich dem Kehlsack der Fregattvögel wiedergegeben. Im Hintergrund des Bildes erblicken wir das Ingenio-Tal und die sich daran anschließenden Berghänge. Hier reihten sich ebenfalls kleinere, mit Zeichnungen bedeckte Flächen aneinander. Leider sind sie durch Baumwollpflanzungen zerstört worden.

Außer Landbewohnern haben die Nazca-Indianer also auch Fische wiedergegeben. Ein seltsames Mischwesen aus Fisch und Katze stellt uns die Figur ganz links in der untersten Reihe von Abbildung 157 vor. Es ist ebenfalls eine relativ kleine Bodenzeichnung mit Innenstruktur. Ihre Kurven sind eng ineinander verschlungen, aber sehr sorgfältig und geschickt konstruiert. Die vom Umriß erst nach oben und dann nach links weglaufende Linie führt zu einem sternförmigen Zentrum, von dem aus gesehen sie

163 *Die Umrißlinien des 25 m langen Fisches setzen sich ins Körperinnere fort*

255

genau auf den Untergangspunkt der Sonne am 21. Dezember hinweist. In diesem Zusammenhang ist die Frage berechtigt, ob solche Figuren oder die figürlichen Darstellungen überhaupt vielleicht Sternbilder symbolisieren sollten. Zwischen den Flächen und Linien angebracht, ließen sie sich leicht durch bestimmte Ortungslinien mit astronomisch-kalendarischen Daten und Ereignissen in Verbindung bringen. Möglicherweise verkörperte auch eine hundeähnliche Figur ein solches Sternbild (Abb. 164). Seltsam steifbeinig ist das merkwürdige Wesen dargestellt, mit langem, steil erhobenem Schwanz und sehr langen dünnen Beinen. An den Hinterbeinen zählt man insgesamt sieben, an den Vorderbeinen sechs Zehen.

Die erstaunlichen Bodenzeichnungen regen die Phantasie der Betrachter immer wieder von neuem an. Daß man die Scharrbilder geschaffen hat, ohne sie in ihrer vollen Ausdehnung sehen zu können, ist ja eine Vorstellung, die zum Widerspruch herausfordert. Vermochten die Nazca-Indianer etwa doch schon zu fliegen? Zu diesem Problem gibt es eine kühne Hypothese und ein interessantes Experiment. Die Hypothese stützt sich auf Berichte über Bartolomeo Lourenco de Gusmão, der, 1685 im brasilianischen Santos geboren, an einem Jesuitenkolleg erzogen wurde und dann selbst Priester war. 1709 führte dieser Mann dem portugiesischen König in Lissabon das Modell eines mit Heißluft betriebenen Ballons vor.

165 *Menschenähn-
liche Wesen mit
Halbmond und
Strahlen an einem
Berghang*

Mit finanzieller Unterstützung des Königs baute er schließlich einen derartigen Ballon in der erforderlichen Größe und überflog mit ihm anscheinend mehrmals die Stadt. Das war lange vor dem Flug eines Heißluftbal-
lons bei Paris im Jahre 1783, der als Eröffnung der »Luftfahrt« gilt. Aber
das Unternehmen von Bartolomeo Lourenco de Gusmão erregte den
Argwohn seines eigenen Ordens. Er mußte vor der Inquisition nach Spa-
nien fliehen und starb in Toledo im Alter von 38 Jahren.

Vielleicht hat dieser Pionier des Flugwesens, so die Hypothese, die An-
regungen und Kenntnisse zur Konstruktion des Ballons aus seiner Heimat
mitgebracht, wo solche Apparate schon längst bekannt gewesen sein
könnten. Der Ballon soll etwa wie eine auf die Spitze gestellte Pyramide
ausgesehen haben. Auf Gefäßen der Nazca-Kultur würden ähnliche Objekte zu finden sein. Textilien aus Gräbern dieser Zeit erwiesen sich als erstaunlich dicht und fest; sie wären für Ballonhüllen durchaus geeignet gewesen.

Der Verkünder dieser Hypothese, Jim Woodman, baute zusammen mit
anderen Interessierten einen Ballon, wie ihn vermutlich Bartolomeo Lourenco de Gusmão benutzt hat. Das Fluggerät wurde in der Pampa von
Nazca gestartet; Jim Woodman und ein Begleiter erhoben sich in ihm
ca. 130 m hoch und landeten sicher wieder auf der Erde. Ohne die Männer

erreichte der Ballon eine noch viel größere Höhe und Flugweite. Ein Beweis dafür, daß die Indianer tatsächlich schon Ballonfahrer waren und die Scharrbilder von oben betrachten konnten, war das natürlich nicht. Dennoch zeigte das Experiment, daß mit der pyramidenförmigen Ballonkonstruktion solche Flüge im Bereich des Möglichen gelegen hätten. Am Rande mancher geometrischen Flächen finden sich Gruben, in denen offenbar einst große Feuer loderten. Hatte man damit die heiße Luft für die Ballone erzeugt? Ein verlockender Gedanke, dem die meisten Fachleute freilich skeptisch gegenüberstehen. –

Im Gegensatz zu den geometrischen Flächen, den Linien, Spiralen und Symbolen, den Pflanzen- und Tierfiguren sind menschenähnliche Darstellungen nur auf Steilhängen angebracht. Vom Boden aus kann man diese Bilder in der Regel nicht wahrnehmen. Zum Teil bestehen sie aus hellen Flächen, wobei Augen und Mund durch Steinhaufen angedeutet werden. Eine Figur, die wie ein Eulenmensch wirkt, ist 30 m hoch. In der Form vergleichbare Malereien gibt es auch auf Gefäßen. Bei einer anderen Gestalt an einem Berghang bemerkt man einen Hut oder eine Last auf dem Kopf. Außerdem trägt sie etwas in der rechten Hand und auf dem linken Arm. Ihr Kopf ist uhuähnlich. Auf Abbildung 165 sind die Köpfe zweier Figuren von einem halbmondförmigen Gebilde umgeben, von dem Strahlen ausgehen. Insgesamt wirken diese Wesen jedoch im Vergleich zu den anderen Scharrbildern roher und primitiver. Sie sind ebenso rätselhaft wie eine dreizackähnliche Darstellung auf einem Hang an der Meeresküste nahe der Pisco-Bucht. Der »Dreizack« ist über 200 m groß, aus dunklen Steinen zusammengesetzt und schon aus weiter Entfernung sichtbar. Allgemein hat man aber bei all diesen Erdbildern den Eindruck, daß sie nicht von Menschen, sondern von Himmelsgottheiten gesehen werden sollten.

Auch Gräber gelten als Kultstätten besonderer Art. Sie sind der Platz für die Toten, an dem diese unter sich sind, getrennt von den Lebenden. Hier hat man sie nicht nur der Erde übergeben, sondern ihnen zugleich einen eigenen Bezirk geschaffen, eine Ansiedlung der Verstorbenen. Darüber hinaus dienten solche Stätten zur Erinnerung an die Dahingeschiedenen und zu ihrer mannigfaltigen Verehrung.   **Alte Grabstätten**

Während der Alt- und Mittelsteinzeit wurden den Toten keine aufwendigen Grabmäler errichtet. Gruben, in die man die Verstorbenen während jener geschichtlichen Epoche bettete, vermag man heute aus der Luft offenbar nicht mehr zu erkennen. Auch schlichte Gräber aus der frühen und mittleren Jungsteinzeit haben für die Vogelschau kaum Spuren hinterlassen. Aber schon in der späten Jungsteinzeit sowie vor allem in der ihr folgenden Bronze- und Eisenzeit sind für Familien und Sippen aufwendigere Grabanlagen geschaffen worden: mit Hügeln überwölbt, von Gräben, Wällen, Palisaden oder Mauern umschlossen. Vielleicht wollte man mit diesen Konstruktionen die Toten abschirmen, ihre Ruhe sichern oder sie an ihren

Platz bannen. Reste derartiger Anlagen sind unter günstigen Umständen aus der Vogelperspektive noch wahrnehmbar. Luftbilder erweisen sich oft sogar als das beste Hilfsmittel, solche Grabstätten aufzuspüren.

166 *Hügelgräber in der Nähe von Stonehenge*

Wie sich diese, »von oben« betrachtet, bemerkbar machen, haben wir an Hand der Abbildungen 5 (Ringgräber), 14 (»Grabgärten«), 56 und 85 (Hügelgräber) erfahren. Besonders eindrucksvollen Gruppen von Hügelgräbern, die sich aus der Luft gut überschauen lassen, begegnen wir in der Umgebung von Stonehenge. Abbildung 166 zeigt uns eine Gruppe, deren Lage wir mit der Karte auf Abbildung 118 vergleichen. Auf dem Flugbild erblicken wir zwei Straßen. Eine davon zieht sich etwa parallel zum unteren Rand von Bild 166 hin. Es ist die A 303. Sie führt in östlicher Richtung (nach rechts) an Stonehenge vorbei, das von der Straßenkreuzung (ganz links im Bild) fast 2,5 km entfernt ist. Die andere Straße, etwa nord-südlich nach Salisbury zu verlaufend, ist die A 360. Beide Verkehrsadern durchschneiden eine Landschaft mit Wiesen, Feldern, Gehölzen und Feldwegen. Außerdem bemerken wir Fahrspuren von landwirtschaftlichen Geräten.

Auffällig sind die Hügelgräber im Winkel zwischen den zwei Straßen. Zusammen bilden sie die »Winterbourne Stoke Crossroads Group«, also die »Winterbourne Stoke Straßenkreuzungs-Gruppe«, die aus unterschiedlichen Typen von Hügelgräbern verschiedener Zeiten besteht. Dicht bei der Kreuzung liegt ein Long barrow, ein langgestrecktes Hügelgrab. Als ältestes der Gruppe stammt es aus der Windmill-Hill-Zeit. Allein in Wiltshire gibt es 148 dieser Langgräber, in ganz Britannien rund 260. Nähere Aufschlüsse über künstliche Hügel dieser Art ergaben Ausgrabungen eines Long barrow ca. 800 m südwestlich vom Dorf West Kennet und 2,4 km südlich von Avebury. Das Grab dort ist das größte in England und Wales: 104 m lang, am östlichen Ende 23 m breit (das westliche Ende ist etwas schmaler) und rund 2,5 m hoch. Erbaut wurde es vermutlich vor 5600 Jahren. Seine eigentlichen Grabräume befinden sich im Ostteil. Dort wurden sie mit Sandsteinblöcken aus dem umgebenden, leicht hügeligen Gelände zusammengefügt. Aus einem halbrunden Vorhof führt ein Gang ins Innere, von dem nach rechts und links je zwei Kammern abzweigen und der in eine fünfte Kammer mündet. Gang und Räume sind mit Kreideschutt überdeckt, aus dem auch der übrige, mit Gras bewachsene Hügel besteht. Er ist achtmal so lang wie der eigentliche Grabteil. Der Fuß des Long barrow war, außer auf der Ostseite, ringsum mit Steinen eingefaßt. In den Kammern lagen Schädel und Gebeine von Erwachsenen und Kindern. Sicher sind diese nicht alle auf einmal, sondern während einer längeren Periode bestattet worden. Dabei hat man offenbar ältere Knochen beiseite geräumt oder sie ganz beseitigt, um neuen Platz zu schaffen. Nachdem viele Familien das Grab mindestens einige 100 Jahre lang benutzt hatten, wurden seine Hohlräume sorgfältig mit Kreideschutt verfüllt. Den Vorhof sperrte man durch große, aufrecht stehende Steine ab.

Ähnlich wird die Geschichte der anderen Long barrows verlaufen sein, auch die des Langgrabes auf Abbildung 166. Die benachbarten Grabstätten unterscheiden sich deutlich von ihm in Form und Größe; außerdem sind sie meist bronzezeitlich, also jünger. Sie umschließen keine Grabkammern, sondern nur die gewöhnlich in einem Holzsarg zur Ruhe gebetteten Toten.

Etwas oberhalb des Long barrow ragt in Straßennähe ein napfförmiger Hügel auf. Weitere Grabformen sind entlang des diagonalen niedrigen Dammes sichtbar, der von dem Langgrab seinen Ausgang nimmt. Im Zuge dieser Linie liegen zwei von Wall und Graben umringte große Gräber, deren zentraler Hügel nicht wie ein Napf, sondern wie eine Glocke gestaltet ist. Links neben dem einen Grab, bis an die Spitze des Gehölzes heranreichend, befindet sich eine kleinere, mit einem Wall umgebene Ruhestätte, die wie ein umfriedeter Teich wirkt. Nach dem oberen Bildrand zu sehen wir dicht nahebei zwei flache, scheibenförmige Ringgräber, rechts daneben einen »Napf« und einen »Teich«, auf der Diagonalen weitere »Näpfe« und solche auch in der Nähe des oberen Bildrandes sowie entlang der sich von Süd nach Nord erstreckenden Straße. Etwas oberhalb der dortigen »Napf-Gruppierungen« liegt ein Grab, das an eine umgestülpte Untertasse erinnert. Die Winterbourne Stoke Crossroads Group wird also von sechs unterschiedlichen Grabtypen gebildet: aus dem Langgrab sowie aus den Napf-, Glocken-, Scheiben-, Teich- und Untertassen-Formen.

In der Umgebung von Stonehenge gibt es acht solcher Grab-Gruppen mit zeitlich verschiedenen Typen von Ruhestätten. Außerhalb dieser Gruppen zählt man noch mindestens sechs Langgräber, einige Glocken-, Scheiben- und Untertassen-Gräber, ein oder zwei »Teiche« und 84 oft dicht gehäufte »Näpfe«. Während der letzten Jahrzehnte hat die moderne Kultivierung des Bodens leider viele dieser Gräber in Mitleidenschaft gezogen. Zahlreiche der rund 460 Hügelgräber müssen noch näher untersucht werden. Sie zeugen von der besonderen Bedeutung, die die weite Ebene um Stonehenge einst besaß.

Große Grabhügel wurden auch während der schon in einem anderen Zusammenhang erwähnten Hallstattkultur aufgetürmt. Diese Kultur der frühen Eisenzeit war zwischen 800 und 450 v. u. Z. von den Alpen bis zu den deutschen Mittelgebirgen, von Ostfrankreich bis zum Karpatenbecken, dem westlichen Balkan und der Adriaküste verbreitet. Ihre materiellen Grundlagen beruhten auf im Bergbau gewonnenem Salz, auf dem Handel mit ihm und auf der Eisenverhüttung. Der zunehmende Wohlstand führte zu einer fortschreitenden Aufspaltung der Gesellschaft in sozial unterschiedliche Schichten. Dafür sprechen befestigte Höfe wie in Aiterhofen (vgl. Abb. 136), stadtartige Ansiedlungen wie die berühmte Heuneburg am Ufer der Donau (Kreis Saulgau, Oberschwaben) und nicht zuletzt die großen Grabhügel dieser Zeit.

Eng benachbart erblicken wir eine ganze Reihe solcher Grabmäler auf einem Luftbild (Abb. 167). Sie befinden sich bei Dittenheim im Landkreis Weißenburg-Gunzenhausen (Bayern). Das Flugbild, das ein Areal mit insgesamt 18 künstlichen Hügeln erfaßt, ist unter anderem deshalb interes-

167 *Aus dem Hochwasser des Altmühltales ragen Grabhügel der Hallstattkultur heraus*

sant, weil sich die Erhöhungen in scharfer Begrenzung aus dem Hochwasser des Altmühltales abheben. Eine ähnliche Erscheinung begegnete uns bereits auf Abbildung 9, die einen mittelalterlichen Wohnhügel, eine Motte, inmitten einer Wasserfläche zeigt. Vermutlich sind die Grabhügel der Hallstattkultur südöstlich von Gunzenhausen nur bei hohem Wasserstand so deutlich sichtbar. Auf dem Erdboden selbst fallen zumindest die kleineren Erhebungen gar nicht mehr auf. Landarbeiter haben daher auch unbekümmert Entwässerungsgräben durch einige Hügel angelegt. In ihnen hat man schon vor längerer Zeit nach Funden gesucht. Was man dabei entdeckte und wie die innere Struktur der Grabmäler beschaffen war, ist leider nicht dokumentiert worden. Fest steht jedoch, daß man Bestandteile von Wagen entdeckte. Offenbar waren die Gräber also mit wertvollen Beigaben ausgestattet. Sie waren sicher die letzten Ruhestätten einer wohlhabenden Familie, wobei die verschiedene Größe der Hügel auf Unterschiede im Rang, Ansehen, Einfluß und Reichtum der einzelnen Personen schließen läßt.

Ausgrabungen in anderen hallstattzeitlichen Hügelgräbern, auch im Altmühltal, gaben Auskunft darüber, was bei Gunzenhausen ebenfalls zu erwarten gewesen wäre. Zu ebener Erde hat man einst eine meist rechteckige Grabkammer aus Holz gebaut und mit allem versehen, was für ein vermeintliches Weiterleben nötig schien: Speisen, Geschirr, Schmuck, sonstige Gegenstände und ein Prunkwagen zur Repräsentation von Macht und Wohlstand. In den Gräbern wurde entweder die Asche der Toten bestattet, oder man setzte die Verstorbenen unverbrannt bei. Wie das alles geschah, ist ein eindrucksvolles Zeugnis für den ungebrochenen Glauben an ein Leben über den Tod hinaus. Solche Bestattungen waren mit wesentlich reicheren Beigaben versehen als die der Bronzezeit. Es ist kein Wunder, daß die vielen Reichtümer immer wieder Grabräuber anlockten. Ihnen sind nur wenige Hügelgräber entgangen.

Wenn die Archäologen derartige Anlagen erforschen, unterteilen sie die Hügel in der Regel in vier Segmente, zwischen denen jeweils ein Steg stehenbleibt, der die Abfolge der Fundschichten erkennen läßt. Auf Abbildung 168 sehen wir von oben auf eine dieser Ausgrabungen herab. Sie betraf einen Grabhügel etwa 500 m westlich von Gemeinlebarn in der Stadtgemeinde Traismauer (Österreich). Hier liegen drei größere Grabmäler der älteren Eisenzeit, die schon am Ende des 19. Jh. teilweise erforscht wurden. Heute treten die einst stattlichen Hügel nur noch als leichte Erhebungen in Erscheinung. Der größte besaß rund 50 m Durchmesser; er war noch 1,80 m hoch. Auf ihn konzentrierte sich die Nachuntersuchung (Abb. 168), bei der man eine hölzerne, von Westen her zugängige Grabkammer sowie einige Grabbeigaben nachzuweisen vermochte.

Wie Wohnhäuser und Siedlungen sind auch Grabstätten und Friedhöfe Zeugnisse der Vergangenheit, die uns zahlreiche unentbehrliche Hinweise auf die ökonomischen, sozialen und kulturellen Verhältnisse sowie auf die religiösen Vorstellungen der jeweiligen Zeit geben. Das gilt ebenso für rö-

mische Gräber, von denen noch viele Spuren erhalten blieben. Vor den Toren der Stadt legten die Römer zu beiden Seiten der Ausfallstraßen ihre Gräber an. Derartige Gräberstraßen sind zum Beispiel aus Pompeji bekannt, das im Jahre 79 durch einen Ausbruch des Vesuvs verschüttet wurde. Doch gerade durch diese Katastrophe wurden unter dem vulkanischen Material Häuser, Tempel, Straßen, Plätze und Grabstätten konserviert und vor weiterer Zerstörung oder Überbauung bewahrt.

Bisher sind in Pompeji von den Archäologen fünf Gräberstraßen vor den Toren der Stadt nachgewiesen worden. Wer es bezahlen konnte, ließ sich einen haus- oder tempelähnlichen Grabbau errichten und an den Frontseiten die Statuen der Verstorbenen oder in Nischen deren Büsten aufstellen. Halbkreisförmige Ruhebänke und andere Sitzgelegenheiten luden die Vorübergehenden ein, einige Minuten zu verweilen, der Toten zu gedenken oder eine besonders schöne Aussicht zu genießen.

Abb. 169 führt uns eine der Gräberstraßen Pompejis vor Augen. Ihre Pflastersteine haben die Zeiten gut überdauert, ebenso die Grabmäler an den Seiten. In den mehr oder weniger großen Gebäuden stellte man in kleinen Nischen die Urnen mit der Asche der Verstorbenen auf. Eine solche Nische nannte man »Columbarium« (Nistplatz eines Taubenschlages), eine Bezeichnung, die dann auf die gesamte Grabanlage überging. Die rechteckigen oder kreisförmigen Columbarien enthielten mitunter mehrere hundert Urnen. Vor ihnen versammelten sich an Gedenktagen die Angehörigen der Toten, um diese während eines Gastmahls mit Speise und Trank zu ehren. Reiche Leute ließen in ihren Grabstätten auch die Urnen ihrer Diener und Sklaven mit beisetzen.

Die Toten verbrannte man außerhalb der Stadtgrenzen zusammen mit ihren Kleidungsstücken, sonstigen Besitztümern und wohlriechenden Essenzen. Urnen armer Leute wurden häufig einfach in der Erde vergraben. Waren die Verstorbenen freie Bürger des Mittelstandes gewesen, setzte man über ihre eingegrabene Urne eine Grabstele, auf der Daten zur Person des hier Bestatteten vermerkt waren. Durch eine »Libationsröhre« (nach Libitina, der altrömischen Göttin des Begräbniswesens genannt) ließ man als Opfergaben Milch, Honig und Wein in die Urnen fließen.

Unter günstigen Umständen trägt die Luftbildarchäologie dazu bei, einstige Gräberstraßen aufzuspüren, ihren Verlauf und die Grundrisse ihrer Grabmäler zu erkunden. Ein Beispiel dafür bietet uns Abbildung 170: das Teilstück der Gräberstraße bei dem schon besprochenen römischen Legionslager Carnuntum. Ursprünglich ging diese Straße vermutlich vom Westtor des Lagers aus. Als die Canabae, die zivilen Lagersiedlungen, dichter bebaut waren, mündete die Gräberstraße etwa 400 m vor dem Legionslager in die Zivilsiedlung ein. Die Straße bestand aus einer festgestampften, in der Mitte leicht aufgewölbten, bis zu 10 m breiten Schotterschicht. Sie war also nicht gepflastert. Wo sich die Straße hinzog, wird auf Abbildung 170 noch durch die grüne Linie in dem gelben Getreidefeld deutlich. In den Weingärten zeichnet sie sich durch eine hellere Färbung

169 *Eine der Gräberstraßen Pompejis*

des Bodens ab. Neben dieser Spur verraten sich die ehemaligen Grabbauten ebenfalls durch grünlich gefärbte Konturen.

An der Straße legten die Legionäre seit dem 1. Jh. Gräber an. Um Carnuntum verdiente Bürger und Zivilisten aus den Canabae wurden dort gleichfalls beigesetzt. Bald reihte sich Grabstein an Grabstein. Heute breiten sich Felder über ihnen aus. Zu ebener Erde ist von dem früheren Friedhof nichts mehr zu bemerken.

Im Jahre 1897 entdeckte man an der Gräberstraße den offiziellen Verbrennungsplatz, die »Ustrina«. Den Scheiterhaufen konnte man aber auch am Begräbnisplatz selbst errichten, in einer Erd- oder in einer ausgemauerten Grube. Wenn man die Überreste der Toten nicht in einer Urne sammelte, bedeckte man sie einfach mit Erde. Als es im 3. Jh. mit Carnuntum wirtschaftlich bergab ging, sparte man häufig die teuren Grabsteine. Zugleich traten die Einäscherungen zahlenmäßig zurück. Unter dem Einfluß von östlichen Erlösungsreligionen und ihrem Unsterblichkeitsglauben setzte sich allmählich die Körperbestattung der Leichen durch. An die Stelle von Urne und Grabstein trat nun der Sarkophag, der Steinsarg, den sich natürlich nur Wohlhabende kaufen konnten. Ärmere erhielten einen Sarg aus Steinplatten oder Ziegeln bzw. Holz.

Meistens sind die Gräber in späterer Zeit geplündert worden. Waren Urnen, Brandgruben oder Sarkophage noch unversehrt, fanden die Archäologen eiserne Nägel, Schmuck aus Bronze, Ton- und Glasgefäße, darunter auch »Tränenfläschchen«: etwa fingerlange Phiolen, angeblich für die Tränen der Angehörigen bestimmt, tatsächlich jedoch für Essenzen und Parfume. Mitunter enthielten die Gräber Waffen, Spiegel sowie (sehr selten)

170 Die Gräberstraße des Legionslagers Carnuntum ist noch im Getreidefeld zu erkennen

Schmuck aus Gold und Silber. Den Kindern legte man ihr Spielzeug mit ins Grab. Insgesamt waren die Beigaben, Rolle und Rang der hier Bestatteten entsprechend, nur bescheiden. Unabhängig davon geben uns die Grabsteine Auskunft über die Heimat der Legionäre, über den Zeitpunkt, als sie Soldaten wurden, und über das durchschnittliche Lebensalter. Durch Luftbilder geleitet, vermag man unter den Feldern noch immer viele Gräber des römischen Carnuntum aufzuspüren.

Archäologie aus der Luft kann auch ganz wesentlich die Suche nach frühmittelalterlichen Friedhöfen unterstützen. Während der letzten Jahrzehnte sind diese häufig durch Überbauungen zerstört worden. Die verbliebenen Gräberfelder bilden seltene und daher um so wichtigere Forschungsobjekte. Bis die Sitte aufkam, die Toten in Dörfern und Städten um die Kirchen herum zu begraben, lagen die Grabstätten außerhalb der Ortschaften. Einen vermutlich vollständig erhaltenen frühmittelalterlichen Friedhof gibt Abbildung 171 aus der Vogelperspektive wieder. Er befindet sich bei Emmering nahe der Stadt Fürstenfeldbruck (Bayern). Die Gräber heben sich als dunklere Stellen aus der Feldflur ab. Ihre Orientierung nach Osten und ihre Reihung ist typisch für Friedhöfe des 5. und 6. Jh. Die zugehörige Siedlung, offenbar ein Dorf des 6. Jh., entdeckte man gleichfalls durch Luftbilder ca. 300 m südöstlich des Gräberfeldes. An ihm führt eine moderne Straße vorbei, durch die möglicherweise einige der Grabstätten verlorengegangen sind. Der Friedhof umfaßte anscheinend rund 400 Gräber. Ihre Ausgrabung würde sicherlich viele neue Erkenntnisse über die damalige Bevölkerung vermitteln. Bis dahin sollte das Gräberfeld unbedingt erhalten bleiben und geschützt werden.

171 Bei Fürstenfeldbruck in Bayern machen Bodenmerkmale einen frühmittelalterlichen Friedhof sichtbar

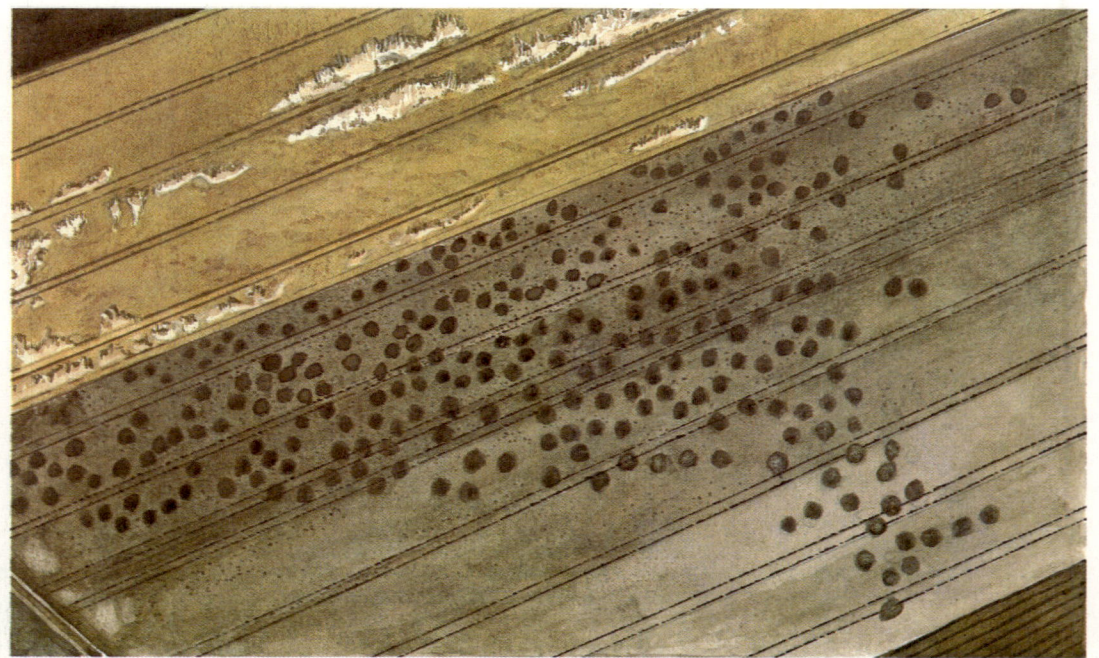

Den Schluß unserer Erkundungen aus der Luft bildet ein besonders dramatisches Kapitel: das Auffinden und Lokalisieren etruskischer Gräber. Vor Jahren haben solche Aktionen weltweites Aufsehen erregt. Die Luftbildarchäologie verband sich dabei mit speziellen naturwissenschaftlichen und technischen Verfahren und erzielte auf diese Weise ihre erstaunlichsten Erfolge.

Um das verständlich zu machen, müssen wir uns vorerst noch einmal den Etruskern, ihren Städten, Grabanlagen und ihrem Totenkult zuwenden. In dem Kapitel »Auf der Suche nach Spina« haben wir schon darauf hingewiesen, daß Etrurien, das Kernland der Etrusker, etwa mit der heutigen Toskana zusammenfiel. Auf einer Karte (Abb. 33) ist unter anderem die Lage von drei ihrer bekanntesten dortigen Städte wiedergegeben: Cerveteri, Tarquinia und Vulci. Das Gelände des ehemaligen Tarquinia (von den Etruskern Tarchna oder Tarchuna, von den Römern Tarquinii genannt) stellt Abbildung 172 dar.

Tarquinia befand sich etwa 60 km nordwestlich von Rom am Tyrrhenischen Meer. Die alte Stadt liegt nicht unter dem modernen Ort, der seit 1872 Corneto-Tarquinia heißt, sondern in einiger Entfernung davon auf einer Hochfläche namens Piano di Civita. Typisch für die Städte Etruriens war, daß sie auf langen, schmalen, flachen Hügeln gegründet wurden, von denen aus sie über die Küstenebene emporragten.

Seit 1966 sind im alten Tarquinia Stadtforschungen im Gange. Sein Plateau ist, wie wir auf dem Flugbild erkennen, weithin offen, unbebaut und nicht durch Olivenbäume oder Weinstöcke verdeckt. Deshalb eignet es sich für Entdeckungen aus der Vogelschau. Von oben betrachtet, heben sich zu geeigneten Jahres- und Tageszeiten die Umrisse der ehemaligen Gebäude durch Bewuchs- und Schattenmerkmale ab. Sichtbar blieben auch der regelmäßige Stadtgrundriß mit Resten einer früher ca. 8 km langen Befestigungsmauer sowie die Spuren eines Torbaus aus dem 4. und 3. Jh. v. u. Z. Außerdem legte man den Unterbau eines 25 × 40 m großen Tempels frei, der im Volksmund »Ara della Regina«, »Altar der Königin«, heißt. Häuser, die in etruskischen Städten vor allem aus Holz bestanden, vermochten den Stürmen der Zeit nicht zu trotzen.

Über die nach strengen religiösen Riten angelegten, sich im rechten Winkel kreuzenden Straßen in den Städten der Etrusker haben wir schon gesprochen. Jede Stadt bildete eine selbständige politische Einheit für sich, einen Stadtstaat, an dessen Spitze ein Priesterkönig stand. Vermutlich in der 1. Hälfte des 6. Jh. v. u. Z. schlossen sich in Etrurien 12 Städte zu einem Bund zusammen, zu dem offenbar Cerveteri, Tarquinia und Vulci gehörten. Während des 6. Jh. herrschten Tarquinier als Könige in Rom, aus dem sie jedoch um 510 v. u. Z. vertrieben wurden. Durch ständige Kriege geschwächt, mußte sich Tarquinia schließlich 280 v. u. Z. den Römern unterwerfen. Es behielt jedoch über zwei Jahrhunderte noch eine gewisse politisch-kulturelle Eigenständigkeit. Im 8. Jh. ist es schließlich von den Sarazenen zerstört worden.

Daß wir verhältnismäßig gut über Leben und Kultur der Etrusker Bescheid wissen, verdanken wir insbesondere Funden in ihren Gräbern. Deren Zahl ist kaum zu schätzen; zum Teil sind die Friedhöfe rund 1 000 Jahre lang belegt worden. Meist nehmen diese mit 400 bis 500 ha Fläche ein wesentlich größeres Gebiet ein als die Städte. Auch die Nekropolen befanden sich auf langen, schmalen, flachen Hügeln, in der Regel parallel zu denen der Städte, durch Schluchten von ihnen getrennt (vgl. Abb. 179).

Die Gräber Etruriens unterscheiden sich auffällig von denen bei Spina in der Schwemmlandschaft des Po. Dort bestattete man die eingeäscherten oder unverbrannten Toten in einfachen Erdgruben. Steinerne Grabmäler gab es nicht, da kein Material dafür vorhanden war. Ganz anders im Kernland der Etrusker. Hier legte man im Tuffstein unterirdische Grabkammern an, zu denen Treppen hinabführten (vgl. Abb. 178). Die gesamte Grabstätte ist dabei oft rund herum bis zu einer bestimmten Höhe aus dem Tuff herausgehauen und manchmal mit einem Schmuckfries verziert worden. Den runden Unterbau hat man mitunter noch durch aufgeschichtete Tuffblöcke erhöht. Um das freistehende Fundament hob man einen Graben aus und türmte dessen Material über der Grabstätte zu einem konischen Hügel auf. Bepflanzt, fügte er sich zwanglos in die Landschaft ein. Verschieden groß, besaßen die Tumuli meist mehrere Grabkammern. Abbildung 173 führt uns einen restaurierten Tumulus aus der Nekropole von Cerveteri vor Augen.

Es ist bemerkenswert, daß uns gerade die Grabkammern viel über die Häuser und die Wohnweise der Lebenden verraten. Gräber aus dem 7. Jh. v. u. Z. ahmen zum Beispiel das Innere eines mit Stroh gedeckten Hauses

172 *Die Hochfläche der ehemaligen Etruskerstadt Tarquinia*

nach. Die Wände zwischen seinen Stützpfosten bestanden aus einem mit Lehm beworfenen Weidengeflecht. An den Innenwänden zogen sich Bänke entlang, die in den Grabkammern als Totenbetten dienten. Sogenannte Hausurnen aus dem 8. Jh. v. u. Z. vermitteln uns ebenfalls eine Vorstellung von der damaligen Bauweise. Bei den Häusern, die sie symbolisieren, überkreuzten sich die Dachbalken und ragten ein ganzes Stück über den Dachfirst hinaus. Öffnungen im Dach sorgten für das Abziehen des Rauches. Geometrische Muster verzierten die Wände.

Wie die Entwicklung des Hausbaus weiterging, läßt sich gleichfalls aus den Grabkammern ablesen. Im 6. Jh. wandelten sich die Hütten zu Häusern mit fast rechteckigem Grundriß. Sie trugen ein flaches Satteldach mit einem großen Firstbalken. Sogar die Türen, Fenster und Betten hat man in den Kammern der Gräber nachgebildet. Für die Frauen meißelte man als Totenbetten lange Kästen aus dem Tuff, deren hohe Schmalseiten einen Giebel symbolisierten. Die Betten versinnbildlichten kleine Häuser, denn das Haus galt offenbar als Symbol der Frau.

Hauptraum des etruskischen Hauses war das Atrium, in dem sich der Herd befand. Wohlhabende Etrusker ließen sich im Grab ebenfalls ein Atrium einrichten. Von ihm aus gelangte man in die verschiedenen Kammern des Grabes. In dessen Hauptraum war in Stein dargestellt, was

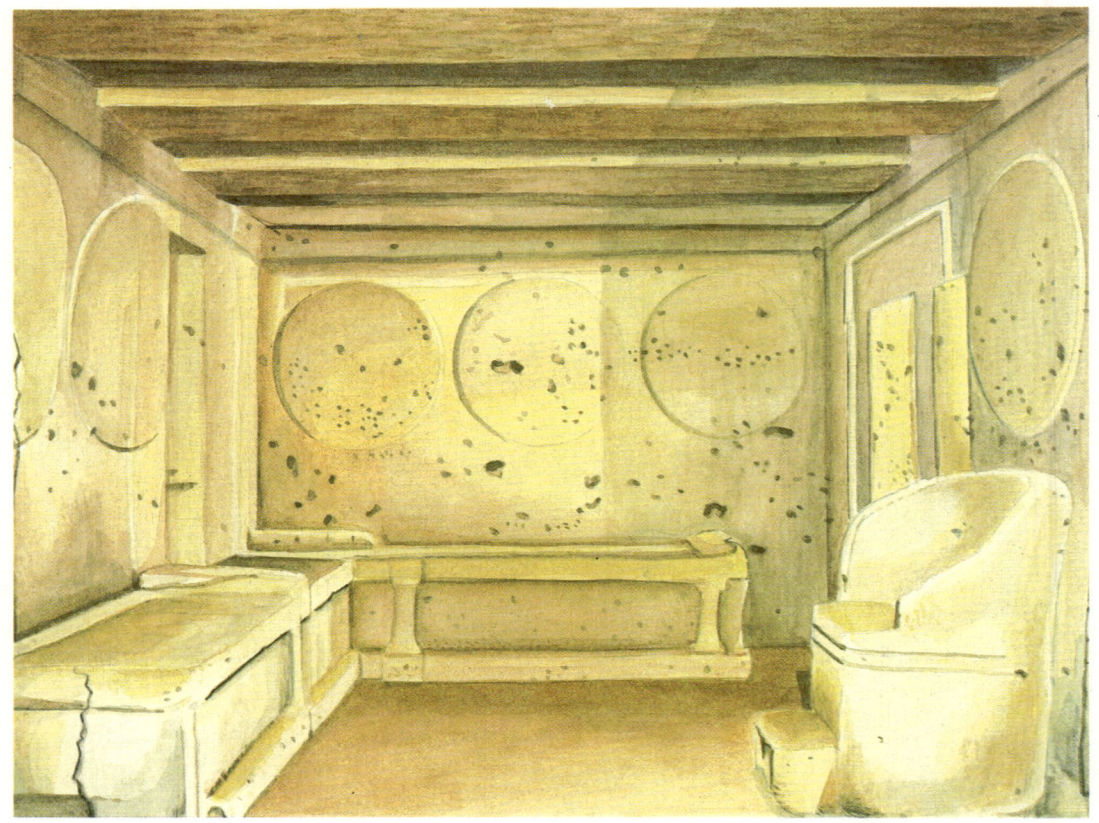

sonst aus Holz bestand, darunter auch Säulen mit Kapitellen, auf denen mächtige »Balken« ruhten. Nach der Ausstattung eines solchen Atriums ist ein Tumulus »Tomba (Grab) der Schilde und Sessel« genannt worden (Abb. 174). Rechts und links stehen in seiner Hauptkammer neben der Mitteltür steinerne Sessel mit halbkreisförmiger Rückenlehne und Fußschemel. An den Wänden sind große runde Schilde ausgehauen. Totenbetten für Männer befinden sich an der linken Wand und im Hintergrund. Die Decke ist wie aus Balken gebildet. Das interessante Grab stammt aus der ersten Hälfte des 6. Jh. Leider sind von seiner einstigen Ausmalung nur noch Farbspuren vorhanden.

Außer der Körperbestattung der Leichen war deren Einäscherung mit nachfolgender Beisetzung der Asche in einer Urne üblich. Häufig stellte man die Urne, durch ein zweites, größeres Gefäß geschützt, in eine schachtartige Grube. War diese mit Bruchsteinen ausgemauert, wurde die Urne ohne ein weiteres Gefäß bestattet. Viele Urnen besaßen, wie erwähnt, die Form eines Hauses, andere die einer Vase, der man als Deckel zunächst einen Napf aufsetzte. Später verschloß man sie mit einem Helm zum Zeichen, daß in ihr die Überreste eines Kriegers ruhten. Dann band man den Urnen Gesichtsmasken vor und bildete die Gefäße dem menschlichen Körper nach. Schließlich setzte man ihnen einen Kopf mit Gesichts-

174 »Tomba der Schilde und Sessel« in der Totenstadt Cerveteris

175 Urne mit Kopf und Händen aus dem Gebiet von Sarteano

270

zügen auf. Solche Urnen werden als Kanopen bezeichnet, obwohl das kein glücklich gewählter Name ist. Unter Kanopen versteht man eigentlich mit einem Kopf versehene ägyptische Krüge, die die Eingeweide des mumifizierten Toten enthielten.

Eine sehr schöne Kanope aus dem Gebiet von Sarteano, Anfang des 6. Jh. v. u. Z. geschaffen, gibt Abbildung 175 wieder. Ihr Gesicht stellt sicher kein wirklichkeitsgetreues Individualporträt dar, sondern eine Idealisierung des Verstorbenen mit großen, weit geöffneten Augen, wohlgeformter Nase und streng wirkendem Mund. Um den körperhaften Charakter der Urne anzudeuten, wurden durch ihre Henkel Arme mit genau nachgeahmten Händen gesteckt. Als Aschenurne wurde ebenfalls der berühmte, aus Ton gefertigte »Ehegatten-Sarkophag« benutzt. Er entstand Ende des 6. Jh. in Cerveteri und zeigt auf seinem Deckel ein Ehepaar, das mit erhobenem Oberkörper auf einer Kline ruht. (Das griechische Wort Kline bedeutet Bett, Lager, Liege. Klinen gab es bei Griechen und Römern aus Holz und Metall. Sie dienten sowohl zum Schlafen als auch zum bequemen Liegen beim Essen und Trinken.) Künstlerisch oft sehr qualitätsvolle Ascheurnen sind auch in den Kammergräbern aufbewahrt worden.

Wir haben das alles ausführlicher erläutert, um die Bedeutung der Gräber für die Erforschung der Etrusker und ihrer Kultur hervorzuheben. Natürlich möchten die Archäologen möglichst viele unberührte Gräber finden. Aber meistens sind ihnen schon Grabräuber zuvorgekommen. Mit Hilfe der Luftbildarchäologie ist es jedoch sehr viel leichter, Gräber aufzuspüren, sie für die Wissenschaft zu retten und den Grabräubern damit erfolgreich Paroli zu bieten. Bevor wir darauf genauer zu sprechen kommen, werfen wir aber noch einen Blick auf die Grabbeigaben und die Malereien in manchen Gräbern.

Was man den Toten für das geglaubte Weiterleben nicht mit ins Grab legen konnte, vermochte man wenigstens im Bild festzuhalten, damit es den Verstorbenen erfreue und ihm als Abbild zur Verfügung stehe. So findet man in den Grabstätten Szenen aus der Arbeitswelt, durch Musik und Tanz belebte Gastmähler, Liebesszenen, sportliche und spielerische Übungen und Tätigkeiten. Als ein Beispiel führen wir Malereien in der »Tomba dei Leopardi« aus der Nekropole von Tarquinia an. Sie wurden in der 1. Hälfte des 5. Jh. v. u. Z. geschaffen. Im Giebelfeld der Grabkammer sind Leoparden dargestellt; nach ihnen ist das Grab genannt worden. Die wichtigste Szene zeigt auf drei Klinen Männer und Frauen beim gemeinsamen Mahle. Frauen besaßen bei den Etruskern übrigens größere Rechte als bei anderen Völkern der Antike. Es ist kein gewöhnliches Gastmahl, das wir hier vor uns haben, sondern ein Totenmahl. Über Beinen und Unterkörper aller daran Teilnehmenden liegt ein bunter Mantel. Merkwürdigerweise sind die Männer immer mit dunklerer Hautfarbe gemalt als die Frauen. Auch die nackten Diener weisen ein dunkleres Braun auf. Die Frauen tragen einen Chiton, ein Untergewand aus Leinen oder Wolle, bei den Männern ist der Oberkörper entblößt. Auf den Seitenwänden der Kammer nahen sich mit weiten Schritten bekränzte, festlich gekleidete Musikanten (Abb. 176). Anscheinend kommen sie aus einem blühenden Garten, der durch stilisierte Bäume oder Zweige symbolisiert wird. Ein athletisch gebauter, in einen schalartigen roten Umhang gehüllter Diener eilt ihnen voraus. Er hat eine Kylix in der rechten Hand, eine Trinkschale aus Metall oder gebranntem Ton. Ihm folgt ein Mann mit einer Doppelflöte, leicht geblähten Wangen und fast unnatürlich großen Händen. Ein Stück seiner Tunika (ebenfalls ein Untergewand) ist über der rechten Schulter sichtbar. Außerdem ist er mit einem wehenden Mantel in gelb, rot und hellblau ausgestattet. Der zweite Musikant ist nur mit einem braunen, gelb und grün umrandeten Mantel versehen. Seine linke Hand greift in ein Saiteninstrument, eine Leier, der er auch das Gesicht zuwendet. Bedauerlicherweise ist von der Musik der Etrusker nichts überliefert worden.

Damit die Verstorbenen in ihrer letzten Ruhestätte über alles vermeintlich Notwendige verfügten, gab man ihnen die verschiedensten Gefäße aus Ton oder aus edlen Metallen mit, dazu Kunstwerke unterschiedlicher Art, für die Frauen Schmuck und kostbar verzierte Metallspiegel. Viele Gräber müssen nahezu unvorstellbar reich mit solchen Beigaben gefüllt gewesen sein. Das war verhängnisvoll für die Ruhe der Toten und ihre Güter. Die Verlockung, sich daran zu bereichern, war allzu stark. Schon in römischer Zeit galt Grabräuberei (ebenso wie bei den alten Ägyptern) als beliebtes und weit verbreitetes Gewerbe. Während des 15. und 16. Jh., als man die Etrusker wiederzuentdecken begann, war das Gold aus ihren Gräbern willkommene Beute für die Schatzkammern der Päpste. Kardinal Farnese soll 1546 rund drei Tonnen Gold aus der Nekropole von Tarquinia an sich gebracht und zur Ausschmückung der Basilika San Giovanni verwandt haben.

176 *Malerei in der »Tomba dei Leopardi«, Nekropole von Tarquinia*

Eine der großartigsten Entdeckungen war die eines Tumulus-Grabes, das seinen Namen nach dem General Viricenzo Galassi und dem Erzpriester von Cerveteri, Alessandro Regolini, erhielt. Beide leiteten das Ausräumen oder, genauer gesagt, die Plünderung des Grabes. Es war die Ruhestätte eines vornehmen Etruskers aus der Mitte des 7. Jh. v. u. Z. in der Banditaccia, einer der Nekropolen von Cerveteri (vgl. Abb. 179—181). Am 21. April 1836 ließen sich die »Ausgräber« durch ein Loch hinab, das Arbeiter in das Dach des Grabes geschlagen hatten, und leerten dieses innerhalb von 24 Stunden. Dabei wurde kein Protokoll geführt, keine Beobachtungen wurden notiert, und man verfaßte auch keinen Bericht. So ergaben sich später in bezug auf die Funde eine Menge Irrtümer und Verwirrungen. Erst 70 Jahre nach Öffnung des Grabes stellte man ein Inventarverzeichnis auf. Das Regolini-Galassi-Grab hatte offenbar über 650 verschiedene Gegenstände enthalten. Eine abschließende Untersuchung über das Grab und seinen Inhalt erschien schließlich 1947. Seine Schätze werden im Museo Etrusco Gregoriano im Vatikan aufbewahrt.

Die ungewöhnliche Entdeckung gab den Anstoß zu neuen Wühlereien. Sie verwandelten die alten Friedhöfe an vielen Stellen in eine Kraterlandschaft. Was alles dabei gefunden wurde, ist nicht mehr feststellbar. Anfangs nahmen die Plünderer nur Gegenstände aus Metall mit und zerschlugen die Tongefäße, bis auch diese auf dem Antiquitätenmarkt hohe Preise erzielten. Einheimische und ausländische Kunsthändler arbeiten bis heute Hand in Hand, um etruskische Grabbeigaben aufzuspüren und an finanzkräftige Interessenten im Inland oder an eine internationale Kundschaft zu verkaufen. Trotz allem ist die Fülle etruskischer Funde in den italienischen Museen überwältigend. Berühmte Kunstwerke befinden sich darunter wie die »Chimäre von Arezzo« (Abb. 177). Sie beweist, daß die Etrusker auch Meister im Bronzeguß waren. Die Plastik stammt aus dem 5. Jh. v. u. Z. Man kann sie nun im Archäologischen Museum von Florenz bewundern. In der Chimäre verkörpert sich ein seltsames Mischwesen aus Löwe, Ziege und Schlange. Der Mythologie nach soll es feuerspeiend das Land verheert haben, bis es von dem Helden Bellerophon getötet wurde.

Sowohl für Grabräuber wie für Archäologen ist es schwierig, noch unbekannte etruskische Gräber auszukundschaften. Meist sind die Hügel im Gelände nicht mehr erkennbar. Betrachten wir uns dazu Abbildung 178! Im Querschnitt ist hier ein Kammergrab dargestellt: mit in den Tuffstein gehauenem Eingang, der abwärts führenden Treppe und dem eigentlichen Grabraum. Rund herum ist ein Graben angelegt, über der Grabstätte hat man einen Hügel aufgeschüttet. Doch allmählich ist dieser nach allen Seiten weggerutscht und hat dabei den Graben verfüllt. Auch durch den Akkerbau sind viele Hügel eingeebnet worden.

Unten auf der Erde sind die Tumuli also meist nicht mehr wahrnehmbar. Aus der Luft betrachtet, verraten sie sich jedoch unter bestimmten Bedingungen. Sie sind ja nur mit einer dünnen Humusschicht bedeckt. Gras und Getreide wachsen hier spärlicher und werden schneller gelb. Was einst Hügel waren, zeichnet sich deshalb deutlich als heller runder Fleck von seiner Umgebung ab. Um ihn herum zieht sich ein dunklerer Ring. Es ist der frühere Graben, in dem sich mehr Erde angesammelt hat. So bietet er bessere Wachstumsbedingungen. Aus der Vogelschau sind diese Unter-

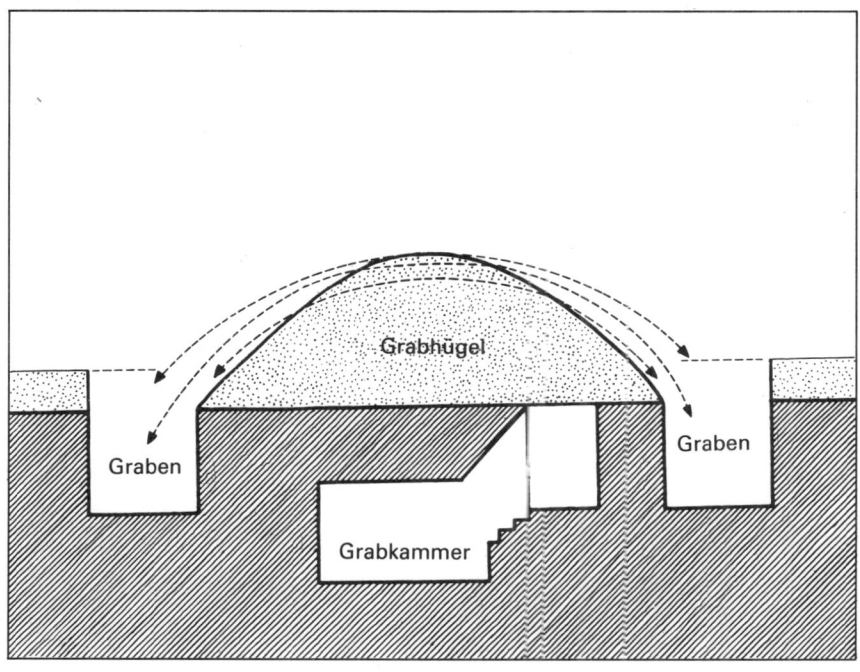

178 *Querschnitt durch ein etruskisches Kammergrab*

275

schiede zum Beispiel vor der Getreideernte gut zu erkennen (vgl. Abb. 180).

Von diesen Voraussetzungen ging ein Mann aus, dem wir schon bei der Erforschung der Ur- und Frühgeschichte Apuliens und der römischen Centuriation begegnet sind: John Bradford. Als Offizier hatte er während des zweiten Weltkrieges in Italien Gelegenheit, Luftbilder zu studieren, die für militärische Erkundungszwecke aus rund 8000 m Höhe aufgenommen worden waren. Sie umfaßten unter anderem Gebiete etruskischer Friedhöfe. Tatsächlich fand Bradford auf diesen Fotos, was er sich erhofft hatte: positive und negative Wachstumsmerkmale der beschriebenen Art. Nach dem Kriege gelang es ihm, die betreffenden Aufnahmen vor der Vernichtung zu bewahren und sie zu veröffentlichen. Mit seinem Artikel »Etruria from the Air« (»Etrurien aus der Luft«) im Juni 1947 in der bereits erwähnten, von Osbert Guy Crawford gegründeten Zeitschrift »Antiquity« begann ein neues Kapitel der Etruskologie.

Crawford hob drei ihrer Aufgaben hervor, zu deren Lösung die Luftbildarchäologie besonders geeignet ist: 1. vermag man mit ihrer Hilfe neue Gräber zu entdecken und schon ausgegrabene, deren genaue Lage jedoch in Vergessenheit geriet, wieder aufzufinden. 2. bemerkt man auf Flugbildern den Verlauf von Straßen, die sich durch die Gräberfelder hinzogen und deren verschiedene Teile miteinander verbanden. 3. ermöglichen Luftfotos, einen Gesamtplan des betreffenden Friedhofes aufzustellen und diesen exakt an Hand der Fotos zu vermessen. Auch der Durchmesser der einzelnen Grabhügel läßt sich durch Messung der Bilddetails ermitteln. Wichtig ist das vor allem bei Gräbern, die unten auf der Erde nicht mehr wahrnehmbar sind. Fast eingeebnete Hügel treten auf Bildpaaren noch deutlich hervor, wenn man diese unter dem Stereoskop betrachtet und so räumlich sichtbar macht.

Von den Friedhöfen gab es bis dahin keine vollständigen Pläne. Welche Ausdehnung sie hatten und welche Struktur sie aufwiesen, war nur vage bekannt. Solche Pläne nach Untersuchungen am Erdboden zu entwerfen war ungeheuer mühevoll und nur von vielen Personen unter großem Zeitaufwand zu bewerkstelligen. Wie sollte man auch die zahlreichen Grabstätten, von denen scheinbar keine oder nur schwache Spuren geblieben waren, mit einiger Sicherheit aufspüren? Mit diesen Schwierigkeiten wird die Luftbildarchäologie verhältnismäßig leicht und rasch fertig. Sie kam gerade noch zur rechten Zeit, um einem Notstand abzuhelfen. Infolge des schnellen Vordringens der modernen Landwirtschaft wurden die Grabhügel nämlich in zunehmendem Maße weiter eingeebnet oder von Weinpflanzen und Obstplantagen verdeckt. Selbst aus der Luft lassen sie sich dann kaum noch auskundschaften. Deshalb war es notwendig, so rasch wie möglich Pläne von den ehemaligen Friedhöfen zu erhalten.

Zunächst wandte sich Bradford den Nekropolen von Cerveteri zu, einer Stadt, die bei den Etruskern Caere hieß. Angeblich hatte sie die aus Rom vertriebenen etruskischen Könige aufgenommen. Im 4. Jh. v. u. Z. mußte

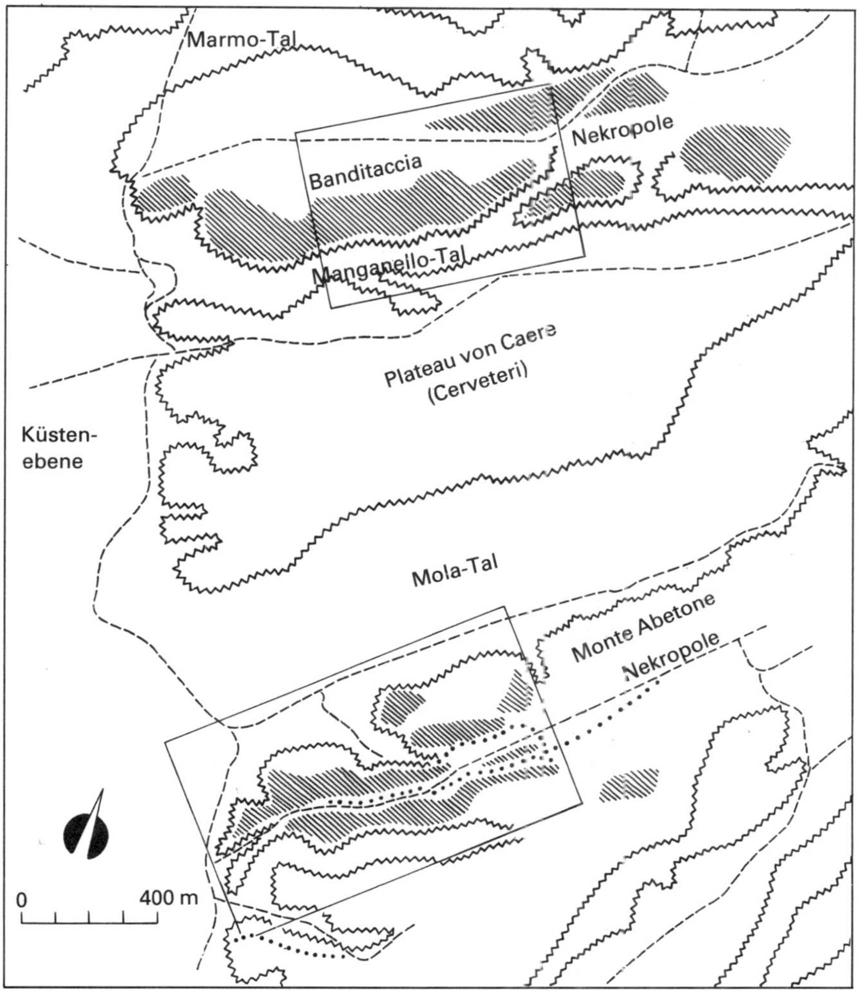

179 *Die Lage von Cerveteri (Caere) und seiner Nekropolen Banditaccia und Monte Abetone*

sie sich aber ebenfalls den Römern beugen. Während der Kaiserzeit verlor sie immer mehr an Bedeutung und verfiel, wurde jedoch nicht völlig aufgegeben. Heute befindet sich auf einem kleinen Teil des früheren Stadtgebietes ein Dorf: Cerveteri.

Caere soll eine der ältesten etruskischen Städte gewesen sein. Sie erstreckte sich über einen abgeflachten Bergrücken aus Tuffstein, dessen Ränder steil abfallen (Abb. 179). Schatzgräber und nach billigem Baumaterial Suchende haben die Überreste der Stadt geplündert und zerstört. Entdeckungen aus der Luft sind hier nur schwer möglich, weil auf dem Gelände Wein und Oliven angebaut werden.

Von Caere aus blickte man weit über seitliche Täler auf Berge und Wälder und über die Küstenebene aufs Meer. Man sah aber auch die Nekropolen, die die Stadt auf parallelen Bergrücken umgaben. Abbildung 179 stellt die Lage der Stadt und ihrer Friedhöfe dar. Schrägstriche kennzeichnen die Areale eingeebneter Hügel, die aus der Luft gefunden wurden (vgl.

Abb. 180–182). Caere-Cerveteris Nekropolen gehören zu den größten etruskischen Totenstädten. Am bekanntesten und berühmtesten ist das nördliche Gräberfeld, die Banditaccia. Seit dem 8. Jh. v. u. Z. hat man hier rund 1000 Jahre lang Tote bestattet. Später ist das Gebiet der Banditaccia immer wieder von Grabräubern durchwühlt worden. Daher war fraglich, ob man noch auf verborgene Gräber stoßen würde. Bradford wies auf den Luftbildern jedoch über 400 Grabstätten nach, die bis dahin in keiner Veröffentlichung und auf keinem Teilplan angegeben waren. Das machte mit einem Schlage den Nutzen der Archäologie aus der Luft deutlich. Übrigens hat man erst 1911 mit der systematischen Erforschung der Banditaccia begonnen. Seitdem sind zahlreiche Gräber entlang der Hauptstraße durch den Friedhof freigelegt und restauriert worden (vgl. Abb. 173).

Sehen wir uns ein Luftbild der Banditaccia und den Plan dieses Fotos genauer an (Abb. 180 und 181)! Bei der Wiedergabe handelt es sich um die starke Vergrößerung eines Originalfotos der britischen Luftwaffe aus dem Mai des Jahres 1944. Das entsprechende Terrain ist auf Abbildung 179 durch ein Rechteck gekennzeichnet. Ganz am unteren Bildrand erblicken wir den Nordabhang des Bergrückens, auf dem sich einst Caere befand. Er ist in regelmäßigem Muster mit Bäumen bepflanzt. Der Steilhang wirft einen kräftigen Schatten in das schmale Manganello-Tal. Dieses wird weiter nach Norden von dem Südrand der Banditaccia-Nekropole begrenzt. In einem bis zu 200 m breiten Streifen entlang dieses Randes heben sich auf den Flugbildern die meisten Gräber ab. Die größten von ihnen sind durch weiße Kreise symbolisiert. Zu ebener Erde bieten diese wiederhergestellten Gräber einen außerordentlich eindrucksvollen Anblick (vgl. Abb. 173). Der weiße Kreis genau in der Mitte des Planes (Abb. 181) bezeichnet das Grab der Schilde und Sessel (vgl. Abb. 174).

Am wichtigsten sind auf dem Foto jedoch die Spuren der eingeebneten Grabhügel. Sie treten als runde gelbe Flecke im Getreide bzw. Gras hervor. (Auf dem Plan sind sie als schwarze Kreise dargestellt!) In der Südwestecke des Friedhofs (am linken Bildrand gelegen und nur auf Abbildung 180 zu sehen) sind besonders viele bis dahin unbekannte Gräber zum Vorschein gekommen. Hier hat der Pflug die Oberfläche völlig nivelliert. Dennoch kann man die unterirdischen Grabstätten in dem Getreidefeld noch wahrnehmen. Dicht nebeneinander laufen sie in Reihen direkt auf den Steilhang zu. Entlang des gesamten Südrandes wurden auf den Luftfotos ca. 300 eingeebnete Grabmäler mit Sicherheit festgestellt. Andere sind nicht so klar identifizierbar. Sorgfältige Ausmessungen der Aufnahmen ergaben, daß die große Mehrheit der Hügel einen Durchmesser zwischen 6 und 15 m besaß.

Wichtig ist auch, daß man bei den meisten Grabstätten den früheren Eingang zu erkennen vermag. Er verrät sich als dunkler Einschnitt in den gelben Kreisen (auf dem Plan als helle Kerbe im schwarzen Kreis). Diese Erscheinung erklärt sich leicht: Wie der umgebende Graben ist der Zugang tiefer mit Humus gefüllt; Pflanzen wachsen da besser, was sich

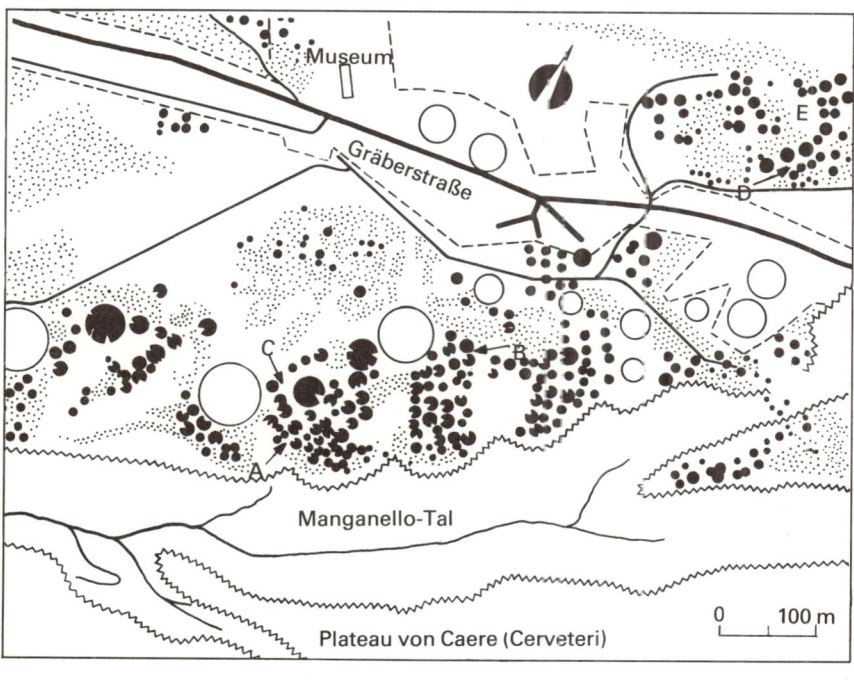

180 *Senkrechte Luftaufnahme der Nekropole Banditaccia*

181 *Aus dem Luftbild ergab sich der Plan der Totenstadt Banditaccia*

Museum

Gräberstraße

E

D

C

B

C

A

Manganello-Tal

0   100 m

Plateau von Caere (Cerveteri)

durch dunkleres Grün bemerkbar macht. Einige Gräber verfügen sogar über mehrere Eingänge. In diesen Ruhestätten waren (das ergaben Ausgrabungen) die Toten mehrerer Generationen beigesetzt worden. Für diesen Zweck hatte man zu den unterschiedlichen Zeiten verschiedene Zugänge geschaffen.

Manche der kleinen eingeebneten Hügel zählen vermutlich zum frühen Typ der etruskischen Kammergräber, der aus einem runden, aus dem Tuff geschlagenen Sockel bestand, in dem ein schmaler Eingang zu einer schlichten Kammer führte. Sie wurde von einem Dach aus aneinandergefügten Steinblöcken bedeckt. Dieser Grabtyp war im 7. Jh. v. u. Z. häufig. Aus ihm entwickelten sich die größeren und komplizierteren Formen der Grabstätten des 6. und 5. Jh. Auf dem Luftbild sind das offenbar die einstigen Hügel mittleren und großen Durchmessers, vor allem jene mit mehreren Zugängen. Einige der Tumuli besitzen sogar einen Durchmesser von rund 50 m und mehr (vgl. die hellen Kreise).

In der oberen Hälfte des Flugbildes und des Planes sehen wir die Hauptstraße des Gräberfeldes. Man hat sie wieder freigelegt. In ihrer Nähe befindet sich nun ein Museum. Bradford entdeckte auf den Luftfotos auch noch andere, bis zu diesem Zeitpunkt unbekannte Friedhofswege. Einst in den Felsen eingehauen, hatte sich in ihnen allmählich ein Gemisch aus Erde und Sand angesammelt, das sie schließlich unkenntlich machte. Aus der Vogelschau betrachtet, bilden sie jedoch infolge des üppigeren Pflanzenwuchses dunkelgrüne Linien. Eine solche ist auf Abbildung 181 nahe der Bildmitte etwas unterhalb der zwei großen weißen Kreise sichtbar. (Der rechte Kreis markiert das Grab der Schilde und Sessel.) Auf dem Plan ist der Verlauf dieses Weges mit den Buchstaben A und B gekennzeichnet. Er begann dicht am Steilhang (bei A), wo er ins Manganello-Tal hinunterführte und sich von dort wohl in Richtung Caere fortsetzte. Oben auf dem Plateau besaß der Weg eine rechtwinklige Abzweigung (nach C hin). Von beiden Wegen ist zu ebener Erde kaum noch etwas bemerkbar.

Eine weitere Gräberstraße wurde ebenfalls durch Luftfotos aufgespürt. Abbildung 181 zeigt sie uns als schmales Band zwischen zwei Reihen von Grabhügeln direkt am rechten Bildrand oberhalb der Randmitte (etwa von D an). Auch dieser ehemalige Durchgang ist auf dem Erdboden nur noch als flache Einsenkung nachweisbar. Nahebei fällt ein von Gräbern umgebener Fleck auf (Abb. 181: E) – einst ein großer, länglicher, im Tuffstein angelegter »Hof«, dessen Rand Grabfassaden säumten (wie Häuser einen Stadtplatz). Der »Hof« ist längst verfüllt, aber er tritt noch deutlich durch positive Bewuchsmerkmale hervor.

Nach dem zweiten Weltkrieg sind große Flächen in der Banditaccia für Wein- und Obstanbau genutzt worden. Deshalb konnten bald viele ursprüngliche Grabhügel, die auf dem Foto von 1944 noch deutlich lokalisierbar sind, auf dem Erdboden selbst nicht mehr aufgefunden werden. Weingärten und Obstplantagen bilden daher eine ernste Gefahr für die etruskischen Friedhöfe.

Während sich die Banditaccia nördlich des alten Caere hinzieht, liegt die Nekropole auf dem Monte Abetone südlich von der antiken Stadt, aber gleichfalls parallel zu ihr auf einer langen Hochfläche. Beide Plateaus werden durch das Mola-Tal getrennt (vgl. Abb. 179). Wahrscheinlich war die Totenstadt auf dem Monte Abetone von nicht geringerer Bedeutung als die Banditaccia; sie ist jedoch wesentlich weniger bekannt und erforscht. Bis zur Auswertung der Luftbilder war hier kaum ein halbes Dutzend von Tumulus-Gräbern wissenschaftlich näher untersucht worden.

Der wesentliche Teil des Plateaus, etwa ein Viertel seiner Oberfläche, ist Weideland; die anderen drei Viertel bestehen aus mit Getreide bebautem Ackerland. Beide Vegetationszonen werden durch einen Zaun voneinander getrennt (vgl. Abb. 182). Insgesamt bildet der Monte Abetone eine weite, kahle, nur mit ein paar Büschen bestandene Fläche. Den Tuffstein-Untergrund bedeckt eine dünne Humusschicht. Für archäologische Entdeckungen aus der Luft sind das sehr günstige Voraussetzungen. Bradfords Auswertungen der Royal Air Force-Luftfotos des Monte Abetone erbrachten daher auch überraschende Ergebnisse; im Jahre 1953 prüfte er sie selbst an Ort und Stelle nach.

Ein wesentliches Merkmal des alten Friedhofs sind seine Straßen. Streckenweise ist ihr Verlauf auf den Fotografien gut zu erkennen. Obwohl zugeweht und zugeschwemmt, verraten sie sich aus der Vogelschau durch Bewuchs- und Bodenmerkmale. Auf der Karte (Abb. 179) ist ihre Lage durch Punkte angegeben, während die von den Luftbildern erfaßten Gebiete mit eingeebneten Grabhügeln durch Schraffierungen symbolisiert sind. Den Hauptteil dieser Areale sehen wir im Detail auf Abbildung 182.

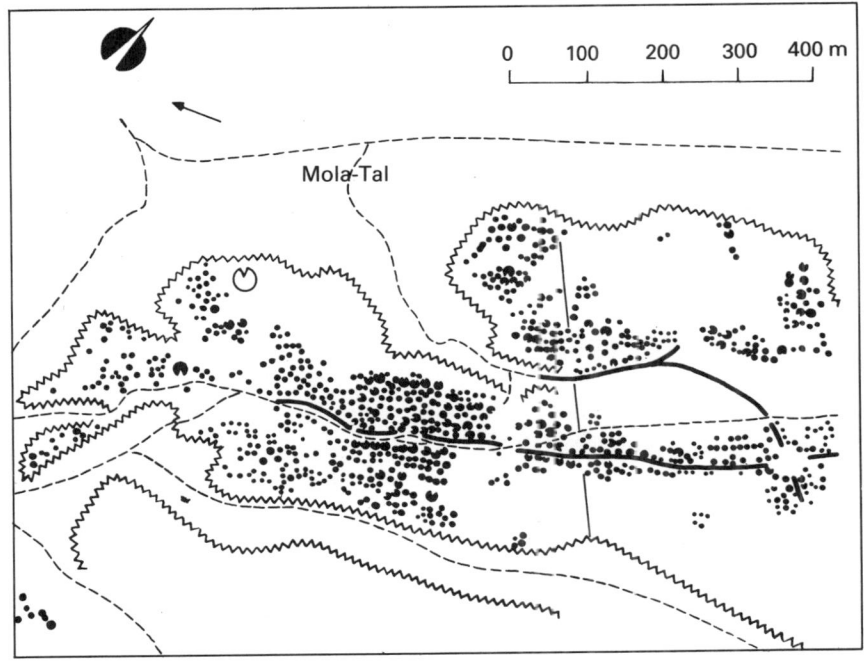

Mola-Tal

0   100   200   300   400 m

182 *Plan der Totenstadt Monte Abetone*

Sie gibt einen Plan der Nekropole wieder, wie er sich an Hand der Royal Air Force-Fotos vom Mai und Juni 1944 und der Kontrolle am Boden ergab. Die Straßen sind auf dem Plan durch dicke Linien markiert. Wir sehen, daß sich die eine durch die Mitte des Abetone-Plateaus hinzieht. Offenbar entsprach sie der Hauptstraße im Gräberfeld der Banditaccia. Neben ihr verläuft heute ein von den Bauern benutzter Fußpfad.

Nur auf Flugbildern auszumachen ist auch ein Weg, der sich (ganz rechts im Plan) mit der Hauptstraße kreuzt. Er führte zu einem schmalen Tal, das sich ins Mola-Tal öffnet, und von dort sicher nach Caere. Auf diesem Wege kamen die Trauerzüge zu den Bestattungs- und Gedenkfeierlichkeiten in die Nekropole. Durch die britischen Luftaufnahmen sind allein in ihrem Westteil über 220 eingeebnete Tumuli entdeckt worden. Viele liegen systematisch in parallelen Reihen beieinander. Wiederum vermag man meist die Lage des ursprünglichen Eingangs zu erkennen. Manche weisen zwei Zugänge auf. Auf den Originalfotos maßen zahlreiche helle Flecke nur einen Millimeter im Durchmesser. Dennoch genügte das zur genauen Ausmessung und zur Bestimmung der Größe der einstigen Hügel, deren wahrer Durchmesser zwischen 9 und 13,5 m variierte. Im Jahre 1953 prüfte Bradford die Genauigkeit der Luftbild-Vermessungen auf dem Monte Abetone nach. Er fand sie exakt bestätigt. Die Luftbilder der Royal Air Force lassen ahnen, was man durch zielgerichtete Fotos zu geeigneten Jahreszeiten noch alles auf dem Bergrücken aufspüren könnte.

Erfolgreich war Bradford auch bei der Erkundung der Nekropole von Tarquinia, die, wie üblich, parallel zur früheren Stadt auf einem Höhenzug angelegt wurde. Die »Monterozzi« genannte Totenstadt ist vermutlich das größte zusammenhängende Gräberfeld in Etrurien. Mitte des vergangenen Jahrhunderts war es noch Weideland. Heute geht der Pflug darüber hinweg.

Der italienische Professor Pallottino hat die Plünderungen und Ausgrabungen der Nekropole 1937 in einer Veröffentlichung in drei Phasen eingeteilt. Die erste begann schon in antiker Zeit mit gelegentlichen Funden und »Grabungen«. Von 1489 an sind hin und wieder besondere Entdeckungen überliefert. Vor allem die Renaissance-Päpste wußten die Grabbeigaben vom Monterozzi-Friedhof zu schätzen. Eine zweite, stürmische Periode währte von 1823 bis 1881. Zufällig stieß man 1823 auf eine Grabstätte mit vielen Kostbarkeiten. Großes Aufsehen erregte der Bericht des glücklichen Finders Avvolta, er habe, als er durch die Öffnung im Dach hinunterspähte, eine Gestalt in einer Rüstung gesehen, die auf einmal infolge des eindringenden Luftstroms zu Staub zerfiel.

Nun begann die Suche nach Gräbern erst recht, nicht zuletzt nach solchen mit noch gut erhaltenen Malereien. Die Beute war wohl beträchtlich. Drei Antiquitätenhändler sollen zum Beispiel 1830 in drei Monaten 40 000 Skudi auf ihr Konto überwiesen haben. Mit 1000 Skudi vermochte man damals ein Jahr lang in Saus und Braus zu leben und sich eine Kutsche zu leisten! Amüsant ist eine Episode, nach der König Ludwig I. von

Bayern von einem örtlichen Landbesitzer zwei mit besonders schönen Malereien geschmückte Gräber zum Geschenk erhielt. Der Monarch ließ sie verriegeln und behielt den Schlüssel ganz allein für sich.

Während dieser Periode waren die Grabmäler eine Art Jagdbeute für viele Interessierte. Bekanntgegeben wurde über die »Ausgrabungen« kaum etwas. Häufig vergaß man wieder, wo etwas gefunden worden war und wo die wichtigsten Gräber lagen. Die Bauern brachen Grabfundamente in Stücke, um zu billigem Baumaterial zu kommen, und benutzten größere Grabkammern als Kuh- und Schafställe. In anderen Grabstätten verbargen sich Vagabunden und Schafdiebe.

Ende des 19. Jh. begann die dritte Phase der »Erforschung« der Nekropole. Sie zeichnete sich zunächst durch ein rasches Abflauen des Interesses an der Totenstadt aus. Nun schienen andere Entdeckungen und Probleme wichtiger zu sein. 1937 veröffentlichte Professor Pallottino einige Teilpläne des Friedhofs. Doch trotz wissenschaftlichen Wertes, der ihnen zukam, waren sie unvollständig und teilweise auch ungenau. Ein detaillierter Gesamtplan fehlte. Er wurde erst durch Luftaufnahmen möglich.

Ihr wesentlichstes Ergebnis stellt Abbildung 183 dar. Es ist ein Plan vom Mittelteil des Monterozzi. Auf den Flugbildern erkannte Bradford in diesem Gebiet über 800 kleinere und größere eingeebnete Grabhügel! Eine Anzahl weiterer war nicht genau auszumachen. Die aussagekräftigsten Senkrechtfotos stammten vom 16. Februar 1944, als auf dem Erdboden noch keine Wachstumsmerkmale zu sehen waren, sondern nur Bodenmerkmale. Sie bestanden aus hellen, durch den Steinschutt der eingeebneten Tumuli hervorgerufenen Flecken. Leider waren diese am Rande et-

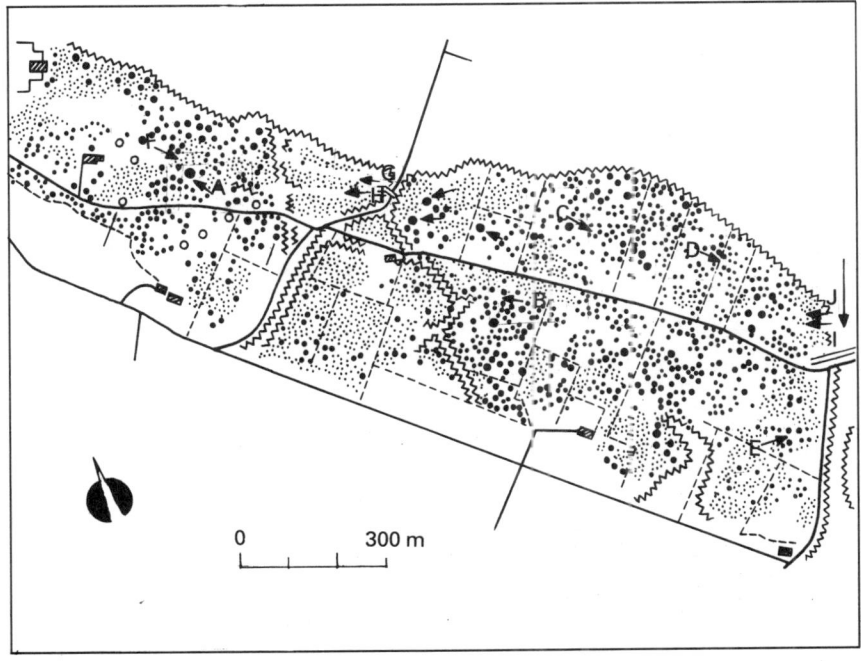

183 Nach Flugbildern gezeichneter Plan der Nekropole von Tarquinia, Monterozzi

0   300 m

was verwaschen und lieferten deshalb nicht so genau meßbare Markierungen wie die in einem Getreidefeld. Auch die ursprünglichen Eingänge hoben sich bei den Bodenmerkmalen nicht so klar ab. Daher sind sie auf dem Plan nicht mit angegeben. Friedhofswege konnte Bradford dagegen herausfinden. Mindestens 10 lassen sich an Hand der Fotos erschließen. Sie sind auf dem Plan durch Pfeile gekennzeichnet. An ihren Seiten reihen sich die Grabstätten.

Bemerkenswerte Entdeckungen gelangen Bradford dank der britischen Luftbilder außerdem 9 km südlich von Tarquinia. Dort erstreckt sich ein Hügel in einen Sumpf. Auf seinen Hängen befinden sich gleichfalls etruskische Gräber. Der Colle-Pantano-(Sumpf-Hügel-)Friedhof war kaum bekannt. Er nimmt eine etwa dreieckige Fläche mit einem größten Durchmesser von ca. 800 m ein und umfaßt, nach den Fotos aus der Vogelschau zu urteilen, rund 50 eingeebnete Grabhügel sowie einen vermutlich verschütteten Weg. Anscheinend wurden die unterirdischen Kammern in einem gipsartigen Gestein angelegt, was ungewöhnlich ist. Leider wurde der Friedhof vor Beginn einer näheren Untersuchung durch tiefes Überpflügen und den Bau von Gehöften zum Teil stark zerstört. Die Eisenbahnlinie nach Rom durchschneidet ihn ebenfalls an einer Seite. In der Nähe befinden sich, wie Luftbilder zeigen, noch einige Gruppen einstiger Grabhügel. Offenbar hängen sie mit kleineren etruskischen Siedlungen zusammen.

Was Bradford mit den Luftbildern begonnen hatte, setzte höchst erfolgreich ein italienischer Industrieller fort: C. M. Lerici. 1890 in Turin geboren, studierte er Ingenieurwissenschaften, trat in das Polytechnikum in Mailand ein und gründete dort die Fondazione (Stiftung) Lerici. An Archäolo-

184 Metallstäbe zur Messung des elektrischen Widerstands im Boden

gie interessiert, wandte er auf diesem Gebiet die gleichen geophysikalischen Methoden und Verfahren an, die auch bei der Suche nach Bodenschätzen Verwendung finden. Dadurch wurde die Lokalisierung von Gräbern am Boden entscheidend erleichtert und vereinfacht. Die Luftbilder verraten zwar eine Menge unterirdischer Grabanlagen und das Terrain, in dem sie liegen. Aber die Kammern dann am Erdboden genau zu orten ist schwierig. Zudem sind die Umrisse der Grabbauten meistens viel größer als die Grabkammern selbst. Daher mußte man neue Verfahren entwickeln, um die Hohlräume schneller aufzuspüren und zu erforschen.

Das war auch unbedingt notwendig. Die etruskischen Nekropolen wurden ja nicht nur durch die sich ausbreitende moderne Landwirtschaft bedroht. Illegale Ausgräber, Grabräuber, kamen den Wissenschaftlern meist zuvor. Während diese 10 Gräber in 10 Jahren untersuchten, pro Jahr also ein Grab, brachte es die unerlaubte und unerwünschte Konkurrenz im Zeitraum von 10 Jahren auf 300 Gräber. Erfahrene, findige Leute spürten sie auf, öffneten sie und stahlen die eventuell noch vorhandenen Beigaben. Für die Archäologen bedeutete es dagegen immer ein Risiko, ein Grab auszuwählen und gewissenhaft freizulegen. Sie wußten ja nicht, inwieweit es unberührt war und ob sich der finanzielle Einsatz lohnen würde. Die allermeisten Gräber sind irgendwann schon einmal geplündert worden. So waren die Archäologen ihren heimlichen »Kollegen« hoffnungslos unterlegen. Auf die Dauer war das eine unerträgliche Situation.

Doch da schufen Lericis geophysikalische Verfahren eine grundlegende Wandlung, die den Wettlauf um die Gräber zugunsten der Wissenschaft entschied. Er und seine Mitarbeiter orteten die Gräber durch elektrische

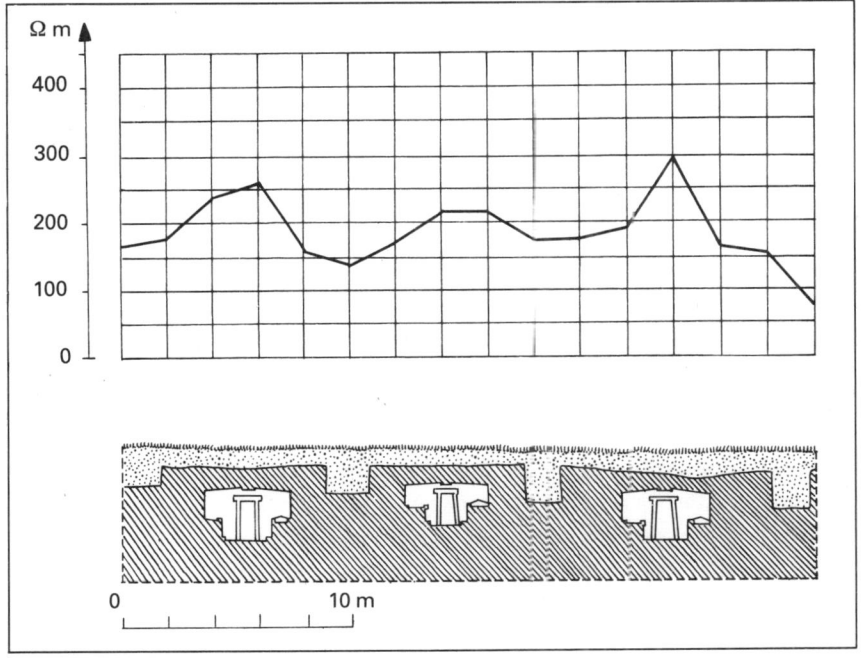

185 *Über Gräben und Grabkammern ist der elektrische Widerstand unterschiedlich groß*

Widerstandsmessungen. Dabei wird Wechselstrom durch Metallsonden, die in bestimmten Abständen in den Boden gesteckt werden und zugleich als Sender und als Empfänger dienen, unter die Erdoberfläche geleitet. Wir sehen eine solche Anordnung von Metallstäben auf Abbildung 184. Sie sind auf einer Grasfläche angebracht, der man nicht anmerkt, daß sich unter ihr Hohlräume befinden. Je nach der Beschaffenheit des Bodens ergeben sich nun zwischen den Sonden verschiedene meßbare Spannungsunterschiede. Ist der Widerstand im Erdboden groß, kann man auf verborgene Mauern oder auf hohle Stellen schließen. Wenn er gering ist, liegen vielleicht Sand, Kies, Erde, Gruben- oder Grabeneinfüllungen vor. Abbildung 185 gibt schematisch eine solche Messung über drei Grabkammern wieder. Sie bewirken, daß der Widerstand im Boden deutlich ansteigt, während er über den verfüllten Gräben niedriger ist.

Man kann auch seismische Verfahren zum Aufspüren der Grabstätten heranziehen. Ein kräftiger Hammerschlag oder der Fall eines Gewichtes auf den Boden erzeugt elastische Wellen, die sich in lockerem Erdreich nicht so schnell ausbreiten wie in festem Gestein oder Mauerwerk. Außerdem reflektiert härteres Material diese Wellen. An bestimmten Stellen gelangen sie wieder an die Oberfläche, wo man mit Hilfe von sogenannten Geophonen ihre Laufzeit mißt und daraus Rückschlüsse auf verborgene Strukturen zieht. Die Grabräuber kannten natürlich schon lange das Phänomen, daß Gestein über einer Höhlung einen anderen Ton ergibt. Sie wußten auch, daß man im Winter, wenn der Boden durch die Kälte hart geworden ist, Grabkammern durch Abklopfen des Bodens zu erkennen vermag.

Hatten die Wissenschaftler auf die beschriebene Weise ein etruskisches Kammergrab exakt lokalisiert, so versuchten sie, mit einem elektrischen Schnellbohrer seine Decke zu erreichen und zu durchstoßen. Durch das Loch wurde eine Metallröhre mit einer Minikamera und einem Blitzlichtgerät eingeführt. Dann nahm man mit 12 Fotos, die jeweils 30° umfaßten, die Kammer rundherum auf. Nach sofortiger Entwicklung der Bilder ergab sich, ob das Grab noch ungeöffnet oder teilweise bzw. ganz ausgeraubt war, ob es architektonische Besonderheiten oder gar Malereien enthielt. So vermochte man rasch zu entscheiden, ob eine Ausgrabung erforderlich war. Statt der Röhre mit dem Fotoapparat verwandte man später eine Art Periskop, mit dem man gleich in die Grabkammern hinabschauen konnte, und schließlich Fernsehkameras, die die Bilder nach außen übertrugen. Im Frühjahr 1961 strahlte das italienische Fernsehen erstmals für ein breites Publikum Bilder aus einem etruskischen Grab aus.

Alle diese Arbeiten mußten sorgfältig geplant und organisiert werden. Dann konnten sie von nur zwei Personen schnell und gründlich erledigt werden. Die notwendigen Apparaturen wurden dabei in einem Spezialfahrzeug mitgeführt. Als man mit den Arbeiten begann, lokalisierte und untersuchte man in den ersten zwei Monaten 110 Gräber. Bald vermochte man jedoch 80 Gräber im Monat aufzufinden und mit Periskop und Fern-

sehkamera zu erforschen — das ergab fast 1000 Gräber im Jahr. Nun waren die Archäologen den Grabräubern an Schnelligkeit und Effektivität tatsächlich weit überlegen. Stets war es ein erregender Anblick, wenn sich das Innere einer Grabkammer enthüllte und zum Beispiel Gefäße auftauchten, wie sie uns Abbildung 186 zeigt. 1956 wurde Bradford von der Fondazione Lerici eingeladen, an der Erforschung der etruskischen Gräber teilzunehmen. Es war ihm eine besondere Genugtuung, seine eigenen Bemühungen in dieser Weise fortgeführt zu sehen.

Durch die Kopplung von Luftbildern mit geophysikalischen Verfahren erzielte man in den alten Nekropolen außerordentliche Erfolge. Nicht nur, daß man zahlreiche Grabbeigaben fand, man entdeckte auch neue Malereien, mit denen man kaum mehr gerechnet hatte. Das letzte Grab mit Malereien war in der Nekropole von Tarquinia 1892 zum Vorschein gekommen. Doch 1958 erblickte man auf den Fotos der Minikamera erneut großartige Gemälde: Athleten, die den Diskus warfen, sich im Weitsprung und im Laufen übten und Rennwagen lenkten. Da in Italien 1960 die olympischen Spiele bevorstanden, nannte man das Grabmal »Olympiade-Grab«. Es bildete den Anfang einer ganzen Serie sensationeller Entdeckungen. Bis 1965 wurden 50 neue Gräber mit prachtvollen Malereien gefunden. Die Zahl solcher Grabstätten wächst ständig.

186 Nach Jahrtausenden ein erster Blick in das Innere eines wiederentdeckten etruskischen Grabes

Literatur

(Auswahl. Die Vorlagen für die Illustrationen sind den angeführten Werken entnommen.)

Alfieri, Nereo; Arias, Paolo Enrico: Spina. Die neuentdeckte Etruskerstadt und die griechischen Vasen ihrer Gräber. München 1958

Archäologische Denkmale und Funde. 25 Jahre Bodendenkmalpflege in der Deutschen Demokratischen Republik. Herausgegeben vom Wissenschaftlichen Beirat für Bodendenkmalpflege beim Ministerium für Hoch- und Fachschulwesen durch Werner Coblenz. Berlin 1979

Atkinson, R. J. C.: Stonehenge and Avebury and neighbouring monuments. An illustrated guide. London 1959

Balfour, Michael: Stonehenge and its mysteries. London 1979

Beckel, Lothar: Archäologie in Österreich. Flugbilder, Fundstätten, Wanderungen. Salzburg, Wien 1983

Bloch, Raymond: Die Etrusker. Genf 1970

Bradford, John S. P.: Ancient Landscapes. Studies in field archaeology. London 1957

Brentjes, Burchard: Die Söhne Ismaels. Leipzig, 3. Auflage 1977

Brentjes, Burchard: Völker an Euphrat und Tigris. Leipzig 1981

Christlein, Rainer; Braasch, Otto: Das unterirdische Bayern. 7000 Jahre Geschichte und Archäologie im Luftbild. Stuttgart 1982

Christlein, Rainer; Schmotz, Karl: Zur Kenntnis des jungsteinzeitlichen Grabenwerks von Kothingeichendorf. In: Jahresbericht des Historischen Vereins für Straubing und Umgebung. 80. Jahrgang 1977/78, (1979), S. 43–56

Clark, Grahame: The timber monument at Arminghall and its affinities. In: Proceedings of the prehistoric society for 1936. New Series Vol. II, Part I No I, S. 1–51. Cambridge

Crawford, Osbert Guy S.: A century of air-photography. In: Antiquity, Volume XXVIII, Gloucester 1954, S. 206–210

Crawford, Osbert Guy S.: Air survey and archaeology. Southampton 1924

Crawford, Osbert Guy S.: Archaeology in the field. London 1953

Crawford, Osbert Guy S.; Keiller, Alexander: Wessex from the air. Oxford 1928

Cunnington, M. E.: Prehistoric timber circles. In: Antiquity, Volume I, Gloucester 1927, S. 92–95

Curwen, E. Cecil: Prehistoric agriculture in Britain. In: Antiquity, Volume I, Gloucester 1927, S. 261–289

Das römische Germanien aus der Luft. Herausgegeben von Walter Sölter. Bergisch Gladbach 1981

Decker, K. V.; Scollar, Irwin: Iron age square enclosures in Rhineland. In: Antiquity, Volume XXXVI, Gloucester 1962, S. 175–178

Der Kyffhäuser und seine Umgebung. Ergebnisse der heimatkundlichen Bestandsaufnahme in den Gebieten von Kelbra und Bad Frankenhausen. Berlin 1976

Deuel, Leo: Flug ins Gestern. Das Abenteuer der Luftarchäologie. München 1981

Die letzten Geheimnisse unserer Welt. Stuttgart; Zürich; Wien 1977

Die Städte der Etrusker. Texte von Francesca Boitani u a. Freiburg; Basel; Wien 1974

Die Waage. Zeitschrift der Grünenthal GMBH. Heft 6, Band 17, 1978. Stolberg/Rhld.

Dossiers de l'archéologie N° 22/mai/juin 1977. Spécial archéologie aerienne les grandes découvertes dues à la sècheresse 1976

Drößler, Rudolf: Brücken in die Vergangenheit. Leipzig, Jena, Berlin 1984

Evers, Dietrich: Felsbilder in den Alpen. In: Antike Welt 1/82, Zürich, S. 44–56

Fenster zur Urzeit. Luftbildarchäologie in Niederösterreich. Sonderausstellung im Museum für Urgeschichte in Asparn an der Zaya vom 1. April bis 31. Oktober 1982

Filtzinger, Ph.; Planck, D.; Cämmerer, B.: Die Römer in Baden-Württemberg. Stuttgart; Aalen 1976

Friesinger, Herwig; Nikitsch, Reinhold; Quitta, Hans: Die Luftbildarchäologie und ihre Methoden. In: Das Altertum, Band 30, Heft 4, Berlin 1984, S. 219–224

Geschichte der Urgesellschaft. Von einem Autorenkollektiv unter Leitung von Heinz Grünert. Berlin 1982

Gerster, Georg: Der Mensch auf seiner Erde. Ein Flugbild. Zürich 1975

Grimm, Paul: Tilleda. Eine Königspfalz am Kyffhäuser. Teil 1: Die Hauptburg. Berlin 1968

Hahn, Alfred; Neef, Ernst: Dresden. Ergebnisse der heimatkundlichen Bestandsaufnahme. Berlin 1984

Hawkins, Gerald Stanley: Beyond Stonehenge. New York 1973

Herrmann, Joachim: Zwischen Hradschin und Vineta. Frühe Kulturen der Westslawen. Leipzig, Jena, Berlin 1981

Horn, H. G.: Das Matronenheiligtum bei Pesch. In: Führer zu vor- und frühgeschichtlichen Denkmälern. Herausgegeben vom Römisch-Germanischen Zentralmuseum Mainz. Band 26. Teil II, S. 75–86

Klengel-Brandt, Evelyn: Der Turm von Babylon. Leipzig 1982

Krenkel, Werner: Pompejanische Inschriften. Leipzig 1963

Kugler, Hans u. a.: Kyffhäuser Bad Frankenhausen. Berlin. Leipzig 1982/83

Lerici, C. M.: Science et technique an service de l'archaéologie. Fondazione ing. C. M. Lerici, Politecnico di Milano 1957

Luftbild und Archäologie. Spuren der Vergangenheit im rheinischen Boden. Düsseldorf, 2. Auflage 1962

Luftbild und Vorgeschichte. Hansa Luftbild Nr. 16. Berlin 1938

Maier, Franz Georg: Neue Wege in die alte Welt. Methoden der modernen Archäologie. Hamburg 1977

Metzler, Jeannot u. a.: Ausgrabungen in der Römervilla von Echternach-Schwarzuecht. In: Hémecht XXVIII, Heft 4, Luxembourg/L 1976, S. 491–513

Müller, Werner: Aerofotografische Arbeitsunterlagen in der Burgen- und Pfalzenforschung. In: Wissenschaftliche Zeitschrift der Hochschule für Architektur und Bauwesen Weimar. VIII. Jahrgang, Heft 2, 1961

Müller, Werner: Aerofotografische Faktoren bei der Erforschung antiker Städteanlagen. Erläutert am Beispiel der Ausgrabungen in Paestum. In: Wissenschaftliche Zeitschrift der Martin-Luther-Universität Halle-Wittenberg. Ges.-Sprachw. IX, 4, 1960, S. 403–410

Müller, Werner: Der wiedergefundene Plan. Städte der antiken Welt in der aerofotografischen Dokumentation. In: Wissenschaftliche Zeitschrift der Hochschule für Architektur und Bauwesen Weimar. IX. Jahrgang, Heft 3, 1962, S. 209–217

Müller, Werner: Die aerofotografische Erforschung antiker Städteanlagen. Zur historischen Topographie von Paestum. In: Wissenschaftliche Zeitschrift der Hochschule für Architektur und Bauwesen Weimar. VII. Jahrgang, Heft 2, 1959/60, S. 127–142

Müller, Werner: Luftbildinterpretation spätantiker Städteanlagen in Syrien. In: Wissenschaftliche Zeitschrift der Hochschule für Architektur und Bauwesen Weimar. X. Jahrgang, Heft 2, 1963, S. 137–146

Obermayr, August: Römerstadt Carnuntum. Ruinen/Grabungen/Funde. Wien. München 1967

Peruanische Erdzeichen – Peruvian Ground Drawings. Katalog KUNSTRAUM MÜNCHEN 1975

Poidebard, Antoine: La trace de Rome dans le désert de Syrie. Le Limes de Trajan à la conquête arabe. Recherches aériennes 1925–1932. 2 Bände. Paris 1934

Polkehn, Klaus: Kontinente aus der Vogelschau. Das Flugzeug entdeckt die Erde. Leipzig 1964

Rehbein, Elfriede: Zu Wasser und zu Lande. Die Geschichte des Verkehrswesens von den Anfängen bis zum Ende des 19. Jh. Leipzig 1984

Reiche, Maria: Geheimnis der Wüste. Stuttgart. Nazca 1968

Reiche, Maria: Vorgeschichtliche Bodenzeichnungen in Peru. In: Die Umschau, Heft 11, 1955, S. 332–334

Reinerth, Hans: Das Federseemoor als Siedlungsland des Vorzeitmenschen. Leipzig 1936

Richmond, I. A.: Roman Britain. Harmondsworth 1963

Rieche, Anita: Das antike Italien aus der Luft. Bergisch Gladbach 1978

Salvatore, Lo Piccolo Don: Paestum. Salerno 1976

Schleiermacher, Wilhelm: Der römische Limes in Deutschland. Ein archäologischer Wegweiser für Autoreisen und Wanderungen. Berlin 1961

Schlette, Friedrich: Die Auswertung des Luftbildes in der Urgeschichtsforschung. In: Ausgrabungen und Funde, Band 4, Heft 2, Berlin 1959, S. 55–59

Schlette, Friedrich: Germanen zwischen Thorsberg und Ravenna. Leipzig, Jena, Berlin 1980

Schlette, Friedrich: Kelten zwischen Alesia und Pergamon. Leipzig, Jena, Berlin 1984

Schlosser, Wolfhard; Čierny, Jan; Mildenberger, Gerhard: Astronomische Ausrichtungen im Neolithikum. II. Ein Vergleich mitteleuropäischer Linienbandkeramik (Elsaß, Süddeutschland, Böhmen und Mähren). Ruhr-Universität Bochum. 1981 (Als Manuskript gedruckt)

Schmidt, Berthold: Die Bösenburg. Kreis Eisleben. Eine Volksburg des 8./9.–10. Jh. In: Jahresschrift für mitteldeutsche Vorgeschichte, Band 57, Berlin 1973, S. 165–195

Schmidt, Berthold; Schultze-Motel, Jürgen; Kruse, Joachim: Früheisenzeitliche Vorratsgrube auf der Bösenburg, Kreis Eisleben. Der archäologische Befund. In: Ausgrabungen und Funde, Band 10, Berlin 1965, S. 29–31

Schoder, Raymond V.: Das antike Griechenland aus der Luft. Bergisch-Gladbach 1975

Schuldt, Ewald: Burg und Siedlungen von Groß Raden. Museum für Ur- und Frühgeschichte Schwerin 1978

Schuldt, Ewald: Der altslawische Tempel von Groß Raden. Museum für Ur- und Frühgeschichte Schwerin 1976

Schuldt, Ewald: Groß Raden. Die Keramik einer slawischen Siedlung des 9./10. Jh. Berlin 1981

Schwab, Hanni: Die Vergangenheit des Seelandes in neuem Licht. Archäologische Entdeckungen und Ausgrabungen bei der 2. Juragewässerkorrektion. Freiburg (Schweiz) 1973

Schwarz, Klaus: Spätkeltische Viereckschanzen. Ergebnisse der topographischen Vermessung und der Ausgrabungen 1957–1959. In: 18. Jahresbericht des Bayerischen Landesamtes für Denkmalpflege. München 1960, S. 51–84

Schwarz, Klaus: Zum Stand der Ausgrabungen in der spätkeltischen Viereckschanze von Holzhausen. In: Jahresbericht der Bayerischen Bodendenkmalpflege. München 1962, S. 22–77

Scollar, Irwin: Archäologie aus der Luft. Arbeitsergebnisse der Flugjahre 1960 und 1961 im Rheinland. Schriften des Rheinischen Landesmuseums Bonn, Band 1. Düsseldorf 1965

Scollar, Irwin: Wissenschaftliche Methoden bei der Prospektion archäologischer Fundstätten. In: Ausgrabungen in Deutschland, Teil III. Mainz 1975, S. 158–165

Seebach, Carl-Heinrich: Die Königspfalz Werla. Die baugeschichtlichen

Untersuchungen. Mit einem Beitrag von Hans Jürgen Rieckenberg. Neumünster 1967

Siedlung, Burg und Stadt. Studien zu ihren Anfängen. Herausgegeben von Karl-Heinz Otto und Joachim Herrmann. Berlin 1969

Sklenář, Karel: Spuren der Vergangenheit. Archäologie in Europa. Leipzig 1983

Smith, I. F.: Windmill Hill and its implications. In: Palaeohistoria 12, 1966 (1967), Groningen, S. 469–481

Stingl, Miloslav: Auf den Spuren der ältesten Reiche Perus. Leipzig, Jena, Berlin 1981

Ubbelohde – Doering, Heinrich: Auf den Königsstraßen der Inka. Reisen und Forschungen in Peru. Berlin 1941

Unverzagt, Wilhelm: Aufbau und Zeitstellung des Burgwalls von Lossow, Kreis Eisenhüttenstadt. In: Siedlung, Burg und Stadt. Studien zu ihren Anfängen. Berlin 1969, S. 335–341

Vorbeck, Eduard; Beckel, Lothar: Carnuntum. Rom an der Donau. Salzburg 1973

Wainwright, G. J.: A Review of henge monuments in the light of recent research. In: Proceedings of the Prehistoric Society for 1969, New Series, Vol. XXXV, N° 5, Cambridge, S. 112–133

Welzer, Winfried: Luftbilder im Militärwesen. Berlin 1985

Wikinger und Slawen. Zur Frühgeschichte der Ostseevölker. Von einem Autorenkollektiv unter Leitung von Joachim Herrmann. Berlin 1982

Windmill Hill and Avebury. A short account of the excavations 1925–1939. London 1959

Yadin, Yigael: Masada. Der letzte Kampf um die Festung des Herodes. Hamburg 1972

Die Abbildungen 77, 79, 100, 108, 140 sind unter den Registriernummern ZLB/L 840065-4, ZLB/L 840065-5, ZLB 840065-1, ZLB 840065-2, ZLB/L 840065-3 zur Veröffentlichung freigegeben.

Herr Dietrich Evers (Wiesbaden-Naurod) erteilte uns freundlicherweise die Genehmigung zur Wiedergabe der Abbildung 61.

Register

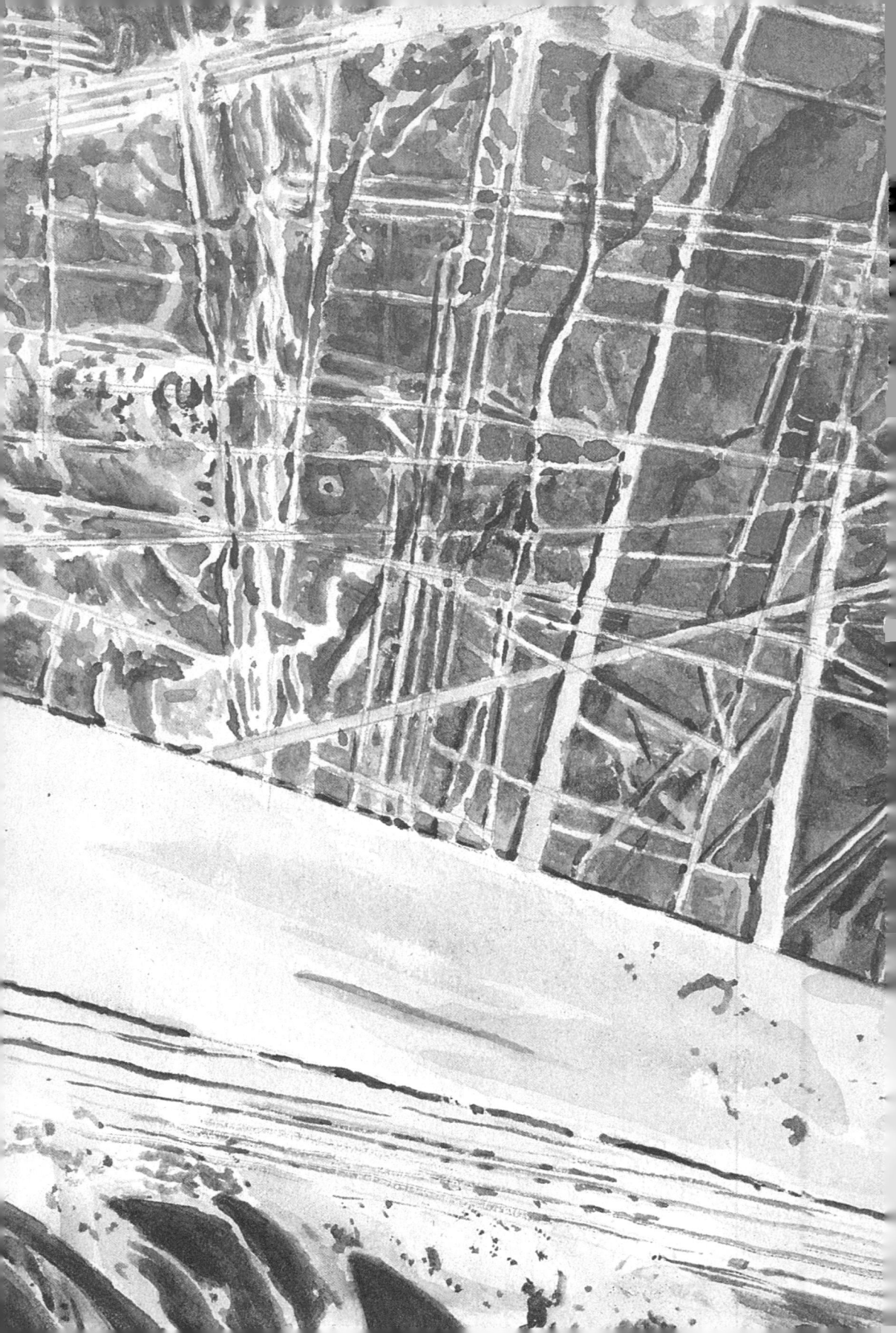